KB041272

확률과 귀납논리

An Introduction to Probability and Inductive Logic

by

Ian Hacking

Copyright © Ian Hacking 2001

확률과 귀납논리

이언 해킹 지음
박일호 · 이일권 옮김

서광사

이 책은 Ian Hacking의 *An Introduction to Probability and Inductive Logic* (Cambridge University Press, 2001)을 완역한 것이다.

확률과 귀납논리

이언 해킹 지음
박일호·이일권 옮김

펴낸이 | 이숙
펴낸곳 | 도서출판 서광사
출판등록일 | 1977. 6. 30.
출판등록번호 | 제 406-2006-000010호

(10881) 경기도 파주시 회동길 77-12 (문발동)
대표전화 (031) 955-4331 팩시밀리 (031) 955-4336
E-mail: phil6161@chol.com
http://www.seokwangsa.co.kr | http://www.seokwangsa.kr

제1판 제1쇄 펴낸날 — 2022년 12월 20일

ISBN 978-89-306-2426-8   93170

| 확률과 귀납논리 |

이 책은 세계 최고의 과학철학 권위자가 집필한 확률과 귀납에 관한 입문서이다. (철학 전공자는 물론) 다양한 전공의 학생이 최대한 쉽게 공부할 수 있도록 기획되었으며, 기초 기호논리학에 대한 선행 지식을 전제하지 않는다. 이 책을 통해, 귀납과 확률의 기본 정의 모두를 포괄적으로 학습할 수 있으며, 결정 이론, 베이즈주의, 빈도 개념, 귀납의 철학적 문제 등을 접할 수 있다.

　주요 특징은 다음과 같다.

■ 발랄하고 힘찬 문체
■ 명확하고 체계적인 개념 구성과 소개
■ 다양한 실제 응용 사례
■ 심리학, 생태학, 경제학, 생명윤리, 공학, 정치학 등 여러 분야에서 뽑은 다채롭고 풍부한 연습문제
■ 확률 및 귀납과 관련된 기본 개념의 역사에 대한 여러 간단한 설명
■ 풍부한 더 읽을거리

이 책은 다른 무엇보다 철학 수업을 위해 기획되었다. 하지만 다른 수업, 특히 확률과 귀납의 기초 개념에 대한 친절한 설명이 필요한 수업, 가령 심리학, 경제학, 정치학과 같은 사회과학 수업이나 전염병학과 같은 의학 수업을 듣는 학생에게도 도움이 될 것이다.

이언 해킹(Ian Hacking)은 캐나다 토론토대학교 철학과 교수이면서 동시에 파리에 있는 콜레주 드 프랑스의 교수였다. 그는 많은 책을 썼다. 그중 케임브리지대학 출판사에서 출판된 것에는 *The Logic of Statistical Inference, The Emer-*

gence of Probability, *The Taming of Chance*가 있다. [역자 주: 이 책들 중에서 *The Taming of Chance*는 국내에 『우연을 길들이다』라는 제목으로 바다출판사에서 출판되었다.]

이 책을 샘에게 바칩니다.

| 차례 |

도소 도시(Dosso Dossi, 1486-1542), 〈행운의 알레고리〉

오른쪽 젊은 여인은 오늘날 '행운의 여신'이라고 일컬어지는 그리스 신화의 여신 '포르투나'(Fortuna)이다.

왼쪽의 젊은 사내는 '챈스'(Chance)이다.

포르투나가 들고 있는 큰 과일 다발은 그녀가 가져다줄 행운을 상징한다. 하지만 포르투나가 한쪽 발에만 샌들을 신고 있다는 것을 눈여겨보라. 이것은 그녀가 불운 또한 가져다줄 수 있다는 것을 뜻한다. 그녀는 비눗방울 위에 앉아 있다! 이것은 행운으로부터 얻은 것이 오래 가지 못한다는 것을 나타낸다.

챈스는 복권을 쥐고 있다. 도소 도시는 베네치아 근처에 있는 북부 이탈리아의 도시 페라라(Ferrara)의 궁정화가였다. 그 당시 베네치아는 국영 복권을 발행하여 돈을 벌어들였다(157쪽 참조). 당시 베네치아의 국영 복권은 현대 국영 복권과 별로 다르지 않았다. 단지 당시 복권의 배당률이 요즘 국영 복권의 배당률보다 더 컸을 뿐이다. 미술 비평가들은 도소 도시가 삶은 모든 이에게 복권과 같다고 믿었다고 말한다.

삶은 모든 이에게 복권과 같다는 말에 동의하는가?

이 그림은 로스앤젤레스에 있는 폴 게티 미술관(J. Paul Getty Museum)에 소장되어 있고, 위의 정보는 1999년 도소 도시 전시회에 진열되어 있던 노트에서 발췌한 것이다.

귀납논리는 연역논리나 기호논리와 다르다. 연역추리에서는, 전제들이 참이고 논증이 타당하다면 그 결론 또한 반드시 참이어야 한다. 타당한 연역 논증은 위험을 감수하지 않는다.

귀납논리는 위험을 감수한다. 전제들이 참이고 논증이 훌륭할지라도 결론은 거짓일 수 있다. 이런 식의 위험을 안고 있는 논증을 분석하기 위해 귀납논리는 확률을 사용한다.

좋은 소식

귀납추리는 삶의 지침이다. 사람들은 언제나 위험을 안고 있는 결정을 내린다. 일상생활 속 귀납추리의 역할은 연역추리보다 훨씬 크다.

나쁜 소식

사람들은 위험을 안고 있는 추리에 매우 서투르다. 확률을 이용한 추리에서 많은 실수가 일어난다.

이 책은 일곱 개의 특이한 물음에서 출발한다. 그 물음은 제법 단순해 보이지만 옳게 답하는 사람은 많지 않다. 최근에 진행된 테스트에서는 아홉 살 아이들이 교수들보다 더 좋은 점수를 받았다. 특이한 물음에 도전해보라! 각 물음은 뒤에서 더 논의될 것이다.

실용적 목적

이 책은 확률, 위험, 통계학을 이해하고, 사용하고, 그에 따라 행동하는 데 도움이 될 것이다. 지식이 충분치 않을 때, 우리는 확률에 따라 행동하며 살아간다.

우리는 매일 수많은 불확실성을 경험한다. 이 책은 무엇을 해야 할지 불확실할 때, 당신이 할 수 있는 행동이 무엇인지 이야기한다. 이 책은 증거가 무엇이 참인지 확신을 주지 않을 때, 당신이 할 수 있는 추론이 무엇인지 이야기한다.

우리는 확률과 통계 속에 허덕이고 있다

요즘에는 어디를 가도 확률, 통계, 위험에 관한 이야기에서 벗어날 수 없다. 직업, 성, 전쟁, 건강, 스포츠, 성적, 환경, 정치, 천문학, 유전학 등 모든 분야가 확률에 둘러싸여 있다.

이것은 새로운 흐름이다. 북미에 사셨던 어르신들은 "할리우드 스타들은 십중팔구 럭스 미용 비누를 사용한다"(주간 라디오 쇼의 유명한 대사) 이상의 이야기는 거의 들어보지 못하셨을 것이다. 하지만 지금의 우리는 언제나 여론조사, 설문 조사, 의견 조사에 둘러싸여 살아간다. 통계적 분석, 위험 분석, 환경 영향 보고서 없이는 어떤 공공 의사결정도 내릴 수 없다.

숫자가 의미하는 바를 이해하는 것은 꽤 어렵다. 이 책의 목표는 그 이해를 돕는 것이다. 책은 그런 숫자가 어떻게 사용되고, 어떻게 오용되는지, 귀납추리는 언제 오류를 범하고 언제 엉터리 미사여구를 사용하는지, 사람들이 어떻게 숫자에 속아 넘어가는지, 어떻게 숫자가 무지를 감추는 데 이용되는지, 어떻게 속지 않을지에 관해 논한다.

철학

철학에는 귀납의 문제라고 불리는 유명한 난제가 있다. 이 문제는 책의 끝부분에서 다룬다.

위험에 관한 윤리적 물음이 있다. 어떤 철학자는 언제나 공공 이익을 극대화하는 행동을 취해야 한다고 말한다. 다른 철학자는 의무나 옳고 그름은 비용-편익보다 앞선다고 말한다. 이러한 물음은 9장에 등장한다.

심지어 종교적 믿음에 찬성하거나 반대하는 확률 논증도 있다. 이것은 10장에 나온다.

확률 자체에 관한 철학적 논증도 있다. 현재 철학자들은 귀납 추론의 기본 아이디어에 관해 큰 의견 차이를 가지고 있다. 각 학파는 하나의 실용적 문제를 다른 방식으로 다룬다. 대부분의 통계학 기초 과정은 이런 차이를 무시하곤 한다. 이 책은 철학책이다. 때문에, 경쟁하는 아이디어를 소개할 것이다. 이 책은 모든 입장을 공정하게 다루려고 노력할 것이다.

계산

우연, 위험, 확률을 제대로 이해하기 위해서는 수가 필요하다. 하지만 이 책을 공부하는 데 있어 계산은 큰 문제가 되지 않는다. 수식 때문에 흥미를 잃어버리지 말라! 이 책에서 중요한 것은 수가 가리키는 개념이다. 철학책은 계산 뒤에 놓여 있는 개념에만 관심이 있다. 복잡한 문제를 정확하게 계산하는 것에는 관심이 없다.

연습문제 대부분에서 휴대용 계산기는 불필요하다. 왜냐하면, 수가 "없이도" 간단히 답할 수 있기 때문이다. 계산기를 사용하지 않는 법을 배운 학생이 계산기를 사용하는 학생보다 대부분의 문제를 더 빨리 해결할 것이다.

도박

확률과 관련해, 운에 의해서 결정되는 게임을 언급하는 경우가 많이 있다. 당신은 이런 것을 좋아하지 않을 수 있다. 돈을 목적으로 한 도박에 대해 사람들은 각기 다른 태도를 가지고 있다. 어떤 이는 도박이 재미있다고 생각한다. 어떤 이는 도박에 중독된다. 어떤 이에게 도박은 지루하다. 많은 사람이 도박은 비도덕적이라고 생각한다. 세계의 여러 정부는 복권과 같은 합법적 형태의 도박을 좋아한다. 왜냐하면 정부의 추가 수입을 늘이기 쉬운 방법이 바로 복권이기 때문이다. 전체적으로 보면 도박꾼들은 항상, 그리고 많이 잃는다. 이 책은 도박을 광고하지 않는다. 오히려 그 반대이다! 친구 사이에 재미를 위해 하는 경우(야구 시합에 내기를 거는 것 또는 늦은 밤에 친구와 포커를 하는 것)를 제외하면, 도박은 시간, 돈, 인간 존엄성에 대한 낭비이다.

그런데도, 위험 가득한 삶 속에서 우리는 언제나 "도박"을 한다. 우리는 불확실성 아래에서 결정을 내린다. 우리는 확정적이지 않은 자료를 이용하여 추론한다. 재미로 그런 일을 하는 것은 아니다. 그렇게 하는 것은, 우리에게 충분한 정보가 주어져 있는 것은 아니기 때문이다. 게임에 기반을 둔 모형은 그러한 의사결정과 추론을 이해하는 데 도움을 줄 것이다. 그것은 우리가 확률에 대해 생각하는 방식을 더 명확하게 만들어준다.

바로 이런 점 때문에, 우리의 논의는 주사위와 같은 무작위 추출기(random-izers)에 꽤 많이 의존한다. 특이한 물음에 그런 무작위 추출기가 등장한다. 그러나 그것은 곧 법정에서의 증언(특이한 물음 5)과 의학 진단(특이한 물음 6)과 같은 실질적인 문제와 곧바로 연결된다.

| **특이한 물음** |

다음 물음을 통해 당신의 운을 시험해보라. 계산하지 말고 답하라. 각 물음은 본문에서 논의될 것이다. 틀리더라도 놀라지 마시라!

1. 여자아기와 비슷한 수의 남자아기가 병원에서 태어난다. 많은 아기가 매주 시티 종합병원에서 태어난다. 시골 마을인 콘월에는 매주 겨우 몇 명의 아기만 태어나는 작은 병원이 있다.
   보통 일주일이란 태어난 아기 중 45%~55%가 여자인 일주일을 말한다.
   특별 일주일이란 태어난 아기 중 55% 이상이 여자이거나 또는 55% 이상이 남자인 일주일을 말한다.
   다음 중에서 참을 골라보시오.
   ___ (a) 특별 일주일은 시티 종합병원과 콘월 병원에서 동일한 정도로 발생한다.
   ___ (b) 특별 일주일은 콘월 병원보다 시티 종합병원에서 더 자주 발생한다.
   ___ (c) 특별 일주일은 시티 종합병원보다 콘월 병원에서 더 자주 발생한다.

   320쪽에서 논의함.

2. 피아는 31살에 미혼이고, 직설적이고, 똑똑하다. 그녀는 대학에서 철학을 전공했다. 학창 시절, 그녀는 북미 원주민 권리에 대한 열렬한 지지자였고, 모유 수유 시설이 없다고 항의하는 피켓을 백화점 앞에서 들고 있었던 적이 있다. 다음의 진술들을 확률 순으로 1~6까지의 순위를 매겨보라. (단, 확률이 가장 높은 것에 1을, 확률이 가장 낮은 것에 6을 기입하라. 순위가 같은 진술이 있을 수 있다.)
   ___ (a) 피아는 적극적인 페미니스트이다.
   ___ (b) 피아는 은행 직원이다.
   ___ (c) 피아는 작은 서점에서 일한다.

___ (d) 피아는 은행 직원이며 적극적인 페미니스트이다.

___ (e) 피아는 은행 직원이며 요가 수업을 듣는 적극적인 페미니스트이다.

___ (f) 피아는 요가 수업을 듣는 적극적인 페미니스트이면서 작은 서점에서 일한다.

123쪽에서 논의함.

3. 표준 국영 복권인 로또 6/49를 구입하면, 당신은 49개(1~49)의 숫자 중에서 6개를 선택하게 된다. 선택한 6개의 숫자가 모두 뽑힐 경우, 당신은 아마도 수백만 달러에 이를 가장 큰 당첨금을 받는다. (당첨금은 그 행운의 숫자를 선택한 모든 사람이 나누어 갖는다. 만약 아무도 당첨되지 않으면, 상금의 대부분은 다음 주 복권으로 이월된다.)

이모가 당신에게 두 개의 복권 중 하나를 공짜로 준다. 당신은 둘 중 하나를 선택할 수 있다. 각 복권에 적혀 있는 숫자는 다음과 같다.

A. 당첨 숫자: 1, 2, 3, 4, 5, 6
B. 당첨 숫자: 3, 14, 21, 32, 36, 39

당신은 A와 B 중 어느 것을 선호하는가? 아니면 두 복권 간에 어떤 선호 차이도 없는가?

69쪽에서 논의함.

4. 두 개의 주사위를 던져서 두 눈의 합이 7이 되기 위해서는 1과 6, 또는 2와 5, 또는 3과 4가 나와야 한다.

두 개의 주사위를 던져서 두 눈의 합이 6이 되기 위해서는 1과 5, 또는 2와 4, 또는 3과 3이 나와야 한다.

주사위 두 개를 던졌을 때, 다음 중 어떤 일이 일어나리라 기대할 수 있는가?

___ (a) 6보다 7이 더 자주 나온다.

___ (b) 7보다 6이 더 자주 나온다.

___ (c) 6과 7이 같은 정도로 자주 나온다.

89쪽에서 논의함.

5. 당신은 어떤 마을의 배심원으로 소집되었다. 그 마을에는 초록택시회사와 파랑택시

회사라는 두 개의 택시회사가 있다. 초록택시회사 택시는 초록색이며, 파랑택시회사 택시는 파란색이다.

초록택시회사는 시중에 있는 택시의 85%를 점유함으로써 시장을 장악하고 있다.

안개 낀 어느 겨울밤에 택시 한 대가 다른 차의 옆을 치고 달아났다. 한 목격자는 달아난 차가 파란색 택시였다고 말했다.

사고가 있던 밤과 똑같은 조건에서 그 목격자를 시험했는데, 그는 80%의 빈도로 자신이 본 택시의 색깔을 정확히 알아맞혔다. 즉 안개 낀 밤에 그에게 보여준 택시가 파란색이든 초록색이든 상관없이 그가 색깔을 정확히 맞힌 빈도는 80%였다.

위 정보를 바탕으로 당신은 어떠한 결론을 내릴 수 있는가?
___ (a) 옆을 치고 달아난 차가 파란색일 확률이 0.8이다.
___ (b) 옆을 치고 달아난 차가 파란색일 확률이 더 크지만, 그 값은 0.8보다 작다.
___ (c) 옆을 치고 달아난 차가 파란색일 확률과 초록색일 확률은 같다.
___ (d) 옆을 치고 달아난 차가 초록색일 확률이 초록색이지 않을 확률보다 크다.

133쪽에서 논의함.

6. 당신은 의사이다. 당신은 당신의 환자가 패혈성 인두염에 걸렸을 확률이 꽤 크다고 생각한다. 하지만 확신하고 있지는 않다. 당신은 환자의 인후부에서 조직 표본을 채취해 실험실로 보내 검사했다. 그 검사는 (거의 모든 실험실 검사와 마찬가지로) 완벽하지 않다.

　　환자가 패혈성 인두염에 걸렸다면, 실험실은 70%의 빈도로 "YES"라고 말해주며 30% 빈도로 "NO"라고 말해준다.

　　환자가 패혈성 인두염에 걸리지 않았다면, 실험실은 90% 확률의 빈도로 "NO"라고 말해주며, 10%의 빈도로 "YES"라고 말해준다.

당신은 그 환자로부터 채취한 5개의 조직 표본을 연이어 실험실로 보냈다. 그리고 다음과 같은 결과를 순차적으로 받았다.

YES, NO, YES, NO, YES

당신은 어떤 결론을 내릴 것인가?

___ (a) 이 결과로부터는 어떤 분명한 결론도 내릴 수 없다.

___ (b) 환자가 패혈성 인두염에 걸리지 않았을 확률이 크다.

___ (c) 환자가 패혈성 인두염에 걸렸을 확률이 걸리지 않았을 확률보다 조금 더 크다.

___ (d) 환자가 패혈성 인두염에 걸렸을 확률이 걸리지 않았을 확률보다 훨씬 더 크다.

138쪽에서 논의함.

7. 동전 던지기를 "흉내 내라". 즉 동전을 실제로 던지지 말고 100개의 H(앞면)와 T(뒷면)를 나열하라. 당신이 보기에, 이렇게 나열된 것은 공정한 동전을 실제로 던져서 얻은 결과라고 모든 사람을 속일 수 있는 것이어야 한다.

70쪽에서 논의함.

논리학

1 논리학

논리학은 좋은 추리와 나쁜 추리에 관한 학문이다. 추리를 명확하게 논의하기 위해 논리학자는 몇몇 일상적인 단어에 엄밀한 의미를 부여해왔다. 이번 장은 그런 논리학자의 언어를 검토한다.

논증

논리학자는 '논증'(argument)이라는 단어에 특별한 의미를 부여한다. 영어에서 'argument'는 흔히 두 사람 간의 말다툼을 의미한다. 어떤 사전은 'argument'를 다음과 같이 정의한다.

1 말다툼.
2 어떤 명제, 제안, 주장에 대한 찬성 혹은 반대 근거들을 제시하는 토론.
3 논증의 결론에 해당하는 명제를 지지하기 위해서 제시된 일련의 근거들.

논리학자들이 'argument'로 의미하는 것은 정의 (3)이다.

추리(reasoning)는 '논증'(argument)의 형태로 진술되거나 표현된다. 그래서 논리학자들은 (정의 (3)이 의미하는) 논증을 연구한다.

따라서 논증은 두 가지 구성 요소를 갖는다.

전제라고 불리는 일련의 근거들과
결론

전제와 결론은 명제, 즉 참 또는 거짓일 수 있는 진술이다. 명제는 '참-또는-거짓'이다.

잘못된 논증

전제는 결론을 지지하는 근거라고 여겨진다. 논리학은 좋은 근거라는 개념을 이해하려는 학문이다.

어떤 논증의 전제가 참이라는 것과 그 전제가 결론에 대한 좋은 근거가 된다는 것이 확인될 때, 우리는 그 논증이 설득력 있다고 생각한다.

그렇기 때문에, 논증을 잘못된 것으로 만드는 것은 다음 두 가지다.

- 전제들이 거짓일 수 있다.
- 전제들이 결론에 대한 좋은 근거가 아닐 수 있다.

다음 논증을 살펴보자.

(*J)   만약 제임스가 직업을 갖기 원한다면, 그는 내일 이발을 할 것이다.

제임스는 내일 이발을 할 것이다.

따라서:

제임스는 직업을 갖기 원한다.

첫 두 명제는 전제이다. 세 번째 명제는 결론이다.

위 (*J)와 같은 논증을 제시하는 사람 중에는 위 전제들이 결론에 대한 확정적인(conclusive) 근거라고 생각하는 사람도 있을 것이다. 하지만 그렇지 않다. 위 논증의 전제들은 참이지만 결론은 거짓인 여러 이유가 있을 수 있다. 다음 예를 살펴보자.

제임스는 깔끔한 남자를 이상형으로 삼고 있는 여자와 데이트를 할 예정이다. 그런데 현재 제임스의 머리는 엉망이다.

제임스는 가족을 만나러 고향에 가야 한다. 그의 가족은 제임스의 지저분한 외모에 충격을 받게 될 것이다.

제임스는 항상 셋째 주 월요일에 머리를 자른다. 그리고 내일이 셋째 주 월요일이다.

제임스는 직업을 갖길 전혀 원하지 않는다! 물론, 제임스가 직업을 갖길 원했다면 내일 머리를 자를 것이다.

논증 (*J)가 확정적인 논증으로서 제시된 것이라면, 이 논증은 어떤 실수, 어떤 흔한 실수를 범한 것이다. 이 논증이 나쁜 논증이라는 것을 표시하기 위해, 알파벳 앞에 별표 "*"를 달아 놓았다.

논증 (*J)는 오류를 범했다. 오류라는 것은 논리학자들의 눈에 띌 정도로 흔하게 일어나는 추리 속 실수를 말한다. 때때로 논리학자들은 오류에 이름을 붙이기도 한다. 논증 (*J)는 "후건 긍정"(affirming the consequent)이라고 불리는 오류를 범했다. 이 논증에서 첫 번째 전제는 다음과 같은 형식을 갖고 있다.

만약 A라면, C이다.

여기에서 A는 "만약 …라면, …이다"라는 명제의 전건(antecedent)이라 불린다. 그리고 C는 후건(consequent)이라 불린다.

(*J)의 두 번째 전제는 위의 "C"에 해당한다. 그럼 이 전제를 말할 때 우리는 "후건을 긍정"하게 되는 것이다.

결론은 위의 "A"에 해당한다. 후건 C로부터 전건 A를 추론하는 것은 오류, 즉 후건 긍정 오류이다.

논증을 비판하는 두 가지 방법

다음은 (*J)와 조금 비슷해 보이는 확정적 논증이다.

(J)　　　만약 제임스가 직업을 갖기 원한다면, 그는 내일 이발을 할 것이다.

제임스는 직업을 갖기 원한다.

따라서:

제임스는 내일 이발을 할 것이다.

여기에서 전제들은 결론에 대한 확정적인 근거이다. 만약 전제들이 모두 참이라면, 결론 역시 참일 수밖에 없다.

하지만 당신은 전제들을 의심할 수도 있다.

제임스가 원하는 직업은 록 뮤지션이라는 것이 밝혀지면, 당신은 첫 번째 전제를 의심하게 될 것이다. 이 경우 제임스는 머리카락 자르는 일을 가장 싫어할 것이다.

또한 당신은 두 번째 전제를 의심할 수도 있다. 제임스는 정말 직업을 갖길 원하는가?

논증을 비판하는 방법에는 기본적으로 다음 두 가지가 있다.

- 전제에 대한 이의 제기: 적어도 하나의 전제가 거짓임을 보인다.
- 추리에 대한 이의 제기: 전제들이 결론을 위한 좋은 근거가 아니라는 것을 보인다.

이 기본적인 두 가지 비판 방식은 어떠한 종류의 논증에도 적용된다. 하지만 논리학은 오로지 추리에만 관심을 가진다. 일반적으로 논리학은 전제가 참인지 거짓인지에 대해서 어떤 것도 말할 수 없다. 논리학은 오로지 해당 추리가 좋은지 나쁜지에 대해서만 말할 수 있을 뿐이다.

타당성

여기에 또 하나의 확정적 논증이 있다.

(K)   퀸 스트리트 모터스가 판매한 자동차는 모두 부식 방지 처리가 되어 있다.

바바라의 차는 퀸 스트리트 모터스가 판매한 것이다.

그러므로:

바바라의 차는 부식 방지 처리가 되어 있다.

(K)의 두 전제가 모두 참이라면, 결론 역시 참일 수밖에 없다. 위의 (J)도 마찬가지다. 하지만 (*J)는 그렇지 않다!

타당한 논증은 이런 생각을 바탕으로 정의된다. 위 논증의 전제들이 참이라고 할 때 해당 결론이 거짓이라는 것은 논리적으로 불가능하다.

타당성은 논리적 형식에 의해 가장 잘 설명된다. 논증 (J)와 (K)의 논리적 형식은 다음과 같다.

1. 만약 A라면 C이다.   4. F는 모두 G이다.
2. A.   5. b는 F이다.
따라서: 그러므로:
3. C.   6. b는 G이다.

이러한 형식을 지닌 논증의 경우, 논증의 전제가 참일 때는 언제나 그 결론 역시 참이다. 바로 이것이 바로 타당한 논증 형식의 정의다.

타당한(valid)은 연역논리학의 전문용어다. 타당한의 반대말은 부당한(invalid)이다. 일상생활에서, 우리는 "유효한(valid) 운전 면허증"이라고 말하기도 한다. 어떤 사람의 주장이 근거가 있거나 참인 경우에도, 그 사람의 주장이 타당하다고 말하기도 한다. 하지만 우리는 이 용어의 특별한 의미, 즉 논리학자들의 의미만을 사용할 것이다. 논증은 타당하거나 부당하다.

앞서 제시된 논증 (*J)는 부당한 논증이다. 다음은 또 다른 부당한 논증이다.

(*K)   퀸 스트리트 모터스가 판매한 자동차는 모두 부식 방지 처리가 되어 있다.
            바바라의 차에는 부식 방지 처리가 되어 있다.
그러므로:
            바바라의 차는 퀸 스트리트 모터스가 판매한 것이다.

위 논증은 부당하다. 왜냐하면, 모든 전제들이 참이라고 하더라도 결론이 거짓일 수 있기 때문이다. 자동차를 판매하는 많은 다른 회사도 부식 방지 처리를 한다. 따라서 바바라의 차는 퀸 스트리트 모터스가 판매한 것이 아닐 수 있다.

참 vs. 타당성
참과 타당성에 대해선 주의해야 한다. 논리학에서는 다음과 같이 말한다.

명제는 참 또는 거짓이다.
논증은 타당하거나 부당하다.

당신은 바바라의 자동차에 관한 논증 (K)를 다음과 같은 "만약 …라면, …이다" 형식의 명제, 혹은 조건명제와 구별해야 한다.

만약 바바라의 차가 퀸 스트리트 모터스가 판매한 것이고 퀸 스트리트 모터스가 판매한 자동차는 모두 부식 방지 처리가 되어 있다면, 바바라의 차에는 부식 방지 처리가 되어 있다.

이것은 다음 형식을 가진 참인 명제이다.

만약 p이고 q라면, r이다.

또는 조금 더 자세히 다음 형식을 가지고 있다.

만약 b가 F이고 F가 모두 G라면, b는 G이다.

한편, 논증 (K)는 다음 형식을 가지고 있다.

4. p.		4. F는 모두 G이다.
5. q.	또는,	5. b는 F이다.
따라서:	더욱 자세하게,	그러므로:
6. r.		6. b는 G이다.

모든 논증에는 그에 대응하는 "만약 …라면, …이다" 형식의 조건명제가 있다. 어떤 논증에 대응하는 조건명제가 논리적 진리일 경우, 그리고 오직 그 경우에만 그 논증은 타당하다.

비유들

타당성이라는 개념을 나타내는 여러 방식이 있다.

전제로부터 결론이 따라 나온다.
전제가 참일 때는 언제나 결론 또한 반드시 참이다.
결론은 전제들의 논리적 귀결이다.
결론은 전제 안에 암묵적으로 포함되어 있다.
타당한 논증 형식은 진리-보존적이다.

"진리-보존적"이라는 말은 참인 전제로부터 출발하는 경우에는 언제나 참인 결론에 이른다는 것을 의미한다.

타당한 논증을 이용해 참인 전제로부터 추론한다면 거짓 결론을 도출할 위험이 전혀 없다. 전제들이 모두 참이라면 결론이 거짓일 어떤 위험도 없다.

연역논리학 교과서들은 위 비유의 의미를 정밀하게 만든다. 이 책의 목적에 맞는 타당성에 관한 최선의 비유는 다음과 같다.

타당한 논증은 위험 없는(risk-free) 논증이다.

건전성

타당한 논증은 절대로 당신을 참인 전제들로부터 거짓인 결론으로 데려가지 않는다.

물론 논증은 거짓 전제를 가질 수 있다.

우리는 다음과 같은 논증을 "건전한"(sound) 논증이라고 부른다.

- 모든 전제들이 참이고,
- 논증이 타당하다.

따라서 논증은 다음과 같은 이유들로 건전하지 않게 된다.

- 적어도 하나의 전제가 거짓이다.

- 논증이 부당하다.

타당성은 전제와 결론 사이의 논리적 연결과 관련이 있지, 전제 또는 결론의 참과는 관련이 없다.

연역논리에서 건전성은 타당성과 전제들의 참이라는 두 요소 모두와 관련 있다.

집짓기처럼
연역 논증을 제시하는 것은 집짓기와 같다.

- 모래 위에 지어진 집은 지반이 단단하지 않아서 쉽게 무너질 수 있다. 이것은 거짓 전제를 가진 것과 같다.
- 또는, 집이 부실하게 지어졌을 수 있다. 이것은 부당한 논증을 한 것과 같다.
- 물론 모래 위에 부실하게 지어진 집이라도 무너지지 않을 수도 있다. 이것은 거짓인 전제와 참인 결론으로 이루어진 부당한 논증과 같다.

집을 지어준 건축업자를 비판하는 방법에는 두 가지가 있다. "지반이 좋지 않다!" 혹은 "이 집은 부실하게 지어졌다!"라고 말하는 것이다. 마찬가지로, 연역 논증에 대해서도 두 종류의 비판을 할 수 있다. "이 논증의 전제 중 적어도 하나가 거짓이다." 혹은 "이 논증은 부당한 논증이다."라고 말하는 것이다. 물론 두 가지 모두를 언급할 수도 있다.

타당성은 진리가 아니다!
타당한 논증도 거짓인 전제와 참인 결론을 가질 수 있다. 예를 들어보자.

(R)   90세가 넘어서까지 살았던 유명한 철학자들은 모두 수리 논리학자였다.
버트런드 러셀은 90세가 넘어서까지 살았던 유명한 철학자였다.

따라서:
버트런드 러셀은 수리 논리학자였다.

이 논증은 타당하고 그 결론은 참이다.

하지만 첫 번째 전제는 거짓이다. 토머스 홉스 역시 90세가 넘어서까지 살았던 유명한 정치철학자였다. 하지만, 그는 수리 논리학자는 아니었다.

이와 마찬가지로, 거짓인 전제와 거짓인 결론으로 구성된 논증도 타당할 수 있다. 타당성은 오로지 전제와 결론 사이의 연결에 대한 것이고, 참 또는 거짓에 대한 것이 아니다.

부당성은 거짓이 아니다!

부당한 논증도 참인 전제들과 참인 결론을 가질 수 있다. 예를 들어보자.

> (*R)   사망한 몇몇 철학자들은 재치가 있었고 많은 책을 썼다.
>   버트런드 러셀은 철학자였으며, 사망했다.
>
> 따라서:
>   버트런드 러셀은 재치가 있었고 많은 책을 썼다.

이 논증의 두 전제는 모두 참이다. 결론도 참이다. 하지만 논증은 부당하다.

연역 논증을 비판하는 두 가지 방법

(R)과 (*R) 모두 건전하지 않은 논증들이다. 하지만 그 이유는 서로 다르다.

당신은 (*R)이 부당하기 때문에 건전하지 않다고 말할 수 있다. 당신이 (*R)이 부당하다고 말하기 위해서는 ("버트런드 러셀"이 누군가의 이름이라는 것을 제외하고) 버트런드 러셀에 관해 아무것도 아는 바가 없어도 된다.

이와 마찬가지로, 버트런드 러셀에 관해 아무것도 아는 바가 없어도 당신은 (R)이 타당하다고 말할 수 있다.

하지만 전제가 참인지 아닌지 알기 위해, 우리는 세계에 관해, 역사에 관해, 철학자들에 관해, 버트런드 러셀과 여타 다른 것들에 관해 알아야 한다.

아마도 당신은 버트런드 러셀이 재치가 있다거나 토머스 홉스가 90세가 넘어서까지 살았던 유명한 정치철학자였다는 것을 몰랐을 것이다. 이제 알게 되었을 뿐이다.

논증이 타당한지 또는 부당한지를 알기 위해, 당신은 세계에 관해 특별한 무언가를 알 필요가 없다. 하지만 전제가 참인지 거짓인지를 알기 위해서는 몇 가지 사실들을 알아야 한다.

연역을 비판하는 두 가지 방법이 있다.

- 전제 중 적어도 하나가 거짓임을 보인다.
- 논증이 부당하다는 것을 보인다.

이 때문에, 노동 분업이 이루어진다.

전제가 참이라는 걸 말해주는 전문가는 누구일까?

형사, 간호사, 외과 의사, 여론조사원, 역사가, 점성술사, 동물학자, 취재기자, 당신, 나.

논증이 타당하다는 걸 말해주는 전문가는 누구일까?

논리학자.

논리학자들은 전제와 결론 사이의 관계를 연구한다. 그러나 논리학자로서 그들은 전제가 참인지 거짓인지에 관해 말할 특별한 자격이 없다.

연습문제

1 **명제.** 논증의 전제와 결론은 모두 명제이다. 명제는 참 또는 거짓일 수 있는 진술로 표현된다. 간단히 말해 명제는 참-또는-거짓이다.

다음은 어느 신문 기사의 헤드라인이다.

포획된 뱀과의 뜻밖의 동거
발송 오류 때문에 억지로 떠맡겨진 비단뱀

희한한 일이 벌어졌다. 온타리오 주 윈저에서 열대어 가게를 운영하고 있는 한 남자는 캘리포니아의 한 상인으로부터 애완 비단뱀 볼파이톤(Ball python)을 배달 받았다. 신문은 다음과 같이 말한다.

> 중앙아프리카에 서식하는 볼파이톤은 작은 포유동물을 주식으로 하며, 1m 이상 자라날 수 있다.

(a) 위 진술은 참-또는-거짓인가?

(b) 당신은 위 진술의 진위를 알고 있는가?

(c) 위 진술은 논리학자들이 명제라고 부르는 것인가? [(c)에 대한 답은 (a)에 대한 답과 같아야 한다.]

신문기사는 계속해서 말한다.

> 볼파이톤이라는 이름은 몸을 공처럼 동그랗게 말려고 하는 성향 때문이다.

(d) 위 진술은 참-또는-거짓인가?

(e) 당신은 위 진술의 진위를 알고 있는가?

기사는 계속된다.

> 윈저로 배송되어야 했던 열대어 화물은 오하이오에 사는 뱀 중개인에게 배송되었다.

(f) 위 진술은 명제인가?

논리학에서, 명제는 참 또는 거짓이 될 수 있는 사실의 문제를 표현한다. "아보카도는 맛있어"와 같은 개인의 기호에 대한 판단은 엄격히 말해서 사실의 문제가 아니다. 아보카도는 어떤 이들에게는 맛있고, 어떤 이들에게는 끈적거리며 역한 음식이다. "아보카도는 맛있어"와 같은 명제는 엄격히 말해서 참-또는-거짓이라고 말할 수 없다. 하지만, 만약 내가 "나는 아보카도가 맛있어"라고 말한다면, 나는 나에 관한 무언가를 진술한 것이고, 이는 참일 수 있다.

그 열대어 가게를 운영하고 있는 조는 다음과 같이 말했다.

"볼파이톤은 매우 매력적인 동물입니다."

(g) 위 진술은 참-또는-거짓인가? 위 진술은 명제인가?

조가 다음과 같이 말했다고 생각해보자.

"나는 볼파이톤이 매우 매력적인 동물이라고 생각합니다."

(h) 위 진술은 참-또는-거짓인가? 위 진술은 명제인가?

그 신문 기사는 다음과 같은 말로 이야기를 시작한다. "두 달 동안 한 사무실에서 뱀한 상자와 함께 지내는 일은 썩 좋은 일이 아니다." 기사는 다음과 같이 덧붙이며 한 단락을 채운다.

마음이 약한 사람에게는 특히.

(i) 위 진술은 명제인가?

조는 상당수의 살아 있는 쥐들을 뱀들에게 먹이로 주어야 한다. 기자에 따르면, 조는 다음과 같이 말했다.

"전화 통화를 할 때 등 뒤에서 새끼 쥐들이 찍찍거리고 울어대는 소리를 듣는 건, 하나도 즐겁지 않아요."

(j) 위 진술은 명제인가?

그런 다음 조는 말했다.

"신이시여, 이 뱀들이 매일 먹지 않는다는 것에 진심으로 감사합니다!"

(k) 위 진술은 명제인가?

그다음 조는 다음과 같이 물었다.

"이런 뱀을 원하는 동물원이나 학교를 알고 있나요?"

(l) 위 진술은 명제인가?

조는 엉뚱하게 배송한 배송업체 FedEx에 전화해서 다음과 같이 항의했다.

"당신들은 나의 비용과 고통, 그리고 당신들의 실수에 대해 보상해야만 합니다."

(m) 위 진술은 명제인가?

이야기는 행복하게 끝난다.

수요일에 FedEx는 조에게 1,000달러를 변상했다.

(n) 위 진술은 명제인가?

2 **모두 거짓**. 전제와 결론이 모두 거짓인 두 논증을 만들라. 그런 논증은 터무니없는 것일 수 있다. 한 논증은 (a) 타당하고, 다른 논증은 (b) 부당해야 한다.

3 **건전하지 않은 논증**. 위 2번 문항에 대한 당신의 답 중에서 건전한 논증이 있는가?

4 **조합**. 다음 여덟 개의 조합 중에서 단 하나만 불가능하다. 어떤 것인가?
   (a) 모든 전제들이 참이다. 결론이 참이다. 타당하다.
   (b) 모든 전제들이 참이다. 결론이 거짓이다. 타당하다.
   (c) 적어도 한 전제가 거짓이다. 결론이 참이다. 타당하다.
   (d) 적어도 한 전제가 거짓이다. 결론이 거짓이다. 타당하다.
   (e) 모든 전제들이 참이다. 결론이 참이다. 부당하다.
   (f) 모든 전제들이 참이다. 결론이 거짓이다. 부당하다.
   (g) 적어도 한 전제가 거짓이다. 결론이 참이다. 부당하다.

(h) 적어도 한 전제가 거짓이다. 결론이 거짓이다. 부당하다.

5 **건전성**. 위 4번에 나열된 조합들 중 건전한 논증은 어떤 것인가?

6 **조건명제**. 다음 중 참-또는-거짓인 것은? 타당-또는-부당한 것은? 논증인 것은? 조건명제인 것은?

(a)   톰, 딕, 해리가 죽었다.
       따라서:
       모든 사람은 죽는다.

(b)   만약 톰, 딕, 해리가 죽었다면, 모든 사람은 죽는다.

7 **씹는 담배**. 다음 중 타당한 논증을 고르면?

(a)   나는 세 개의 메이저리그 팀들을 지켜봤다. 각 팀들에서 타율이 좋은 타자들은 대부분 타석에서 담배를 씹는다.
       따라서:
       담배를 씹으면 타율이 높아진다.

(b)   내셔널리그에서 타율이 높은 상위 타자 6명은 모두 타석에서 담배를 씹는다.
       따라서:
       담배를 씹으면 타율이 높아진다.

(c)   1988 시즌, 7개의 메이저리그 팀, 158명의 선수들을 대상으로 진행된 미국 치과협회의 조사에 따르면 담배를 씹는 선수들의 평균 타율은 0.238, 담배를 씹지 않는 선수들의 평균 타율은 0.248이었다. 또한 담배를 씹지 않는 선수들이 더 높은 수비율을 기록하였다.
       따라서:
       담배를 씹어도 타율이 올라가지 않는다.

(d)   1921년, 타석에서 담배를 씹는 투수들은 그렇지 않은 그 어떤 메이저리그 투수들보다도 타율이 높다.

따라서,

담배를 씹으면 투수의 타율이 높아진다.

8 **귀납적 야구**. 논증 (7a)-(7d) 모두 타당하지 않다. 부당한 논증은 확정적이지 않다. 하지만 몇몇 확정적이지 않은 논증은 다른 확정적이지 않은 논증보다도 더 좋은 논증이다. 확정적이지 않은 논증은 위험을 안고 있는 논증이다. 위 (a)-(d) 모두 위험을 안고 있는 논증이다. 우리는 아직까지 귀납논리에 대해서는 어떤 것도 다루지 않았다. 하지만 아마도 당신은 (7a)-(7d) 중 몇몇은 다른 것보다 더 좋은 논증이라고 생각할 것이다. 무엇이 가장 좋은가? 무엇이 가장 나쁜가?

복습을 위한 핵심 단어

논증	결론
명제	타당성
참-또는-거짓	건전성
전제	조건문

2 귀납논리란 무엇인가?

귀납논리는 위험을 안고 있는 논증을 다룬다. 그리고 그런 논증을 확률을 이용해 분석한다. 위험을 안고 있는 논증에는 여러 종류가 있는데, 이번 장에선 최선의 설명에로의 추론과 증언 기반 논증을 다룬다.

타당한 논증은 위험 없는 논증이다. 귀납논리는 위험을 안고 있는 논증(risky argument)을 다룬다. 위험을 안고 있는 논증이라 하더라도 매우 좋은 논증일 수 있다. 하지만 그런 논증은 전제가 모두 참이더라도 결론이 거짓이 될 수 있다. 우리의 논증 대부분은 위험을 안고 있다.

우주에 관한 큰 그림에서 시작해보자. 우주의 기원에 관한 빅뱅 이론은 현재 우리가 가진 증거들에 의해 꽤 잘 지지받지만, 거짓일지 모른다. 따라서 위험을 안고 있다.

현재 우리는 흡연이 폐암을 일으킨다는 것에 대한 매우 강한 증거를 갖고 있다. 하지만 그 모든 증거로부터 "흡연이 폐암을 일으킨다"라는 결론으로의 추론은 여전히 위험을 안고 있다. 니코틴에 쉽게 중독되는 사람이 폐암에 취약하다는 것이 밝혀질 수도 있다. 이런 경우, 흡연이 폐암을 일으킨다는 것에 대한 우리의 추론은 의심스러워진다.

어떤 회사는 많은 연구 이후, 개인용 컴퓨터 사용자를 위한 특별 왼손잡이 마우스 출시가 이윤을 창출할 수 있다고 결론을 내렸다. 이 회사는 위험을 감수하고 있다.

당신은 친구 얀과 같은 수업을 듣길 원한다. 당신은 얀이 수학을 좋아하기 때문에 논리학 수업을 들을 것이라고 추론했다. 당신은 귀납논리 수업을 수강 신청했다. 당신은 위험을 안고 있는 논증을 한 것이다.

오렌지

다음은 일상에서 쉽게 찾아볼 수 있는 위험을 안고 있는 논증의 사례이다.

어떤 소규모 식품점의 주인은 오래된 과일을 반값에 팔고 있다. 나는 그 식품점에 있는 오렌지 한 상자를 싸게 사길 원하지만, 고른 상자 안의 오렌지들이 싱싱하고, 달고, 상하지 않았기를 바란다. 식품점 주인은 상자 맨 위에 있는 오렌지 하나를 꺼낸 뒤, 잘라 속을 보여주었다. 그 식품점 주인의 논증은 다음과 같다.

(A)   이 오렌지는 싱싱하다.
따라서:
          이 상자 속의 오렌지는 모두 (또는 거의 모두) 싱싱하다.

위 전제는 결론에 대한 증거이다. 하지만 그리 좋은 증거는 아니다. 그 상자 안 오렌지 대부분이 상했을지도 모른다.

논증 (A)는 타당한 논증이 아니다. 전제가 참이라 할지라도, 결론은 거짓일 수 있다. 이것은 위험을 안고 있는 논증이다.

만약 이 논증에 힘입어 그 오렌지 한 상자를 반값에 산다면, 나는 매우 큰 위험을 감수하게 될 것이다. 그래서 나는 상자 속 오렌지 하나를 무작위로 집어 들었다. 꺼낸 오렌지 역시 싱싱했다. 나는 그 상자를 구입했다. 나는 다음과 같이 추리한 것이다.

(B)   무작위로 고른 이 오렌지는 싱싱하다.
따라서:
          이 상자 속의 오렌지는 모두 (또는 거의 모두) 싱싱하다.

이 논증 또한 위험을 안고 있다. 하지만 논증 (A)만큼의 위험은 아니다.

줄리아는 무작위로 오렌지 여섯 개를 골랐다. 그중 단 하나만이 먹을 수 없을 정도로 물렁물렁했다. 줄리아는 그 오렌지들이 담겨 있던 상자를 반값에 샀다. 그의 논증은 다음과 같다.

(C)   무작위로 고른 오렌지 여섯 개 중에서 다섯 개는 싱싱했고 하나는 상했다.
따라서:
이 상자 속 오렌지의 (전부는 아니지만) 대부분은 싱싱하다.

논증 (C)는 논증 (B)보다 더 많은 자료를 바탕으로 한 것이다. 하지만, (C)도 타당한 논증은 아니다. 비록 줄리아가 무작위로 골라낸 오렌지 중에서 다섯 개가 괜찮았더라도, 이것은 순전히 운이 좋아 그랬던 것일 수도 있다. 나머지 대부분은 상한 오렌지일 수도 있다.

표본과 모집단

위험을 안고 있는 논증에는 여러 형식이 있다. 논증 (A)-(C) 모두 다음과 같은 기본적인 형식을 갖추고 있다.

주어진 모집단에서 추출된 표본에 대한 진술
따라서:
모집단 전체에 대한 진술

우리는 반대 방향으로 논증할 수도 있다. 나는 상자 속의 오렌지 대부분이 싱싱하다는 것을 알고 있다. 오렌지 주스를 짜기 위해 오렌지 네 개를 무작위로 골랐다. 나는 다음과 같이 추리한다.

이 상자 속의 오렌지는 모두 (또는 거의 모두) 싱싱하다.
이 오렌지 네 개는 이 상자에서 무작위로 고른 것이다.
따라서:
이 오렌지 네 개는 싱싱하다.

이 역시 위험을 안고 있는 논증이다. 설령, 이 상자 안 대부분의 오렌지가 싱싱
할지라도, 나는 상한 것을 고를 수도 있다. 나는 다음과 같이 추론한다.

> 모집단에 대한 진술
> 따라서:
> 표본에 대한 진술

표본으로부터 표본으로의 추론도 가능하다.

> 무작위로 고른 오렌지 네 개는 싱싱하다.
> 따라서:
> 또 한 차례 무작위로 고른 오렌지 네 개도 싱싱할 것이다.

이 논증의 기본 형식은 다음과 같다.

> 표본에 대한 진술
> 따라서:
> 새로운 표본에 대한 진술

비율

위 논증을 더욱 정확하게 만들 수 있다. 작은 오렌지 60개가 한 상자에 담겨 있
다. 신중한 사람이라면 "거의 모든"을 "90%"로 표현하려 할 수 있다. 그렇다면,
앞의 논증들은 다음과 같아질 것이다.

> 60개가 담긴 오렌지 한 상자에서 무작위로 고른 오렌지 네 개는 싱싱하다.
> 따라서:
> 이 상자 속의 오렌지 중 적어도 90%(또는 54개)는 싱싱하다.

> 이 상자 속의 오렌지 중에서 적어도 90%(또는 54개)는 싱싱하다. 이 오렌지
> 네 개는 이 상자에서 무작위로 고른 것이다.
> 따라서:

이 오렌지 네 개는 싱싱하다.

확률

대부분의 사람은 위 논증에 "아마도"(probably)라는 문구가 추가되면 더 편하게 느낄 것이다.[1]

> 60개가 담긴 오렌지 한 상자에서 무작위로 고른 오렌지 네 개는 싱싱하다.
> 따라서, 아마도:
> 이 상자 속 오렌지 중 적어도 90%(또는 54개)는 싱싱하다.

> 이 상자 속 오렌지 중 적어도 90%(또는 54개)는 싱싱하다.
> 이 오렌지 네 개는 이 상자에서 무작위로 고른 것이다.
> 따라서, 아마도:
> 이 오렌지 네 개는 싱싱할 것이다.

> 60개가 담겨 있는 오렌지 한 상자에서 무작위로 고른 오렌지 네 개는 싱싱하다.
> 따라서, 아마도:
> 한 번 더 무작위로 고른 오렌지 네 개도 싱싱할 것이다.

이 논증에 '아마도'에 대응하는 것, 즉 수로 된 확률값을 넣을 수 있을까? 이 확률은 어떤 논증이 다른 논증보다 더 큰 위험을 안고 있음을 얘기해주는 한 가지 방법일 것이다. 우리는 위험을 연구하기 위해 확률이라는 개념을 사용할 것이다.

---

1 [역자 주] 맥락에 따라 'probably'는 여럿으로 번역된다. 일반적인 글에서 이 단어는 흔히 '아마도' 정도로 번역된다. 하지만 귀납과 관련된 철학적인 맥락에서 이 단어는 '개연적으로'라고 번역되기도 한다. 여기서 'probably'는 우리의 일상적 쓰임과 관련 있다. 그래서 여기에서 우리는 이를 '아마도'라고 번역하였다. 하지만, 이런 번역, 그리고 뒤에서 종종 등장할 '개연적으로'라는 번역 역시 이 단어가 확률을 나타내는 'probability'와 관련 있다는 것을 명시적으로 보여주진 못한다. 따라서 우리는 맥락에 따라 'probably'를 '확률적으로'라고 번역하기도 하였다. 어쨌든 독자들은 논증에 등장하는 '아마도', '개연적으로'라는 표현은 전제와 결론 사이에 성립하는 확률적 지지 관계를 표현하는 용어로 이해해야 한다. 이런 번역과 관련해 혼란의 여지가 있을 때, 우리는 영어를 병기하여 혼란을 최소화하고자 하였다.

확률은 귀납논리의 기본 도구다.

앞으로 우리는 확률 계산을 하게 될 것이다. 하지만 그것은 개념을 명확하게 하는 데 필요한 정도일 뿐이다. 이 책에서 중요한 것은 수가 아니라, 개념이다.

확률 연역하기

귀납논리는 확률을 사용한다. 하지만 확률을 사용하는 모든 논증이 귀납 논증 인 것은 아니다. "확률"이라는 말이 등장하는 모든 논증이 위험을 안고 있는 것 도 아니다. 확률은 엄격한 수학 개념으로 이루어져 있다. 수학은 연역적인 학문 이다. 우리는 확률을 사용해 연역 추론을 할 수 있다. 6장에서 우리는 기본 확률 규칙 혹은 공리를 소개할 것이다. 우리는 그런 확률 공리로부터 확률에 대한 다 른 사실들을 연역한다.

다음은 확률을 사용해 만든 간단한 연역 논증이다.

> 이 주사위에는 1, 2, 3, 4, 5, 6이 적힌 여섯 면이 있다.
> 각 면이 나올 확률은 같다. (주사위 던지기에서 각 면이 나오는 일은 다른 면
> 이 나오는 일만큼 일어남직하다.)
> 따라서:
> 4가 나올 확률은 1/6이다.

이 논증은 타당하다. 당신도 이미 알고 있다. 확률을 전혀 공부해본 적이 없더라 도 당신은 그 확률의 총합이 1이 되게끔 한다.

당신은, 사건들이 서로 배타적(mutually exclusive)이고, 즉 주사위 던지기에 서 언제나 한 면만 나오고, 또한 사건들이 망라적(exhaustive)일 때, 즉 주사위 던지기에서 여섯 면 중에 반드시 한 면은 나오게 되어 있을 때, 각 확률의 총합 은 1이 된다는 것을 직관적으로 알고 있다.

위 논증은 왜 타당한가? 기본 확률 규칙이 주어졌을 때, 이와 같은 형식을 가 진 논증의 경우, 전제가 모두 참이라면 결론 역시 언제나 참일 수밖에 없다.

다음은 확률에 관한 다른 타당한 논증 사례다.

　　이 주사위에는 1, 2, 3, 4, 5, 6이 적힌 여섯 면이 있다.
　　각 면이 나올 확률은 같다.
　　따라서:
　　3 또는 4가 나올 확률은 1/3이다.

확률을 공부해본 적이 없더라도 당신은 확률이 더해질 수 있다는 것쯤은 안다. 만약 두 사건이 서로 배타적, 즉 두 사건 중 어느 하나가 일어날 수 있지만 두 사건이 동시에 일어날 수는 없다면, 두 사건 중 어느 하나가 일어날 확률은 각 사건이 일어날 확률의 합과 같다.

　　기본 확률 규칙이 주어졌을 때, 이와 같은 형식을 가진 논증의 경우, 전제가 모두 참이라면 결론 역시 언제나 참일 수밖에 없다. 따라서 이 논증도 타당하다.

　　방금 다룬 두 논증 모두 타당하다. 위 두 논증과 아래 논증 사이에 어떤 차이가 있는지 확인하라.

　　이 주사위에는 1, 2, 3, 4, 5, 6이 적힌 여섯 면이 있다.
　　227번의 주사위 던지기에서 4는 단 38번 나왔다.
　　따라서:
　　이 주사위를 던져서 4가 나올 확률은 약 1/6이다.

이것은 위험을 안고 있는 논증이다. 전제가 모두 참이라고 할지라도 결론은 거짓일 수 있다. 주사위가 4가 나오지 않도록 쏠려 있어 그 확률이 1/8이지만, 227번의 주사위 던지기에서는 아주 우연히 1/6과 거의 가까운 빈도로 4가 나온 것일 수도 있다.

다른 종류의 위험을 안고 있는 논증

확률은 귀납논리의 기본 도구이다. 하지만 방금 보았듯이,

■ 확률에 관한 연역적으로 타당한 논증도 있다.

마찬가지로,

■ 위험을 안고 있는 논증 중에는 확률이 불필요한 것도 많이 있다.

위험을 안고 있는 논증에는 귀납논리 이상의 것이 있다. 귀납논리는 위험을 안고 있는 논증을 연구한다. 하지만 귀납논리가 모든 종류의 위험을 안고 있는 논증을 다룬다고는 할 수 없다. 아래 논증은 새로운 종류의 위험을 안고 있는 논증이다. 우선 다음을 알고 있다고 해보자.

대형 교양 과목 수강생 대부분이 A를 받는 것은 우리 대학에서는 매우 드문 일이다. 그런데 한 강의에서 그런 일이 벌어졌다.

무언가 이상하다. 설명이 필요하다. 그 과목 담당 교수는 점수를 후하게 주는 사람이라는 것이 한 가지 설명일 수 있다.

그 과목 수강생 대부분이 A를 받았다.
따라서:
그 과목 담당 교수는 점수를 후하게 주는 사람임이 틀림없다.

이것은 표본으로부터 모집단으로의 추론도 아니고, 모집단으로부터 표본으로의 추론도 아니다.

우리는 수강생 대부분이 A를 받았다는 관찰된 사실을 설명할 수 있는 가설(hypothesis)을 제시하고 있다. 다른 설명들도 있을 수 있다. 그 과목 수강생 대부분이 A를 받았다.

따라서:
그 과목 수강생은 매우 뛰어난 학생들이었다.

따라서:
그 과목 담당 교수는 매우 우수한 교육자이다.

따라서:
그 강의 내용은 열심히 하는 학생에게는 너무 쉬웠다.

각 논증은 수강생 대부분이 A를 받았다는 이상한 사실에 관한 그럴듯한 설명 (plausible explanation)으로 끝난다.

24쪽의 논증 (*J)를 상기해보자.

(*J)   만약 제임스가 직업을 갖기 원한다면, 그는 내일 이발을 할 것이다.

제임스는 내일 이발을 할 것이다.

따라서:

제임스는 직업을 갖기 원한다.

이것은 부당하지만, 논증이긴 하다. 그것은 위험을 안고 있는 논증이다. 더 세부적으로 살펴보자. 제임스가 이발을 하는 일은 극히 드물다. 그는 무일푼이다. 그런데, 당신은 제임스가 내일 미용실에 갈 것이라는 이야기를 들었다. 그는 도대체 왜 미용실에 가는 걸까? 왜냐하면 그는 직업을 갖기를 원하기 때문이다. 이 결론은 그럴듯한 설명이다.

최선의 설명에로의 추론

우리가 방금 살펴본 논증은 그럴듯한 설명에로의 추론(inference to a plausible explanation)이다.

만약 한 설명이 다른 어떤 설명보다 그럴듯하다면, 그것은 최선의 설명에로의 추론(inference to the best explanation)이 된다.

과학 속의 많은 추론은 이와 비슷하다. 몇몇 철학자는 우리가 이론적 결론에 도달할 때는 언제나 최선의 설명을 향해 논증한다고 생각한다. 예를 들어, 우주론이 극단적 변화를 겪게 된 1967년 즈음 우주에 대한 빅뱅 이론이 널리 받아들여지게 되었다. 빅뱅 이론은 우리 우주가 과거의 특정 순간에 일어난 거대한 "폭발"과 함께 존재하게 되었다고 말한다. 왜 이런 놀라운 결론에 도달하게 되었을까? 그것은 두 명의 전파 천문학자의 발견 때문이었다. 그 천문학자들은 어떤 낮은 수준의 "배경 복사"가 전파 망원경으로 관측할 수 있는 우주 공간 전체에 균일하게 분포되어 있다는 것을 발견했다. 이 관측에 대한 최선의 설명은 예나 지금이나 그 배경 복사가 "빅뱅"에 의해서 만들어졌다는 것이다.

"가추"

확률에 대해 깊이 생각했던 철학자 중에는 찰스 샌더스 퍼스(Charles Sanders Peirce 1839-1914)가 있다. 이름의 철자가 PEIrce임에 유의하라. 그의 이름은 "Pierce"가 아니다. 설상가상으로, 그의 이름은 정확하게 "purse"로 발음된다! 그는 "Pers" 혹은 "Perse"라는 이름으로 불리는 오래된 뉴잉글랜드 집안 출신이다.

퍼스는 사물을 세 그룹으로 나누는 것을 좋아했다. 그는 세 가지 유형의 좋은 논증이 있다고 생각했다. 연역, 귀납, 최선의 설명에로의 추론이 그것들이다. 대칭적인 이름을 선호했던 퍼스는 최선의 설명에로의 추론을 위한 새로운 이름을 고안해냈다. 그는 그 추론을 가추(abduction)라고 불렀다. 그럼 논리학에 대한 퍼스의 그림은 다음과 같이 나타낼 수 있다.

연역
논리학   귀납
가추

그의 이론에서 귀납과 가추는 서로 다른 유형의 위험을 안고 있는 논증이다.

철학자 몇몇은 확률이 최선의 설명에로의 논증을 분석하는 데 매우 유용한 도구라고 생각한다. 다른 철학자들, 특히 퍼스와 같은 철학자는 그렇게 생각하지 않는다. 이에 대한 논쟁은 여전하다. 우리는 그 논쟁을 과학철학자들의 몫으로 남겨둔다. 논쟁은 매우 흥미롭지만, 이 책은 더 이상 최선의 설명에로의 추론을 다루지 않을 것이다.

증언

당신이 믿고 있는 대부분은 누군가가 당신에게 그렇다고 말해준 것이다.

당신은 부모를 얼마나 신뢰하는가? 당신의 심리학 교수는? 저녁 뉴스는? 이들이 말하는 것을 믿는 일은 위험을 안고 있는 논증을 포함한다.

나는 내가 2월 14일에 태어난 것으로 알고 있다. 왜냐하면, 어머니께서 그렇게 말씀하셨기 때문이다.
따라서:
나는 2월 14일에 태어났다.

나의 심리학 교수는 프로이트가 사기꾼이고 인간 심리에 대해 쓸모 있는 어떤 지침도 주지 못한다고 말한다.

따라서:

프로이트는 인간 심리에 쓸모 있는 어떤 지침도 주지 못한다.

저녁 뉴스에 따르면, 시장은 시 외곽 공무원을 만나 홍수 피해 상황을 논의할 것이다.

따라서:

시장은 시 외곽 공무원을 만나 홍수 피해 상황을 논의할 것이다.

이것들 모두 위험을 안고 있는 논증이다. 저녁 뉴스는 오보일 수 있다. 당신의 심리학 교수는 프로이트를 싫어하는 매우 편향된 사람일 수 있다.

위 논증 중에서 당신 생일에 관한 논증이 가장 위험이 덜하다. 하지만 여전히 위험을 안고 있는 논증이다. 당신 부모가 당신에게 진실을 얘기했는지 어떻게 아는가?

당신은 자신의 출생신고서를 보게 되었다. 그리고 더 이상 의심할 수 없었다! 정말 그럴까? 당신이 태어난 다음 날부터 시행된 새로운 아동 보조금법의 혜택을 받기 위해, 당신 부모는 출생신고를 하루 늦게 했을 수도 있다. 또는 당신은 13일의 금요일에 태어났지만, 부모는 당신이 자기 생일을 밸런타인데이로 여기는 것이 더 낫다고 생각했을 수도 있다. 또는 당신은 병원으로 가는 택시 안에서 태어났는데, 너무 정신이 없던 나머지 아무도 그때가 자정 이전인지, 자정 이후인지 몰랐을 수도 있다.…

이 예들은 모두 다른 누군가, 즉 당신 가족, 당신 교수, 저녁 뉴스의 증언에 기반을 둔 논증이다.

몇몇 종류의 증언은 확률을 사용해 분석될 수 있다. 하지만 이런 분석에는 여러 문제가 있다. 귀납논리는 증언과 관련되어 있지만, 증언에는 확률 이상의 것이 있다.

이 책에서 우리는 최선의 설명에로의 추론과 증언을 다루지 않을 것이다. 하지만 위험을 안고 있는 논증들을 제대로 이해하고 싶다면, 증언과 최선의 설명에로의 추론에 대해서도 생각해보아야 한다. 이 책에서 우리가 공부하는 것은 확률이라는 한 가지 측면뿐이다.

귀납논리에 대한 거친 정의

귀납논리는 확률 개념을 사용해서 위험을 안고 있는 논증
을 분석한다.

결정 이론

추리에는 완전히 다른 면도 있다. 그것은 바로 결정(decision)이다. 우리는 단지
무엇을 믿어야 할지만을 추리하지 않는다.

우리는 무엇을 해야 할지 추리한다.

실천적 추리에 관한 확률 이론은 결정 이론(decision theory)이라고 불리고,
이것은 귀납논리와 아주 비슷하다.

우리는 다음 두 가지를 바탕으로 무엇을 해야 할지 결정한다.

■ 우리가 아마도 일어나리라 생각하는 것 (믿음).
■ 우리가 원하는 것 (가치).

결정 이론에는 확률과 가치 모두가 포함된다. 가치는 효용(utilities)이라 불리는
것을 이용해 측정된다.

결정 이론에 대한 거친 정의

결정 이론은 확률과 효용 개념을 사용해서 위험을 안고 있
는 결정을 분석한다.

연습문제

1 **수업료**. 메모리얼 대학의 관리자들은 예산 위기로 인해, 학교 수업료를 최대 35% 인
상하거나, 최대 수강 인원을 늘리고 개설 과목을 축소해야 한다고 주장한다. 학생들
에게 무엇을 더 선호하는지를 물었다. 의견이 첨예하게 대립하고 있다.

다음 위험을 안고 있는 논증들 중 어느 것이 표본으로부터 모집단으로의 논증인
가? 어느 것이 모집단으로부터 표본으로의 논증인가? 또한, 어느 것이 표본으로부
터 표본으로의 논증인가?

(a)   학생들은 대체로 수업료 인상에 강하게 반대한다.
65명의 학생이 수업료 인상에 대한 질문을 받게 될 것이다.
따라서:
65명의 학생 중 대부분이 수업료 인상에 반대한다고 말할 것이다.

(b)   모든 학과와 전 학년에서 골고루 뽑힌 40명의 학생이 설문에 참여했다.
32명의 학생이 수업료 인상에 반대했다.
따라서:
대부분의 학생이 수업료 인상에 반대한다.

(c)   학생들은 대체로 수업료 인상에 강하게 반대한다.
따라서 (아마도):
다음 차례에 설문지를 받게 될 학생도 수업료 인상에 반대할 것이다.

(d)   모든 학과와 전 학년에서 골고루 뽑힌 40명의 학생이 설문에 참여했다.
32명의 학생이 수업료 인상에 반대했다.
따라서, (아마도):
다음 차례에 설문지를 받게 될 학생도 수업료 인상에 반대할 것이다.

2 **수업료, 한 번 더**. 다음 중 어느 것이 그럴듯한 설명에로의 추론이고, 어느 것이 증언
기반 추론인가?

(a)   학생들은 대체로 수업료 인상에 강하게 반대한다.

따라서:

학생들은 양질의 교육보다 돈을 덜 내는 것을 선호한다.

(b)   학생들은 대체로 수업료 인상에 강하게 반대한다.

따라서:

많은 학생이 매우 가난하고 대출 받기도 무척 어려워, 수업료가 인상되면 그들은 학교를 떠나야 할 것이다.

(c)   여론조사 회사인 두오데시멀 리서치는 메모리얼 대학생을 대상으로 조사를 실시한 결과 학생의 46%가 정부 공식 빈곤선 아래에 있다고 발표했다.

따라서,

메모리얼 대학 학생은 수업료 인상을 감당할 여력이 없다.

3   17–20쪽에 있는 '특이한 물음들'을 다시 보라. 뒤에서 각 물음들을 다룰 것이다. 하지만 무엇이 정답인지와 상관없이, 당신이 제시한 답에는 논증이 포함되어 있다는 것을 알 수 있다.

3.1 남자아이와 여자아이. 어떤 사람이 다음과 같이 논증한다.

여자아이들과 비슷한 수의 남자아이들이 병원에서 태어난다.
많은 아기가 매주 시티 종합병원에서 태어난다.
시골 마을인 콘월에는 매주 겨우 몇 명의 아기들만 태어나는 작은 병원이 있다.
특별 일주일이란 태어난 아기 중 55% 이상이 여자이거나 또는 55% 이상이 남자인 일주일을 말한다.
지난주 콘월 병원 또는 시티 종합병원에서 특별 일주일이 발생했다.
따라서:
특별 일주일이 콘월 병원에서 발생했다.

위 논증이 왜 위험을 안고 있는 논증인지 설명하라.

3.2 피아. 전제는 특이한 물음 2에 있는 것과 같다. 그 전제가 주어졌을 때, 다음 중 어

느 것이 위험이 더 큰 결론인가?

(a) 피아는 적극적인 페미니스트이다.

(b) 피아는 은행 직원이며 요가 수업을 듣는 적극적인 페미니스트이다.

3.3 복권. 당신의 이모는 당신에게 다음 주에 추첨하는 로또 6/49 복권 두 개 중 하나를 선물로 준다. 두 복권에 적혀 있는 당첨 숫자는 다음과 같다.

     A. 당첨 숫자: 1, 2, 3, 4, 5, 6

     B. 당첨 숫자: 3, 14, 21, 32, 36, 39

(a) 복권 (A)를 가지는 것을 지지하는 논증을 구성해보라. 만약 당신이 (B)보다 (A)를 선호하는 것이 어리석다고 생각한다면, 당신이 만드는 논증은 나쁘거나 약할 것이다! 그래도 되도록 그럴듯한 논증을 만들라.

(b) 당신은 (A)를 가지기로 결정했다. 이것은 위험을 안고 있는 결정인가?

3.4 주사위.

     이 주사위 두 개는 모두 공정하다. 각 면은 다른 면만큼 자주 나오고, 한 주사위에서 나온 면은 다른 주사위에서 나온 면에 영향을 미치지 않는다.

     따라서,

     주사위 던지기에서 7이 나올 확률은 6이 나올 확률보다 높다.

이것은 위험을 안고 있는 논증인가?

3.5 택시. 아모스와 다니엘은 배심원이다. 그들이 증거로 들은 것은 같은 정보, 즉 특이한 물음 5에 제시된 정보였다. 이제 그 둘은 그날 밤 무슨 일이 일어났는지에 대한 판단을 내려야 한다.

     아모스의 결론: 따라서, 옆을 치고 달아난 차는 파란색이다.

     다니엘의 결론: 따라서, 옆을 치고 달아난 차는 초록색이다.

(a) 이 논증들은 위험을 안고 있는 논증인가?

(b) 이 논증들을 위험을 안고 있는 결정이라 여길 수 있는가?

3.6 패혈성 인두염. 그 의사는 특이한 물음 6에서 제시된 정보를 가지고 있다. 의사는 실험실에서 받은 결과가 쓸모없다고 결론 내렸고, 추가 테스트를 의뢰했다. 이것이 왜 위험을 안고 있는 결정인지 설명하라.

4. **루트비히 판 베토벤**.

(a) 다음은 어떤 종류의 논증인가? 얼마나 좋은 논증인가?

베토벤은 가장 창의적인 시기에 엄청난 고통을 겪기도 했다. 그 고통은 간경변, 만성 신장결석(결석이 움직일 때 몹시 고통스러움), 만성 설사병에서 비롯된 것이었다. 하지만 그의 작품은 심오하고 때론 기쁨에 가득 차 있다.

따라서:

베토벤은 다양한 진통제와 술을 함께 복용했고, 바로 이 때문에 베토벤은 작곡을 하는 동안 크게 고양된 상태에 있을 수 있었다.

(b) 전제에 추가된다면 위 논증을 강화할 수 있는 새로운 정보에는 무엇이 있나?

"비판적 사고"에 대한 책은 실생활 속 복잡한 논증을 어떻게 분석해야 하는지를 알려준다. 무엇보다도 그런 책은 사람들이 실제로 쓰고 말하는 것들에 대해 비판적으로 읽고, 듣고, 생각하는 법을 알려준다. 이 책은 비판적 사고를 위한 책은 아니다. 하지만, 실생활 속 논증들을 살펴보는 것은 가치 있는 일이다. 다음은 모두 신문에서 발췌한 것이다.

5. **산갈치**.

희귀한 심해성 어류인 산갈치는 일본 과학자들의 지진 예측을 돕고 있다. 일본 민간전승에 따르면, 보통 수심 200미터 이상 되는 깊이에 서식하는 산갈치가 그물에 잡혀 올라오면 머지않아 강진이 발생한다.

지진이 일본을 연속적으로 강타하기 바로 며칠 전 두 마리의 산갈치가 고정 그물에 걸렸다. 이것은 우리에게 1963년 도쿄 근방의 니지마섬에 강진이 발생하기 이틀 전에 산갈치 한 마리가 잡혔었다는 것을 상기시켜준다. 게다가 1968년 지진 충격파가 우와지마만을 강타했을 때에도 같은 종류의 산갈치가 잡혔다.

산갈치는 길게 늘어진 독특한 형태를 가지고 있는데, 이 형태 때문에 산갈치는 심해 충격파에 민감하게 반응한다. 충격파로 인해 기절한 뒤, 수면에 떠올랐을 수 있다. 아니면, 지진 활동 중에 지각으로부터 방출된 유독가스가 진짜 이유일 수도 있다. 어쨌든 산갈치가 잡힐 때에는 항상 지질학적 대변동이 진행 중이거나 곧 발생했다.

최근에 산갈치 몇 마리가 잡히자, 일본의 지진학자들은 또 다른 재앙이 임박한 것은 아닌지 염려한다.

(a) 첫째 문단에는 증언에 기반을 둔 주장이 있다. 그것은 무엇인가? 그 증언은 무엇인가?

(b) 셋째 문단은 논의 전체의 결론에 해당한다. 그 결론은 무엇인가?

(c) 둘째 문단에는 그 결론을 지지하는 몇 가지 증거들이 진술된다. (b)의 답을 결론으로 삼고 있는 논증은 모집단으로부터 표본으로의 논증과 표본으로부터 모집단으로의 논증 중 무엇과 더 유사한가?

(d) 셋째 문단은 둘째 문단에서 진술된 사실에 대해 두 가지 그럴듯한 설명을 제시한다. 그 두 설명은 무엇인가?

(e) 넷째 문단의 최종 결론에 이르는 과정에는 몇 가지의 다른 논증이 있다. 그 논증들이 어떻게 연결되어 있는지 서술하라.

6. **여성 공학자**.

1986년 이래로 공과대학 졸업생의 오직 11%만이 여성이었다. 예전에는 남성지배적이었던 다른 분야에서 실질적인 진보의 징후가 포착되고 있다는 것을 생각해볼 때, 이런 수치는 무척 보잘것없다. 1986년의 몇몇 사례를 살펴보자. 법과대학 졸업생의 48%, 상과대학 졸업생의 44%, 의학대학 졸업생의 45%, 생명과학대학 졸업생의 약 50%가 여성이었다.

(a) 결론은 무엇인가?

(b) 이것은 어떤 종류의 논증인가? 타당한가? 위험을 안고 있는 귀납 논증인가? 그럴듯한 설명에로의 추론인가?

7. **성형수술**.

사회복지학 교수인 마사 로렌스는 개인 여성 상담을 통해 성형수술을 원하는 여성에게 그런 바람을 가지게 된 숨은 이유를 찾으려고 한다. "보통 여성은 자신이 누군지, 자신이 어디로 가고 있는지에 대한 확신이 없기 때문에 성형을 하려고 합니다."라고 그녀가 말했다. "간단한 답은 없습니다. 그러나 진정한 문제는 형평의 문제, 여성의 자기통제 문제입니다."

마사 로렌스의 결론은 "진정한 문제는 형평의 문제, 여성의 자기통제 문제입니다."이다. 이 결론을 도출하기 위해 그녀는 어떤 종류의 논증을 사용하였는가?

8. **매니토바 마리화나**.

경찰 발표에 따르면, 수경 마리화나를 위니펙 시장에 공급하기 위한 지하 재배 시설이 캐나다 시골 마을 매니토바에서 생겨나고 있다. 위니펙 셀커크라는 시골 마을의 경찰관 듀에인 론은 최근 한 인터뷰에서 다음과 같이 말했다. "이 일은 싸고, 쉽고, 투자 수익률이 높습니다. 조그마한 공간에서 좋은 품질의 마리화나를 더욱 많이 생산할 수 있습니다." 그는 필요한 장비를 구하는 것은 어렵지 않다고 덧붙였다. "이제 마리화나 재배는 누구나 해야 할 일이 되어 버렸습니다. 최근 우리는 짧은 시간 동안 꽤 많은 양의 수경 마리화나를 찾아내었습니다. 분명 우리가 아직 모르는 마리화나 재배 시설이 무척 많이 있을 것입니다."

결론: 시골인 매니토바주에는 아직까지 발견되지 않은 마리화나 재배 농부들이 많이 있다.

경찰관 론은 어떤 종류의 논증을 제시하였는가?

복습을 위한 핵심 단어

모집단	표본
최선의 설명에로의 추론	증언
귀납논리	결정 이론

확률 계산

3 도박사의 오류

첫 부분에 확률의 주요 개념 대부분이 등장한다. 그중 핵심적인 두 가지는 **독립성**과 **무작위성**이다. 명확한 사고를 위해선 **확률모형**이라는 개념이 큰 도움이 된다.

룰렛

어떤 도박사가 스스로 생각하기에 공정(fair)해 보이는 룰렛 휠로 도박을 하고 있다. 38개 칸으로 나뉜 룰렛 휠의 구성은 다음과 같다.

- 18개의 칸은 검은색이다.
- 18개의 칸은 붉은색이다.
- 2개의 칸은 초록색이고, 0이 적혀 있다.[1]

붉은색에 10달러를 걸었는데 휠이 붉은색에서 멈춘다면, 당첨금으로 20달러를 받는다. 마찬가지로 검은색에 10달러를 걸었는데 휠이 검은색에서 멈춘다면, 당첨금으로 20달러를 받는다. 다른 경우에 당신은 건 돈을 잃게 된다. 휠이 0에서 멈출 땐 언제나 도박업체가 이긴다.

이제 룰렛 휠이 12번 연속으로 검은색에서 멈추었다고 상상해보자. 위 도박

---

1 [역자 주] 이번 장 연습문제 1에서 언급되듯이, 지역마다 룰렛의 구성이 조금씩 다르다. 북미에서는 초록색 칸이 두 개이지만, 유럽에서는 초록색 칸이 한 개다. 초록색 칸이 두 개인 룰렛에서, 초록색 칸 각각에는 '0'과 '00'이 적혀 있다. 하지만 이 책은 '0'과 '00'을 구분하지 않는다. 이 책에서 '0에서 멈춘다', '0이 나온다'와 같은 표현은 모두 '0과 00 중 하나에서 멈춘다'는 것을 뜻한다.

사는 다음과 같은 이유에서 붉은색에 돈을 걸려고 결심한다.

> 룰렛 휠은 곧 붉은색에서 멈춘다.
> 룰렛 휠은 공정하다. 따라서 검은색에서 멈추었던 만큼 자주 붉은색에서 멈춘다.
> 룰렛 휠은 줄곧 붉은색에서는 멈추지 않았기 때문에, 곧 붉은색에서 멈춘다. 그래서 나는 붉은색에 돈을 걸 것이다.

도박사의 이런 논증은 위험을 안고 있다. 논증의 결론은 "다음 몇 차례의 회전 안에 휠은 반드시 붉은색에서 멈춘다."라는 것이다. 이 논증으로 인해 도박사는 위험을 안고 있는 결정을 내린다. 도박사는 붉은색에 돈을 걸기로 결정한다. 이것이 전부다. 여기엔 논증 하나와 결정 하나가 있다. 도박사에 동의하는가?

이번 장의 제목은 "도박사의 오류"다. 따라서, 이 도박사의 논증에는 무언가 문제가 있어야 한다. 그 문제가 무엇인지 말해볼 수 있는가?

우리는 한동안 도박사의 논증, 그리고 일반적으로는 확률과 관련된 한 가지를 설명할 것이다. 아직은 엄밀한 정의를 기대하지 말라. 개념을 분명하게 포착하기 위해 노력하라.

공정

논증에는 전제가 있다. 도박사 논증의 전제는 바로 룰렛 휠이 공정하다는 것이다. 무엇이 공정한가? 이 단어에는 몇 가지 의미가 있다.

> 판사는 공정할 것이다.
> 공정한 임금.
> 공정한 합의.
> 이 수업의 공정한 성적.
> 공정한 게임.
> 공정한 동전.
> 한 아이가 케이크를 반으로 자르고, 다른 아이가 그중 하나를 선택한다. "이는 공정하다."
> 직장 내 소수자나 여성을 위한 "차별철폐조치". 이것은 공정한가?

공정의 반대말은 무엇인가? 한쪽으로 치우쳐 있다면 공정치 않다. 공정한 판사라면 어느 쪽으로도 편향되지 않는다. 우리는 이 단어, 즉 편향(biased)이라는 단어를 도박 장치에 대해서도 사용한다. 동전이나 룰렛 휠과 같은 도박 장치가 편향되어 있다면 그것은 불공정하다.

편향

어떤 동전이 뒷면보다 앞면이 더 자주 나오는 경향이 있다면 그 동전은 편향되었다.

어떤 룰렛 휠이 검은색보다 붉은색에서 더 자주 멈추는 경향이 있다면 그 휠은 편향되었다.

편향된 동전은 뒷면보다 앞면이 더 자주 나오는 경향이 있거나, 반대로 앞면보다 뒷면이 더 자주 나오는 경향이 있다. 여기서 "경향이 있다"라는 말은 무엇을 의미하는가? 어려운 문제이다. 앞면이 더 잘 나오게끔 편향된 동전은 뒷면보다 앞면이 더 자주 나온다. 항상 그럴까? 그 동전을 이용한 동전 던지기에서는 언제나 그런가? 그렇지 않다. 뒷면보다 앞면이 더 자주 나오는 것은 "평균적으로", 혹은 "장기 시행"에서 그렇다는 것이다. 이것은 또 무엇을 의미하는가? 장기 시행에서, 결국 우리 모두는 죽는다.

하지만 장기 시행 속 평균이란 개념에 대해 우리는 대략적인 직관은 가지고 있는 듯하다. 우리는 어딘가에서든 시작해야 한다. 위와 같은 장치는 어떻게든 "우연"(chance)과 관련이 있어 보인다. 그것들을 우연 장치(chance setups)라고 부르자. 원칙적으로, 우연 장치에서 일어나는 시행(trials), 예를 들어 던지기, 돌리기, 꺼내기, 추출하기 등은 여러 번 반복될 수 있다. 그런 장치 속 시행의 가능한 결과(outcomes)는 정해져 있다.

- 동전의 경우: 앞면, 뒷면.
- 주사위의 경우: 1, 2, 3, 4, 5, 6.
- 룰렛 휠의 경우: 38개의 칸 각각.

우리는 반복된 시행에서 각 결과가 얼마나 자주 일어나는지에 대해 생각할 수 있다. 각 결과가 다른 결과들만큼 자주 일어난다면, 우리는 그 장치가 편향되지 않았다고 말한다.

> 장기 시행 속 각 결과의 상대빈도가 다른 결과의 상대빈도
> 와 같은 경우에, 그리고 오직 그 경우에만 해당 우연 장치는
> **편향되지 않았다.**

이 책은 철학책이다. 그런 만큼, 우리는 나중에 다시 돌아와 "장기 시행", "경향", "상대빈도"의 의미에 대해 고찰할 것이다. 우리는 이런 개념의 의미에 대해 약간의 직관은 가지고 있는 듯하다. 우리는 그 직관에서 시작한다. 나중에 제시될 철학적 분석을 통해 그것의 의미가 조금 더 분명해질 것이다.

독립성

불공정에는 여러 가지 방식이 있다. 어떤 동전 던지기에서 앞면이 뒷면보다 규칙적으로 더 자주 나온다면 그 동전 던지기 장치는 "불공정"하다. 그것은 편향되었다. 하지만 이런 경우에만 불공정하다고 말할 수 있는 것은 아니다.

　엄지손가락으로 동전을 튕겨서 손목으로 받는 동전 던지기를 생각해보자. 뒷면을 위로 향하게 하고 튕겼을 땐 거의 항상 앞면이 나오고, 앞면을 위로 향하게 하고 튕겼을 땐 거의 항상 뒷면이 나오는 식으로 동전 던지기 방법을 익히는 것은 의외로 굉장히 쉽다. (믿지 않을지도 모르지만, 오 분만 연습하면 누구라도 주변 친구들을 놀라게 할 수 있다. 당신은 마술사가 될 수 있다.) 요령만 터득하면, 앞면(H)과 뒷면(T)이 똑같이 나오게 할 수도 있다.

HTHTHTHTHTHT

당신의 동전 던지기 방식은 한쪽으로 치우쳐 있지 않다. 즉 편향되지 않았다. 하지만 이것을 "공정한" 동전 던지기로 생각할 수 있는가? 그럴 수 없다. 이런 동전 던지기는 무언가 수상쩍다. 어떤 도박사는 신이 날 것이다. 그는 동전이 12번 연속으로 뒷면이 나오는 것을 확인할 때까지 기다릴 필요가 없다. (결코 그런 일은 일어나지 않는다.) 도박사는 뒷면이 나왔다는 것을 보고 다음번 던지기에서는 앞면에 돈을 걸 것이다. 그는 이길 수밖에 없다!

　따라서 어떤 우연 장치가 편향적이지 않다는 것은 그것이 공정하다는 것을 보장하지 않는다. 우리에게는 그 이상의 무언가가 필요하다. 공정한 동전 던지기

장치라는 개념에는 결과의 무규칙성(no regularity)이 포함된 듯하다. 다르게 말해, 그 결과들이 무작위적(random)이어야 한다는 것이다. 무작위성은 매우 어려운 개념이다. (우리 생각에는) 우연 장치로부터 얻은 결과가 이전 시행의 결과에 영향받지 않을 때 그 결과는 무작위적이다.

공정한 장치는 어떤 것도 "기억"해선 안 된다. 공정한 장치는 이전 시행에서 어떤 일이 일어났는지 모른다.

이런 점은 여러 방식으로 생각해볼 수 있다. 예컨대, 어떤 도박사가 두 번 연속으로 앞면이 나온 다음에는 거의 언제나 뒷면이 나온다는 것을 알고 있다고 해보자. 그럼 그는 돈을 벌게 될 내기를 할 수 있다. 하지만 이런 우연 장치의 시행들은 독립적이지 않을 것이다. 무작위성은 종종 다음과 같은 말을 이용해 정의되곤 한다. 승리가 보장된 도박 시스템(successful gambling system)은 불가능하다.

복잡성(complexity)이란 개념도 사용된다. 무작위 배열은 누구도 예측할 수 없을 만큼 복잡하다. 한 배열의 복잡성은 그것을 산출하는 데 필요한 컴퓨터 프로그램의 최소 길이로 측정될 수 있다. 어떤 배열을 만들어내는 데 필요한 최소 프로그램이 그 배열 자체만큼 길다면, 해당 배열은 몇몇 계산 시스템에 상대적으로 무작위적이라고 불린다.

이제 우리는 다음과 같은 연관 개념들을 갖추게 되었다.

무작위성   이전 시행으로부터 어떤 영향도 받지 않음
무규칙성   이전 시행 어떤 것도 기억 못 함
복잡성   도박 시스템의 불가능성

몇몇 학생은 "기억 못 함"이라는 비유를 좋아한다. 또 어떤 학생은 무작위성에 관심을 가진다. 사람들은 복잡성과 같은 컴퓨터 관련 개념을 좋아한다. 이 각각의 개념은 한 가지 핵심 개념과 맞닿아 있다. 각 시행 결과가 같은 장치의 다른 시행 결과와 독립적이어야 한다는 것이다. 독립성에 관한 보다 세부적인 설명은 6장에서 제시된다. 현재 우리에게는 다음 설명으로 충분하다.

어떤 우연 장치 속에서 한 시행 결과의 확률이 이전 시행 결과로부터 영향받지 않는 경우, 그리고 오직 그 경우에만 그 우연 장치의 시행은 서로 **독립적이다**.

이것은 정의가 아니다. 개념에 대한 설명일 뿐이다. 우연 장치는 다음과 같은 경우, 그리고 오직 그 경우에만 공정하다.

- 그 장치는 편향되지 않았고,
- 그 장치의 결과는 서로 독립적이다.

불공정의 두 방식

두 가지 다른 이유로 우연 장치는 "불공정"할 수 있다. 먼저 우연 장치는 편향될 수 있다. 예를 들어, 앞면이 뒷면보다 더 자주 나오는 경향이 있을 수 있다. 결과에 어떤 규칙성이 있을 수도 있다. 시행이 서로 독립적이지 않을 수도 있다. 이처럼 불공정에는 두 방식이 있다. 그럼, 다음 네 가지 조합이 가능하다.

공정: 편향되지 않음, 독립적임.
불공정: 편향되지 않음, 독립적이지 않음.
불공정: 편향됨, 독립적임.
불공정: 편향됨, 독립적이지 않음.

이제 각 사례를 살펴보자.

편향되지 않고 독립적인

확률과 관련된 가장 인기 있는 모형은 공이 담긴 큰 항아리로, 우리는 그 항아리에서 "무작위로" 공을 꺼내곤 한다. 1부터 50까지 숫자 각각이 적힌 50개의 공이 담긴 항아리를 생각해보자. 각 공은 원형이고 매끈하고 비슷하게 생겼으며, 둘레와 무게가 서로 같다. 항아리 안에는 넓은 빈공간이 있다. 한 번의 시행은, 항아리를 흔든 다음 공을 하나 꺼내서 숫자를 기록한 뒤 그 공을 다시 항아리에 넣는 것이다. 이는 복원추출(sampling with replacement)이라 불린다. 우리는 각 숫자가 다른 숫자만큼 자주 나오리라 기대한다. 이 공 꺼내기는 편향되지 않고 독립적이라고 여기는 것이다.

편향된 마디뼈, 독립적인 결과

사람들은 오래전부터 도박을 해왔다. 처음에는 주사위 같은 것이 없었다. 사람들은 동물 뼈를 사용했다. 사슴이나 말과 같이 잘 달리는 동물의 발꿈치뼈를 던지면 그 뼈는 단 네 가지 방식으로 떨어진다. 이것은 자연 무작위 추출기(natural randomizer)라고 할 수 있다. 이 뼈는 종종 "마디뼈"(knucklebones)라고 불리기도 한다. 이것은 우리 주사위의 조상이라 할 수 있다. 일부 도박사들은 아직도 "뼈 굴리기"라는 표현을 쓰기도 한다.

물론, 마디뼈들은 제각각이다. 한 수업에서 대략 6,000년 정도 오래된 터키에서 발견된 마디뼈를 던졌다고 해보자. 결과 중 세 가지는 붉은 점, 검은 점, 파란 점으로 표시하였다. 그리고 네 번째 결과는 아무것도 표시하지 않았다.

그 마디뼈는 300번 던져졌다. 그 결과는 다음과 같다.

표시 없음: 110   파란 점: 88

붉은 점: 50   검은 점: 52

이를 반올림하여 백분율로 나타내보면 다음과 같다.

표시 없음: 37%   파란 점: 29%

붉은 점: 17%   검은 점: 17%

붉은 점과 검은 점이 나온 횟수가 비슷한데도 불구하고, 아무 표시 없는 결과는 그 둘을 합친 것보다 많이 나왔다. 이 마디뼈는 분명히 편향되었다.

하지만 우리는 이 마디뼈 던지기에서 어떤 규칙성도 찾을 수가 없었다. 던지기의 결과가 이전 던지기의 결과에 의존하는 것처럼 보이지 않았다. 마디뼈 던지기는 독립적인 듯하다.

편향되지 않은 공 뽑기, 독립적이지 않은 결과

같은 수의 붉은 공과 녹색 공이 들어 있는 항아리를 상상해보자. 첫 번째 뽑기에서 우리는 그 뽑기가 붉은 공이나 녹색 공 어느 쪽으로도 편향되지 않다고 생각할 것이다. 하지만 뽑기가 비복원추출(without replacement)이라고 가정해보자. 즉, 일단 공을 꺼내면 항아리가 빌 때까지 뽑은 공을 다시 넣지 않고 다른 공을 꺼낸다. 그런 다음, 원한다면 모든 공을 항아리에 넣고 다시 시작한다. 첫 번째 뽑기에서 녹색 공이 나온다면, 다음 뽑기에는 항아리 속 붉은 공은 녹색 공보다 하나 더 많게 된다. 그럼, 이런 경우 우리는 붉은 공을 뽑는 것이 녹색 공을 뽑는 것보다 더 일어남직하다고 기대할 것이다.

따라서 두 번째 공 뽑기의 결과는 첫 번째 공 뽑기의 결과와 독립적이지 않다. 하지만 전체적으로 볼 때 녹색 공과 붉은 공이 나오는 횟수는 같다. 이 장치는 편향되지 않았다. 붉은 공이 나오는 빈도와 녹색 공이 나오는 빈도는 같다. 그러나 각 시행은 이전 결과에 영향을 받는다. 그 각 시행은 독립적이지 않다.

편향되고, 독립적이지 않은

이제 붉은 공이 90%이고 나머지 10%가 녹색 공이라고 상상해보자. 비복원추출로 공을 뽑는다. 이런 경우, 붉은 공 쪽으로 편향되었고 각 시행은 독립적이지 않다.

도박사의 오류

방금 우리는 우연 장치가 불공정해지는 두 가지 방식이 있다는 것을 확인했다. 우연 장치는 편향될 수 있으며, 각 시행이 독립적이지 않을 수 있다. 이 차이가 중요하다. 어리석은 도박사가 다음과 같이 말한다.

나는 이 룰렛 휠이 공정하다고 생각한다.
방금 나는 열두 번 연속으로 검은색이 나오는 것을 보았다.
이 휠은 공정하므로, 검은색이 나오는 횟수와 붉은색이 나오는 횟수는 같다.

그러므로,

이제 곧 붉은색이 나올 것이다.
붉은색에 돈을 걸기 시작하는 것이 낫다.
바로 다음번에 붉은색이 나오지 않을 수도 있다. 하지만 이제 곧 많은 붉은색이 나올 것이다.

이것은 "도박사의 오류"라고 불린다. 귀납추리에서 우리가 많이 범하는 오류이다.

도박사의 오류란 무엇인가? 이 오류는 편향과는 관련이 없고, 독립성과 관련 있다.

위 도박사는 열두 번 연속으로 검은색이 나왔다는 것에 의해서 다음번에 붉은색이 나오는 것이 더욱 일어남직하게 된다고 생각한다. 만약 그렇다면, 과거의 결과들이 미래의 결과에 영향을 미친 것이다. 그럼, 그 장치의 시행들은 독립적이지 않을 것이며, 결국 그 장치는 공정하지 않을 것이다.

따라서 도박사는 비일관적(inconsistent)이다. 그의 전제는 다음과 같다.

- 이 장치는 공정하고,
- 열두 번 연속으로 검은색이 나왔다.

이로부터 도박사는 다음을 추론한다.

- 이제 곧 붉은색이 여러 번 나올 것이 분명하다.

이 결론은 장치에서의 결과들이 독립적이지 않을 때만 따라 나온다. 독립적이지 않다는 것은 도박사의 첫 번째 전제와 일관되지 않다.

승리가 보장된 도박 시스템의 불가능성

무작위성과 독립성은 여러 방식으로 이해될 수 있다. 한 가지 정의에 따르면, 승리가 보장된 도박 시스템이 불가능할 경우, 그리고 오직 그 경우에만 결과들은 무작위적이다. 여기서 도박 시스템이 불가능하다는 말은 이길 수 없다는 것이 아니다. 누군가는 승리해야 한다. 도박 시스템이 불가능하다는 것은 승리를 보장하는 어떤 내기 방식도 존재하지 않는다는 것이다.

예를 들어, 동전-던지기 장치가 "기억"을 가지고 있다고 해보자. 그 장치는 앞면이 나온 바로 뒤에 뒷면이 나오면, 그다음에는 언제나 뒷면이 나오도록 설계되었다. 또한 뒷면이 나온 바로 뒤에 앞면이 나오면, 그다음에는 언제나 앞면이 나오도록 설계되었다. 이 장치는 HTH나 THT와 같은 배열을 만들어내지 못한다. 그럼 다음과 같은 배열이 만들어질 수 있다.

H T T T T H H T T H H T

하지만 다음과 같은 배열은 불가능하다.

H T T T T H T T T H H T

이렇게, 이 장치에서는 결코 THT와 HTH가 나오지 않는다면 매우 수익성 높은 도박 시스템이 가능하다. HT가 나오면 다음번에는 T가 나온다는 것에 걸고, TH가 나오면 다음번에는 H가 나온다는 것에 건다. 그리고 이 두 경우가 아닌 경우에는 아무 내기도 하지 않는다. 그럼 위 첫 번째 결과들의 배열에서 당신은 다음과 같이 내기하게 된다.

H T (T에 건다) T T T H (H에 건다) H T (T에 건다) T H (H에 건다) H T

그럼 당신은 당신이 한 모든 내기에서 이기게 된다.

앞에서 등장한 어리석은 도박사는 유리한 도박 시스템이 가능하길 꿈꾸고 있다. 그의 시스템에는 "열두 번 연속으로 검은색이 나오면 붉은색에 돈을 건다"라는 것이 포함되어 있다. 이런 시스템은 룰렛 휠 회전 각각이 독립적이지 않을 때만 제대로 작동할 것이다. 물론 그 휠의 회전은 독립적이지 않을 수 있다! 하지만 룰렛 휠이 공정하다고 전제하고 있다면 회전 각각이 독립적이라고 생각해야 한다. 따라서 그 도박사의 오류는, 룰렛 휠이 공정하다고 생각함과 동시에 도박 시스템도 가능하다고 생각한 것이다.

복합 결과

공정한 장치를 이해하는 또 다른 방법이 있다. 동전 던지기에서 앞면이 나오는 횟수와 뒷면이 나오는 횟수가 평균적으로 같다면, 그 동전은 편향되지 않았다. 여기서 우리는 두 번의 시행으로 이루어진 모든 가능한 결과들을 생각해볼 수도 있다.

HH   HT   TH   TT

시행들이 독립적이라면, 이 네 가지 복합 결과 각각이 나오는 횟수는 평균적으로 같을 것이다. 마찬가지로, 단지 검은색(B)과 붉은색(R)으로만 구성된 룰렛 휠로부터 얻은 13개의 결과로 이루어진 배열 각각은 서로 같은 빈도로 나올 것이다. 따라서, 평균적으로 다음 배열은

　　　B B B B B B B B B B B B R

아래 배열보다 많지도 적지도 않은 빈도로 일어난다.

　　　B B B B B B B B B B B B B

12번 검은색이 나온 경우 중 반은 다음번에 붉은색이 나온다. 12번 검은색이 나온 경우 중 반은 다음번에 검은색이 나온다.

특이한 물음 3

　　표준 국영 복권인 로또 6/49를 구입하면, 당신은 49개(1~49)의 숫자 중에서 6개를 선택하게 된다. 선택한 6개의 숫자가 모두 뽑힐 경우, 당신은 아마도 수백만 달러에 이를 가장 큰 당첨금을 받는다. (당첨금은 그 행운의 숫자를 선택한 모든 사람이 나누어 갖는다. 만약 아무도 당첨되지 않으면, 상금의 대부분은 다음 주 복권으로 이월된다.)

이모가 당신에게 두 개의 복권 중 하나를 공짜로 준다. 당신은 둘 중 하나를 선택할 수 있다. 각 복권에 적혀 있는 숫자는 다음과 같다.

A. 당첨 숫자: 1, 2, 3, 4, 5, 6
B. 당첨 숫자: 3, 14, 21, 32, 36, 39

당신은 A와 B 중 어느 것을 선호하는가? 아니면 두 복권 간에 어떤 선호 차이도 없는가?
　만약 로또 6/49가 공정하다면, 각 결과는 서로 같은 확률을 가질 것이다. 어떤

사람은 당첨 복권인지를 더 쉽게 확인할 수 있다는 이유에서 복권 A를 더 선호할지 모르겠다. 이건 실용적 판단이다.

어떤 사람들은 열네 살 남동생과 세 살 여동생이 있다는 이유에서 복권 B를 더 선호할지 모르겠다. 이건 미신이다.

만약 단지 확률만을 가지고 선택한다면, A와 B 간에 어떤 선호 차이도 없어야 한다.

그러나! B 대신 A를 선택하는 것에 실질적인 이점이 있을 수 있다!

거액의 상금은 당첨 숫자를 선택한 사람들이 나누어 갖는다. 대부분의 사람은 B와 같은 불규칙적으로 보이는 결과를 좋아할 것이다. 그들은 A와 같은 규칙적인 순서가 발생할 것이라고 믿지 않는다. 따라서, 각 당첨자에게 돌아가는 돈은, B가 당첨 숫자인 경우보다 A가 당첨 숫자인 경우에 더 클 것이다.

하지만! 아마도 이 사실을 알고 있는 많은 사람은 한발 앞서 남들이 잘 선택하지 않을 복권을 선택하려고 노력할 것이다. 20세기 후반 국영 복권이 처음 영국에 도입되었을 때, 많은 사람이 1, 2, 3, 4, 5, 6을 선택했다. 왜냐하면, 그들은 자신 외에 아무도 이런 숫자를 선택하지 않으리라 생각했기 때문이다. (사실은 그렇지 않지만) 만약 그 숫자가 당첨 숫자였다면, 꽤 많은 사람에게 상금이 분배되어 각자가 받게 될 당첨 금액은 꽤 작았을 것이다.

특이한 물음 7

> 동전 던지기를 "흉내 내라". 즉 동전을 실제로 던지지 말고 100개의 H(앞면)와 T(뒷면)를 나열하라. 당신이 보기에, 이렇게 나열된 것은 공정한 동전을 실제로 던져서 얻은 결과라고 모든 사람을 속일 수 있는 것이어야 한다.

쉬워 보이는 일이다. 실제로도 그렇다. 그러나 대부분 사람은 자신이 나열한 것이 무작위적인 것처럼 보기에 하려고 너무 많은 불규칙성을 끼워 넣는다. 앞에서 A보다 B를 선택하는 것이 더 낫다고 생각하도록 만들었던 직감이 여기에서도 작동한다.

(베팅 게임에서) 런(run)이라는 것은 같은 결과가 연속으로 나오는 것을 말한다. 예를 들어 룰렛에서 검은색이 연속으로 12번 나온 결과는 '검은색 12개의 런'이라고 불린다. 대부분의 사람은 동전을 100번 던지면 앞면과 뒷면이 서로

꽤 자주 오락가락하면서 나오리라 생각한다.

10번의 동전 던지기를 흉내 내는 사람은 웬만해선 앞면이 7번 연속 나오는 결과를 적지 않을 것이다. 사실, 공정한 동전의 경우, 앞면이 7번 연속으로 나올 확률은 $1/128 (= \frac{1}{2} \times \frac{1}{2} \times \frac{1}{2} \times \frac{1}{2} \times \frac{1}{2} \times \frac{1}{2} \times \frac{1}{2})$에 불과하다. 그러나 동전 던지기를 100번 한다면, 첫 번째 던지기부터 93번째 던지기 각각에서 7번 연속으로 앞면이 나오는 일이 시작될 수 있다. 따라서 앞면이 연속으로 7번 나올 기회는 적어도 93번이나 된다.

100번 동전 던지기에서 앞면이 연속으로 7번 나올 확률은 그렇지 않을 확률보다 크다. 100번 동전 던지기에서 앞면이 최소한 6번 이상 연속으로 나올 확률은 그렇지 않을 확률보다 훨씬 크다. 그럼에도 불구하고 대부분의 사람은 앞면이 연속으로 6번 나오는 배열조차도 적어내지 않는다.

이 사례는 앞에서 다룬 도박사의 오류에 관련해서도 도움이 된다. 우리 느낌상, 12번 연속으로 검은색이 나오면 곧바로 붉은색이 나와야 할 것 같다! 그런데 그렇지 않다. 말하자면, 일들이 잠잠해지기 위해서는 충분한 시간이 흘러야 한다.

똑똑한 학습자

우리는 어리석은 도박사라고 불리는 사람에게서 시작했다. 그 도박사가 답답한 논리학자를 만난다. 답답한 논리학자는 도박사에게 다음과 같이 말한다.

> 당신은 장치가 공정하다고 전제했습니다. 하지만 지금 당신은 마치 장치가 공정하지 않은 것처럼 추론합니다. 당신은 편향되었다는 것이 불공정의 유일한 구성 요소라고 생각합니다. 독립성은 잊어버린 것이지요. 이것이 바로 당신의 오류입니다.

이들은 세 번째 인물 똑똑한 학습자를 만난다. 똑똑한 학습자는 다음과 같이 추론한다.

> 이 룰렛 휠에서는 검은색이 너무 자주 나옵니다. 나는 이 휠이 편향되지 않다고 생각했었습니다. 하지만 그것은 잘못이었습니다. 이 휠은 검은색이 더 잘 나오게끔 편향된 것이 분명합니다! 그러므로 나는 검은색에 돈을 걸겠

습니다.

똘똘한 학습자는 위험을 안고 있는 결론, 즉 휠이 편향되었다는 것을 결론으로 삼는 귀납 논증을 제시했다. 그는 검은색에 돈을 건다. 어리석은 도박사는 붉은색에 돈을 건다. 답답한 논리학자는 어느 쪽으로도 돈을 걸 만한 이유가 없다고 한다. 누가 옳은가?

똘똘한 학습자가 옳을지도 모른다. 휠이 편향되어 있을 수 있다. 논리학 자체는 이에 대해서 어떤 것도 말해주지 않는다. 당신은 카지노를 조사하여 이 룰렛 휠을 어디서 구했는지 확인해야 한다. 이런 일이 실제 카지노에서 벌어졌다면 우리는 그 휠이 검은색 쪽으로 치우치지 않았으리라고 추측할 것이다. 어떤 이상한 점도 발견되지 않을 수 있다. 만약 그랬다면, 사람들은 쉽게 알아채고 이 세상의 똘똘한 학습자 모두 부자가 되어 버렸을 것이다.

나는 똘똘한 학습자가 틀렸다고 생각한다. 왜냐하면, 내가 아는 세상에선 그런 일이 잘 일어나지 않기 때문이다. 그가 틀렸다는 나의 믿음은 귀납논리와는 관련이 없다. 그 믿음은 내가 가진 카지노, 휠, 도박사에 대한 정보에 달려 있다. 내가 틀렸을지도 모른다. 이 역시 위험을 안고 있는 또 다른 논증일 뿐이다.

위험한 비행기

할머니 집에 놀러 온 '빈센트'와 '지나'는 비행기를 타고 집으로 돌아갈 예정이다. 이 둘이 이용할 수 있는 항공사는 알파 항공과 감마 항공이라는 두 회사뿐이다. 그런데 감마 항공의 비행기 한 대가 사고로 추락했다.

> 빈센트: 감마 항공을 타자. 감마 항공 비행기는 백만 대 중 한 대 꼴로 추락하는데, 방금 한 대가 추락했거든!
> 지나: 그건 미친 짓이야. 그 사고가 바로 감마 항공을 신뢰할 수 없다는 증거야. 알파 항공을 타야 해.

누구의 말이 옳은가? 지나는 똘똘한 학습자처럼 생각하고 있다. 그때 지나의 할머니가 다가와 얘기한다. "감마 항공은 더욱 조심할 거야. 그리고 추락 원인이 된 결함을 전체 비행기를 대상으로 조사한다더구나. 그러니 감마 항공을 이용해라." 이번에는 지나의 남자친구가 말한다. "안 돼요! 기록을 보면 감마 항공은 오랜 기간 안전 수칙을 위반했대요. 게다가, 감마 항공의 조종사들은 제대로 훈련도 받지 못했대요. 감마 항공 비행기들은 더 낡고 싼데다가 유지 보수도 엉망이에요. 승무원 급여도 더 낮고요. 이런 것들이 일주일 안에 개선될까요? 불가능해요. 일 년은 걸릴 거예요."

빈센트, 지나, 할머니, 남자친구는 모두 다르게 논증하고 있다. 각자는 서로 다른 전제를 끌고 들어와 논증한다. 전제는 거짓일 수 있다. 논리학은 전제가 참인지 거짓인지에 대해서는 말해주지 않는다. 논리학은 전제가 결론에 대한 좋은 근거인지만 알려준다. 논리학이 말해줄 수 있는 것은 '만약 빈센트가 어리석은 도박사처럼 추론한 것이라면 그는 틀렸다'는 것뿐이다. 그리고 실제로 빈센트는 잘못된 추론을 한 것처럼 보인다.

모형

확률을 이용한 추론에서 우리는 복잡한 상황에 대한 단순하고 인공적인 모형에 의존한다. 도박과 같이 섬세한 장비와 규칙이 있는 경우를 제외한다면, 실세계는 거의 언제나 복잡하다. 룰렛 휠은 대칭적으로 만들어져 각 칸이 나오는 빈도가 같지만, 실제 삶은 그렇지 않다. 하지만 인공적인 게임은 실제 세계를 다루는 데 도움을 주는 유용한 확률모형(probability models)일 수 있다.

확률적 사고의 기본 전략은 다음과 같다. 단순하고 인공적인 모형을 만들라. 그렇게 만들어진 모형을 실세계 상황과 비교하라. 모형을 만들 때, 정밀한, 때로는 수학적이거나 논리학적인 개념이 사용될 수 있다. 이런 특징으로 인해, 모형은 우리가 명료하게 사고할 수 있도록 도와준다. 하지만 우리는 또한 모형이 실세계 문제에 얼마나 잘 적용될 수 있는지 확인해야 한다.

예를 들어보자. 내가 사는 동네는 주차할 곳을 찾기 매우 어렵다. 불법 주차 벌금은 20달러이다. 우리 집에 찾아온 손님이 불법 주차를 하려고 한다. 그가 오늘 저녁에 주차 위반 딱지를 떼일 가능성은 얼마나 될까? 주차 단속원은 일주일에 단 하룻저녁만 순찰을 돈다. 그래서 나는 모형을 하나 만들었다. 한 장의 붉은 카드와 여섯 장의 초록 카드를 모자에 넣었다. 그리고 모자에서 무작위로 한 장을 뽑을 것이다. 이 모형에서 붉은 카드는 벌금을 내는 것에, 초록 카드는 아무 탈 없이 공짜로 주차하는 것에 해당한다.

다른 손님이 말한다. "저는 어젯밤 이 동네에서 위반 딱지를 떼였어요. 이 상황에 대한 옳은 모형은 무엇일까요?" 우리는 주차 단속원이 이틀 연속 이곳을 순찰하는 일은 거의 일어나지 않는다고 믿고 있다. 이제, 우리는 이 상황, 즉 각 시행이 독립적이지 않은 상황에 대한 새로운 모형을 만든다.

빈센트와 지나의 경우에 대해서도 물어보자. 감마 항공 사고가 포함된 상황에 대한 올바른 모형은 무엇인가?

모형 추론의 두 가지 잘못

확률모형을 이용해 위험을 안고 있는 추론을 할 때, 두 가지 잘못을 저지를 수 있다.

- 모형이 실세계를 제대로 표상하지 못할 수도 있다. 이것은 실제 세계에 관한 실수이다.
- 모형으로부터 잘못된 결론을 도출할 수 있다. 이것은 논리적 오류이다.

똑똑한 학습자는 "검은색에 걸어라."라고 말했다. 그가 생각하기에, 우리 모형은 잘못되었고 따라서 우리는 실제 세계에 대해서 실수를 범하고 있다.

어리석은 도박사는 "붉은색에 걸어라."라고 말했다. 이것은 논리적 오류이다. 그는 독립성을 생각하지 못했다.

이런 두 종류의 잘못은 논증을 비판하는 두 방법을 떠오르게 한다.

- 전제에 대한 이의 제기: 적어도 하나의 전제가 거짓임을 보인다.
- 추론에 대한 이의 제기: 전제들이 결론을 위한 좋은 근거가 아니라는 것을 보인다.

모형을 비판하는 것은 전제에 대한 이의 제기와 유사하다. 모형에 관한 분석을 비판하는 것은 추론에 대한 이의 제기와 유사하다.

연습문제

1 **룰렛 휠**. 북미 카지노의 룰렛 휠에는 0이 적힌 칸이 두 개다. 유럽 카지노는 북미 카지노와 규칙은 비슷하지만, 한 칸에만 0이 적혀 있다.

(a) 내기를 해야 한다면, 유럽과 북미 룰렛 중 무엇을 사용하는 것이 좋을까?

(b) 0이 하나로 줄어들면 이길 승률이 바뀐다. 이건 도박사의 오류에 어떤 영향을
　　주는가?

2 **카드 섞기**. 브리지(bridge)와 같은 카드 게임에서는 카드를 돌리기 전에 카드를 섞는
　다. 이런 카드 섞기는 완벽하지 않아 보통 이전 게임에 대한 "기억"이 남게 된다. 카
　드를 돌린 이후, 카드들은 여전히 이전 게임의 카드 순서가 반영된 상태에 있게 된
　다. 전문가조차 카드를 완벽하게 섞지는 못한다. 이전 게임에서의 흔적을 모두 제거
　하려면 전문가가 적어도 7회 이상 카드를 섞어야 한다.

　　친한 친구 몇몇이 카드 게임을 하고 있다. 이들은 카드를 돌리기 전에 전체 카드
　를 딱 두 번만 섞는다.

(a) 게임을 반복할 때, 나누어 받은 패는 편향되는가?

(b) 어떤 카드 패를 받게 될지는 각 게임 간 독립적인가?

(c) 공정한 장치에 관한 우리의 정의에 따를 때, 이 장치는 공정한가?

3 **로또**. 스탠퍼드 대학교의 두 수학자가 캐나다 로또 6/49 자료를 분석했다. 그들은 사
　람들의 선택에 관한 모형을 이용해, 20, 30, 39, 40, 41, 48이 가장 인기 없는 복권이
　라는 것을 계산해내었다. 로또 복권을 구매할 때, 이 번호를 고르는 게 좋은 선택일
　까?

4 **숫자**. 우리는 주사위를 굴려 숫자들로 이루어진 시행열을 만들 수 있다. 여기서 시행
　은 주사위 굴리기가 되고, 결과는 1부터 6까지의 숫자가 된다. 그럼 다음 각 장치에
　의해서 만들어진 숫자들은 어떤 특징을 가지는가? 그 장치는 편향되었는가? 시행은
　독립적인가?

(a) **출생 몸무게**. 큰 병원에서는 신생아의 몸무게를 그램 단위까지 측정한다. 신생
　　아 몸무게의 마지막 자리 숫자를 이용해 0에서 9까지의 숫자들로 하나의 시행열
　　을 만들 수 있다. 여기서 시행은 출생, 몸무게 측정, 기록하기로 구성되고, 가능
　　한 결과는 0부터 9까지의 숫자이다. 만약 신생아의 몸무게를 킬로그램 단위까지
　　만 측정하여 마지막 숫자를 기록한다면 어떻게 되겠는가?

(b) **전신주**. 넓은 평야에 있는 길고 곧은 직선 도로를 따라 전화선이 뻗어 있다. 그
　　리고 각 전신주에는 번호가 매겨져 있다. 여기서 시행은 전신주를 하나하나 따
　　라가며 각 번호의 마지막 숫자를 순서대로 기록하는 것이다.

(c) **책**. 1부터 600까지 쪽 번호가 매겨진 600쪽짜리 책이 있다. 무작위로 이 책을 펼친 뒤, 왼쪽의 쪽 번호 마지막 숫자를 기록한다.

(d) **유람선**. 매일 정오, 유람선 선장은 지난 24시간 유람선 운항 거리(마일)를 안내한다. 매일, 승객들은 그 거리의 마지막 숫자에 대해 내기한다. 상금의 20%는 자선단체에 기부된다. 나머지 80%는 마지막 숫자를 맞힌 사람들에게 똑같이 배분된다. (다른 숫자가 아니라 어떤 특정 숫자에 걸어야 할 이유가 있나?)

5 **어리석은 도박사의 반격**. "나는 저명한 경제학자 존 메이너드 케인스(John Maynard Keynes)가 1921년에 출판한 『확률에 관한 논고』(*A Treatise on Probability*)라는 옛날 책을 읽은 적이 있다. 케인스에 따르면, 독일의 심리학자 마르베 박사는 몬테카를로 룰렛의 80,000번 회전을 연구해, 같은 결과가 연속으로 길게 나오는 일, 즉 롱런(long run)은 이론이 예측했던 것보다 적게 일어난다는 것을 밝혀냈다. 검은색이 13번 연속으로 나오는 것은 사람들이 생각했던 것보다 훨씬 덜 일어난다. 따라서 검은색이 12번 연속으로 나온다면 나는 붉은색에 걸 것이다!" (a) 이렇게 말한 사람은 도박사의 오류를 범했는가? (b) 마르베 박사의 자료는 어떻게 설명될 수 있을까?

6 **카운팅**. 카지노에는 블랙잭, "21" 등의 이름으로 알려진 포커 게임이 있다. 이 게임의 승률은 카지노에 유리하게 설정된다. 그렇다고 해서 아주 많이 유리하지는 않다. 카드 한 벌이 모두 소진될 때까지 여러 판의 블랙잭이 진행되곤 했었다. 이것은 **비복원추출**과 유사하다. 이런 비복원추출 규칙을 따라 게임을 하면 **도박 시스템**이 가능하다. 그 이유를 설명하라.[2]

7 **징집**. 베트남 전쟁 기간 미군 징집 방식에 대한 여러 비판이 있었다. 가난할수록 징집될 공산이 컸었다. 흑인과 히스패닉계도 다른 미국인보다 징집될 공산이 컸었다. 그래서 그 구식 방식은 제비뽑기 방식으로 대체되었다. 회전하는 큰 항아리 안에는 365개의 공을 넣는다. 각 공에는 그해의 날짜들이 라벨로 붙어 있었다(윤년에는 공 한 개가 추가된다).

---

2 [역자 주] 블랙잭은 딜러에게 받은 카드 속 수의 합이 21에 가깝게 만드는 것을 목표로 하는 게임이다. 한 판의 블랙잭에서 참가자는 처음에 두 장의 카드를 받게 되며, 카드를 더 받을지는 스스로 결정한다. 여기서 "카드 한 벌이 모두 소진될 때까지 여러 판의 블랙잭이 진행된다"라는 것은, 블랙잭 한 판이 끝난 뒤에 (카드를 바꾸거나 나눠 가진 카드를 다시 섞지 않고) 남은 카드로 게임을 계속한다는 것이다.

추첨은 텔레비전을 통해 공개적으로 이루어졌다. 어떤 속임수 없이 모든 공이 항아리 안에 있다는 것을 보여주기 위해 (윤년이 아닌 해에는) 365번 공부터 시작해서 1번 공까지 순서대로 항아리 안에 집어넣었다. 그 후 예쁘고 젊은 여성들이 항아리에서 한 번에 하나씩 공을 꺼냈다.

처음 뽑힌 공에 적힌 날짜와 생일이 같은 사람들이 가장 먼저 징집된다. 그러고 나면 두 번째 공의 날짜와 생일이 같은 사람들이 징집된다. 이런 식으로 필요한 만큼의 병사가 징집될 때까지 추첨은 계속된다.

처음 몇 개의 공은 일 년에 두루 걸쳐 뽑힌 듯했다. 하지만 조금 뒤에는 일 년 중 앞 달에 해당하는 공이 주로 뽑히는 경향을 보였다. 그래서 2월에 태어난 사람들이 징집될 확률은 제법 컸지만 12월에 태어난 사람들이 징집될 확률은 별로 크지 않았다.

(a) 복원추출인가, 비복원추출인가?

(b) 공 뽑기가 편향되었다고 생각하는가?

(c) 편향되었다면, 이번 장에서의 정의에 따라 위 공 뽑기 장치는 "공정"하지 않다. 이것은 징집 대상 남성들에게 불공정한 것이었나?

(d) 왜 이런 공 뽑기 결과가 일어났는지, 최소한 두 가지 설명을 제시하라.

8 **엑스레이**. 엑스레이에는 잠재적 위험성이 있다. 세포를 손상시켜 암을 유발할 수도 있기 때문이다.

사라는 치과의사에게 말했다. "엑스레이를 찍지 않으면 좋겠어요. 삼 년 전에 스키를 타다가 끔찍한 사고를 당해 다리뼈가 크게 부러졌었어요. 그때, 엑스레이를 많이 찍었어요. 그래서 더 이상 엑스레이를 찍고 싶지 않아요. 엑스레이를 찍으면 암에 걸릴 확률이 훨씬 더 커질 것 같아요."

치과의사: "그렇지 않아요. 과거에 엑스레이를 찍었다는 사실은 미래의 엑스레이 촬영의 위험성에 어떤 영향도 미치지 않아요. 당신처럼 생각하는 것은 도박사의 오류일 뿐입니다."

논쟁을 이어가보라.

9 **건조한 팔월**. 남자가 농사를 시작한 땅은 건조하지만 비옥했다. 기록에 따르면, 3월부터 8월까지 매달 적당량의 비가 내릴 확률은 반반이다. 이때 내리는 비로 남자는 농번기 내내 농장에 물을 댈 수 있게 된다. 완전히 건조한 농번기는 육십 년에 한 번 정도도 안 된다.

지금은 8월 중순이다. 작년 말에 큰 폭풍이 있었는데 그 이후로 비가 내리지 않았다. 농부에게는 물이 부족하고 작물은 죽어가고 있다. 하지만 그는 낙관적이다. 왜냐하면, 다음과 같이 생각하기 때문이다.

곧 비가 내릴 것이 거의 확실하다. 통계가 그걸 증명한다.

농부는 도박사의 오류를 범했는가? 이 논증에 도박사의 오류와 다른 오류가 있는가?

10 **역―도박사의 오류**. 알버트는 주사위 게임을 좋아한다.
  (a) 알버트가 네 개의 주사위를 동시에 단 한 번 굴려 6, 6, 6, 6을 얻을 확률은 얼마인가?
  (b) 트래퍼: "어제 밤 알버트는 주사위 게임을 했는데, 6이 네 개 나왔데." 넬슨: "분명, 알버트는 네 개의 6을 얻으려고 주사위를 여러 번 굴렸을 거야!" 넬슨의 결론은 합리적인가?
  (c) 루시가 알버트를 방문했다. 루시가 들어가는 그 순간, 알버트는 네 개의 주사위를 굴린 뒤 "만세!"라고 외쳤다. 6이 네 개 나온 것이다. 루시는 "분명 너는 이 결과를 얻기 위해 오늘 밤 내내 주사위를 굴렸을 거야!"라고 말했다. 루시가 이렇게 말한 데에는 여러 이유가 있을 것이다. 알버트는 주사위 게임 중독자일 수 있다. 하지만 알버트가 방금 굴린 주사위에서 6이 네 개 나왔다는 증거만 가지고 그런 결론을 내리는 것은 합리적인가?

11 **운 좋은 이모**. (a) "작년에 이모가 복권 2등에 당첨된 적 있대."―"아, 이모는 복권을 매주 샀을 거예요." 이것은 좋은 추리인가? (b) 당첨 번호가 방금 TV에서 발표되었다. 전화벨이 울렸고, 전화를 한 건 이모였다. "방금 내가 복권에 당첨되었어!"―"아, 이모, 복권을 매주 산 거지?" 이것은 좋은 추리인가?

12 **설계 논증**. 조물주의 존재를 지지하는 유명한 논증이 있다. 당신이 사막 한가운데에서 시계를 발견했다고 해보자. 그 사막에 "이전까지 아무도 살지 않았다"라고 하더라도 당신은 여전히 그 잘 설계된 시간 기록 장치가 어떤 시계공이나 공장에서 만들어졌을 것이라고 추론할 것이다. 우리는 놀라울 정도로 잘 짜여 있고 잘 설계된 우주 한가운데에 있다. 이 우주에는 여러 원인과 목적을 이루기 위한 여러 수단이 굉장히 잘 조율되어 있다. 그러므로 이 우주에도 분명 조물주가 있을 것이다.
이에 대한 일반적인 반론은 다음과 같다. 잘 짜여진 우주가 단지 우연에 의해서 등장했다는 것이 놀라워 보일 수 있다. 그러나, 영원하지는 않을지라도 아주 오랜 시간 동안 물질이 운동하며 존재해왔다면, 언젠가 우연히 잘 짜여진 우주에 이르게 될 수 있다. 따라서 설계 논증은 잘못이다.

이 반론은 올바른가?

복습을 위한 핵심 단어

상대빈도	도박 시스템
우연 장치	복잡성
편향된/편향되지 않은	독립성
무작위	확률모형

4 기초 확률 개념

이번 장에서는 일반적인 확률 표기법을 설명하고, 오래전에 배웠던 확률의 덧셈과 곱셈에 대해 복습한다.

무엇의 확률인가?

당신은 자동차보험에 가입하려고 한다. 보험회사는 당신의 나이, 성별, 운전 경력, 차량 제조사 등을 알고 싶어 한다. 왜냐하면 보험회사는 다음 질문에 대한 답을 찾고 있기 때문이다.

> 당신이 내년에 교통사고를 일으킨다는 것이 참일 확률은 얼마인가?

이것은 다음 명제에 (또는 진술, 주장, 추측 등에) 대해 묻고 있다.

> "당신이 내년에 교통사고를 일으킨다."

보험회사는 다음 질문에 대한 답을 알고 싶어 한다. 이 명제가 참일 확률은 얼마인가?

보험회사들은 다르게 질문할 수도 있다.

> 당신이 내년에 교통사고를 일으킬 확률은 얼마인가?

이것은 사건에 (또는 특정 종류의 발생과 관련된 무언가에) 대한 물음이다. 다음과 같은 일이 일어날까?

　　당신이 운전하는 차가 연루된 내년 교통사고

보험회사는 다음 질문에 대한 답을 알고 싶어 한다. 이 사건이 발생할 확률은 얼마인가?

　분명, 같은 것을 두 가지 다른 방식으로 물을 수 있다.

명제와 사건

논리학자는 전제로부터 결론으로의 논증에 관심이 있다. 여기서 전제와 결론은 모두 명제이다. 그래서 귀납논리 교과서들은 보통 명제의 확률을 다룬다.

　반면에 대부분의 확률 교과서와 통계학자는 사건의 확률을 다룬다.

　이처럼, 확률에는 명제와 사건이라는 두 개의 언어가 있다.

　　명제는 참 또는 거짓이다.
　　사건은 발생하거나, 발생하지 않는다.

우리가 명제를 이용해 말하는 것 대부분은 사건-언어로 번역될 수 있고, 우리가 사건을 이용해 말하는 것 대부분 역시 명제-언어로 번역될 수 있다.

　처음에 우리는 이 두 방식 사이를 오락가락할 것이다.

　지금은 명제와 사건을 구분하는 것이 별로 중요하지 않다. 그 구분은 이 책 후반부에 가서야 중요해진다.

왜 두 가지 언어를 배우는가?

왜냐하면 이미 사건 언어로 이야기하는 학생도 있고, 이미 명제 언어로 이야기하는 학생도 있기 때문이다.

　또 통계학을 공부하게 될 학생은 앞으로 사건 언어를 사용하게 될 것이고, 논리학을 공부하게 될 학생은 앞으로 명제 언어를 사용하게 될 것이기 때문이다.

　중요한 것은, 도움이 될 만한 이야기라면 누구의 말이라도 이해할 수 있어야 한다는 것이다.

여기엔 널리 받아들여지는 교훈이 있다. 최대한 신중하고 명확하게 말하라. 자신의 언어를 고집하지 말라. 어떤 신중한 생각도 상대방이 이해할 수 있는 언어로 표현할 수 있도록 준비하라. 낯선 언어로 말하는 사람으로부터도 배울 준비를 하라.

표기법: 논리학

영어 알파벳 대문자 A, B, C, …는 명제와 사건을 나타낸다.

명제든 사건이든 상관없이, 논리적 복합문은 다음과 같이 표현된다.

선언문 (이거나): A∨B는 (A이거나 B, 또는 둘 모두)를 나타내며, "A이거나 B"라고 불린다.

연언문 (이고): A&B는 (A이고 B)를 나타낸다.

부정문 (아니다): ~A는 (A가 아니다)를 나타낸다.

명제 언어의 예:

Z를 룰렛 휠이 0에서 멈춘다는 명제라고 하고, B를 룰렛 휠이 검은색에서 멈춘다는 명제라고 하자.

Z∨B는 룰렛 휠이 0에서 멈추거나 검은색에서 멈춘다는 명제이다.

예:

Z: 룰렛 휠이 0에서 멈춘다.

B: 룰렛 휠이 검은색에서 멈춘다.

그렇다면, Z∨B=두 사건들 중 어느 하나가 발생한다=룰렛 휠은 0에서 멈추거나 검은색에서 멈춘다. 다음 명제 R을 생각해보자.

R: 룰렛 휠이 붉은색에서 멈춘다.

룰렛 게임에서, 휠이 0에서 멈추거나 검은색에 멈추는, 즉 Z∨B인 경우에, 그리

고 그런 경우에만 휠은 붉은색에서 멈추지 않는다. 즉 ~R이다. 따라서,

　　~R은 (Z∨B)와 동치이다.
　　R은 ~(Z∨B)와 동치이다.

표기법: 집합
일반적으로 통계학자들은 명제를 다루지 않는다. 그들은 집합론을 이용해 사건을 다룬다. 명제 언어는 다음과 같이 사건 언어로 바꿀 수 있다.

　　두 명제의 선언문 A∨B는 두 사건의 합집합 A∪B에 해당한다.
　　두 명제의 연언문 A&B는 두 사건의 교집합 A∩B에 해당한다.
　　한 명제의 부정문 ~A는 한 사건의 여집합 A^c에 해당한다.

표기법: 확률
확률과 통계학 교과서는 보통 확률을 나타내는 기호로 P( )를 사용한다. 하지만 우리는 다음 기호를 이용할 것이다.

　　Pr( ).

룰렛의 예에서 Z는 룰렛 휠이 0에서 멈춘다는 것을, R은 붉은색에서 멈춘다는 것을, B는 검은색에서 멈춘다는 것을 나타냈다. 아래 것들은 모두 이와 관련된 확률을 나타낸다.

　　Pr(Z)　Pr(Z∨B)　Pr(~(Z∨B))　Pr(R)

방금 전에 우리는 ~R과 (Z∨B)가 동치라고 했다. 따라서, 다음이 성립한다.

　　Pr(~R)=Pr(Z∨B).

즉, 룰렛 휠이 붉은색에서 멈추지 않을 확률은 그 휠이 0에서 멈추거나 검은색

에서 멈출 확률과 같다.

두 규약

확률을 배운 적이 있든 없든, 우리는 확률을 백분율이나 분수로 표현하곤 한다.
다시 말하면,

확률은 0과 1 사이의 값이다.

기호로 표현하자면, 임의의 명제 A에 대해 다음이 성립한다.

$0 \leq \Pr(A) \leq 1.$

양극단에서의 확률은 0과 1이다.

명제 언어에서는, 확실하게 참인 것이 1의 확률을 가진다.

사건 언어에서는, 반드시 일어나는 것이 1의 확률을 가진다.

확률론 교과서는 반드시 일어나는 사건, 혹은 확실하게 참인 명제를 그리스
알파벳 마지막 글자, 즉 대문자 오메가 Ω로 표현하곤 한다. 그럼, 이 규약은 다
음과 같이 나타낼 수 있다.

$\Pr(\Omega) = 1.$

확실하게 참인 명제, 또는 반드시 일어나는 사건의 확률은
1이다.

서로 배타적

어떤 두 명제가 동시에 참일 수 없을 때, 그 두 명제는 서로 배타적(mutually
exclusive)이라고 말한다. 보통의 룰렛 휠은 0에서 멈춤(도박업자가 이김)과 동
시에 붉은색에서 멈출 수 없다. 따라서 다음 두 명제는 동시에 참일 수 없다. 즉,

다음 두 명제는 서로 배타적이다.

　　다음 회전에서 룰렛 휠은 0에서 멈출 것이다.
　　다음 회전에서 룰렛 휠은 붉은색에서 멈출 것이다.

마찬가지로, 어떤 두 사건이 동시에 발생할 수 없을 때에도, 그 두 사건이 서로 배타적이라고 말한다. 혹은 그 둘은 서로소(disjoint)라고도 한다.

확률 더하기

대학생이라면 "누구나" 알고 있으리라 생각되는 확률에 대한 몇 가지가 있다. 잠시, 이 기초적인 내용을 이용할 것이다. "누구나" 확률을 더하는 방법을 알고 있다.

　좀 더 엄밀히 말하자면, 서로 배타적인 명제들 또는 사건들의 확률은 더할 수 있다.

　　A와 B가 서로 배타적이면, $\Pr(A \vee B) = \Pr(A) + \Pr(B)$.

따라서, 룰렛이 0에서 멈출 확률이 1/19, 붉은색에서 멈출 확률이 9/19라면, 이 둘 중 하나가 발생할 확률은 다음과 같이 계산된다.

　　$\Pr(Z \vee R) = \Pr(Z) + \Pr(R) = 1/19 + 9/19 = 10/19$.

사례: 공정한 주사위.

E를 공정한 주사위 던지기에서 짝수가 나온다는 명제라고 하자. 즉, 다음이 성립한다.

　　E = (2, 4, 6 중 하나가 나온다).　$\Pr(E) = 1/2$.

왜 그런가? 왜냐하면 $\Pr(2) = 1/6$, $\Pr(4) = 1/6$, $\Pr(6) = 1/6$이기 때문이다.

　　사건 2, 4, 6 각각은 서로 배타적이다.

$(1/6)+(1/6)+(1/6)$을 더하라. 그러면 1/2이 나온다.

주사위의 1의 눈은 에이스(ace)라고 불린다.
M을 그 주사위 던지기에서 에이스가 나오거나 소수가 나온다는 명제라고
하자.

M = (1, 2, 3, 5 중 하나가 나온다).   Pr(M) = 4/6 = 2/3.

하지만 우리는 Pr(E)와 Pr(M)을 더해 다음과 같은 결과를 얻을 수 없다.

**Pr(E∨M) = 7/6. (틀림)

(앞에서 말했듯이 확률은 0과 1 사이의 값이어야 한다. 따라서 7/6은 불가능하
다.)
    왜 더할 수 없는가? E와 M이 겹치기(overlap) 때문이다. 2는 E와 M에 모두
있다. 따라서 E와 M은 서로 배타적이지 않다.
    사실은, (E∨M) = (1, 2, 3, 4, 5, 6 중 하나가 나온다) 이므로, 다음이 성립한다.

Pr(E∨M) = 1.

    사건들, 또는 명제들이 "겹쳐" 있다면 더할 수 없다.

서로 배타적인 명제들, 또는 사건들의 확률만 더할 수 있다.

독립성
직관적으로 생각해보자면, 다음과 같이 말해야 할 것 같다.

    한 사건의 발생이 또 다른 사건이 발생할 확률에 영향을 미치지 않을 때,
        두 사건은 독립적이다.
    한 명제의 참이 또 다른 명제가 참일 확률을 높이지도 낮추지도 않을 때,

두 명제는 독립적이다.

앞 장에 등장한 어리석은 도박사 같은 사람은 독립성을 잘 이해하지 못한다. 동시에, 그럼에도 불구하고, 확률을 곱할 수 있다는 건 "누구나" 알고 있는 것 같다. 좀 더 엄밀히 말하면, 독립적인 사건들 또는 명제들의 확률은 곱할 수 있다.

확률 곱하기

A와 B가 독립적이면, $\Pr(A\&B)=\Pr(A)\times\Pr(B)$이다.

두 개의 공정한 주사위를 던질 것이다. 첫 번째 주사위 던지기 결과는 두 번째 주사위 던지기 결과에 독립적이다. 따라서,

첫 번째 던지기에서 5의 눈($Five_1$)이, 그리고
두 번째 던지기에서 6의 눈(Six_2)이

나올 확률은 다음과 같이 계산된다.

$$\Pr(Five_1 \,\&\, Six_2)=\Pr(Five_1)\times\Pr(Six_2)=1/6\times1/6=1/36.$$

독립성이 중요하다! 다음은 잘못된 추론이다.

공정한 주사위 던지기에서 짝수가 나올(E) 확률은 1/2이다.
앞서 우리는 M의 확률, 즉 에이스 또는 소수가 나올 확률이 2/3라는 것을 확인했다.
그럼 한 번의 주사위 던지기에서 E와 M 둘 다 나올 확률은 얼마인가? 다음과 같이 추론하는 것은 잘못이다.

$$**\Pr(E\&M)=\Pr(E)\times\Pr(M)=1/2\times2/3=1/3. \text{ (틀림)}$$

위의 두 사건은 독립적이지 않다. 사실, 짝수이면서 소수인 결과는 단 하나, 즉

2 밖에 없다. 따라서 다음이 성립한다.

$$Pr(E\&M)=Pr(2)=1/6.$$

때로 이런 오류는 분명하게 드러나지 않을 수 있다. 토론토 블루제이스가 다음 월드 시리즈에 진출할 확률이 0.3 [Pr(J)]이고, LA 다저스가 다음 월드 시리즈에 진출할 확률이 0.4 [Pr(D)]라고 해보자. 다음과 같이 결론 내릴 수 없다.

$$**Pr(D\&J)=Pr(D)\times Pr(J)=0.4\times 0.3=0.12.\ (틀림)$$

왜냐하면, 이 두 사건은 독립적이지 않을 수도 있기 때문이다. 물론 독립적일 수도 있다. 하지만 다저스는 블루제이스의 선수들을 트레이드하는 경우에만 더 잘할 수 있다고 가정해보자. 이 경우, 실제로 그런 트레이드가 이루어졌다면 블루제이스는 그렇게 잘하지는 못할 것이다.

독립적인 명제들, 또는 사건들의 확률만 곱할 수 있다.

6과 7: 특이한 물음 4

특이한 물음 4는 다음과 같다.

두 개의 주사위를 던져서 두 눈의 합이 7이 되기 위해서는 1과 6, 또는 2와 5, 또는 3과 4가 나와야 한다.
두 개의 주사위를 던져서 두 눈의 합이 6이 되기 위해서는 1과 5, 또는 2와 4, 또는 3과 3이 나와야 한다.
주사위 두 개를 던졌을 때, 다음 중 어떤 일이 일어나리라 기대할 수 있는가?

___ (a) 6보다 7이 더욱 자주 나온다.
___ (b) 7보다 6이 더욱 자주 나온다.
___ (c) 6과 7이 같은 정도로 자주 나온다.

많은 사람이 6이 나올 확률과 7이 나올 확률이 같다고 생각한다. 사실은, 7이 나올 확률이 6이 나올 확률보다 크다.

두 개의 주사위 X와 Y를 한 번 던졌을 때, 어떤 일이 일어날 수 있는지 자세히 살펴보자. 각 던지기는 독립적이라고 가정한다. 다음 36개의 결과가 가능하다. 예를 들어, (3,5)는 주사위 X에서 3이, 주사위 Y에서 5가 나왔다는 걸 의미한다.

(1,1)	(2,1)	(3,1)	(4,1)	(5,1)	(6,1)
(1,2)	(2,2)	(3,2)	(4,2)	(5,2)	(6,2)
(1,3)	(2,3)	(3,3)	(4,3)	(5,3)	(6,3)
(1,4)	(2,4)	(3,4)	(4,4)	(5,4)	(6,4)
(1,5)	(2,5)	(3,5)	(4,5)	(5,5)	(6,5)
(1,6)	(2,6)	(3,6)	(4,6)	(5,6)	(6,6)

합이 6이 되는 결과에 동그라미 표시를 하라. 몇 개인가?

합이 7이 되는 결과에 네모 표시를 하라. 몇 개인가?

합이 7이 되는 방식은 여섯 가지다. (1,6), (2,5), (3,4), (4,3), (5,2), (6,1)가 그런 방법이다.

두 개의 주사위 던지기는 서로 독립적이기 때문에, 위 각 결과의 확률은 1/36이다. 그리고 각 결과들은 서로 배타적이기 때문에 다음이 성립한다.

Pr(눈의 합이 7)＝6/36＝1/6.

하지만, 합이 6이 되는 방식은 다섯 가지에 불과하다. (1,5), (2,4), (3,3), (4,2), (5,1)가 그런 방법들이다. 따라서, 다음이 성립한다.

Pr(눈의 합이 6)＝5/36.

복합 사건

한 개의 주사위를 던져서 6의 눈이 나오는 것은 단일 사건이다. 두 개의 주사위를 던져서 눈의 합이 7이 되는 것은 복합 사건이다. 이 복합 사건은 "눈의 합이

7"이라는 사건을 이루게 되는 두 개의 구별되는 결과로 구성된다.

간단한 확률 추론 대부분은 복합 사건을 다룬다. 한 개의 공정한 동전과 두 개의 항아리, 즉 항아리 1과 항아리 2가 있다고 해보자.

  항아리 1: 붉은 공 3개, 녹색 공 1개
  항아리 2: 붉은 공 1개, 녹색 공 3개

항아리 1에서 공정하게 공을 꺼낼 때, 붉은 공이 나올 확률은 $Pr(R_1) = 3/4$이다.
  항아리 2의 경우에는 $Pr(R_2) = 1/4$이다.

이제 공정한 동전을 던져 공을 꺼낼 항아리를 선택한다고 해보자. 동전을 던져서 앞면이 나오면 항아리 1에서 공을 꺼내고, 뒷면이 나오면 항아리 2에서 공을 꺼낸다. 독립성을 가정하자. 즉 동전 던지기가 항아리에 어떤 영향도 미치지 않는다고 가정하자.

그럼, 동전을 던진 다음 항아리 1에서 붉은 공을 꺼낼 확률은 얼마인가? 이런 일이 일어나기 위해서는 먼저 동전 던지기에서 앞면이 나와야 하며, 그런 다음 항아리 1에서 붉은 공을 꺼내야 한다(R_1).

$$Pr(H \& R_1) = 1/2 \times 3/4 = 3/8.$$

동전을 던진 다음 항아리 2에서 붉은 공을 꺼낼 확률(R_2)은 다음과 같다.

$$Pr(T \& R_2) = 1/2 \times 1/4 = 1/8.$$

그럼 이 공 뽑기 장치에서 붉은 공이 나올 확률은 얼마인가? 이는 복합 사건이다. 동전 던지기에서 앞면이 나오고 항아리 1에서 붉은 공을 뽑게 되는 경우($H \& R_1$), 또는 동전 던지기에서 뒷면이 나오고 항아리 2에서 붉은 공을 뽑게 되는 경우($H \& R_2$) 우리는 붉은 공을 얻을 수 있다.

이 두 사건은 서로 배타적이므로, 더할 수 있다.

$$Pr(Red) = Pr(H \& R_1) + Pr(T \& R_2) = 3/8 + 1/8 = 1/2.$$

따라서 이런 공 뽑기 장치에서 붉은 공이 나올 확률은 1/2이다.

헷갈리는 문제

동전을 던져 위 두 개의 항아리 중에서 하나를 선택한 다음, 그 선택된 항아리에서 공을 두 번 복원추출한다고 해보자. 이때, 붉은 공이 두 번 연속으로 나올 확률은 얼마인가?

앞에서 확인했듯이, 붉은 공 하나를 꺼낼 확률은 1/2이다.

그렇다면 붉은 공 두 개를 꺼낼 확률은 (1/2)(1/2)=1/4일까? 그렇지 않다!

왜냐하면 붉은 공이 두 번 연속으로 나오는 경우에는 두 가지가 있기 때문이다. 두 경우 각각을 X와 Y라고 부르자.

X: 동전 던지기에서 앞면이 나온(1/2의 확률을 가진 사건) 뒤, 항아리 1에서 붉은 공이 나오고(R_1, 3/4의 확률을 가진 사건), 공을 원래 항아리에 넣은 후 그 항아리에서 다시 붉은 공이 나오는(3/4의 확률을 가진 다른 사건) 경우.

Y: 동전 던지기에서 뒷면이 나온(1/2의 확률을 가진 사건) 뒤, 항아리 2에서 붉은 공이 나오고(R_2), 공을 원래 항아리에 넣은 후 그 항아리에서 다시 붉은 공이 나오는(다른 R_2) 경우.

위 사건들의 확률은 다음과 같다.

- $\Pr(X) = (1/2)(3/4)(3/4) = 9/32$.
- $\Pr(Y) = (1/2)(1/4)(1/4) = 1/32$.

따라서,

$\Pr(\text{첫 번째 붉은 공 \& 두 번째 붉은 공})$
$= \Pr(X) + \Pr(Y) = 10/32 = 5/16$.

헷갈리는 문제 이해하기

붉은 공이 두 번 연속으로 나올 확률은 1/4이라고 생각했는가? 다음 예를 통해 왜 그것이 답이 아닌지 이해해보자. 우선 다음 두 실험을 계속 반복한다고 생각해보자.

실험 1. 동전 던지기로 항아리를 선택하고, 선택된 항아리에서 공을 꺼낸다.

결과 1. 붉은 공이 나오는 사건은 약 1/2의 빈도로 발생한다.

실험 2. 동전 던지기로 항아리를 선택하고, 선택된 항아리에서 공을 두 번 복원추출한다. (꺼낸 공을 원래 항아리 안에 다시 넣는다.)

결과 2. 붉은 공 두 개가 나오는 사건은 5/16의 빈도로, 녹색 공 두 개가 나오는 사건은 5/16의 빈도로, 붉은 공과 녹색 공이 각각 하나씩 나오는 사건은 6/16(=3/8)의 빈도로 발생한다.

설명. (동전 던지기로) 특정 색깔에 "편향된" 항아리를 선택하면, '두 공 모두 편향된 색일 확률'은 '하나는 편향된 색이고 다른 하나는 편향되지 않은 색이 나올 확률'보다 커진다.

라플라스

위 물음은 확률 이론 발전에 지대한 공헌을 한 피에르 시몽 라플라스(P. S. de Laplace, 1749-1827)가 굉장히 좋아했던 예이다. 라플라스의 책 『확률에 관한 철학적 시론』(A Philosophical Essay on Probabilities)은 최초의 대학 확률 교과서였다. 그는 파리의 폴리테크닉 대학 강의를 위해 프랑스 혁명과 나폴레옹 집권 사이인 1795년에 이 책을 집필하였다.

라플라스는 당대 최고의 수학자였다. 그의 『확률해석론』(Analytic Theory of Probabilities)은 여전히 확률에 대한 여러 풍성한 아이디어들로 넘쳐난다. 중력과 천문학과 관련된 수학적 내용을 담고 있는 『천체역학』(Celestial Mechanics) 역시 중요하다. 라플라스는 수학을 응용해 프랑스 대포를 개량하기도 했다. 이 때문에 그는 군대에서도 매우 유명했다. 라플라스는 나폴레옹 채식 점심 식사에 자주 참석하였다. 그 식사 자리에서 라플라스는 쉬운 말로 확률론에 대한 이야기를 전했다고 한다.

연습문제

1 **갈릴레오.** 특이한 물음 4를 틀렸다고 하더라도 상심할 필요 없다. 오래전 누군가도 세 개의 주사위 던지기에 관해 비슷한 질문을 한 적이 있다. 갈릴레오(Galileo, 1564-1624)는 위대한 천문학자인 동시에 물리학자이다. 그런 그조차도 이 물음의 정

답과 오답을 설명하는 것이 쉽지 않았다.

공정한 주사위 세 개를 던져서 나온 눈들의 합이 9인 경우가 10인 경우만큼 자주 일어난다고 잘못 생각할 수 있는 이유를 설명하라. 이 9가 10만큼 개연적이라고 생각하는 것은 왜 잘못인가?

2 **카드 한 장**. 표준적인 카드 한 벌은 52장의 카드로 구성된다. 표준적인 카드 한 벌을 일곱 번 잘 섞은 뒤 카드 한 장을 뽑는다. 다음 물음에 답하라.

   (a) 얼굴 카드(잭, 퀸, 킹) 또는 10 카드가 나온다는 것의 확률은 얼마인가?

   (b) 스페이드 또는 얼굴 카드가 나온다는 것의 확률은 얼마인가?

3 **카드 두 장**. 표준적인 카드 한 벌에서 두 장의 카드를 연속해서 뽑는다. 다음 확률을 구하라.

   (a) 복원추출했을 때, 하트가 연속해서 두 장 나올 확률.

   (b) 비복원추출했을 때, 하트가 연속해서 두 장 나올 확률.

   (c) 복원추출했을 때, 두 장의 카드가 모두 하트가 아닐 확률.

   (d) 비복원추출했을 때, 두 장의 카드가 모두 하트가 아닐 확률.

4 **양궁**. 양궁 과녁은 정중앙을 중심으로 네 개의 동심원으로 구성된다. 어떤 한 선수의 명중 확률은 다음과 같다.

   Pr(정중앙에 명중)=0.1.

   Pr(정중앙 밖 첫 번째 원에 명중)=0.3.

   Pr(첫 번째 원 밖 두 번째 원에 명중)=0.2.

   Pr(두 번째 원 밖 세 번째 원에 명중)=0.2.

   Pr(세 번째 원 밖 네 번째 원에 명중)=0.1.

   각각의 활쏘기는 독립적이다.

   (a) 이 선수가 활을 두 번 쏴서 첫 번째 화살은 정중앙에 명중하고, 두 번째 화살은 (두 번째 원 밖) 세 번째 원에 명중한다는 것의 확률은 얼마인가?

   (b) 이 선수가 활을 두 번 쏴서 그중 한 번은 정중앙에 명중하고 다른 한 번은 (두 번째 원 밖) 세 번째 원에 명중한다는 것의 확률은 얼마인가?

   (c) 이 선수가 활을 한 번 쏴서 그 화살이 과녁을 완전히 빗나간다는 것의 확률은 얼마인가?

5 **기저귀로 인한 소아마비** (뉴스에서 가져온 이야기).

의료진의 어제 발표에 따르면, 영국 사우샘프턴의 한 남성은 조카의 변이 묻은 기저귀 때문에 소아마비에 걸렸다. 그의 조카는 불과 며칠 전 소아마비 백신 접종을 받았다는 것이 밝혀졌다. "변이 묻은 기저귀 때문에 소아마비에 걸릴 확률은 말 그대로 300만분의 1입니다."라고 마틴 웨일 박사가 말했다. 웨일 박사의 말은 무슨 의미인가?

6 **언어**. 우리는 확률에서 사용되는 언어를 "명제-언어"와 "사건-언어"로 구분했다. 다음에서 사용된 언어는 이 둘 중 무엇인가?

(a) 문제 2번.

(b) 문제 3번.

(c) 문제 4번.

(d) 문제 5번의 웨일 박사 진술.

복습을 위한 핵심 단어

사건	덧셈
명제	독립성
서로 배타적	곱셈

5 조건부 확률

확률에 관한 가장 중요하고 새로운 아이디어는, 어떤 일이 발생했다는 조건 아래에서 다른 일이 발생할 확률이다. 이것은 조건부 확률이라고 불린다.

정언과 조건

우리는 확률을 수로 표현한다. 언젠가 신문에서 다음 이야기를 읽은 적이 있다. 노장 프로테니스 선수 이반은, 준결승에서 신예 스타 스테판이 노련한 보리스를 이길 확률에 관해 이야기하고 있었다. 이반은 준결승에서 피트와 경기할 예정이었다. 그는 다음과 같이 말했다.

스테판이 보리스를 이긴다는 것의 확률은 40%입니다.

물론, 다음과 같이 말할 수도 있었다.

스테판이 이길 공산(chance)은 0.4입니다.[1]

---

1 [역자 주] 보통 chance와 probability는 거의 비슷한 의미로 사용된다. 하지만 철학적으로 엄격히 말해, 이 둘은 다르다. 'chance'는 대개 어떤 상태나 사건이 가진 물리적 성질을 뜻하지만, 'probability'는 그렇지 않다(11, 12장 참조). 한국어 '공산'이라는 말은 '어떤 상태가 되거나 어떤 일이 일어날 수 있는 확실성의 정도'라는 사전적 의미를 가진다. 사전적 의미만을 고려했을 때, 'chance'를 '공산'으로 번역하는 것은 나쁘지 않은 선택인 듯하다. 하지만 이 책에서 chance와 probability 사이의 철학적 차이는 별로 중요하지 않다. 따라서 우리는 맥락에 따라 'chance'를 '공산'으로 번역하기도, '확률'로 번역하기도 했다. 그리고 혼란이 우려되는 경우에는 영어를 병기해 혼란을 최소화하고자 했다.

이것들은 모두 정언(categorical) 진술이다.[2] 여기서 '정언적'이라는 것은 '만약'이나 '그러나' 따위의 제약 조건이 없다는 것을 의미한다. 이반은 또한 다음과 같은 의견을 가졌을 수도 있다.

> 물론 저는 준결승에서 이길 것입니다. 만약 제가 진다면, 스테판은 결승전에서 나를 만날지도 모른다는 두려움이 없어지기 때문에 경기력이 좋아질 것입니다. 그런 경우, 스테판이 보리스를 이길 공산은 50대 50이 될 것입니다.

이것은 이반이 준결승에서 졌다는 조건 아래에서 스테판이 다른 준결승에서 이길 확률이다. 우리는 이것을 조건부 확률(conditional probability)이라고 부른다. 여기 다른 예가 있다.

> 정언 확률: 이번 여름 농사가 풍작일 확률.
> 조건부 확률: 작년 겨울에 큰 폭설이 내렸을 경우, 이번 여름 농사가 풍작일 확률.
> 정언 확률: 잘 섞인 카드 한 벌에서 (첫 번째 카드가 무엇이었든 상관없이) 두 번째로 받은 카드가 에이스일 확률.

카드는 총 52장이고 그중 4장이 에이스다. 그리고 그 52장의 카드 모두가 두 번째로 나올 수 있다. 따라서 두 번째 카드가 에이스일 확률은 $4/52 = 1/13$이다.

> 조건부 확률: 첫 번째로 받은 카드가 킹이라는 조건 아래에서, 두 번째 카

---

2 [역자 주] 여기에서 'categorical'을 '정언'(定言)이란 말을 이용해 번역한 것은 철학의 일반적인 번역을 따른 것이다. 바로 뒤에 설명되어 있듯이 철학에서 '정언'이라는 말은 '어떤 조건도 없다'는 말이다. 이런 의미로 '정언'을 사용한 것으로는 칸트의 '정언 명법'이 대표적이다. 한편, 통계학에서는 이 '정언'이라는 표현을 사용하지 않는 것 같다. 통계학에는 'caterorical variable'이라는 용어가 있는데, 이는 일반적으로 '범주형 변수'로 번역된다. 하지만 '범주형'이라는 표현은 이 맥락에서 적절하지 않다. 특히, '범주형 확률'이라는 표현은 형용모순에 가깝다. ('범주형 변수'는 그 값이 수가 아닌 변수를 뜻한다. 하지만 확률은 그 값으로 수를 가진다. 우리가 '범주형 확률'이 형용모순에 가깝다고 말한 것이 바로 이 때문이다.) 일반적인 확률론 교재에서는 'categorical probability'라는 대신 'unconditional probability'라는 용어를 사용하고, 이는 '무조건부 확률' 혹은 '비조건부 확률'로 번역하곤 한다.

드가 에이스일 확률.

첫 번째로 받은 카드가 킹이었다면, 남은 카드는 51장이고 그중 에이스는 여전히 4장이다. 따라서 이 조건부 확률은 4/51이다.

> 조건부 확률: 첫 번째로 받은 카드가 에이스라는 조건 아래에서, 두 번째 카드 역시 에이스일 확률.

첫 번째로 받은 카드가 에이스였다면, 남은 카드는 여전히 51장이지만 그중 에이스는 단 3장뿐이다. 그러므로 이 조건부 확률은 3/51이다.

표기법

정언 확률은 다음과 같이 표현된다.

> Pr( ).

조건부 확률은 다음과 같이 표현된다.

> Pr(/).

다음은 정언 확률의 예이다.

> Pr(S가 결승에서 이긴다)=0.4.
> Pr(두 번째 카드는 에이스다)=1/13.

다음은 조건부 확률의 예이다.

> Pr(S가 준결승에서 이긴다/내가 준결승에서 진다)=0.5.
> Pr(두 번째 카드는 에이스다/첫 번째 카드는 킹이다)=4/51.

빙고

빙고 게임 참가자도 조건부 확률에 대해 알고 있다.

빙고 게임에서 당신은 5×5, 총 25칸의 네모가 그려진 카드를 받는다. 각각의 칸에 서로 다른 1부터 99 사이 수, 25개가 적혀 있다. 게임 진행자는 가방에서 숫자가 적힌 공을 꺼낸다. 당신 카드에 있는 수가 뽑힐 때마다, 당신은 그 수가 들어 있는 칸을 색칠한다. 이기기 위해선, 즉 "빙고!"라고 외치기 위해서는, 다섯 칸으로 된 가로줄, 세로줄, 대각선 중 하나에 색을 모두 채우면 된다.

게임 초반부, 참가자들은 크게 긴장하지 않는다. 초반에 5칸 한 줄이 만들어 질 확률은 낮기 때문이다. 하지만 점차 줄이 채워지기 시작하면 흥분이 고조된다. 왜냐하면, 게임에서 이길 조건부 확률이 높아졌기 때문이다.

주차 위반 딱지

당신은 우리 집 근처에 밤새도록 차를 주차해두었다. 당신은 이 지역에 살지 않는다. 그럼, 야간 주차 허가증이 없다면 당신은 주차 위반 딱지를 떼일 수 있다. 벌금은 20달러이다. 하지만 주차 단속원은 이 거리를 평균 일주일에 한 번 정도 순찰한다.

벌금을 낼 확률은 얼마인가?

주차 단속원이 이 거리를 이틀 연속 순찰하는 일은 일어나지 않는다. 그럼 어 젯밤 주차 위반 딱지를 떼였다는 조건 아래에서, 오늘도 위반 딱지를 떼일 확률 은 얼마인가?

조건부 확률의 정의

조건부 확률에 대한 정의는 어렵지 않다. 우리는 먼저 정의를 제시한 뒤, 그 정 의가 어떻게 적용되는지 살펴볼 것이다.

$\Pr(B) > 0$ 일 때,

$\Pr(A/B) = \Pr(A\&B)/\Pr(B)$.

어떤 수도 0으로 나눌 수 없다. 따라서 $\Pr(B)$는 반드시 양수이어야 한다. 그럼,

나머지 부분은 어떤가? 왜 그런 식으로 정의해야 하는가? 다음 예들이 그 이유를 말해줄 것이다.

조건부 주사위
공정한 주사위 하나를 생각해보라. 주사위 던지기의 결과가 짝수라는 것은 2, 4, 6 중 하나의 눈이 나왔다는 것이다.

다음 조건부 확률을 살펴보자.

$$\Pr(6/짝수)$$

이를 말로 풀어 말하자면 다음과 같다.

짝수가 나왔다는 조건 아래에서, 6의 눈이 나올 확률.
짝수가 나왔을 경우, 6의 눈이 나올 조건부 확률.

공정한 주사위라면, 2, 4, 6이 자주 나오는 정도는 같다. 따라서 6의 눈이 나오는 경우는 짝수가 나오는 경우들의 3분의 1이다.

$$\Pr(6/짝수)=1/3.$$

이것은 조건부 확률의 정의에 딱 들어맞는다. 왜냐하면, 다음이 성립하기 때문이다.

$$\Pr(6\,\&\,짝수)=\Pr(6)=1/6.$$
$$\Pr(짝수)=1/2.$$
$$\Pr(6/짝수)=(1/6)/(1/2)=1/3.$$

겹침
이제 결과들이 서로 겹쳐 있는, 조금 더 복잡한 경우를 생각해보자. M이 주사위 던지기에서 1이 나오거나 소수(2,3,5)가 나온다는 것을 의미한다고 하자. 그럼

1, 2, 3, 5 중 하나가 나왔을 때 M이 발생한다. 그럼 다음 확률의 값은 얼마인가?

Pr(짝수/M)?

짝수인 소수는 2뿐이다. M(1, 2, 3, 5)은 네 가지 방식으로 일어날 수 있다. 따라서 주사위가 공정하다면, 다음이 성립한다.

Pr(짝수/M)=1/4.

이것은 조건부 확률의 정의에 딱 들어맞는다. 왜냐하면, 다음이 성립하기 때문이다.

Pr(짝수&M)=1/6.
Pr(M)=4/6.
Pr(짝수/M)=(1/6)/(4/6)=1/4.

잘 섞인 카드

52장의 카드로 구성된 표준적인 카드 한 벌이 잘 섞여 있다고 하자. 게임 딜러는 당신에게 맨 위 카드 한 장을 건네주며, 그것은 붉은색이거나 클로버라고 말해준다. 하지만 둘 중 무엇인지는 말해주지 않는다. 이 정보를 R∨C라고 하자.

클로버는 검은색이다. 카드 한 벌에는 13장의 클로버가 있고, 26장의 붉은색 카드가 있다. 우리는 첫 번째 카드가 R∨C라고 들었다. 그럼 이것이 에이스일 확률은 얼마인가? Pr(A/R∨C)의 값은 무엇인가? A&(R∨C)는 클로버 에이스, 또는 붉은색 에이스—다이아몬드 에이스나 하트 에이스—가 나온다는 것과 동치이다. 총 3가지 경우이다. 따라서 R∨C에 해당하는 39장의 카드 중 3장이 에이스가 된다.

그러므로 해당 조건부 확률은 다음과 같다.

Pr[A/(R∨C)]=1/13.

이 결과는 우리의 조건부 확률 정의와 일치한다.

$$Pr[A\&(R\vee C)]=3/52.$$
$$Pr(R\vee C)=39/52.$$
$$Pr[A/(R\vee C)]=\frac{Pr[A\&(R\vee C)]}{Pr(R\vee C)}=3/39=1/13.$$

항아리

붉은 공과 녹색 공이 함께 들어 있는 두 개의 항아리를 상상해보자. 항아리 A에는 붉은 공이 80%, 녹색 공이 20% 들어 있고, 항아리 B에는 붉은 공이 40%, 녹색 공이 60% 들어 있다. 당신은 무작위로 하나의 항아리를 선택한다. 선택된 것은 항아리 A일까, 항아리 B일까? 항아리에서 공들을 뽑은 뒤, 그 결과를 이용해 어떤 항아리에서 공을 꺼냈는지 추측해보자. 단, 뽑은 공은 바로바로 항아리에 다시 넣는다. 이렇게 뽑은 공을 다시 넣게 되면, 항아리 A에서 붉은 공이 뽑힐 확률은 언제나 0.8이 되고, 항아리 B에서 붉은 공이 뽑힐 확률 역시 언제나 0.4가 된다.

$$Pr(R/A)=0.8.$$
$$Pr(R/B)=0.4.$$
$$Pr(A)=Pr(B)=0.5.$$

당신은 붉은 공 하나를 뽑았다. 만약 당신이 (3장에 등장한) 똘똘한 학습자와 같은 사람이라면, 당신은 공이 뽑힌 항아리가 (녹색 공보다 붉은 공이 많이 담긴) 항아리 A일 것이라는 의심이 들 것이다. 그러나 이건 단순한 직감일 뿐이다. 더 정확히 살펴보자.

우리가 알고 싶은 것은 Pr(A/R), 즉 [Pr(A&R)]/[Pr(R)]이다.

당신이 붉은 공을 뽑았다면, 그 공은 항아리 A 또는 항아리 B에서 뽑힌 것이다. 그리고 사건 A&R 또는 B&R이 발생했을 때, 당신은 붉은 공을 뽑게 된다. 따라서 사건 R은 (A&R)∨(B&R)과 동치이다.

두 사건 (A&R)과 (B&R)은 서로 배타적이므로, 두 확률은 더할 수 있다.

$$Pr(R)=Pr(A\&R)+Pr(B\&R)\ [1].$$

항아리 B를 선택할 확률은 0.5이다. 그리고 그 항아리에서 붉은 공이 뽑힐 확률은 0.4이다. 따라서 두 사건이 모두 발생할 확률은 다음과 같다.

$$\Pr(B\&R) = \Pr(R\&B) = \Pr(R/B)\Pr(B) = 0.4 \times 0.5 = 0.2.$$

마찬가지로,

$$\Pr(A\&R) = 0.8 \times 0.5 = 0.4.$$

이것들을 식 [1]에 넣으면, 다음과 같다.

$$\Pr(R) = \Pr(A\&R) + \Pr(B\&R) = 0.4 + 0.2 = 0.6.$$
$$\text{따라서 } \Pr(A/R) = \Pr(A\&R)/\Pr(R) = (0.4)/(0.6) = 2/3.$$

그림으로 검산하기

위 계산을 나뭇가지 모양의 그림, 수형도를 그려 시각화하면 도움이 될 것이다. 우리가 다뤄온 동전 하나와 항아리 두 개에서 시작하자. 붉은 공은 어떤 경로를 통해 뽑힐 수 있는가? 두 가지 경로가 있다. 동전을 던져서 앞면이 나오면(확률 0.5) 항아리 A가 선택된다. 그 뒤, 그 항아리에서 붉은 공을 꺼낸다(확률 0.8). 그림의 윗가지가 이 경로를 나타낸다.

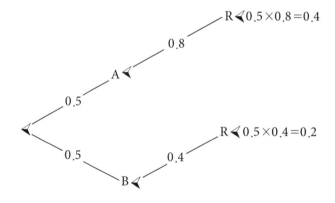

R은 동전을 던져서 뒷면이 나와 항아리 B를 선택한 뒤, 그 항아리에서 붉은 공

을 꺼내는 방식으로도 발생할 수 있다. 그림의 아랫가지가 이 경로를 나타낸다.

우리는 두 개의 나뭇가지 중 하나를 통해 R에 도달한다. 따라서 R을 얻을 전체 확률은 각 나뭇가지의 끝에 달린 확률들의 합이다. 즉 0.4+0.2=0.6이 성립한다.

A가 있는 가지를 통해 R을 얻을 확률은 0.4이다.

따라서 R을 얻을 확률 중 A를 통해 얻은 부분, 즉 Pr(A/R)은 0.4/0.6=2/3이다.

모형

지금까지의 예는 모두 주사위, 카드, 항아리 따위의 것이었다. 이제부터 실제 세계에 더욱 가까운 흥미로운 사례를 살펴보자. 각 사례에 대해서, 상황에 맞는 모형이 제시된다. 이때 해당 실제 세계 이야기는 표준적인 항아리 사례를 모형으로 삼는다고 할 수 있다.

충격 흡수장치

어떤 자동차 생산업체가 두 지역 업체―볼트, 아크메―와 충격 흡수장치 구매 계약을 맺었다. 볼트가 40%를, 아크메는 60%를 납품하게 되었다. 모든 충격 흡수장치는 품질 관리를 받는다. 품질 관리 검사를 통과한 제품은 신뢰할 만하다고 평가받는다.

아크메의 충격 흡수장치 중 96%는 신뢰성 검사를 통과한다. 하지만 최근 충격 흡수장치 생산 라인에서 문제가 발생한 볼트의 경우에는 단 72%만이 신뢰성 검사를 통과한다.

충격 흡수장치 하나를 무작위로 뽑았을 때, 그것이 신뢰성 검사를 통과할 확률은 얼마인가?

어림짐작: 그 확률은 0.96 미만일 것이다. 왜냐하면 볼트의 낮은 신뢰성 검사 통과 확률이 아크메 제품의 확률 0.96을 깎아 먹기 때문이다. 이 확률은 분명히 0.96과 0.72 사잇값이고, 0.96에 가까워야 한다. 하지만 얼마나 가까워야 하는가?

풀이

A = 무작위로 뽑힌 그 충격 흡수장치는 아크메 제품이다.

B = 무작위로 뽑힌 그 충격 흡수장치는 볼트 제품이다.

R = 무작위로 뽑힌 그 충격 흡수장치는 신뢰할 만하다.

$\Pr(A)=0.6$, $\Pr(R/A)=0.96$. 따라서, $\Pr(R\&A)=0.576$.

$\Pr(B)=0.4$, $\Pr(R/B)=0.72$. 따라서, $\Pr(R\&B)=0.288$.

$R=(R\&A)\vee(R\&B)$.

정답: $\Pr(R)=(0.6\times0.96)+(0.4\times0.72)=0.576+0.288=0.864$.

더 흥미로운 질문을 던져보자.

무작위로 선택된 그 충격 흡수장치가 신뢰할 만한 제품일 경우, 그것이 볼트 제품일 조건부 확률은 얼마인가?

어림짐작: 수를 보라. 자동차 생산업체는 볼트 제품보다 아크메 제품을 더 많이 구매하고 있다. 또한 볼트의 제품이 아크메의 제품보다 훨씬 덜 신뢰할 만하다. 이 두 가지 증거 모두 무작위로 선택된 그 제품이 볼트에서 만든 제품이 아니라고 말해주는 듯하다. 우리는 그 충격 흡수장치가 볼트 제품일 확률이 0.4보다 작을 것이라고 생각한다. 하지만 얼만큼 작은가?

풀이

우리가 구해야 할 것은 $\Pr(B/R)$의 값이다.

조건부 확률 정의에 의해서, $\Pr(B/R)=\Pr(B\&R)/\Pr(R)=0.288/0.864=1/3$.

사실, 거의 모든 수가 약분된다. 따라서 불필요한 곱셈을 하지 않고도 계산할 수 있다.

$$=\frac{0.4\times0.72}{(0.4\times0.72)+(0.6\times0.96)}=1/3.$$

정답: $\Pr(B/R)=1/3$.

그림으로 검산하기

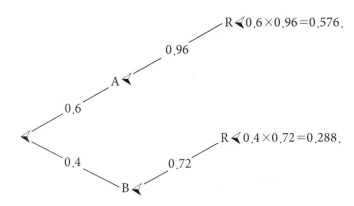

$$\Pr(R)=0.576+0.288=0.864. \quad \Pr(B/R)=1/3.$$

역도 선수

두 개의 역도팀이 있는 어떤 나라가 있다. 이 나라는 그 둘 중 한 팀만 국제 대회에 출전시키려 한다. 한 팀(스테로이드 팀)은 소속 선수의 80%가 정기적으로 스테로이드를 복용해왔다. 그러나 다른 한 팀(정정당당 팀)은 20%만 정기적으로 스테로이드를 복용해왔을 뿐이다. 국가대표 감독은 공정한 동전을 던져서 국제 대회 출전팀을 결정하기로 했다.

그 뒤, 국제 대회 출전팀 선수 중에서 무작위로 선택된 한 선수가 스테로이드 검사를 받았는데, 검사 결과 스테로이드를 복용해온 것으로 드러났다.

한 선수가 소변검사에서 스테로이드 복용 사실이 드러났다는 조건 아래에서, 그 선수가 스테로이드 팀 소속이라는 것의 조건부 확률은 얼마인가? 즉 $\Pr(S/U)$의 값은 얼마인가?

풀이

S = 감독이 스테로이드 팀을 출전시킨다.

C = 감독이 정정당당 팀을 출전시킨다.

U = 무작위로 선택된 선수 한 명은 스테로이드를 복용해왔다.

$\Pr(S)=0.5$.	$\Pr(U/S)=0.8$.	$\Pr(U\&S)=0.4$.
$\Pr(C)=0.5$.	$\Pr(U/C)=0.2$.	$\Pr(U\&C)=0.1$.

$U = (U\&S) \lor (U\&C)$. $Pr(U) = 0.4 + 0.1 = 0.5$.

$Pr(S/U) = [Pr(S\&U)] / [Pr(U)] = 0.4/0.5 = 0.8$.

정답: Pr(스테로이드 팀/선택된 선수가 스테로이드 복용자) $= 0.8$.

따라서, 어떤 선수를 무작위로 뽑았는데 그가 스테로이드 복용자였다라는 사실은, 그가 스테로이드 팀 소속이라는 것에 대한 아주 좋은 증거이다.

연달아 두 번 뽑기: 복원추출

103쪽의 항아리로 돌아가 보자. 항아리에서 공을 두 번 무작위로 복원추출한다. 그 결과, 두 번 다 붉은 공이 나왔다. $P(A/R_1\&R_2)$는 얼마인가?

첫 번째로 붉은 공이 나온 사건을 R_1이라고 하고, 두 번째로 붉은 공이 나온 사건을 R_2라고 하자. 그럼 $P(A/R_1\&R_2)$를 다음과 같이 계산할 수 있다.

$$\frac{Pr(A\&R_1\&R_2)}{Pr(R_1\&R_2)}$$

우리는 다음을 알고 있다. $Pr(A\&R_1\&R_2) = Pr(R_2/A\&R_1)Pr(A\&R_1) = 0.8 \times 0.4 = 0.32$.

마찬가지로, $Pr(B\&R_1\&R_2) = 0.08$.

$Pr(R_1\&R_2) = Pr(A\&R_1\&R_2) + Pr(B\&R_1\&R_2) = 0.32 + 0.08 = 0.4$.

$Pr(A/R_1\&R_2) = 0.32/0.4 = 4/5 = 0.8$.

처음 뽑은 공이 붉은색이라는 조건 아래에서,
그 공이 항아리 A에서 나왔다는 것의 조건부 확률은 2/3이다.
복원추출로 뽑은 두 번째 공도 붉은색이라는 조건 아래에서,
그 공이 항아리 A에서 나왔다는 것의 조건부 확률은 0.8이다.

따라서 두 번째 붉은 공은 뽑힌 공들이 항아리 A에서 나왔다는 것의 "조건부 확률을 증가시킨다". 붉은 공이 더 뽑힌다면, 그 공들은 추가 증거로 간주될 것이다.

　　이것은 증거 획득을 통한 경험으로부터의 학습이 어떻게 진행되는지 암시한다.

다시, 도박사의 오류

어리석은 도박사(3장)는 공정한, 즉 편향되지 않고, 독립적인 시행으로 이루어진 룰렛 휠이 12번 연속으로 검은색에서 멈추었을 때, "경험으로부터의 학습"을 할 수 있다고 생각했다. 즉 그는 다음과 같이 생각했다.[3]

　　Pr(13번째 시행에서 붉은색/12번 연속으로 검은색) > 1/2.

하지만 만약 시행들이 독립적이라면, 이 확률은 다음과 같다.[4]

$$\frac{\mathrm{Pr}(BBBBBBBBBBBBR)}{\mathrm{Pr}(BBBBBBBBBBBB)} = \frac{(1/2)^{13}}{(1/2)^{12}} = 1/2.$$

이것은 도박사의 오류를 이해하는 새로운 방법이다.

두 명의 역도 선수: 비복원추출

역도 선수 사례로 돌아가보자. 감독은 공정한 동전을 던져 한 팀을 골라 우리에게 보낸다. 그럼 우리는 그 팀 선수 중 두 명을 무작위로 선택하여 도핑 검사를 실시한다. 우리는 다음과 같이 생각한다. 두 선수의 검사 결과가 모두 양성이라

3　[역자 주] 여기서 아래 수식이 "경험으로부터의 학습"이라는 것은, 아무런 증거가 없었을 때의 13번째 시행에서 붉은색에 멈출 확률, 즉 Pr(13번째 시행에서 붉은색)보다 Pr(13번째 시행에서 붉은색/12번 연속으로 검은색)이 더 크다는 의미이다. 즉 경험을 통해 13번째 시행에서 붉은색의 확률이 증가했다는 의미이다. "경험으로부터의 학습"에 대해서는 15장을 참조하라.

4　[역자 주] 엄격하게 말하자면 이 계산은 잘못이다. 왜냐하면, 이 책이 다루고 있는 공정한 룰렛 휠의 경우 붉은색에 멈출 확률과 검은색에 멈출 확률은 모두 18/38(=9/19)이기 때문이다. (초록색 칸이 두 개 있다는 것을 기억하라.) 이를 이용해 계산하면, 아래 계산의 값은 9/19가 된다. (이런 점은 바로 위에 있는 수식에도 마찬가지로 적용된다.) 물론, 수가 이렇게 바뀌었다고 해서, 본문이 말하는 핵심 내용은 바뀌지 않는다. 이런 이유에서, 우리는 원문을 그대로 싣고 관련된 주석을 달기로 결정했다.

는 것은 그 둘이 스테로이드 팀 소속이라는 것에 대한 매우 강력한 증거이다. 확률을 통해 이 직감이 옳다는 것을 확인할 수 있다.

우리는 비복원추출을 하고 있다. 한 팀에 10명의 선수가 소속되어 있다고 가정하자. 무작위로 두 명의 선수를 뽑아 검사를 진행한다. 다음 S, C, U_1, U_2를 도입하자.

S=감독이 스테로이드 팀을 보냈다.
C=감독이 정정당당 팀을 보냈다.
U_1=무작위로 선택된 첫 번째 선수는 스테로이드를 복용해왔다.
U_2=무작위로 선택된 두 번째 선수는 스테로이드를 복용해왔다.

우리가 검사를 진행한 팀이 스테로이드 팀이었다면, 첫 번째 선수가 스테로이드 복용자일 확률은 0.8이다. (107쪽에서 $\Pr(U/S)=0.8$이라는 것을 확인했다.) 두 선수 모두 복용자일 확률은 얼마인가?

한 명의 선수가 복용자일 확률은 4/5이다. 한 명의 선수가 선택되고 그 선수가 복용자로 드러나면, 그 팀에는 9명의 선수가 남게 되고, 그중 7명이 복용자가 된다. 따라서 다음번 선수가 복용자일 확률은 7/9이다. 그렇다면 스테로이드 팀에서 선택된 두 선수 모두 스테로이드 복용자일 확률은 $4/5 \times 7/9 = 28/45$이다.

마찬가지로, 정정당당 팀에서 선택된 두 선수가 모두 스테로이드 복용자일 확률은 $1/5 \times 1/9 = 1/45$이다.

두 팀에서 무작위로 선택된 선수들이 모두 스테로이드 복용자일 때, 감독이 스테로이드 팀을 보냈을 확률은 다음과 같다.

$\Pr(S\&U_1\&U_2)=0.5(28/45)=28/90$.
마찬가지로, $\Pr(C\&U_1\&U_2)=0.5(1/45)=1/90$.
$\Pr(U_1\&U_2)=\Pr(S\&U_1\&U_2)+\Pr(C\&U_1\&U_2)=29/90$.

$$\Pr(S/U_1\&U_2) = \frac{\Pr(S\&U_1\&U_2)}{\Pr(U_1\&U_2)} = 28/29 > 0.96.$$

무작위로 선택된 한 선수가 복용자란 조건 아래에서,

　그 선수의 소속팀이 스테로이드 팀일 조건부 확률은 0.8이다.

무작위로 선택된 두 번째 선수도 복용자란 조건 아래에서,

　이 선수의 소속팀도 스테로이드 팀일 조건부 확률은 0.96보다

크다.

두 명의 선수가 스테로이드 복용자란 사실은, 감독이 우리에게 스테로이드 팀을 보냈다는 것에 대한 강력한 증거인 것 같다.

연습문제

1　**쓸데없이 정밀한 확률**. 이번 장 처음에 나온 테니스에 관한 실제 신문 기사에 따르면, 이반이 말한 확률은 "40%"가 아니었다. 그는 다음과 같이 말했다고 한다.

　　준결승에서 스테판이 보리스를 이길 확률은 37.325%입니다.

이렇게 정밀한 수에 어떤 특별한 의미가 있을까?

2　**가열등**. 트로피카나에서 생산된 가열등 중에서 3%가 표준 품질 이하이다. 플로리다에서 생산된 가열등 중에서 6%가 표준 품질 이하이다. 한 철물점에서 가열등을 대량 구매했는데, 40%가 트로피카나에서 생산된 것이고 60%가 플로리다에서 생산된 것이다. 이 철물점에서 가열등 하나를 무작위로 뽑아 품질을 확인할 것이다.

　(a) 무작위로 뽑은 가열등 하나가 트로피카나에서 생산된 것이면서 표준 품질 이하일 확률은 얼마인가?

　(b) 무작위로 뽑은 가열등 하나가 표준 품질 이하일 확률은 얼마인가?

　(c) 표준 품질 이하로 판명된 가열등이 트로피카나에서 생산된 것일 확률은 얼마인가?

3　**삼각공업지구**. 삼각형 모양의 공업지구가 있는 어떤 오래된 산업도시가 있다. 한때 그 삼각공업지구에는 많은 화학 공장이 있었다. 이 때문에 그 공업지구 사람들의 건

강은 좋지 않았다. 이 도시 아이 중에서 2%가 그 공업지구에 산다. 이들 중 14%가 조직 내 독성 금속 검사에서 양성반응을 보였다. 공업지구 밖에 거주하는 이 도시 아이들의 양성반응 비율은 겨우 1%였다.

(a) 도시 아이 중에서 무작위로 한 명을 선택했을 때, 그 아이가 삼각공업지구에 살고 있으며 양성반응을 보일 확률은 얼마인가?

(b) 도시 아이 중에서 무작위로 한 명을 선택했을 때, 그 아이가 양성반응을 보일 확률은 얼마인가?

(c) 무작위로 선택된 아이가 양성반응을 보였을 때, 그 아이가 삼각공업지구에 살고 있을 확률은 얼마인가?

4 **택시**. 특이한 물음 5의 택시 문제에 대한 수형도를 그려라.

5 **라플라스의 헷갈리는 문제**. 라플라스의 문제로 돌아가보자(92쪽). 이번 실험에서는 동전을 던져 항아리를 선택하고, 그렇게 선택된 항아리에서 공을 하나 꺼내 색을 확인한 뒤 항아리에 다시 넣는다. 그 다음 또다시 항아리에서 공을 꺼내서 색을 확인한다. Pr(두 번째 붉은 공/첫 번째 붉은 공)은 얼마인가?

6 **문제 이해하기**. 92-93쪽에서 우리는 라플라스의 헷갈리는 문제를 이해하는 방법을 설명하며 4장을 마무리했다. 물음 5에 대한 당신의 답안은 라플라스의 문제를 이해하는 데에 어떤 도움을 주는가?

복습을 위한 핵심 단어

정언	조건부 확률 계산
조건부	모형
조건부 확률 정의	경험으로부터의 학습

6 기본 확률 규칙

이번 장에서는 확률을 더하거나 곱할 때, 그리고 조건부 확률을 사용할 때 필요한 규칙을 정리한다. 그리고 그림을 이용해 그런 규칙을 이해하는 방법도 제시한다.

아래 규칙은 기초 확률론의 표준 공리를 엄밀한 형식에 얽매이지 않고 표현해본 것이다.

가정

아래 규칙은 다음을 당연한 것으로 가정한다.

- 규칙이 적용될 명제의 (또는 사건의) 집합은 유한하다.
- A와 B가 명제라면 (또는 사건이라면), A∨B, A&B, ~A 또한 마찬가지다.
- 기초 연역논리학은 (또는 기초 집합론은) 옳다.
- A와 B가 논리적으로 동치라면, Pr(A)=Pr(B)이다. [집합론을 이용해 다시 말하자면, 사건들의 두 집합 A와 B가 같을 수밖에 없다면 Pr(A)=Pr(B)이다.]

정규성(Normality)

임의의 명제 또는 사건 A의 확률은 0과 1 사이에 있다.

$$(1)\ 0 \leq \Pr(A) \leq 1.$$

왜 "정규성"(normality)이라고 부르는가? 왜냐하면, 어떤 것을 수로 측정하는 것, 즉 측도(measure)가 정규적이라는 말은 그 측도에 의해서 매겨진 값이 0과 1 사이에 있다는 것을 의미하기 때문이다.

확실성(Certainty)
반드시 일어날 사건의 확률은 1이다. 확실하게 참인 명제의 확률은 1이다.

  (2) Pr(확실한 명제)=1.
       Pr(반드시 일어날 사건)=1.

확실성은 종종 그리스 알파벳 Ω를 이용해 표현된다. $Pr(\Omega)=1$.

가법성(Additivity)
두 사건 또는 명제 A와 B가 서로 배타적—서로소, 양립 불가능—이면, A 또는 B가 발생할 (또는 참일) 확률은 각 확률의 합이다.

  (3) A와 B가 서로 배타적이면,
       $Pr(A \vee B)=Pr(A)+Pr(B)$.

겹침
A와 B가 서로 배타적이지 않다면, 겹치는 부분의 확률을 빼야 한다. 잠시 뒤, 우리는 규칙 (1)-(3)으로부터 다음을 연역적으로 도출할 것이다.

  (4) $Pr(A \vee B)=Pr(A)+Pr(B)-Pr(A \& B)$.

조건부 확률
기본 확률 규칙은 (1)-(3)이 전부이다. 이제 정의를 제시할 차례다.

(5) $Pr(B) > 0$이면, $Pr(A/B) = \dfrac{Pr(A\&B)}{Pr(B)}$.

곱셈

조건부 확률 정의는 다음을 함축한다.

(6) $Pr(B) > 0$이면, $Pr(A\&B) = Pr(A/B)Pr(B)$.

전체 확률

다음도 조건부 확률 정의의 귀결 중 하나이다.

(7) $0 < Pr(B) < 1$이면, $Pr(A) = Pr(B)Pr(A/B) + Pr(\sim B)Pr(A/\sim B)$.

실제에서, 이 규칙은 매우 유용하다. 이 수업에서 당신이 A 학점을 받을 확률은 얼마인가? 아마도 다음 두 가지 가능성이 있을 것이다. 열심히 공부한다, 또는 열심히 공부하지 않는다. 그렇다면, 다음이 성립한다.

$Pr(A) = Pr(열심히 공부)Pr(A를 받음/열심히 공부)$
$\qquad + Pr(열심히 공부 안 함)Pr(A를 받음/열심히 공부 안 함)$.

당신의 입장에서 수를 채워 넣어보라.

논리적 귀결

B가 A를 논리적으로 함축하면, 다음이 성립한다.

$Pr(B) \leq Pr(A)$.

왜냐하면, B가 A를 함축할 때 B는 A&B와 논리적으로 동치이기 때문이다. 한편 다음이 성립한다.

$$Pr(A) = Pr(A \& B) + Pr(A \& \sim B) = Pr(B) + Pr(A \& \sim B).$$

따라서 $Pr(A \& \sim B) = 0$일 때를 제외하면, $Pr(A)$는 $Pr(B)$보다 크다.

통계적 독립성

지금까지 우리는 독립성을 엄밀하지 않게 다루었다. 이제 우리는 한 가지 개념, 종종 통계적 독립성(statistical independence)이라고 불리는 것의 정의를 제시한다.

(8) $0 < Pr(A)$이고 $0 < Pr(B)$이면,
   다음과 같은 경우, 그리고 오직 그 경우에만, A와 B는 통계적으로 독립적이다.
   $Pr(A/B) = Pr(A)$.

겹침에 관한 규칙 증명

(4) $Pr(A \lor B) = Pr(A) + Pr(B) - Pr(A \& B).$

이것은 규칙 (1)-(3)과 113쪽의 논리적 가정 ― 논리적으로 동치인 명제의 확률은 서로 같다 ― 으로부터 도출된다.

A∨B는 다음과 논리적 동치이다: $(A \& B) \lor (A \& \sim B) \lor (\sim A \& B)$.   (*)

왜 그런가? "진리표"를 이용하면 이를 확인할 수 있다. 하지만 직접적인 방법도 있다. A는 $(A \& B) \lor (A \& \sim B)$와 논리적 동치이다. B는 $(A \& B) \lor (\sim A \& B)$와 논리적 동치이다.
이 세 가지 구성 요소 $(A \& B)$, $(A \& \sim B)$, $(\sim A \& B)$는 서로 배타적이다. (왜 그런가?) 따라서 우리는 (*)를 이용해서 각각의 확률을 더할 수 있다.

$$Pr(A \lor B) = Pr(A \& B) + Pr(A \& \sim B) + Pr(\sim A \& B).$$ (**)

A는 [(A&B)∨(A&~B)]과 논리적 동치이고,

B는 [(A&B)∨(~A&B)]와 논리적 동치이다.

따라서,

$Pr(A) = Pr(A\&B) + Pr(A\&\sim B).$

$Pr(B) = Pr(A\&B) + Pr(\sim A\&B).$

(**)에 무언가를 더한 다음 빼도 등식은 바뀌지 않는다.

$Pr(A \lor B) = Pr(A\&B) + Pr(A\&\sim B) + Pr(\sim A\&B) + Pr(A\&B) - Pr(A\&B).$

따라서,

$Pr(A \lor B) = Pr(A) + Pr(B) - Pr(A\&B).$

조건부 확률 규칙

기본 규칙들 (1)-(3), 그리고 조건부 확률의 정의 (5)는 모두 조건부 형식에서도 성립한다. 즉, Pr(A), Pr(B), Pr(A/B) 등을 Pr(A/E), Pr(B/E), Pr(A/B&E) 등으로 바꾸더라도 그 규칙들은 성립한다.

정규성

(1C) $0 \leq Pr(A/E) \leq 1.$

확실성

Pr(E) > 0인 어떤 E에 대해서, 다음이 성립하는지 확인해보자.

(2C) Pr([반드시 일어날 사건]/E) = 1.

여기서 E는 'E가 반드시 일어날 사건과 함께 발생한다'는 것과 논리적으로 동치이다. 그러므로,

Pr([반드시 일어날 사건]&E)=Pr(E).
Pr([반드시 일어날 사건/E])=[Pr(E)]/[Pr(E)]=1.

가법성

$Pr(E) > 0$이라고 하자. A와 B가 서로 배타적이면, 다음이 성립한다.

$Pr[(A \lor B)/E] = Pr[(A \lor B)\&E]/Pr(E) = Pr(A\&E)/Pr(E) + Pr(B\&E)/Pr(E)$.
(3C) $Pr[(A \lor B)/E] = Pr(A/E) + Pr(B/E)$.

조건부 확률

여기서는 신중해야 한다. (5)의 조건부 형식은 다음과 같다.

(5C) $Pr(E) > 0$이고 $Pr(B/E) > 0$ 이면,

$$Pr[A/(B\&E)] = \frac{Pr[(A\&B)/E]}{Pr(B/E)} \ \text{이다.}$$

이것은 (5)를 이용해 증명할 수 있다.

$$Pr[A/(B\&E)] = \frac{Pr(A\&B\&E)}{Pr(B\&E)} \ \text{이다.}$$

분자(분수 상단)에 대해서 $Pr(A\&B\&E) = Pr[(A\&B)/E] \times Pr(E)$가 성립한다.
분모(분수 하단)에 대해서 $Pr(B\&E) = Pr(B/E) \times Pr(E)$가 성립한다.
분자를 분모로 나누면, (5C)가 도출된다.

철학자와 귀납논리학자 상당수는 정언 확률이 아니라 조건부 확률이 원초적(primitive)이라고 생각한다. 이런 생각을 하는 사람들에게 있어 기본 규칙들은 (1C), (2C), (3C), (5C)의 형태를 띠게 된다. 형식적인 측면에서 말하자면, 그 최

종 결과는 정언 확률에서 시작한 뒤 조건부 확률을 정의하는 우리의 방식과 본질적으로 같다. 그러나 이 규칙의 여러 의미에 대한 논의를 진행하다보면, 조건부 확률을 원초적인 것으로 여기는 방식이 때때로 더 그럴듯해 보이기도 한다.

다시, 통계적 독립성

독립성에 대한 우리의 첫 번째 직관적 설명(62-63쪽)에 따르면, 어떤 우연 장치에서의 시행이 서로 독립적이라는 것은 한 시행의 결과의 확률이 이전 시행 결과로부터 영향받지 않는다는 것이다. 하지만 이 설명은 "영향받는다"라는 말이 실제로 의미하는 것에 관해 말해주지 않았다. 또한 우리는 무작위성, 기억 없는 시행, 도박 시스템의 불가능성을 언급하기도 했다. 이런 은유들은 모두 가치가 있다.

조건부 확률이란 개념을 이용하면 독립성을 정확하게 정의할 수 있다. 즉 A와 B가 서로 독립적이라는 것은, A의 확률이 B라는 조건 아래에서의 A의 확률, 즉 $\Pr(A/B)$와 같다는 것이다.

당연히 독립성은 대칭적이어야 한다. 즉, B가 A와 독립적인 경우, 그리고 그런 경우에만 A는 B와 독립적이다.

다르게 말하자면, $0 < \Pr(A)$이고 $0 < \Pr(B)$ 일 때, 다음이 성립한다.

$\Pr(A/B)=\Pr(A)$이면, $\Pr(B/A)=\Pr(B)$이다. (그 반대도 마찬가지다.)

이것은 116쪽의 정의 (8)로부터 증명된다.

$\Pr(A/B)=\Pr(A)$라고 가정하자.
(5)에 의해서, $\Pr(A)=[\Pr(A\&B)]/[\Pr(B)]$.
따라서, $\Pr(B)=[\Pr(A\&B)]/[\Pr(A)]$.
A&B는 B&A와 논리적 동치이므로,
$\Pr(B)=\Pr(B\&A)/\Pr(A)=\Pr(B/A)$.

다중 독립성

정의 (8)의 통계적 독립성은 두 명제 사이에 성립하는 관계다. 두 명제가 한 짝을 이룬다는 의미에서, "짝으로"(pairwise) 독립적이다라는 표현을 쓰기도 한다. 하지만 사건들, 혹은 명제들의 집단 전체가 상호 독립적일 수도 있다. 이 개념은 쉽게 정의될 수 있다.

A와 B가 통계적으로 독립적일 때, (6)과 (8)로부터 다음이 도출된다.

$$Pr(A\&B) = Pr(A)Pr(B).$$

(연습문제 3번을 보라.) 이는 둘 이상의 사건 사이에 성립하는 통계적 독립성으로 일반화될 수 있다. 예를 들어, A, B, C가 통계적으로 독립적이라는 것은 A, B, C가 짝으로 독립적이고 다음이 성립한다는 것과 같은 말이다.

$$Pr(A\&B\&C) = Pr(A)Pr(B)Pr(C).$$

벤 다이어그램

1866년 영국의 논리학자 존 벤(John Venn, 1824-1923)은 처음으로 상대빈도라는 개념을 이용한 체계적인 확률 이론을 발표했다. 사람들 대부분은 그를 연역논리에서 활용되는 "벤 다이어그램"(Venn diagrams)을 고안한 사람이라고만 기억한다. 벤 다이어그램은 모든, 몇몇 등과 같은 양화사가 등장하는 연역 논증을 표현하기 위해 활용되곤 한다.

벤 다이어그램을 이용하면 확률 관계도 표현할 수 있다. 그 그림은 공간적으로 혹은 도식적으로 사고하는 것이 편한 사람들에게 도움이 된다.

8명의 음악인이 있다고 상상해보자.

그중 4명은 가수인데, 노래 외엔 아무것도 할 줄 모른다.
그중 3명은 휘파람 연주자이지만, 가수는 아니다.
그중 1명은 가수이며, 휘파람 연주자다.

벤 다이어그램은 이 8명으로 이루어진 집단을 원을 이용해 표현할 수 있다. 하나의 원은 각 집합을 나타내기 위해서 사용된다. 집합들 사이에 겹치는 것이 있다면 원들도 겹치게 된다. 이 집단을 표현하는 벤 다이어그램은 아래와 같다.

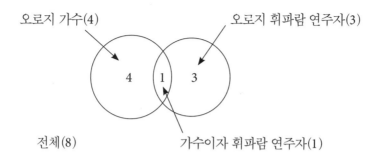

오로지 가수(4)　　　　오로지 휘파람 연주자(3)

4　　1　　3

전체(8)　　　　가수이자 휘파람 연주자(1)

〈그림 6.1〉

가수를 나타내는 원에는 5명 — 가수 4명과 가수이자 휘파람 연주자 1명 — 이 있으며, 휘파람 연주자를 나타내는 원에는 4명 — 휘파람 연주자 3명과 가수이자 휘파람 연주자 1명 — 이 있다. 겹치는 영역에는 1명만 있다. 왜냐하면, 8명의 음악가 중 단 1명만 두 집합에 속하기 때문이다. 우리는 각 영역의 면적은 해당 영역에 속한 사람들의 수에 비례하는 것으로 생각할 것이다.

　그럼, 이 집단 전체에서 한 사람을 무작위로 뽑았을 때, 그가 가수일 확률이 얼마인지 생각해보라. 8명으로 이루어진 집단에서 가수는 5명이다. 따라서 답은 5/8이다.

　뽑힌 사람이 휘파람 연주자라는 조건 아래에서, 그가 가수이기도 할 확률은 얼마인가? 뽑힌 사람이 휘파람 연주자라는 조건이 있으므로, 휘파람 연주자 집합으로 한정해 생각해야 한다. 그 집합에는 4명이 있다. 이 넷 중 단 한 명만 가수를 나타내는 원에 포함되어 있다. 그러므로 4명 중에서 오직 1명만 가수다. 따라서 뽑힌 사람이 휘파람 연주자라는 조건 아래에서, 그가 가수이기도 할 확률은 1/4이다.

　이 예를 일반화해보자. 이 음악가 8명과 음악가가 아닌 사람, 즉 비음악인 12명을 함께 한 방에 들여보내자. 그럼 총 20명으로 구성된 집단이 만들어진다. 우리가 다음 두 사건에 관심이 있다.

　사건 A = 전체 집단에서 무작위로 뽑힌 사람은 가수이다.
　사건 B = 전체 집단에서 무작위로 뽑힌 사람은 휘파람 연주자이다.

이 상황은 아래 벤 다이어그램과 같이 나타낼 수 있다. 여기서 전체 상자는 20명의 사람이 있는 방을 나타낸다.

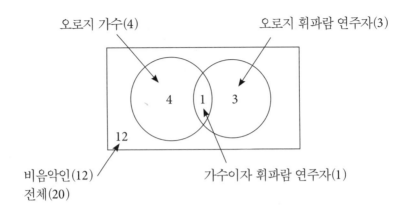

〈그림 6.2〉

앞의 벤 다이어그램과의 차이점에 주목하라. 그림 6.2에서 원은 직사각형 안에 포함되어 있다. 관례적으로 직사각형의 면적은 1로 정해진다. 각 원의 면적은 해당 유형의 사건이 발생할 확률에 대응한다. 20명 중 5명이 가수이므로, 원 A의 면적은 5/20, 또는 0.25이다. 마찬가지로, 원 B의 면적은 4/20, 또는 0.2이다. 겹치는 부분 A&B의 면적은 1/20, 또는 0.05이다.

이 그림을 이용해 기본 확률 규칙을 설명할 수 있다.

(1) **정규성**: $0 \leq \mathrm{Pr}(A) \leq 1$.

이것은 면적이 1인 직사각형에 해당한다. 모든 원은 직사각형 안에 있어야 하므로, 어떤 원도, 즉 어떤 사건도 1보다 큰 확률을 가질 수 없다.

(2) **확실성**: Pr(반드시 일어날 사건)=1. Pr(확실한 명제)=1.

벤 다이어그램에서 반드시 발생할 사건 또는 확실한 명제는 전체 사각형을 가득 채운 "원"에 대응하며, 그 면적은 관례적으로 1이다.

(3) **가법성**: A와 B가 서로 배타적이면, 다음이 성립한다.

$$\mathrm{Pr}(A \vee B)=\mathrm{Pr}(A)+\mathrm{Pr}(B).$$

두 집단이 서로 배타적이면, 서로 겹치지 않는다. 그리고 그런 경우, 두 집단 중 하나에 속한 원소들이 차지하는 영역의 면적은 두 집단 각각에 대응하는 영역들의 면적의 합과 같다.

(4) **겹침**:

$A \vee B$의 확률을 계산하기 위해선, 원 A와 B가 직사각형을 얼마나 차지하

고 있는지 확인해야 한다. 이것은 A의 전체 영역에 오로지 B에만 있는 영역을 합한 것이다. 여기서, 오로지 B에만 있는 영역은 B의 전체 영역에서 A와 겹치는 영역을 뺀 것과 같다.

$$\Pr(A \lor B) = \Pr(A) + \Pr(B) - \Pr(A\&B).$$

(5) 조건부 확률:

사건 B가 발생했다는 조건 아래에서, 사건 A도 발생할 확률은 얼마인가? 그림 6.2를 살펴보라. 사건 B가 발생했다면, 휘파람 연주자가 뽑혔다는 것이다. 우리가 알고 싶은 것은 B의 전체 영역 중 A가 포함된 영역의 비율이다. 그 비율은 A&B의 면적을 B의 면적으로 나눈 것이다.

$$\Pr(A/B) = \Pr(A\&B) \div \Pr(B), \ \text{단} \ \Pr(B) > 0.$$

그러므로, 이 사례에서 이 값은, $\Pr(A/B) = 1/4$이다.

반대로, $\Pr(B/A) = \Pr(A\&B)/\Pr(A) = 1/5 = 0.2$이다.

특이한 물음 2

피아에 대한 특이한 물음을 다시 생각해보자.

2. 피아는 31살에 미혼이고, 직설적이고, 똑똑하다. 그녀는 대학에서 철학을 전공했다. 학창 시절, 그녀는 북미 원주민 권리에 대한 열렬한 지지자였고, 모유 수유 시설이 없다고 항의하는 피켓을 백화점 앞에서 들고 있었던 적이 있다. 다음의 진술들을 확률 순으로 1~6까지의 순위를 매겨보라. (단, 확률이 가장 높은 것에 1을, 확률이 가장 낮은 것에 6을 기입하라. 순위가 같은 진술이 있을 수 있다.)

___ (a) 피아는 적극적인 페미니스트이다.

___ (b) 피아는 은행 직원이다.

___ (c) 피아는 작은 서점에서 일한다.

___ (d) 피아는 은행 직원이며 적극적인 페미니스트이다.

___ (e) 피아는 은행 직원이며 요가 수업을 듣는 적극적인 페미니스트이다.

___ (f) 피아는 요가 수업을 듣는 적극적인 페미니스트이면서 작은 서점에서 일한다.

이것은 심리학자 아모스 트버스키(Amos Tversky)와 다니엘 커너먼(Daniel Kahneman)이 고안한 유명한 사례이다. 이 둘은 이 문제에 관한 사람들의 생각을 경험적으로 연구했다. 그 결과, 그들은 위 이야기 전체를 들은 매우 많은 사람이 다음과 같이 생각한다는 것을 발견했다.

> 확률이 가장 높은 것은 "(f) 피아는 요가 수업을 듣는 적극적인 페미니스트 이면서 작은 서점에서 일한다."이다.

실제로 많은 사람이 다음과 같은 순서로 확률이 가장 높은 것부터 낮은 것을 나열했다.

> (f), (e), (d), (a), (c), (b).

하지만, 115-116쪽의 논리적 귀결 규칙을 보라. 그 규칙에 따르면, 예를 들어, (f)는 (a)와 (b)를 논리적으로 함축하기 때문에 (a)와 (b) 각각은 반드시 (f)보다 확률이 커야 한다. 일반적으로, 다음이 성립한다.

> $Pr(A\&B) = Pr(B)$.

이것은 많은 사람이 제시한 확률 순위, 즉 (f)를 가장 앞자리에 놓은 확률 순위가 완전히 틀렸다는 것을 의미한다. (a)-(f)를 순위 매기는 방법에는 여러 가지가 있겠지만, 이런 순위들은 적어도 다음 부등식을 충족해야 한다.

> $Pr(a) \geq Pr(d) \geq Pr(e)$.
> $Pr(b) \geq Pr(d) \geq Pr(e)$.
> $Pr(a) \geq Pr(f)$.
> $Pr(c) \geq Pr(f)$.

사람들은 어리석은가?

트버스키와 커너먼의 일부 독자는 우리 중 많은 사람이 그런 잘못된 확률 순위를 제시했다는 점에서 우리 인간은 불합리적이라고 결론 내린다. 그러나 사람들은 그저 부주의했던 것이 아닐까!

아마 우리 대부분은 "진술 (a)-(f) 중에서 가장 개연적인 것, 즉 가장 확률이 높은 것이 무엇인가?"라는 물음의 정확한 글귀에 별로 신경 쓰지 않을 것이다.

그 대신, 우리는 "피아에 관한 진술 중 가장 유용하고, 정보가 있고, 참일 법한 것은 어느 것인가?"라고 생각할 것이다.

질문을 받을 때, 우리 대부분은 그 질문이 정보를 주거나, 유용하거나, 혹은 재미있기를 바란다. 언제나 우리가 그저 가장 개연성이 큰 것, 엄밀히 말해 가장 확률이 높은 것이 무엇인지 알고 싶어 하는 것은 아니다.

예를 들어, 내가 당신에게 내년 인플레이션율이 (a) 3% 미만인지, (b) 3%과 4% 사이인지, (c) 4%보다 클 것인지 묻는다고 해보자.

당신은 '셋 중 하나'라고 답할 수 있다. 이 답은 확실히 옳다! 이것은 가장 큰 확률을 가진 답일 것이다. 그러나 이 답에는 어떤 정보도 없다.

당신은 '(b) 또는 (c)'라고 대답할 수 있다. 이 답은 (b)와 (c) 각각보다는 확률이 높다. (이것이 성립하기 위해서는 (b)와 (c) 각각의 확률이 0보다 크다고 가정되어야 한다. 그럼 가법성으로부터 위 사실이 도출된다.) 그러나 이것은 (b)라는 답보다 (그리고 (c)라는 답보다) 덜 흥미롭고 덜 유용하다.

특이한 물음 2를 접한 많은 사람은 아마도 피아의 성격을 먼저 분석한 뒤 그녀의 근황에 대한 흥미로운 추측을 제시할 것이다.

사정이 이렇다면, 피아는 요가 수업을 듣는 적극적인 페미니스트이면서 작은 서점에서 일한다는 것이 가장 확률이 높다고 말한 사람들이 불합리하다고 말할 수 없다.

그들은 단지 잘못된 질문, 그렇지만 원래 받았던 질문보다 더 유용한 질문에 답하고 있을 뿐이다.

공리: 하위헌스

확률은 여러 가지 방식으로 공리화(axiomatization)될 수 있다. 최초의 공리, 또는 기본 규칙은 파동이론으로 유명한 네덜란드 물리학자 크리스티안 하위헌스(Christiaan Huygens, 1629-1695)에 의해 1657년에 발표되었다. 엄밀히 말하면, 하위헌스는 확률이란 개념을 전혀 사용하지 않았다. 대신에, 그는 복권(과 비슷한 어떤 것)의 공정한 가격이라는 개념, 또는 요즘 우리가 사건 혹은 명제의 기댓값이라고 부를 법한 것을 사용했다. 지금 우리도 그런 식으로 할 수 있다. 사실상, 대부분의 사람은 확률이 공리화되어야 할 개념이라 생각한다. 그러나 몇몇 사람은 여전히 기댓값을 원초적인 개념으로 간주하고, 이것을 통해 확률을 정의하기도 한다.

공리: 콜모고로프

엄밀한 형태의 확률론 공리는 러시아의 유명 수학자 콜모고로프(A. N. Kol-
mogorov, 1903–1987)에 의해 1933년 처음으로 제시되었다. 그의 확률론은 우
리가 살펴본 기본 규칙보다 훨씬 더 발전된 모습을 갖추고 있다. 그 이론은 무한
집합에도 적용될 수 있으며, 측도론(measure theory)이라 불리는 분야의 한 부
분으로서 높은 수준의 미적분학을 이용한다.

연습문제

1 **벤 다이어그램**.

    L: 한 사람이 폐질환에 걸린다.

    S: 그 사람이 담배를 피운다.

'Pr' 라는 기호를 이용해 다음 각각의 확률을 적고, 벤 다이어그램을 이용해서 그것
을 설명하라.

(a) 어떤 한 사람이 담배를 피우거나 폐질환에 걸릴 (또는 둘 다일) 확률.

(b) 어떤 한 사람이 담배를 피운다는 조건 아래에서 그가 폐질환에 걸릴 확률.

(c) 어떤 한 사람이 폐질환에 걸렸다는 조건 아래에서, 그 사람이 담배를 피울 확률.

2 **전체 확률**. 기본 규칙(과 113쪽의 가정)을 이용하여 $\Pr(A) + \Pr(\sim A) = 1$을 증명하라.

3 **곱셈**. $0 < \Pr(A)$이고 $0 < \Pr(B)$일 때, 통계적 독립성의 정의를 이용하여 A와 B가 통
계적으로 독립적이라면 다음이 성립한다는 것을 증명하라.

    $\Pr(A \& B) = \Pr(A)\Pr(B)$.

4 **규약**. 4장 85쪽에서 우리는 정규성과 확실성이 그저 규약이라고 말했다. 확률을 수
로 나타내기 위해 그럴듯한 다른 규약을 생각해볼 수 있는가?

5 **테러리스트**. 이것은 고인이 된 철학자 막스 블랙(Max Black)에 관한 이야기이다.

블랙의 학생 중 한 명이 칸트를 공부하기 위해 해외로 떠나려 했다. 그 학생은 테
러리스트가 비행기에서 폭탄을 터뜨릴까 두려웠다. 블랙은 그 위험이 무시할 만
한 수준이라고 했지만, 결국 그 학생을 설득하지 못했다. 블랙은 다음과 같이 논

증했다.

블랙: 두 사람이 폭탄을 들고 당신 비행기에 탄다는 것은 거의 불가능한 일이지요?

학생: 물론이죠.

블랙: 그럼, 학생이 폭탄 하나를 들고 비행기에 타세요. 그럼 다른 폭탄이 그 비행기에 있을 위험은 무시할 만한 수준이 될 것입니다.

블랙의 농담을 설명해보라.

복습을 위한 핵심 단어

정규성	조건부 확률	전체 확률
확실성	벤 다이어그램	논리적 귀결
가법성	곱셈	통계적 독립성

7 베이즈 규칙

기본 확률 규칙의 가장 유용한 귀결 중 하나를 이용하면, 새로운 증거를 다루는 방법을 이해할 수 있다. 베이즈 규칙은 "경험으로부터의 학습"의 열쇠이다.

5장 마지막 부분에서 우리는 몇 가지 같은 유형의 문제를 살펴보았다. 항아리, 충격 흡수장치, 역도 선수 사례가 그런 문제였다. 각 사례에 등장하는 수는 조금씩 다르지만, 그 각각이 다루는 문제는 같았다.

예를 들어, 103쪽에는 붉은 공과 녹색 공이 서로 다른 비율로 들어 있는 두 항아리 A와 B가 등장한다. 우리는 둘 중 하나를 무작위로 골랐다. 이를 통해, 우리는 다음을 알았다.

$$Pr(A)와 Pr(B).$$

그 뒤, 사건 R, 즉 항아리에서 붉은 공 하나가 뽑히는 사건이 발생했다. 항아리 A에서 붉은 공을 꺼낼 확률은 0.8이었다. 항아리 B에서 붉은 공을 꺼낼 확률은 0.4였다. 이 결과 우리는 다음을 알았다.

$$Pr(R/A)와 Pr(R/B).$$

그런 다음, 우리는 붉은 공이 뽑혔다는 조건 아래에서, 그 공이 항아리 A에서 나왔을 확률이 얼마인지 물었다. 우리는 다음을 물었다.

$$Pr(A/R) = ? \quad Pr(B/R) = ?$$

5장에서 우리는 조건부 확률의 정의를 활용하여 이 문제를 해결했다. 하지만 이런 문제를 더욱 쉽게 풀어낼 수 있는 규칙이 있다. 베이즈 규칙(Bayes' Rule)이 바로 그것이다.

항아리 문제에서 우리는 두 가설 중 무엇이 참인지 물었다. 그 둘은 '항아리 A가 선택되었다'는 것과 '항아리 B가 선택되었다'는 것이었다. 일반적인 경우, 우리는 가설을 알파벳 H로 나타낼 것이다.

우리는 실험을 하거나 증거를 모은다. 무작위로 공을 꺼내고, 그 공이 붉은 색이라는 것을 관찰한다. 일반적인 경우, 우리는 증거를 알파벳 E로 나타낼 것이다. H와 ~H라는 두 가설만 있는 가장 간단한 사례부터 시작해보자. 정의 상, 이 둘은 **서로 배타적이고, 망라적이다.**

E를 $Pr(E) > 0$인 명제라고 하자. 그렇다면, 다음이 성립한다.

$$Pr(H/E) = \frac{Pr(H)Pr(E/H)}{Pr(H)Pr(E/H) + Pr(\sim H)Pr(E/\sim H)}.$$

이것은 가설이 두 개만 있을 때 사용되는 베이즈 규칙이다.

베이즈 규칙의 증명

$$Pr(H \& E) = Pr(E \& H).$$

$$\frac{Pr(H \& E)Pr(E)}{Pr(E)} = \frac{Pr(E \& H)Pr(H)}{Pr(H)}.$$

조건부 확률의 정의를 이용하면, 다음이 성립한다.

$$Pr(H/E)Pr(E) = Pr(E/H)Pr(H).$$

$$Pr(H/E) = \frac{Pr(H)Pr(E/H)}{Pr(E)}.$$

H와 ~H는 서로 배타적이고, 망라적이다. 그럼, 115쪽의 전체 확률 규칙에 의해서, 다음이 도출된다.

$$\text{Pr}(E) = \text{Pr}(H)\text{Pr}(E/H) + \text{Pr}(\sim H)\text{Pr}(E/\sim H).$$

이로부터 베이즈 정리가 따라 나온다.

$$(1)\quad \text{Pr}(H/E) = \frac{\text{Pr}(H)\text{Pr}(E/H)}{\text{Pr}(H)\text{Pr}(E/H) + \text{Pr}(\sim H)\text{Pr}(E/\sim H)}.$$

일반화

가설의 수에 상관없이 같은 식이 성립한다. 단, 가설들은 서로 배타적이고, 함께 망라적이어야 한다.

$$H_1, H_2, H_3, H_4, \cdots, H_k. \ (\text{단, 모든 } i\text{에 대해 } \text{Pr}(H_i) > 0 \text{이다.})$$

여기서 서로 배타적(mutually exclusive)이란 말은 위 가설 중 오직 하나만이 참일 수 있다는 것이다. 함께 망라적(jointly exhaustive)이라는 말은 그중 적어도 하나는 반드시 참이라는 것이다.

위 증명을 확장해보자. 그럼, $\text{Pr}(E) > 0$이고, 모든 i에 대해 $\text{Pr}(H_i) > 0$일 때, 임의의 가설 H_j에 대해 다음이 성립한다는 것을 도출할 수 있다.

$$(2)\ \text{Pr}(H_j/E) = \frac{\text{Pr}(H_j)\text{Pr}(E/H_j)}{\Sigma[\text{Pr}(H_i)\text{Pr}(E/H_i)]}.$$

여기서 Σ(그리스어 대문자 시그마, 또는 S에 해당하는 그리스어)는 아래 첨자 i를 가진 항들의 합을 가리킨다. 아래 첨자, 즉 $i=1$, $i=2$, $\cdots$, $i=k$에 해당하는 각 항 $[\text{Pr}(H_i)\text{Pr}(E/H_i)]$를 모두 더하라.

베이즈 규칙이란, 식 (1)과 그것의 일반화 (2)이다.

이 규칙은 두 가지 기본 규칙, 즉 조건부 확률과 전체 확률 규칙을 결합한 것에 불과하다. 이런 점에서 베이즈 규칙은 별게 아니다. 하지만 매우 깔끔하다. 이 규칙은 13-15장 그리고 21장에서 등장할 몇몇 귀납논리 이론에서 중요한 역할

을 할 것이다.

항아리

다음은 103쪽의 항아리 문제이다.

붉은 공과 녹색 공이 함께 들어 있는 두 개의 항아리를 상상해보자. 항아리 A 에는 붉은 공이 80%, 녹색 공이 20% 들어 있고, 항아리 B에는 붉은 공이 40%, 녹색 공이 60% 들어 있다. 무작위로 하나의 항아리를 선택한다. 그런 다음, 그 항아리가 A인지, B인지 추측하기 위해 그 항아리에서 몇 개의 공을 꺼내 볼 수 있다. 뽑힌 공은 바로바로 항아리에 다시 넣는다. 그러므로 항아리 A에서 붉은 공이 뽑힐 확률은 언제나 0.8이고, 항아리 B에서 붉은 공이 뽑힐 확률 역시 언제나 0.4이다.

$$\Pr(R/A)=0.8. \quad \Pr(R/B)=0.4. \quad \Pr(A)=\Pr(B)=0.5.$$

당신은 붉은 공 하나를 뽑았다. $\Pr(A/R)$은 얼마인가?

베이즈 규칙을 이용해 풀어보자.

$$\Pr(A/R)=\frac{\Pr(A)\Pr(R/A)}{\Pr(A)\Pr(R/A)+\Pr(B)\Pr(R/B)}.$$
$$=(0.5\times0.8)/[(0.5\times0.8)+(0.5\times0.4)]=2/3.$$

이것은 104쪽의 답과 같다.

거미

타란툴라(tarantula)는 대형 열대 거미다. 이것은 사납게 생겼으며 약간의 독을 가지고 있다.

한때, 온두라스 바나나 화물의 3%에서 타란툴라가 발견되었으며, 과테말라 바나나 화물의 6%에서 타란툴라가 발견되었다.

전체 바나나 화물의 40%는 온두라스에서 온 것이고, 60%는 과테말라에서 온 것이다.

무작위로 뽑은 바나나 화물에서 타란툴라 한 마리가 발견되었다. 이 화물이 과테말라에서 왔을 확률은 얼마인가?

풀이

G=그 화물은 과테말라에서 온 것이다. $\Pr(G)=0.6$.

H=그 화물은 온두라스에서 온 것이다. $\Pr(H)=0.4$.

T=그 화물에서 타란툴라가 발견된다. $\Pr(T/G)=0.06$. $\Pr(T/H)=0.03$.

$$\Pr(G/T)=\frac{\Pr(G)\Pr(T/G)}{\Pr(G)\Pr(T/G)+\Pr(H)\Pr(T/H)}.$$

정답: $\Pr(G/T)=(0.6\times0.06)/[(0.6\times0.06)+(0.4\times0.03)]=3/4$.

택시: 특이한 물음 5

다음은 특이한 물음 5이다.

당신은 어떤 마을의 배심원으로 소집되었다. 그 마을에는 초록택시회사와 파랑택시회사라는 두 개의 택시회사가 있다. 초록택시회사 택시는 초록색이며, 파랑택시회사 택시는 파란색이다.

초록택시회사는 시중에 있는 택시의 85%를 점유함으로써 시장을 장악하고 있다.

안개 낀 어느 겨울밤에 택시 한 대가 다른 차의 옆을 치고 달아났다. 한 목격자는 달아난 차가 파란색 택시였다고 말했다.

사고가 있던 밤과 똑같은 조건에서 그 목격자를 시험했는데, 그는 80%의 빈도로 자신이 본 택시의 색깔을 정확히 알아맞혔다. 즉 안개 낀 밤에 그에게 보여준 택시가 파란색이든 초록색이든 상관없이 그가 색깔을 정확히 맞힌 빈도는 80%였다.

위 정보를 바탕으로 당신은 어떠한 결론을 내릴 수 있는가?

___ (a) 옆을 치고 달아난 차가 파란색일 확률이 0.8이다.

___ (b) 옆을 치고 달아난 차가 파란색일 확률이 더 크지만, 그 값은 0.8보다 작다.

___ (c) 옆을 치고 달아난 차가 파란색일 확률과 초록색일 확률은 같다.

___ (d) 옆을 치고 달아난 차가 초록색일 확률이 초록색이지 않을 확률보다 크다.

특이한 물음 2와 마찬가지로, 이것 역시 아모스 트버스키와 다니엘 커너먼이 고안해낸 것이다. 그들은 이 문제에 대해 매우 광범위한 심리 테스트를 수행했고, 그 결과 많은 사람이 (a) 또는 (b)가 옳다고 생각한다는 것을 발견했다. (d)가 옳다고 생각하는 사람은 거의 없었다. 그러나, 적절한 확률모형 아래에서 그 정답은 (d)이다! 다음은 베이즈 규칙을 이용한 풀이다.

풀이

G = 무작위로 선택된 택시는 초록색이다. $\Pr(G) = 0.85$.

B = 무작위로 선택된 택시는 파란색이다. $\Pr(B) = 0.15$.

W_b = 목격자는 달아난 택시는 파란색이라고 진술했다.

$\Pr(W_b/B) = 0.8$.

더 나아가 $\Pr(W_b/G) = 0.2$이다. 왜냐하면 목격자는 20%의 빈도로 틀린 답을 말하고, 따라서 달아난 택시가 초록색일 때 목격자가 그가 "파란색"이라고 말할 확률은 20%이다.

우리가 구해야 할 것은 $\Pr(B/W_b)$와 $\Pr(G/W_b)$이다.

$$\Pr(B/W_b) = \frac{\Pr(B)\Pr(W_b/B)}{\Pr(B)\Pr(W_b/B) + \Pr(G)\Pr(W_b/G)}.$$

$$\Pr(B/W_b) = (0.15 \times 0.8) / [(0.15 \times 0.8) + (0.85 \times 0.2)] = 12/29 \approx 0.41.$$

정답:

$\Pr(B/W_b) \approx 0.41$.

$\Pr(G/W_b) \approx 1 - 0.41 = 0.59$.

옆을 치고 달아난 차는 초록색일 확률이 더 크다.

기저율

(d)가 정답이라고 직관적으로 느낀 사람이 거의 없는 이유는 무엇일까? 트버스키와 커너먼은 사람들에게는 기저율(base rate) 또는 배경 정보를 무시하는 경향이 있다고 주장한다. 우리는 그 목격자의 말이 80%의 빈도로 옳다는 사실에 초점을 맞춘다. 그래서 그 마을의 대다수 택시가 초록색이라는 사실은 무시

한다.

그 목격자에게 무작위로 선택된 택시를 안개 낀 밤에 보여주는 실험을 굉장히 여러 번 진행했다고 가정해보자. 100대의 택시가 무작위로 선택되었다면, 우리는 다음과 같은 일이 일어나리라 기대할 것이다.

> 목격자는 약 85대의 초록색 택시를 본다. 이 중 그가 초록색이라고 정확하게 식별한 것은 80%, 즉 약 68대이다.
> 목격자는 20%, 즉 약 17대를 파란색이라고 부정확하게 식별한다.
> 목격자는 약 15대의 파란색 택시를 본다. 이 중 그가 파란색이라고 정확하게 식별한 것은 80%, 즉 약 12대이다.
> 목격자는 20%, 즉 약 3대를 초록색이라고 부정확하게 식별한다.

결국, 목격자가 파란색이라고 식별한 택시는 29대이지만, 그중 단 12대만 파란색이다! 사실, 빈도를 이용해 이 문제를 생각해보면 베이즈주의자의 풀이는 더욱 명확해진다.

일부 비판에 따르면, 이 택시 문제는 우리가 쉽게 실수한다는 것을 보여주지 않는다. 문제가 잘못된 방식으로 제시된 것이다. 비판하는 사람들은, 받은 질문이 그저 빈도에 대한 것이었다면 우리 대부분 쉽게 올바른 답을 찾았을 것이라고 말한다.

신빙성

위 목격자의 신빙성은 꽤 높다. 그는 80%의 빈도로 정확하게 식별한다. 신빙성 있는 목격자를 왜 믿을 수 없는가? 기저율 때문이다. 우리는 "신빙성"(reliability)의 다른 두 의미를 혼동하곤 한다.

의미 1: $Pr(W_b/B)$. 택시가 실제로 파란색일 때, 목격자가 파란색이라 말한 것은 얼마나 신빙성이 있나? 이것은 목격자와 그의 지각 능력이 가진 특징이다.

의미 2: $Pr(B/W_b)$. 목격자가 파란색이라고 말했을 때, 우리는 그 말에 얼마나 의지할 수 있는가? 이것은 목격자와 기저율이 가진 특징이다.

거짓양성

기저율은 의료 진단에서 매우 중요하다. 내가 끔찍한 질병에 대한 검사를 받았다고 가정해보자. 그 검사법의 정확도는 99%라고 한다. 병에 걸렸을 때 그 검사법은 99%의 확률로 '예'라고 말해준다. 병에 걸리지 않았을 때 그 검사법은 99%의 확률로 '아니오'라고 말해준다.

나는 검사를 받는다. 그 결과, '예'라는 진단이 나온다. 나는 겁을 먹는다.

하지만 이 질병이 매우 희귀하다고 가정해보자. 일반적인 모집단에서, 10,000명 중 단 1명만이 이 병을 앓고 있다.

그럼, 백만 명 중에서 오직 100명만이 이 질병을 앓고 있는 것이다.

백만 명의 사람을 무작위로 검사하면, 우리의 뛰어난 검사법은 그중에서 약 1%, 즉 약 1만 명의 사람에 대해서 '예'라고 진단할 것이다. 하지만 다음 절의 간단한 계산으로 확인할 수 있듯이, 그런 진단을 받은 사람 중 기껏해야 100명만이 실제로 그 병을 앓고 있다! 내가 고위험군에 속해 있지 않다면, 일단 안심이다.

나를 겁먹게 한 것은 "예"라는 진단과 그 검사법의 "신빙성"(의미1), 즉 다음 확률이었다.

Pr(예/병에 걸림).

하지만 검사 결과의 "신빙성"(의미2), 즉 다음 확률을 확인하게 되자 나는 안심이 되었다.

Pr(병에 걸림/예).

'아니오'가 올바른 진단일 때 '예'라고 진단하는 것을 거짓양성(false positive)이라고 부른다. 위 사례에서, '예'라는 진단 중 약 9,900개가 거짓양성이었다.

따라서 관련 질병의 기저율이 상당히 낮으면, '신빙성이 높은' 검사에 의해서조차 오도될 여지가 있다. 바로 이 논증이 전체 인구 모두에 대해서 HIV 바이러스 검사를 해야 한다는 주장을 비판하는 데 사용되었다. 꽤 신빙성 있는 검사조차도 상당히 많은 거짓양성을 내놓을 수 있다. 꽤 신빙성 있는 검사조차도 '고위험군', 즉 해당 질병의 기저율이 제법 큰 집단에 적용되는 경우에만 믿을 만하다.

거짓양성 확률

특정 개체가 어떤 조건 D를 갖추고 있는지 여부에 대한 검사 결과가 양성이라는 것은, 그 검사에 따르면 그 개체가 조건 D를 갖추고 있다는 것이다.

특정 개체가 어떤 조건 D를 갖추고 있는지 여부에 대한 검사 결과가 거짓양성이라는 것은, 그 개체가 조건 D를 갖추고 있지 않음에도 불구하고 양성의 검사 결과가 나왔다는 것이다.

우리는 검사 결과에 얼마나 의지하는가? 이것은 신빙성의 의미2이다. 거짓양성 확률은 당신이 검사 결과에 얼마나 의지해야 (또는 그것을 얼마나 의심해야) 하는지에 대한 좋은 지표이다.

D를 어떤 개체가 조건 D를 갖추고 있다는 가설이라고 하자.
Y를 어떤 개체에 대한 '예'라는 검사 결과, 양성 결과라고 하자.
어떤 개체에 대한 검사 결과가 Y임에도 불구하고 그 개체가 조건 D를 갖추고 있지 않은 경우, 거짓양성 결과가 발생한 것이다.
거짓양성 확률은 $Pr(\sim D/Y)$이다.[1]

우리의 희귀병 사례에서,

기저율은 $Pr(D) = 1/10,000$이다. 따라서 $Pr(\sim D) = 9,999/10,000$이다.
그 검사의 "신뢰성"(의미1)은 $Pr(Y/D) = 0.99$.
그리고 $Pr(Y/\sim D) = 0.01$.

베이즈 규칙을 적용하면,

---

1 [역자 주] 우리는 'false positive'를 '거짓양성'으로 번역하였다. 이는 종종 '위양성(僞陽性)'으로 번역되기도 한다. 여기서 우리는 저자의 'probability of false positive (거짓양성 확률)'가 일반적으로 'false positive rate (거짓양성 비율, 위양성률)'라고 알려진 것과 다르다는 점에 주의해야 한다. 후자는 병에 걸리지 않은 사람(~D) 중 병에 걸렸다는 진단, 즉 '예'라는 진단(Y)을 받은 사람들의 비율을 말한다. 즉, false positive rate는 $Pr(Y/\sim D)$로 나타낼 수 있다. 하지만 이 부분에서 저자가 말하는 'probability of false positive', 즉 '거짓양성 확률'은 이것이 아니다. 저자는 '예'라는 진단을 받은 사람(Y) 중 거짓양성인 사람(~D&Y)의 비율을 나타내기 위해서 이 표현을 사용했다. 즉 저자의 거짓양성 확률은 $Pr(\sim D\&Y|Y) = Pr(\sim D|Y)$를 말한다.

$$\Pr(\sim D/Y) = \frac{\Pr(\sim D)\Pr(Y/\sim D)}{\Pr(\sim D)\Pr(Y/\sim D) + \Pr(D)\Pr(Y/D)} = 9999/(9999 + 99) \approx 0.99.$$

패혈성 인두염: 특이한 물음 6

6 당신은 의사다. 당신은 당신의 환자가 패혈성 인두염에 걸렸을 확률이 꽤 크다고 생각한다. 하지만 확신하고 있지는 않다. 당신은 환자의 인후부에서 조직 표본을 채취해 실험실로 보내 검사했다. 그 검사는 (거의 모든 실험실 검사와 마찬가지로) 완벽하지 않다.

> 환자가 패혈성 인두염에 걸렸다면, 실험실은 70%의 빈도로 "YES"라고 말해주며 30% 빈도로 "NO"라고 말해준다.
> 환자가 패혈성 인두염에 걸리지 않았다면, 실험실은 90% 확률의 빈도로 "NO"라고 말해주며, 10%의 빈도로 "YES"라고 말해준다.

당신은 그 환자로부터 채취한 5개의 조직 표본을 연이어 실험실로 보냈다. 그리고 다음과 같은 결과를 순차적으로 받았다.

> YES, NO, YES, NO, YES

당신은 어떤 결론을 내릴 것인가?
___ (a) 이 결과로부터는 어떤 분명한 결론도 내릴 수 없다.
___ (b) 환자가 패혈성 인두염에 걸리지 **않았을** 확률이 크다.
___ (c) 환자가 패혈성 인두염에 걸렸을 확률이 **걸리지 않았을** 확률보다 **조금 더 크다**.
___ (d) 환자가 패혈성 인두염에 걸렸을 확률이 **걸리지 않았을** 확률보다 **훨씬 더 크다**.

내가 경험한 바로는, 이 문제의 답이 매우 분명하다는 것을 알아챈 사람은 거의 없다. YES-NO-YES-NO-YES라는 결과는 별다른 정보를 주지 못하는 것처럼 보이기도 한다. 하지만 이 결과는 해당 환자가 패혈성 인두염에 걸렸다는 것을 보여주는 매우 좋은 증거이다.

S＝그 환자는 패혈성 인두염에 걸렸다.

~S＝그 환자는 패혈성 인두염에 걸리지 않았다.

Y＝양성 검사 결과가 나왔다.

N＝음성 검사 결과가 나왔다.

당신은 해당 환자가 패혈성 인두염에 걸렸을 확률이 높다고 생각한다. 이해를 돕기 위해, 그 환자가 패혈성 인두염에 걸렸을 확률을 90%라고 해보자. 즉 $Pr(S)=0.9$이다.

풀이

우리는 아래와 같은 조건부 확률들을 알고 있다. 그리고 검사 결과들이 서로 독립적이라고 가정하자.

$Pr(Y/S)=0.7.$ $Pr(N/S)=0.3.$

$Pr(Y/\sim S)=0.1.$ $Pr(N/\sim S)=0.9.$

우리는 $Pr(S/YNYNY)$의 값을 찾아야 한다.

$Pr(YNYNY/S)=0.7\times0.3\times0.7\times0.3\times0.7=0.03087.$

$Pr(YNYNY/\sim S)=0.1\times0.9\times0.1\times0.9\times0.1=0.00081.$

$$Pr(S/YNYNY)=\frac{Pr(S)Pr(YNYNY/S)}{Pr(S)Pr(YNYNY/S)+Pr(\sim S)Pr(YNYNY/\sim S)}.$$

$$Pr(S/YNYNY)=\frac{0.9\times0.03087}{(0.9\times0.03087)+(0.1\times0.00081)}=0.997.$$

위처럼 각 항의 값을 따로 계산하지 말고 원래 수를 수식에 대입해 계산하면, 대부분은 약분되어 $Pr(S/YNYNY)=343/344$를 도출할 수 있다. 우리는 앞에서 $Pr(S)=0.9$라고 가정하였다. 그리고 이로부터 $Pr(S/YNYNY)$가 거의 1이라는 걸 확인하였다!

정답: 따라서 (d)가 정답이다. 환자가 패혈성 인두염에 걸렸을 확률이 걸리지

않았을 확률보다 훨씬 더 크다.

순수한 무지

하지만 당신은 의사가 아니다. 당신은 병의 징후를 거의 포착하지 못할 것이다. 당신은 친구의 패혈성 인두염 감염 여부를 결정하기 위해서 동전을 던져볼지도 모른다. 당신은 동전 던지기를 자신의 무지에 대한 모형으로 삼은 것이다.

$$Pr(S) = 0.5.$$

그 다음 당신은 검사 결과를 들었다. 이 결과들은 특별한 의미를 가지는가, 아니면 무의미한가? 이에 답하려면 $Pr(S/YNYNY)$의 값을 구해야 한다.

풀이

이전과 같은 식을 이용한다. 하지만 이번에는 $Pr(S) = 0.5$이다.

$$Pr(S/YNYNY) = (0.5 \times 0.03087) / [(0.5 \times 0.03087) + (0.5 \times 0.00081)] \approx 0.974.$$

정확하게는, 343/352이다.

정답: 이를 통해, 우리는 다시 한번 실험 결과 YNYNY가 당신 친구의 패혈성 인두염 감염을 보여주는 강력한 증거라는 것을 알 수 있다.

토머스 베이즈 목사

베이즈 규칙은 확률과 귀납에 관심이 많았던 영국 목사, 토머스 베이즈(Thomas Bayes, 1702-1761)의 이름을 딴 것이다. 증거와 관련해, 아마도 그는 스코틀랜드 철학자 데이비드 흄(David Hume)의 견해를 강하게 반대했을 것이다. 21장에서 우리는 흄이 제기한 귀납의 철학적 문제를 어떻게 베이즈주의의 개념을 이용해 회피할 수 있는지 설명할 것이다.

베이즈는 논문 하나를 작성했는데, 그 논문은 그가 사망한 이후인 1763년에 출판되었다. 앞에서 다룬 사례와 유사한, 정교한 문제 한 가지에 대한 풀이가 그 논문에 제시되어 있다. 베이즈는 당구대 위에서 당구공 하나를 던져 놓는다고 상상한다. 이 당구대는 "아주 평평하게 잘 만들어져서" 공이 각 지점에 놓일 확률은 모두 같다. 공이 있는 곳에 당구대 끝과 평행하게 선을 그린다. 이 선은 당구대를 두 부분 A와 B로 나눈다. 이때, 부분 A의 폭은 a인치가 된다.

그런데, 당신이 a의 값을 모른다고 가정하자. 당신은 등 뒤로 공을 던졌고 공이 당구대 위에 멈춰서자 다른 선수가 그 공을 없애 버렸다.

그런 다음, 공을 n번 던진다. 그 결과, 공이 당구대의 A 부분에 놓이게 된 경우는 k번이었고, B 부분에 놓이게 된 경우는 $n-k$번이었다. 이 정보를 바탕으로 a의 값을 추측할 수 있겠는가? 분명, 대부분의 공이 A에 놓이게 된다면 a는 당구대 전체 길이와 비슷해야 할 것이다. A와 B에 공이 놓이게 된 비율이 50:50이라면, a는 당구대 길이의 절반이 될 것이다.

토머스 베이즈는, 모든 거리 x와 임의의 간격 ϵ에 대해서 a가 $x-\epsilon$과 $x+\epsilon$ 사이에 있을 확률을 계산해내었다. 이 문제에 대한 정확한 풀이를 제시한 것이다.

그가 사용한 아이디어와 우리 사례에서 사용되었던 아이디어는 서로 같다. 하지만 베이즈가 사용한 수학은 어렵다. 요즘 "베이즈 규칙"이라고 (또는 오해의 여지가 있는 이름, 베이즈 정리라고) 불리는 것은 베이즈의 작업을 쉽게 단순화한 것이다. 4장에서도 보았듯이, 사실 베이즈 규칙으로 할 수 있는 일 모두 조건부 확률의 정의에서 비롯된 처음 몇 가지 원리를 통해서도 할 수 있다.

연습문제

1 **가열등과 삼각공업지구.** 111~112쪽에 있는 5장의 연습문제 2(c)와 3(c)를 베이즈 규칙을 사용해 풀라.

2 **두 개의 공.**
  항아리 A의 내용물: 붉은 공 60개, 녹색 공 40개.
  항아리 B의 내용물: 붉은 공 10개, 녹색 공 90개.
공정한 동전을 던져 항아리 하나를 선택한다.
  (a) 선택된 항아리에서 두 개의 공을 복원추출한다. 모두 붉은 공이었다. 항아리 A에서 공을 꺼냈을 확률은 얼마인가?
  (b) 선택된 항아리에서 두 개의 공을 비복원추출한다. 모두 붉은 공이었다. 항아리 A에서 공을 꺼냈을 확률은 얼마인가?

3 **시험**. 어떤 교수가 30개의 참/거짓 문제로 구성된 시험을 냈다. 답이 "참"인 문항은 30개의 문항 속에 무작위로 섞여 있다. 교수가 생각하기에, 그의 수강생 중 3/4은 진지한 태도로 수강하여 강의 내용을 올바르게 습득하고 있으며, 이런 학생들이 정답을 적어낼 확률은 75%이다. 이외 학생들은 무작위로 답을 적어낼 것이다. 교수는 학생들이 적어낸 답안 중 하나를 무작위로 집어 들어 두 문항의 답을 확인했다. 그 답은 모두 맞았다. 이 답안이 진지한 태도로 수강하는 학생의 답안일 확률은 얼마인가?

4 **역도 선수**. 경쟁하는 두 팀 중 하나를 골라 국제대회에 출전시켜야 하는 감독을 다시 생각해보자(107∼108쪽 참조). 각 팀에는 10명의 선수가 있다. 스테로이드 팀(S)은 8명의 선수가 스테로이드를 복용한다(U). 정정당당 팀(C)은 2명의 선수가 스테로이드를 복용한다. 감독은 공정한 동전을 던져 국제대회에 보낼 팀을 결정한다.

어떤 조직위원회는 출전이 결정된 팀 선수 중 무작위로 단 한 명을 뽑아 스테로이드 복용 여부에 대한 소변검사를 실시한다. 이 검사의 정확도는 100%이다. 만약 검사를 받은 선수가 복용자로 판명되면, 그 팀의 출전 자격은 박탈된다.

(a) 어떤 경우, 팀 전체의 출전 자격의 박탈이 거짓양성이 되는가?

(b) 위 문제의 거짓양성 확률은 얼마인가?

(c) 다른 조직위원회는 더 엄격하다. 무작위로 선택된 두 명을 검사한다. 거짓양성이 나올 확률은 얼마인가?

5 **세 개의 가설**. (a) 가설 F, G, H가 서로 배타적이고 함께 망라적일 때, 조건부 확률 Pr(F/E)에 대한 베이즈 규칙을 제시하라. (b) 증명하라.

6 **소프트웨어 충돌**. 한 중소기업이 회계 문제를 해결하기 위해서 회계 소프트웨어 패키지 3개를 구매했다. 소프트웨어의 이름은 각각 포그, 골렘, 핫샷이었다. 각 소프트웨어를 처음 실행했을 때, 포그는 10%의 빈도로, 골렘은 20%의 빈도로, 핫샷은 30%의 빈도로 충돌을 일으켰다.

이 기업의 소프트웨어 담당자는 총 10명이다. 그중 6명은 포그 담당자로, 3명은 골렘 담당자로, 나머지 1명은 핫샷 담당자로 배정되었다. 소프트웨어 담당자 중 한 명인 소피아는 이 프로그램 중 하나에 무작위로 배정되었다. 배정을 받자마자 소피아는 자신이 담당한 소프트웨어를 실행시켰다. 그런데 그 처음 실행에서 충돌이 발생했다. 그럼, 소피아가 핫샷의 담당자일 확률은 얼마인가?

7 **강도 예방**. 이 사례는 어떤 사회학자가 일간지에 기고했던 글을 바탕으로 한 것이다. 그 사회학자는 집에 권총을 보관하는 것이 좋은 강도 예방책이라고 주장한다. 그는 다음과 같은 (놀라운) 정보를 제시한다.

미국의 경우, 일 년 중 적어도 한 번 강도를 당하는 집의 비율은 10%이다. 캐나다의 경우는 40%이고, 영국의 경우에는 60%이다. 지난 10년간 이 비율에는 변함이 없었다.

교수들이 하는 말 전부를 믿을 필요는 없다. 특히, 신문에 기고하는 교수의 말은 더욱 그렇다! 그렇다 하더라도, 위 사회학자가 제공한 정보는 정확했다고 하자.

제니 박, 래리 챈, 알리 새미는 다국적 투자 은행의 수습사원이었다. 작년에 제니는 미국에 거주했고, 래리는 영국에 거주했고, 알리는 캐나다에 거주했다.

이들 중 한 명을 무작위로 선택했는데, 그 사람은 작년에 강도를 당한 경험이 있었다. 그가 알리일 확률은 얼마인가?

복습을 위한 핵심 단어

베이즈 규칙
기저율
거짓양성

확률과 효용의 결합

8 기댓값

귀납논리는 위험을 안고 있다. 무언가 불확실할 때, 우리에겐 귀납논리가 필요하다. 어떤 일이 일어날지 혹은 무엇이 참인지 불확실할 때뿐만 아니라, 무엇을 해야 할지 불확실할 때에도, 귀납논리가 필요하다. 확률만으로는 무엇을 해야 할지 결정할 수 없다. 그런 결정은 우리 행위의 가능한 결과들이 가지고 있는 가치에 의존한다. **효용**은 그런 가치를 가리키는 전문용어이다. 이번 장에서는 확률과 효용을 결합하는 방법을 배우게 될 것이다. 하지만 그 방법과 관련된 한 가지 유명한 역설로 이 장을 마무리할 것이다.

행위

조그마한 사업을 하나 시작할까?

우산을 가지고 갈까?

로또 복권을 살까?

사랑하는 사람의 집으로 이사를 갈까?

이런 모든 경우, 우리는 행위(act)를 결정한다. 아무것도 하지 않는 것조차 하나의 행위이다.

행위는 결과(consequences)를 낳는다.

파산한다. (또는 좋은 사업체 하나를 가지게 된다.)

모두가 비에 젖었는데 나만 젖지 않는다. (또는 우산을 잃어버린다.)

1달러를 낭비한다. (또는 큰돈을 얻는다.)

연인과 행복하게 산다. (또는 일주일 뒤에 헤어진다).

아무것도 하지 않는다. 이것 역시 행위이다.

어떤 결과는 바람직하고, 어떤 결과는 그렇지 않다. 가능한 결과가 지니는 비용과 편익을 (예를 들어, 달러에 해당하는) 수로 나타낼 수 있다고 가정하자. 그리고 그 수를 해당 결과의 **효용**(utility)이라고 부르자.

행위의 각 가능한 결과가 일어날 확률 또한 수로 나타낼 수 있다고 가정하자.

결정을 내릴 때, 우리는 각 가능한 행위의 상대적 장점을 평가하려고 한다. 가능한 행위를 평가할 때, 확률과 효용은 간단한 방법으로 결합될 수 있다. 그 방법은 바로 곱하기다! 즉,

(어떤 행위에 의해 일어날 수 있는 각 결과의 효용과 그 결과가 일어날 확률을) 곱하라. 그런 다음, 그 행위의 가능한 결과 각각에 대해 이렇게 곱해 얻은 값을 모두 더하라.

이 계산 결과는 그 행위의 **기댓값**이라고 불린다.

표기법
행위: 진한 영어 알파벳 대문자로 표기 (예: **A**).

결과: 진하지 않은 영어 알파벳 대문자로 표기 (예: C).

가능한 결과 C의 효용: $U(C)$.

행위 **A**를 했을 때 C가 발생할 확률: $Pr(C/\mathbf{A})$ (조건부 확률).

A의 기댓값: $Exp(\mathbf{A})$.

가능한 결과가 단 두 개인 경우
행위: **A**.

결과: C_1, C_2.

효용: $U(C_1)$, $U(C_2)$.

확률: $Pr(C_1/\mathbf{A})$, $Pr(C_2/\mathbf{A})$.

정의:

$$\text{\textbf{A}의 기댓값} = Exp(\mathbf{A}) = [Pr(C_1/\mathbf{A})][U(C_1)] + [Pr(C_2/\mathbf{A})][U(C_2)].$$

우리가 특정 행위 A의 결과를 다루고 있다는 것이 분명하다면, 간단히 다음과 같이 쓸 수 있다.

$$\text{Exp}(\mathbf{A}) = [\text{Pr}(C_1)][U(C_1)] + [\text{Pr}(C_2)][U(C_2)].$$

행위의 기댓값이란, (효용×확률)과 같은 곱들의 합이다.

공짜 복권

생일을 맞은 당신에게 이모가 복권 한 장을 공짜로 준다. 그러면서 이모는 "꼭 받을 필요는 없어."라고 말한다. 가능한 행위는 두 가지다. 복권을 받거나, 받지 않거나.

복권을 받지 않는 것의 기댓값은 0이다. 복권을 받는 것의 기댓값은 얼마인가? 100장의 복권이 있는데, 그중 한 장에만 90달러의 당첨금이 걸려 있다고 가정해보자. 그렇다면 복권을 받았을 때 가능한 결과는 두 가지다.

결과 1: 당신의 복권이 당첨된다.
결과 1의 효용: $90.
결과 1의 확률: 0.01.

결과 2: 당신의 복권이 당첨되지 않는다.
결과 2의 효용: 0.
결과 2의 확률: 0.99.

복권을 받는 것의 기댓값:

$$\text{Exp}(\mathbf{A}) = (0.01)(\$90) + (0.99)(0) = 90 \cent.$$

복권을 받지 않는 것의 기댓값: 0.

모두에게 공정하기

이모가 구두쇠라고 가정해보자. 이모는 당신에게 복권을 팔고 싶어 한다. 그녀
가 "복권 가격은 1달러야!"라고 말한다. 이모에게 다정했던 당신은 그 복권을
1달러를 주고 살지 고민한다. 복권을 1달러에 산 행위를 B라고 하자. B의 기댓
값은 얼마인가?

$$\text{Exp}(\mathbf{B}) = [(0.01)(\$90-\$1)] + [(0.99)(-\$1)] = -10\,\cent.$$

이런 결과에 따르면, 이모한테서 복권을 1달러에 사는 것은 다소 당신에게 불리
하다. 둘 중 누구에게도 유리하지도, 불리하지도 않은 공정한 가격은 얼마인가?
　이번에는 이모에게 90센트를 주고 복권을 샀다고 가정하자. 이 행위를 C라고
부르자. 이모와 합의한 가격이 90센트일 때, C의 기댓값은 다음과 같다.

$$\text{Exp}(\mathbf{C}) = 0.$$

이 결과에 따르면, 공정한 가격은 90센트인 것 같다.
　당신은 이모의 입장에서도 생각해봐야 한다. 이모의 자산에는 복권 한 장이
있다. 그리고 내게 90센트에 그 복권을 팔지 고민한다. 복권을 파는 행위를 D라
고 하자. D를 하게 되면, 이모는 그만큼의 자산을 잃지만 90센트만큼 더 부자가
된다. 그녀가 생각하는 복권의 공정한 가격을 x라고 하자. 그럼, D의 기댓값은
다음과 같을 것이다.

$$\text{Exp}(\mathbf{D}) = 90\,\cent - x = 0.$$

따라서, 공정한 가격은 이모에게도 90센트일 것이다. 다른 논증을 통해서도 같
은 결론을 도출할 수 있다. 그중에서 두 가지 논증을 소개한다.

공정한 가격 논증 1

매일 추첨하고 매일 당첨자가 나오는 복권을 이모가 나에게 판매하는 상황을 상
상해보자. 추첨이 있을 때마다, 100장의 복권 중에서 한 장이 당첨되고 당첨자
에게는 90달러가 지급된다. 당신이 일 년 동안 하루도 빠짐없이 이모로부터 복

권을 구매했다면, 당신은 각 복권 추첨의 평균 당첨금은 90센트일 것이라고 기대할 것이다. 따라서 이모에게 그 금액보다 적은 돈을 지불했다면, 당신은 그 복권을 싸게 산 것이다. 장기 시행에서, 즉 이 게임을 아주 많이 여러 번 반복하게 된다면, 당신은 이모를 이용해 먹은 셈이 된다. 90센트보다 더 많은 돈을 지불했다면, 이모가 나를 이용해 먹은 셈이 될 것이다. 따라서, 장기 시행의 관점에서 볼 때, 공정한 가격은 여전히 90센트이다.

공정한 가격 논증 2

당신이 복권 100장 각각을 90센트에 모두 구매했다고 가정해보자. 그럼 당신은 90달러를 지출하게 된다. 동시에 당신은 당첨금으로 90달러를 받게 된다. 왜냐하면, 구매한 전체 복권에는 당첨 복권이 있을 수밖에 없을 것이기 때문이다. 결국, 본전이다. 이런 상황은 공정해 보인다. 따라서 복권 한 장의 공정한 가격은 90센트이어야 한다.

이제 100명의 사람이 각자 한 장씩 복권을 구매하여, 복권이 매진된 경우를 상상해보자. 복권 구매자들이 받게 될 금액을 합하면 모두 90달러가 된다. 이 복권은 참가자 사이에서 완전한 대칭을 이루고 있다. 각 참가자는 복권에 대해서 모두 같은 것을 알고 있다. 각자는 이 복권 그 자체는 편향되어 있지 않다고 믿을 수 있다. 어쨌든, 구매자 모두 복권 추첨에 어떤 편향이 있는지 알지 못한다. 따라서 구매자 각각이 지불해야 할 금액은 모두 같다. 그들이 지불한 금액의 합은 90달러 이상이 되어선 안 된다. 그렇지 않으면 복권 회사에게 유리해질 것이다. 각자 같은 가격으로 복권을 구입하는 것만큼 공정한 것은 없다. 따라서 구매자 모두 90센트를 지불하고 복권 한 장을 구입해야 한다.

일반화

행위 A의 결과들이 유한하고 서로 배타적이라고 하자.

결과: C_1, C_2, $\cdots$, C_n.
효용: $U(C_1)$, $U(C_2)$, $\cdots$, $U(C_n)$.
확률: $Pr(C_1)$, $Pr(C_2)$, $\cdots$, $Pr(C_n)$.

정의:

$$\text{Exp}(\mathbf{A}) = [\text{Pr}(C_1)U(C_1)] + [\text{Pr}(C_2)U(C_2)] + \cdots + [\text{Pr}(C_n)U(C_n)].$$

말로 표현하자면, 기댓값은 확률과 효용의 곱들을 합한 것이다.

$$\text{Exp}(\mathbf{A}) = \Sigma[\text{Pr}(C_i)U(C_i)].$$

기댓값은 가중평균(weighted average)이라고 여길 수도 있다. a, b, c, d라는 네 개의 값에 대한 일반적인 평균은 $(a+b+c+d)/4$이다. 그러나 이 네 개의 값 각각에 다른 가중치를 두어 평균을 구할 수도 있다. 예를 들어 $x:y:z:w$의 비율로 a, b, c, d 각각에 가중치를 두었다고 해보자. 우리는 a의 x배, b의 y배 등의 평균을 구해, 가중치가 부여된 평균을 계산할 수 있다.

그럼 a, b, c, d의 가중평균은 $(xa+yb+zc+wd)/4$가 된다.

복권 두 장

우리 복권 사례에서 복권 두 장을 받는 것의 기댓값은 얼마일까? 그 둘 중 기껏해야 한 장만이 90달러의 당첨금을 가진 당첨 복권일 수 있다.

두 장의 복권을 무료로 받는 행위를 $\mathbf{A}$라고 하자. 각각 복권의 당첨 확률은 1/100이고 당첨금은 90달러이다.

$$\text{Exp}(\mathbf{A}) = 2[(0.01) \times (\$90)] = \$1.80.$$

기금 복권

뽑힐 확률이 1/100인 기금 복권 100장이 있다. 1등 복권의 당첨금은 90달러이다. 2등 복권의 당첨금은 9달러이다. 나머지에는 당첨금이 없다.

이 기금 복권 한 장을 무료로 받는 행위 $\mathbf{A}$의 기댓값은 얼마인가? 당신의 복권이 1등 복권일 확률은 1/100이다. 마찬가지로 당신의 복권이 2등 복권일 확률도 1/100이다. (당신의 복권이 2등 복권일 확률은 1/99이 아니다. 왜 그런가? 간단한 사례를 생각해보라. 복권이 단 두 장만 있다고 가정하자. 그럼 내가 90달러를 받을 확률은 1/2이다. 9달러를 받을 확률은 1/(2-1)=1이 아니다. 그 확률 역시 1/2이다.)

$$Exp(\mathbf{A}) = [(1/100) \times \$90] + [(1/100) \times \$9] = 99 \cent.$$

기금 복권 한 장을 1달러에 구매하는 행위 B의 기댓값은 얼마인가?

$$Exp(\mathbf{B}) = [(1/100)(\$89)] + [(1/100)(\$8)] + [(98/100)(-\$1)] = -1 \cent.$$

기금 복권 한 장의 공정한 가격은 99센트이다. 1달러는 너무 비싸고, 99센트가 적당하다.

노점

내 친구 마틴은 도시 교차로에서 불법 노점상을 한다. 하루에 보통 300달러의 매출을 올린다. 불법 노점 행위에 대한 벌금은 100달러이다.

마틴은 화요일부터 토요일까지 거리에서 일하며, 일주일에 두 번 정도 딱지를 떼인다. (항상 그런 것은 아니다. 일주일 내내 딱지를 떼인 적도 있으며, 일주일 내내 딱지를 떼이지 않은 적도 있다.) 그는 하루에 딱지를 떼일 확률은 40%라고 생각한다. 하루에 두 번 이상 딱지 떼이는 일은 일어나지 않는다. 그리고 경찰관의 순찰에는 어떤 패턴도 없다. 즉 딱지를 떼이는 일은 무작위적으로 일어난다.

하루 일의 기댓값은 얼마인가?

$\mathbf{W}$를 어떤 하루에 일을 하는 행위라고 하자.

가정들:

(1) 마틴이 300달러에 판매하는 물건의 원가는 100달러에 불과하다. 따라서 그의 수익은 200달러이다.

(2) 벌금은 100달러이다.

(3) 하루에 딱지를 떼일 확률은 0.4이다. 하루에 두 번 이상 딱지를 떼일 확률은 0이다.

I 자영업자 마틴

비록 불법 노점상을 하고 있지만, 마틴은 제법 법을 잘 지킨다. 그래서 딱지를 떼이면 불만 없이 바로 벌금을 낸다. 그러므로 하루 일의 기댓값은 다음과 같다.

$$\text{Exp}(\mathbf{W}) = (0.6)(\$200) + (0.4)(\$200 - \$100) = \$160.$$

여기서 우리는 마틴이 (벌금 없이) 200달러 전부를 벌 확률이 60%이고, 벌금을 내고 100달러의 순이익을 거둘 확률이 40%라고 추론했다. 이것을 다르게 생각할 수도 있다. 마틴에게는 언제나 200달러의 순이익이 보장된다. 하지만 100달러의 벌금을 낼 확률은 40%이다.

$$\text{Exp}(\mathbf{W}) = (\$200) - (0.4)(\$100) = \$160.$$

연습문제 3(171쪽)에서 우리는 마틴이 어떤 특별한 정보—관련법은 제대로 집행되지 않는다는 정보와 설령 법정에 가더라도 벌금을 물린 경찰이 나타나지 않아 재판이 진행되지 않을 수도 있다는 정보—를 알고 있는 경우의 기댓값을 계산해볼 것이다.

II 조직원 마틴, 그리고 정직한 건달

다른 상황을 생각해보자. 마틴은 노점상을 장악한 동네 건달의 조직원이다. 건달은 벌금을 모두 내준다고 약속했다. 하지만 마틴에게 수레를 빌려 간 대가로 하루에 50달러를 상납하라고 요구한다. 마틴은 그 건달로부터 구매한 제품만 팔수 있다. 그 건달이 법적인 문제를 해결해주고 벌금도 내주겠다는 약속을 지킨다면, 마틴의 하루 일의 기댓값은 얼마인가? 이때, 확률이 1로 바뀐다. 따라서 그 값은 쉽게 구할 수 있다.

$$\text{Exp}(\mathbf{W}) = \$150.$$

이 경우 마틴은 (결과가 무엇이든, 얻을 수 있는 수익은 일정하다는 점에서) 어떤 위험도 안고 있지 않다. 하지만 기대 순수익은 위험을 안고 있는 상황 (I)보다 적다.

기대 이동 시간

시간이 돈은 아니다. 하지만 그것에는 가치가 있다. 기댓값의 정의는 확률과 관련된 모든 종류의 가치에 적용된다.

이번 겨울에 당신은 캐나다 오타와에서 입사 면접을 볼 예정이다. 지원한 회사에서 교통비를 지급해준다고 한다. 면접장에 가는 방법은 기차와 비행기 두 가지다.

심각한 폭풍우가 발생할 확률은 0.2이다.

이 폭풍우는 내가 집에서 출발지까지 이동하는 데 걸리는 시간, 도착지에서 면접장으로 이동하는 데 걸리는 시간에 영향을 미치지 않는다. 가 소요 시간은 다음과 같다.

기차: 집에서 기차역까지 30분, 도착 후 10분 대기.
기차: 기차역에서 면접장까지 20분.

비행기: 집에서 공항까지 80분, 도착 후 1시간 대기.
비행기: 공항에서 면접장까지 40분.

폭풍우가 발생하지 않는 경우, 출발지에서 도착지까지 각 교통수단의 소요 시간은 다음과 같다.

기차: 5시간.
비행기: 1시간.

폭풍우가 발생하는 경우, 출발지에서 도착지까지 각 교통수단의 소요 시간은 다음과 같다.

기차: 7시간.
비행기: 이륙 전 10시간 대기, 비행 1시간.

기차와 비행기 각각의 기대 전체 이동 시간은 얼마인가?

풀이

기차를 타고 가는 행위를 **T**, 비행기를 타고 가는 행위를 **P**라고 하자.

Exp(**T**)=1+(0.8)(5시간)+(0.2)(7시간)=6.4시간=6시간 24분.

Exp(**P**)=3+(0.8)(1시간)+(0.2)(11시간)=6시간.

비행기를 타는 것의 기대 이동 시간이 작다. 그럼, 비행기를 타고 가야 하는가? 이 질문에 대한 답은 당신의 가치, 즉 당신의 효용 전반에 의존한다.

당신의 효용이 시간을 최대한 단축하는 것뿐이라면, 당신은 비행기를 선호할 것이다. 하지만 당신에겐 또 다른 효용이 있을 수 있다.

비행기를 탔는데 폭풍우를 만나 면접을 놓치게 된다면, 최악의 상황, 즉 취업에 실패하게 되는 상황이 벌어질 수 있다. 그러나 지원 회사가 그런 사정을 고려하여 폭풍 때문에 못 온 사람들에게는 별도의 면접 기회를 보장해준다면, 당신은 비행기를 더 선호할 것이다.

당신이 기다리는 것을 못 견디는 사람이라면, 공항에서의 10시간 때문에 당신은 정상 컨디션이 아닌 상태가 될 것이고, 그 결과 면접에서 떨어질 수도 있다. 따라서 이 경우, 기대 이동 시간이 더 길더라도 당신은 기차를 탈 것이다.

룰렛

라스베이거스와 북미 카지노의 표준적인 룰렛 휠에는 18개의 붉은색, 18개의 검은색, 2개의 0이 있다. 붉은색에 1달러를 걸었는데 휠이 붉은색 칸에서 멈추면 2달러를 돌려받는다. 붉은색 칸에 돈을 거는 행위 **R**의 기댓값은 얼마인가? 상금으로 2달러를 받을 확률은 18/38, 즉 9/19이고 참가비는 1달러이다.

Exp(**R**)=(9/19)($2)-$1≈-5¢.

몬테카를로와 유럽 카지노의 표준적인 룰렛 휠에는 18개의 붉은색, 18개의 검은색, 1개의 0이 있다. 붉은색에 1달러를 걸었는데 룰렛 휠이 붉은색 칸에서 멈추면 2달러를 돌려받는다. 이때 **R**의 기댓값은 얼마인가?

Exp(**R**)=(18/37)($2)-$1≈-3¢.

로또

로또 6/49는 가장 일반적인 형태의 국영 도박이다. 1달러를 지불하고, 1부터 49까지의 숫자 중에서 서로 다른 6개의 숫자를 선택한다. 로또 운영 업체는 1부터 49까지 숫자 중에서 무작위로 6개를 추첨한다. 만약 당신이 선택한 6개의 숫자가 추첨 숫자와 일치하면 엄청난 상금을 받게 된다. 당첨금 지급 방식은 나라별로 약간씩 다르다. 다음은 그중 가장 널리 정착되어 있는 지급 방식이다.

> 복권 회사는 그 추첨 회차에 복권 판매로 벌어들인 총수입의 55%를 복권 기금으로 가져간다. 이 55%의 일부는 운영비로 지출되고, 그 나머지는 모두 기부된다. 총수입의 45%는 당첨금으로 지급된다.
> 숫자 3개만 일치한 복권을 가진 사람에게는 10달러가 지급된다.
> 숫자 4개만 일치한 복권을 가진 사람에게는 100달러가 지급된다.
> 남은 상금 중에서 15%는 5개의 숫자만 일치한 복권을 가진 사람에게 균등 배분된다.
> 위 지급 금액을 제외하고 남은 금액은 모든 숫자가 일치한 복권을 가진 사람에게 균등 배분된다.
> 6개의 숫자(또는 5개의 숫자)가 일치하는 복권을 가진 사람이 없다면, 해당 상금 전부는 다음 회차 복권으로 이월된다. 이 때문에, 한 주의 최대 당첨금은 200만 달러가 될 수도 있으며, 그 몇 주 후에는 1,700만 달러가 될 수도 있다.

많은 로또 복권에 소위 보너스 번호가 있지만, 이는 실제 당첨금으로 지급되는 금액의 총액에는 영향을 미치지 않는다. 55%의 복권 기금은 아마도 북미에서 가장 높은 비율일 것이다. 일반적으로 공공 복권은 총수입의 절반 정도만을 수익금으로 가져간다. 이런 점에서 공공 복권은 일종의 자발적인 세금이라고 생각할 수 있다.

바로 이런 목적을 가진 로또 6/49 같은 복권은 16세기 초 이탈리아 도시 국가에서 처음 도입되었다. (1535년경에 그려진 이 책의 표지 그림을 보면 챈스가 복권을 쥐고 있다.) 가장 오랫동안 운영되고 있는 복권은 스페인에 있다. 1763년 12월, 스페인은 비교적 늦게 복권 사업을 시작했다. 그런데도, 스페인은 1812년 3월 4일 이래 정기적으로 복권을 운영하고 있다. 이 복권은 당시 나폴레옹에게 포위된 도시의 방어 자금을 마련하기 위해서 만들어진 것이다. 이 엄청난 크리스마스 복권은 스페인의 국가적인 행사이며, 그때가 되면 모든 마을에서 복권을 다발로 구매한다. 예수의 탄생을 뜻하는 나비다드라는 이름이 붙은 이 복권은 세계에서 가장 규모가 크다. 크리스마스 직전에 10억 달러 상당의 복권이 팔리는데, 이것은 일 년 내내 운영되는 수많은 스페인 복권 중 하나에 불과하다. (정부 운영 복권의 세계 총 판매액이 약 800억 달러라는 것을 생각해보라.) 나비다드는 복권 수익금의 70%를 구매자에게 돌려준다. 53%를 돌려주는 아이오와 복권이 북미에서 가장 많이 돌려주는 복권이라는 점과 비교해보라. 우리가 다루고 있는 45%라는 수치는 온타리오 복권에서 따온 것이다.

로또 6/49의 기댓값

로또 6/49 복권 한 장을 구매하는 행위의 기댓값은 얼마인가? 장기적으로 볼 때, 1달러당 45센트가 상금으로 상환되는 셈이다. 따라서 기댓값은 (45 ¢ – $1.00) = –55 ¢이다. 당첨자가 나타나 모든 상금이 지급된 회차와 그 다음번 회차 사이에 판매된 복권의 수를 N이라고 한다면, 상금의 총액은 0.45N달러이다.

인공 무작위 추출기를 통해 만들어진 모든 표준적인 도박은 로또 6/49보다 (그리고 대중들이 쉽게 구매할 수 있는 어떤 복권보다) 매우 큰 기댓값을 가지고 있다. 그리고 나중에 더 살펴보겠지만, 로또 구매자들에게 나쁜 소식은 이것이 다가 아니다.

온타리오에서 로또 6/49 복권 한 장을 구매하는 행위의 기댓값은 –55 ¢이다. 다르게 말해 복권 한 장의 공정한 가격은 45센트이다. 도박장이 가져가게 될 비율을 하우스 엣지(house edge)라고 한다. 앞에 언급했듯이, 로또 6/49의 하우스 엣지는 55%이다.

그러나 어떤 하나의 개별 복권 추첨에서 발행된 복권 한 장의 기댓값은 계산할 수 없다. 1주 차 상금이, 예를 들어 180만 달러였다고 해보자. 4주 동안 거액의 당첨자가 없었다면 5주 차 1등 당첨금은 1,700만 달러가 될 수도 있다. 1주 차와는 대조적으로, 5주 차에 복권 한 장을 사는 것의 기댓값을 미리 계산하기 어렵다. 왜냐하면, 그 기댓값은 복권이 얼마나 팔렸느냐에 달려 있기 때문이다.

거의 모든 사람이 5주 차 복권을 구매하는 것을 좋아할지도 모르겠다. 거액의 상금이 공지되면 복권 매출은 확실히 더 증가한다. 그러나 "거의 모든 사람"이라고 말하기는 어려울 수 있다.

당첨 복권의 수는 공지된 상금에 따라 달라진다. 왜냐하면 180만 달러보다는

1,700만 달러에 돈을 거는 사람이 더 많기 때문이다. 이런 점은 낮은 당첨금(3개 또는 4개 숫자 일치)에는 영향을 미치지 않는다. 하지만 그것은 1등 복권을 가지고 있는 사람이 한 명 이상일 확률을 증가시킨다. 두 사람이 1등에 상금에 당첨되면, 이들에게는 각각 850만 달러가 지급될 것이다. 17명이 1등에 당첨되면, 100만 달러씩만 나눠 갖게 될 것이다.

실제 확률
로또 6/49에 실제로 당첨될 확률은 다음과 같다.

　숫자 6개 모두 일치할 확률: 약 1/14,000,000 (1/13,983,816).
　숫자 5개만 일치할 확률: 약 1/54,000 (258/13,983,816).
　숫자 4개만 일치할 확률: 약 1/1,032.
　숫자 3개만 일치할 확률: 약 1/56.

위 확률들은 무엇을 의미하는가? 이것은 매주 100장, 즉 100달러어치의 복권을 사는 경우, 2,700년 안에 거액의 상금에 당첨될 확률이 50:50이라는 것이다.

　하우스 엣지가 55%인 로또 6/49의 1달러당 기댓값은 그 어떤 카지노 게임의 기댓값보다 훨씬 작다.

　도박장에는 인공 무작위 추출기를 활용하는 여러 도박―예를 들어, 블랙 잭, 빙고, 다양한 포커 게임, 룰렛, 크랩스―이 있다. 전통 도박사들은 복잡한 규칙을 좋아한다. 예를 들어, 크랩스는 주사위를 빠르게 던지는 게임으로, 베팅 방식이 복잡하게 그려진 고급스런 탁자 위에서 진행된다. 크랩스에서 하우스 엣지는 베팅 방식에 따라 다르다. 대부분의 베팅에서 크랩스의 하우스 엣지는 겨우 1.4%이다. 이에 반해 로또 6/49의 하우스 엣지는 무려 55%이다. 나비다드의 하우스 엣지조차 30%에 불과하다. 로또 6/49는 일주일에 두 번, 나비다드는 일년에 한 번 추첨한다. 한 시간 동안 크랩스를 하면서 기회가 있을 때마다 베팅을 한다면 당신은 상당히 많은 돈을 잃게 될 것이다. 크랩스는 매우 빠르게 진행되기 때문에 당신은 꽤 많은 베팅을 하게 된다. 베팅한 돈은 쌓여간다. 다른 말로, 도박장이 가져갈 돈이 점점 쌓이는 것이다.

　슬롯머신은 북미 거의 모든 곳에서 크게 유행했던 게임 장치이다. 예전 슬롯머신은 회전하는 바퀴들로 이루어진 기계식 장치였다. 하지만 지금은 비디오 게임으로 대체되었다. 슬롯머신의 하우스 엣지는 언제든 도박장이 원하는 대로 정할 수 있다. 라스베이거스와 애틀랜틱 시티의 과거 하우스 엣지는 보통 약 3%였다. 물론 몇몇 도박장은 하우스 엣지가 단 2%라고 광고하기도 했었다. 도박하는 사람에게는 크랩스의 하우스 엣지가 더 유리하다. 하지만 슬롯머신보다 시간당 더 많은 베팅을 할 수 있기 때문에, 더 많은 돈을 잃을 수 있다.

실제 당첨금

앞에서 우리는 로또 6/49 복권 한 장의 공정한 가격은 45센트라고 했다. 하지만 이 가격이 언제나 그렇게 간단히 결정되는 것은 아니다. 공정한 가격은 사는 곳에 따라 다를 수 있다. 심지어 각 복권이 정확히 같은 규칙을 가지고 있더라도, 사람마다 돈에 대한 기댓값이 다를 수도 있다.

왜냐하면, 복권의 규칙보다 더 많은 규칙이 이 세계에 있기 때문이다. 예를 들어, 소득세라는 것이 있다.

캐나다에는 복권 당첨금에 대한 소득세가 없다. 그래서 캐나다인이 구입한 캐나다 국영 복권 1달러짜리 한 장의 기댓값은 정말로 -55센트이다. 스페인 사람들도 복권 당첨금에 대한 소득세를 내지 않는다. 그래서 100페세타짜리 복권 한 장을 가지고 있는 스페인 사람의 기댓값은 -30페세타이다.

이와 달리, 미국 사람은 복권 당첨금에 대한 소득세를 내야 한다. 1,700만 달러와 같이 큰 당첨액이라면, 그것에 매겨지는 세금 또한 매우 클 것이다. 그렇다면, 미국에서 가장 유리한 복권, 즉 아이오와 복권 한 장을 구매한 미국인의 실제 순 기댓값은 -47센트보다 훨씬 낮아 보인다. 하지만 문제는 훨씬 더 복잡하다. 미국의 세법은 사람들이 하는 내기와 복권을 "투자"라는 명목으로 공제할 수 있게 해준다. (스페인이나 캐나다에는 이런 공제가 없다.) 그래서 소득세를 내지 않는 가난한 미국인에게 1달러짜리 복권 한 장의 실제 가격은 1달러이지만, (한계) 세율 28%에 해당하는 세금을 내는 부유한 사람에게는 72센트밖에 되지 않는다.

문제를 복잡하게 만드는 것은 미국의 복권 회사는 거액의 당첨금을 나누어 20년 동안 매년 분할 지급한다는 것이다. 이렇게 되면 소득세율이 달라져 내야 할 소득세가 줄어들 수 있다. 하지만 분할로 받게 되면 일시불로 받는 경우보다 세전 당첨금이 줄어들게 된다. 왜냐하면, 지금 당장 당첨금 전체를 이용할 수 없어, 물가 상승이나 당첨금 전체에 대한 최대 이자율과 관련된 손실을 볼 수 있기 때문이다. 당첨금 200만 달러를 20년 동안 분할 지급하려는 복권 업체는 단 100만 달러만 지급 비용으로 마련하고 있으면 된다.

위 당첨금 지불 방식은 온타리오 복권에서 따온 것이다. 온타리오 복권의 하우스 엣지는 55%이다. 아이오와 복권은 47%를 돌려준다. 따라서 아이오와 복권의 하우스 엣지는 온타리오 복권보다 낮다. 하지만 지불해야 할 금액이 클 때 아이오와 복권이 실제로 지불하는 금액은 온타리오 복권보다 훨씬 더 적다. 누군가 200만 달러에 "당첨"되었을 때 아이오와 복권은 100만 달러만 확보하면 된다. 따라서 사실상 아이오와 복권의 하우스 엣지가 온타리오 복권의 하우스 엣지보다 복권 업체에 훨씬 유리하다.

이런 이야기를 한 것은 그저 우리 현실이 어떤지 보여주기 위해서였다. 복권 한 장을 매번 반복해서 사는 경우, 온타리오 복권의 기댓값은 정확히 −55센트, 아이오와 복권의 기댓값은 정확히 −47센트라고 말하는 것은 깔끔해 보인다. 그러나 실제 세계는 그 단순한 계산만큼 깔끔하지 않다.

믿을 수 없는 승률: 단 5,500장의 복권, 매진 임박!

국립발레단이 고급 복권을 판매하고 있다. 발행된 복권은 총 5,500장이며, 복권 한 장의 가격은 100달러이다. 복권 추첨은 8개월에 걸쳐 진행된다. 첫 추첨은 11월에, 마지막 추첨은 다음 해 6월에 열린다. 복권은 10월부터 다음 해 5월까지 판매된다. 각 상품은 다음과 같다.

2,500달러 현금.	추첨 날짜: 11월 24일.
7,500달러 상당의 고급 TV/VCR.	추첨 날짜: 1월 7일.
10,000달러 상당의 비자 여행자 수표.	추첨 날짜: 3월 4일.
6,600달러 상당의 태국 2인 여행 상품.	추첨 날짜: 5월 18일.
100,000달러 상당의 메르세데스 벤츠 새 모델 300SL.	추첨 날짜: 6월 1일.

추첨은 복원추출 방식으로 이루어진다. 주최 측은 첫 번째 추첨 전에 복권 모두가 팔릴 것이라 기대하지 않는다. 하지만 당신은 11월 24일 이전에 복권 한 장을 구매했고, 그때 5,500장의 복권이 매진되었다고 가정하자. 그럼 당신 행위의 기댓값은 얼마인가?

$$\begin{aligned}
\text{Exp}(\mathbf{A}) &= [(1/5{,}500)(\$2{,}500+\$7{,}500+\$10{,}000+\$6{,}600+\$100{,}000)] - \$100 \\
&= \$77.
\end{aligned}$$

바꿔 말하면, 당신은 약 23달러가 발레 복권 한 장의 공정한 가격이라고 생각할 것이다.

어떤 복권을 더 선호하는가?

세금과 그 밖의 것을 무시하면, 1달러짜리 로또 6/49 복권 100장의 공정한 가격은 45달러이다.

100달러짜리 발레 복권 한 장의 공정한 가격은 약 24달러이다.

로또 6/49 복권이 발레 복권보다 거의 두 배는 좋은 것처럼 보인다. 그럼 왜 발레 복권은 "믿을 수 없는 승률"이란 말을 사용하는가? 로또 6/49 복권의 기댓값이 더 높으므로, 로또 6/49 복권은 발레 복권을 허위 광고로 고소해야 하지 않을까?

그렇지 않다. 복권은 다양한 방법으로 비교될 수 있다.

발레 복권 1,100장 중 한 장에 고가의 상품이 걸려 있다. 따라서 주최 측이 언급했듯이, 이 복권의 "승률"은 "믿을 수 없을" 정도이다. 다르게 말해, 어쨌든 고가의 상품을 받을 확률은 제법 큰 편이다. 이와는 대조적으로, 로또 6/49 복권을 통해 1등에 당첨될 확률은 매우 작다.

그래서 "제법 큰 확률"로 "꽤 좋은" 상품을 받을 수 있길 바란다면, 굉장히 낮은 확률로 인생을 바꿀 만한 거액을 받을 수 있는 행위보다 작은 기댓값을 가진 행위를 선택할 수도 있을 것이다.

싸구려 설렘

가난한 사람이 로또 복권을 사는 건 어리석은 일인가? 아마 그렇지 않을 것이다. 당신은 그저 큰 상금을 받을 기회만 산 것이 아니다. 당신은 설렘, 희망, 환상도 산다. 로또 복권을 사는 이유 중 하나는 그것이 기분 좋은 환상을 가져다주기 때문이다. 가난한 사람일수록, 현실을 버텨내기 위해 그런 환상이 더 필요할지 모르겠다. 그런 환상은 안정적이고 전망 좋은 직업을 가진 사람보다는 가난한 사람에게 "더욱 가치가 있다"고 말할 수도 있을 것이다. 이런 점에서 당첨 확률이 매우 낮은 복권 한 장을 사는 것이 그렇게 어리석은 일이 아닐 수 있다.

당신이 매우 가난하다고 해보자. 평범한 대학생과는 달리, 당신이 안정적인 삶을 살 가능성이 전혀 없다고 가정해보자. 당신이 보기에, 자신 삶에 희망을 품는 것의 가치는 2.5달러 정도이다. 그렇다면 1달러짜리 복권 한 장은 싼 것이다. 이런 가정 아래에서 복권 한 장을 사는 행위의 기댓값은 +1.95달러가 된다.

그러므로, 더 넉넉한 사람들이 말하는 것과 달리, 가난한 사람이 이런 종류의 자발적 세금에 자신의 얼마 안 되는 돈을 쓰는 것은 비합리적인 일이라고 단언할 수 없다. 하지만 많은 사람의 삶에 작은 희망 하나를 줄 수 있는 유일한 방법이 이것뿐이라니! 비참한 세상이다.

마팅게일

마틴은 도박을 좋아하지만, 위험을 감수하고 싶지 않다. "저에게는 필승 전략이 하나 있습니다."라고 마틴이 말한다. "저는 게일이라는 정직한 도박업자를 알고 있어요. 그리고 정직한 은행원도 한 명 알고 있지요. 이 은행원은 게일이 내기를 할 수 있는지 그의 자산을 확인해주는 일을 합니다." 그래서 당신의 전략은 무엇이냐고 우리는 물었다.

"게일은 공정한 동전을 던질 것입니다. 여러분은 그 결과 중 하나, 가령 앞면이 나온다는 것에 10달러 이상의 어떤 금액이라도 걸 수 있습니다. 앞면에 N달러를 걸고 이기게 되면, 게일은 여러분에게 2N달러를 줄 것입니다. 그럼 여러분의 순이익은 N달러가 됩니다. 앞면이 나오지 않는 경우, 게일은 당신이 건 돈을 가져가 이익을 보게 됩니다.

저는 처음에 10달러를 걸 것입니다. 이 게임에서 지면, 저는 다음 게임에 20달러를 걸 것입니다. 두 번째 게임에서 이기면, 저는 손실 10달러를 만회하는 것과 동시에 10달러의 이익을 보게 될 것입니다. 이 게임에서도 진다면, 저는 30달러의 손해를 보게 되겠죠. 그러나 그런 경우 저는 다음 게임에 40달러를 걸 것입니다. 이런 식으로 계속해 n번을 지게 되면, 저는 그 다음번에 $10(2^n)$달러를 걸게 됩니다.

이 동전 던지기는 공정하기 때문에 조만간 앞면이 나올 것입니다. 그럼 저는 결국 10달러를 따게 될 것입니다. 제 전략이 어떤가요?"

"하지만 당신은 짧은 시간 내에 많은 돈을 걸게 될 거예요."라고 우리는 말한다. "게일에게 돈이 부족해 내기를 못 하게 되면 어떻게 합니까?" 마틴은 좋은 대답을 생각해냈다.

> "제가 게임을 멈출 때까지 은행원은 게일이 번 돈 모두를 은행에 보관하고 있을 것입니다. 제가 마침내 이기게 된 경우, 저는 게일이 딴 돈에 10달러를 더한 돈만 받으면 됩니다. 이런 식이라면, 저와 게임을 못할 정도로 게일의 돈이 부족한 경우는 없을 것입니다."

마틴에게는 조금 더 어려운 문제가 남았다. "하지만 조만간 당신은 파산하게 될 것입니다! 10번 연속으로 뒷면이 나오면, 10달러를 얻기 위해 10,240달러를 걸어야 합니다. 당신은 이미 10달러＋20달러＋40달러＋80달러＋…를 잃게 될 것입니다. 그래서 10번 연속으로 뒷면이 나오면, 당신은 총 20,480달러를 잃게 될 위험을 감수해야 합니다. 여기서 끝이 아닙니다! 15번 연속으로 뒷면이 나오면, 기껏 10달러의 이익을 보기 위해 당신은 655,360달러의 자본을 투자해야 합니다. 곧 당신의 돈은 바닥날 것입니다."

파산하기 전에 마틴이 약간의 돈을 벌게 되는 일이 종종 일어날 수 있다는 것은 사실이다.

마틴의 게일에 대한 전략은 오랜 역사를 가진다. 이것은 "마팅게일"(martingale)이라 불리는 것의 한 사례이다. 이 이름은 200년이나 되었다. 하지만 그 유래에 대해서는 아무도 모르는 듯하다.

상트페테르부르크 게임

가난에서 끝없는 부로 올라가는 이야기로 마무리해보자. 어떤 공정한 동전을 생각해보자. 그 동전은 튼튼하게 만들어진 우연 장치를 통해 던져진다.

동전을 한 번 던진다. 앞면이 나오면, 당신에게 2달러가 지급되고 게임은 끝난다.

뒷면이 나오면, 다시 동전을 던진다. 두 번째 동전 던지기에서 앞면이 나오면, 당신에게 4달러가 지급되고 게임은 끝난다.

이번에도 뒷면이 나오면, 또다시 동전을 던진다. 세 번째 동전 던지기에서 앞면이 나오면, 당신에게 8달러가 지급되고 게임은 끝난다. 게임은 이런 식으로 계속 이어진다.

　게임은 앞면이 처음으로 나왔을 때 끝난다. 첫 번째 앞면이 n번째 던지기에서 나왔다면 지급받는 상금은 2^n달러가 된다.

낯선 기댓값

참가비를 내면 상트페테르부르크 게임(St. Petersburg Game)에 참가할 수 있다고 하자. 그 공정한 가격은 얼마일까? 그 값을 x라고 해보자.

　S를 이 게임에 참가하기 위해 x를 지불하는 행위라고 하자.
　N을 n번째 동전 던지기에서 게임이 끝나는 사건이라고 하자.
　$U(N) = 2^n$.
　$Pr(N) = (1/2)^n$.

x가 공정한 가격이라면,

　$Exp(S) - x$는 0이 되어야 한다. 이것은 $x = \Sigma[(1/2^n)(2^n)]$라는 것을 의미한다.
　$n = 1$일 때, $1/2 \times (\$2) = \$1$.
　$n = 2$일 때, $1/4 \times (\$2^2) = \$1$.
　모든 n에 대해, $1/2^n \times (\$2^n) = \$1$.

따라서 공정한 가격은 $\$1 + \$1 + \$1 + \$1 + \cdots$ 이다.

　이것은 공정한 가격이 무한하다는 것을 의미한다. 아니면, 최소한 여기에는 공정한 가격의 상한이 없다는 의미가 담겨 있다.

　다르게 말하자면, 게임 참가비로 얼마를 지불하든 상관없이 게임을 하는 것의 기댓값은 무한하거나, 최소한 상한이 없다.

역설

"역설"이란 단어에는 여러 의미가 있다. 논리학자들은 이 단어를 다음 의미로 사용한다.

겉으로 보기에 수용 가능한 전제로부터 자기-모순적이거나 부조리해 보이는 결론을 도출하는 논증.

상트페테르부르크 게임의 낯선 기댓값은 역설을 일으키는 것 같다.

여기서 부조리한 결론은 당신이 원한다면 이 게임의 공정한 가격을 마음껏 올릴 수 있다는 것이다. 이것은 부조리하며, 누구나 그렇다고 인정한다. 기회가 생기면 현재 가지고 있는 돈 전부와 미래 수입 전부를 걸고 이 게임에 참가하겠는가? 물론, 아닐 것이다.

잠깐 생각해보라. 이 게임 참가비로 당신은 얼마나 낼 수 있는가?

여기에 답을 적어보라: _____

게임에 참가하는 것은 적어도 2달러의 가치가 있다는 점에 주목하라. 게임은 언젠가 끝날 것이다. 그렇다면 확실히 최소한 2달러는 받게 될 것이다.

5~6달러 이상을 적어낸 사람은 그리 많지 않을 것이다.

상트페테르부르크 역설을 일으키는 위 논증에 잘못된 점은 없는가? 여기에 몇 가지 가능한 답변들이 있다.

답변1: 유한한 가격은 무엇이든 싸다!

역설은 없다. 게임에 참가할 수 있는 기회를 얻는 것의 기대 효용에는 상한이 정말로 없다. 물론 대부분의 경우 겨우 몇 차례 동전 던지기로 게임은 끝나 버릴 것이며, 이에 받게 될 상금은 작을 것이다. 하지만 당신이 얼마나 큰 상금을 생각하는지에 상관없이 그 상금을 탈 가능성은 존재한다. 그 가격이 무엇이든, 이 게임은 로또 6/49보다 더 낫다.

반론: 제정신이라면 그 누구도 큰돈을 내고 이 게임에 참가하지 않을 것이다.

답변2: 이런 게임은 불가능하다.

진짜 동전은 닳아 없어질 것이다. 더 중요한 것은, 동전을 40번 정도 던지게 되면 실제 모든 은행은 파산하게 된다는 것이다.

반론: 그렇긴 하지만, 우리는 여기서 이상적인 게임을 고려하고 있다. 적어도, 우리 상상 속에서 게임 참가비의 공정한 가격에 대해 묻는 것은 문제가 될 수 없다. 더 나아가 파산 등의 이유로 41번 연속으로 뒷면이 나오면 아무것도 주지 않고 40번 동전 던지기 뒤에는 게임을 끝낸다고 가정해보자. 이런 경우, 게임 참가비로 50달러를 지불하겠는가? 그렇게 하지 않을 이유가 있는가? 동전을 6번 던지게 될 때부터 당신이 투자한 50달러를 넘어서는 수익을 보게 될 것이다. 하지만 이 경우 어떤 은행도 파산하지는 않을 것이다.

답변3: 정의되지 않는 기댓값

기댓값을 정의할 때 부주의했다. 기댓값은 곱(확률 곱하기 효용)들의 합으로 정의된다. 합은 상한이 있는 경우에만 정의된다. 그러므로 상트페테르부르크 게임의 기댓값은 정의되지 않는다.

반론: 난처한 문제는 피할 수 있다. 하지만 왜 그렇게 해야 하는가? 이것은 "괴물 몰아내기"(monster-barring)이다.[1] 괴물 때문에 관련된 정의를 다듬었다. 하지만 왜 그런 식으로 정의를 제한해야 하는가? 이에 대한 어떤 설명도 제시되지 않았다.

답변4: 한계효용 체감

가난한 사람에게 1달러는 큰 가치를 지니지만 부자에게는 그렇지 않다. 금액이 그리 크지 않을 때, 편의를 위해 각 달러의 가치가 서로 같다고 가정할 수 있다. 매트리스 밑에 35달러를 숨겨 둔 사람이나 은행 계좌에 14달러가 있는 사람에게 추가 1달러는 동일한 가치를 가진다. 하지만 백만장자의 추가 1달러는 가난한 학생의 추가 1달러만큼의 가치를 지니지 않는다.

---

1 [역자 주] '괴물 몰아내기'라고 번역된 monster-barring은 헝가리 출신 영국 과학철학자 임레 라카토슈(Imre Lakatos)가 만들어낸 용어다. 그는 수학적 정리에 대한 반례를 '괴물'(monster)이라고 이름 붙였다. 그리고 그런 괴물이 등장했을 때, 가능한 몇 가지 반응을 제시했다. 그 반응 중 하나가 바로 '괴물 몰아내기'다. 이것은 해당 정리의 적용 범위를 다시 정해, 즉 울타리를 쳐(barring), 괴물을 그 범위 밖으로 몰아내는 것이다.

어떤 양 R이 주어졌을 때 또 다른 어떤 양 Q의 한계효용이란, 이미 R을 가진 사람의 재산에 Q를 추가했을 때 발생하는 효용이다. 그리고 당첨금 R과 당첨금 Q+R을 비교할 때, 당첨금 Q의 추가 가치는 Q가 아니라 R이 주어졌을 때의 당첨금 Q의 한계효용이 된다.

자연로그에 익숙한 사람들을 위해 전문적으로 표현하자면, 돈의 한계효용 체감을 보여주는 일반적이고 단순한 곡선은 $U(\$x) = \$(\log x)$이다.

상트페테르부르크 게임에서, $(n+1)$번째 던지기에서 이기면 n번째 던지기에서 이기는 것보다 두 배 많은 돈을 받게 된다. 하지만 이것은 두 배의 가치나 효용을 받게 된다는 것을 의미하지 않는다. 2^n달러가 주어졌을 때 2^n달러를 두 배한 것의 한계효용은, $(2^{n+1} - 2^n)$달러보다 작게 된다. 한계효용이 체감하는 것이다.

반론: 효용의 체감이라는 개념은 경제학에서 매우 중요하다. 하지만 그 개념이 상트페테르부르크 게임과 같은 극단적인 역설을 만족스럽게 해결한다고 할 수는 없다. 세부적인 내용을 분명히 하고 한계효용 체감에 대비하여 추가 금액을 적절하게 할당한다면, 이 게임 참가비는 위험을 감수하고자 하는 현실 세계의 사람이 제시하는 그 어떤 가격보다 여전히 크게 된다.

한 가지 문제점은 단 한 번의 게임만 하는 경우, 당신은 20달러조차 쓰고 싶어지지 않게 된다는 점이다. 이런 경우 효용은 실제보다 매우 빠르게, 훨씬 많이 체감하게 된다. 그리고 이길 때까지 여러 번 게임을 할 수 있는 경우, 당신은 큰 자본을 가지고 있어야 한다. 이 경우, 얻게 되리라고 기대되는 효용은 어쨌든 그만큼의 가치를 가지지 못하게 된다.

답변5: 낮은 확률

발레 복권과 로또 6/49의 차이점을 상기해보자. 몇몇 부자에게는 1달러짜리 로또 6/49 복권 100장을 사는 것보다 100달러짜리 발레 복권 1장을 사는 게 더 나을 것이다. 발레 복권에서 당첨될 확률(1/5,500)이 상당히 높기 때문이다. 아마도 큰돈에 당첨되는 것은 사실상 불가능하다는 점이 상트페테르부르크 게임의 매력을 감소시키는 원인 중 하나일 것이다.

다니엘 베르누이

상트페테르부르크 문제는 확률 이론가들을 오랫동안 괴롭혀왔다. 이 문제는 스위스의 유명한 수학자 가문의 일원인 다니엘 베르누이(Daniel Bernoulli, 1700-1782)에 의해서 연구되었다. (사실, 이 문제를 알려준 사람은 다니엘의 형 니콜라스였다.) 다니엘 베르누이 연구의 대부분은 당시 러시아의 수도였던 상트페테르부르크에서 이루어졌다. 그는 확률에 훨씬 더 많은 공헌을 한 야코프 베르누이(Jacques Bernoulli, 1654-1705)의 조카이다. 우리는 야코프 베르누이가 제시한 정리 중 하나를 16장에서 다룰 것이다.

다니엘 베르누이는 상트페테르부르크 역설을 이용하여 현대 경제학의 핵심 아이디어인 한계효용 체감이라는 개념을 발전시켰다. 그는 돈에 대한 효용 함수를 하나 제안했다. 그 효용 함수는 거액의 당첨금에 매우 작은 한계효용을 할당했다. 이를 이용해, 다니엘 베르누이는 상트페테르부르크 게임의 유한한 기댓값을 도출할 수 있었다.

어떤 사람들은 재미를 위해 역설을 만든다. "아이들은 떼를 쓰려고 재채기를 할 뿐이라네. 그럼 성가시다는 걸 잘 알거든."[2] 하지만 역설은 유용하게 쓰일 수 있다. 우리는 역설을 통해 우리 사고 속 불명료한 지점에 집중할 수 있게 된다. 역설에 대한 가장 좋은 반응은 진정으로 새롭고 깊이 있는 아이디어를 만들어내는 것이다. 다니엘 베르누이는 한계효용 체감이라는 개념을 발전시켰다.

논리학, 또는 사고의 기술

현대 확률 개념은 1660년경에 만들어지기 시작했다. 크리스티안 하위헌스가 제시한 첫 번째 확률 공리들은 1657년 네덜란드어로 출판된 책에 소개되었다. 요즘, 몇몇 연역논리학 책은 확률과 귀납논리에 대한 장으로 끝난다. 이런 책은 1662년 프랑스어로 출판된 『논리학, 또는 사고의 기술』(*Logic, or The Art of Thinking*)이라는 책의 구성을 따른 것이다. 확률과 귀납논리에 대한 장은 블레즈 파스칼(Blaise Pascal, 1623-1662)의 영향을 많이 받았다. 그 장들은 결정이, 진정으로는 희망과 공포 자체가 두 가지 —즉, 우리가 믿는 것과 우리가 원하(지 않)는 것 —에 의존한다는 분명하게 보여준다. 그것은 확률과 효용에 의존한다.

---

2 [역자 주] 이 구절은 『이상한 나라의 앨리스』에서 따온 것이다. 이것은 공작부인이 우는 아이를 달래면서 부르는 노래의 한 구절이다.

사람들은 천둥소리를 들으면 매우 겁먹는다. … 이런 불안감을 일으키는 원인이 번개에 의한 죽음의 위험뿐이라면, 이렇게 겁먹는 게 비합리적이라는 것을 쉽게 보여줄 수 있다. 기껏해야 200만 명 중 한 사람이 이런 식으로 죽을 뿐이다. 이런 흔하지 않은 죽음은 좀처럼 일어나지 않는다고 말할 수도 있다. 죽음에 대한 우리 공포는 피해의 규모뿐만 아니라 그 사건의 확률에도 비례해야 한다. 그 어떤 종류의 죽음도 번개에 맞아 죽는 것보다 자주 일어난다. 그만큼, 거의 모든 것이 번개에 맞는 것보다 강한 공포를 일으킨다.

이렇게, 확률 이론이 만들어지기 시작할 때부터 사람들은 위험에는 두 가지 요소가 있다는 것을 알고 있었다. 그것은 바로 결과의 중요성과 그 결과가 일어날 확률 또는 가능성이다.

우리는 번개를 두려워한다. 『논리학, 또는 사고의 기술』은 희망에 대해서도 비슷하게 이야기한다. 1,700만 달러라는 로또 6/49의 큰 당첨금만 생각해선 안 된다! 당신이 당첨될 확률은 1,400만분의 1이다. (159쪽을 보라). 바로 이 확률을 잊어버렸을 때 비로소 우리는 복권이 주는 환상에 사로잡히게 된다.

단돈 1달러로 20,000달러를 벌 수 있다면 굉장히 유리한 것이 아닌가? 모든 사람은 대박을 터트려 행복해질 사람은 바로 자신이라고 생각한다. 그 누구도, 예를 들어 20,000달러에 달하는 대박을 터트릴 확률이 그렇지 않을 확률보다 30,000배 더 작다는 사실을 신경 쓰지 않는다.
　　이익을 보거나 손해를 피하기 위해 무엇을 해야 할지 결정해야 한다면, 이익이나 손해 그 자체뿐만 아니라 그것이 발생하거나 발생하지 않을 확률도 고려해야 한다. 위와 같은 생각의 잘못은 바로 여기에 있다.

결정 이론은 1662년에 발표된 이 문장들과 함께 시작한다.

연습문제

1　**겨울 여행.** 한겨울, 우리 도시에 극심한 눈보라가 칠 것이라고 예보되었다. 내 아들 올리버는 하루치 일감을 구하기 위해 멀리 교외로 나가야 했다. 나는 지상으로 다니

지 않아 날씨의 방해를 받지 않는 지하철을 타라고 올리버에게 조언했다. 하지만 올리버는 차를 빌려 가야 한다고 말했다. 확률, 효용, 또는 둘 모두에 대한 우리들의 의견이 일치하지 않았다고 할 수 있는가?

2 **상술**. 어떤 광고주가 포장지 뒷면의 쿠폰을 잘라 특정 주소로 보내라는 상술을 부려 물건 구입을 유인하고 있다. 40,000개의 쿠폰 중 하나만 당첨되는데, 행운의 당첨자가 되면 10,000달러 상당의 상품을 받게 된다는 것이다. 우편을 보내기 위해 드는 비용(우편 요금, 봉투 등)은 45센트이다. 우편으로 쿠폰을 보내는 행위 **M**의 기댓값은 얼마인가?

3 **노점상: 집행되지 않은 벌금**. 153쪽의 노점상 마틴에 대한 첫 번째 이야기로 돌아가 보자. 마틴은 관련법이 제대로 집행되지 않는다는 것을 알고 있다. 마틴이 법정에 출두함과 동시에 벌금을 물린 경찰이 법정에 나타나는 경우에만 그는 벌금을 내게 된다. 이렇게 법정을 거쳐 결국 벌금을 내게 되는 일이 발생할 확률은 모두 20%이다. 이외의 조건은 첫 번째 이야기와 같다. 그럼 하루 일의 기댓값은 얼마인가?

4 **나쁜 건달과 노점상**. 다음을 제외하고는 노점상 마틴에 대한 두 번째 이야기와 조건이 같다. 그 건달은 신뢰할 수 없는 인물로, 최대한 사람들을 이용하려고만 한다. 마틴도 건달을 신뢰하지 않는다. 그는 법정에 가기 전에 건달이 벌금을 내줄 확률이 75%에 불과하다는 것을 알고 있다. 그래서 딱지를 떼는 경우 마틴이 법정에 가는 빈도는 25%에 불과하다. 하지만 연습문제 3과 같이, 벌금이 집행되지 않은 딱지가 법정을 거쳐 실제 벌금으로 이어질 확률은 20%이다. 하루 일의 기댓값은 얼마인가?

5 **최선의 상황**. 우리는 본문에서 (I) 자영업자, (II) 정직한 건달이라는 두 가지 상황과 연습문제로 (3) 집행되지 않는 벌금, (4) 나쁜 건달이라는 두 가지 상황, 총 네 가지 상황을 다루었다. 마틴에게는 어떤 것이 최악의 상황인가? 그리고 어떤 것이 최선의 상황인가?

6 **보험**. 윌리엄이 가진 귀중품으로는 5,400달러 상당의 중고차 한 대와 할아버지가 물려준 600달러 상당의 회중 금시계가 전부이다. 윌리엄은 문을 잠그지 않은 채 기숙사에 그 시계를 보관한다.
  윌리엄이 일 년 안에 차를 도난당할 확률은 1/900이다. 하지만 기숙사에는 낯설고 믿을 수 없는 사람이 너무 많아서 그가 시계를 도난당할 확률은 1/30이다.

이 두 가지 유형의 절도가 통계적으로 독립적이라고 가정하자.

(a) 차와 시계 둘 다 도난당할 확률은 얼마인가? 차만 도난당할 확률은 얼마인가? 시계만 도난당할 확률은 얼마인가? 아무것도 도난당하지 않을 확률은 얼마인가?

한 보험사가 윌리엄에게 두 물건에 대한 도난 보험을 제안한다. 보험 가격은 60달러이다. 그리고 10%를 공제한다. 즉 도난이 발생했을 때, 보험사는 도난당한 물건의 실제 가치의 90%만 윌리엄에게 지급한다.

보험에 가입하는 행위를 I라고 하자. 보험에 가입하지 않는 행위를 D라고 하자.

(b) D의 가능한 결과들은 무엇인가? 그리고 Exp(D)를 구하라.

(c) I의 가능한 결과들은 무엇인가? 그리고 Exp(I)를 구하라.

(d) 윌리엄은 보험에 가입해야 하는가?

윌리엄의 중고차 안에 시계가 어디 있는지 알려주는 메모가 남겨져 있었다고 가정해보자. 그럼 차를 훔친 사람이 시계도 훔칠 가능성이 더 커질 것이다. 즉 Pr(시계 도난/차 도난) > Pr(시계 도난)이 성립하게 된다.

(e) 위 두 가지 유형의 절도는 여전히 통계적으로 독립적인가?

(f) 이제 그런 비독립성이 Exp(I)에 어떤 영향을 미칠지 말로 설명해보라.

7 **두 배로 걸기.** 몇몇 도박사는 손쉽게 돈을 벌 수 있다고 생각한다. **떠버리 짐**은 경마장 가는 것을 좋아한다. 그는 경주를 보는 것을 좋아할 뿐, 부자가 되고 싶은 마음은 없다. 하지만 10달러의 입장료는 벌고 싶다. 그래서 그는 10달러를 벌 수 있는 돈을 첫 번째 경주에 건다. 그것은 7달러를 우승 후보에 거는 것이다. 만약 그가 진다면 그는 17달러를 벌 수 있는 돈을 건다. 그것은 두 번째 경주에서 그는 별 승산이 없는 말에 3달러를 거는 것이다. 이 경주에서도 진다면 짐은 20달러를 벌 수 있는 돈을 다시 건다. 그의 베팅은 이런 식으로 계속된다. 그가 이번 주 토요일 모든 경기에서 진다면, 총 164달러를 잃게 된다. 그럼, 짐은 다음 주 토요일에 164달러+10달러를 벌 수 있는 돈을 걸어야 한다. 이런 식의 전략은 무엇이 잘못되었는가?

8 **모스크바 게임.** 모스크바 사람들은 상트페테르부르크 게임과 다른 게임을 한다. 다른 규칙은 모두 같다. 하지만 이 게임은 동전의 뒷면이 40번 나오면 게임은 종료된다. 이때는 도박업자가 모든 돈을 가져간다.

(a) 판돈 S를 가지고 모스크바 게임에 참여한다면, 한 푼도 따지 못하고 판돈 모두

를 잃게 될 확률은 얼마인가?

(b) 모스크바 게임의 기댓값에는 상한이 있는가?

(c) 모스크바 게임에 참가하기 위한 공정한 가격은 얼마인가?

(d) 공정한 가격을 지불했을 때, 모스크바 게임에서 이익을 볼 확률은 얼마인가?

(e) MMM이라는 의심스러운 이름의 수상한 러시아 신규 은행이 모스크바 게임에 자금을 대고 있다. 최근 석유 선물 투기 덕분에, 그 은행의 자본금은 10억 달러나 된다. 이 은행이 파산하려면 동전 뒷면이 몇 번이나 나와야 하는지 추정하라. (이것은 완전히 꾸며낸 이야기가 아니다. MMM은 많은 거래에 연루된 구소련의 실제 투기 집단이었다. 이 집단의 실체는 오늘날까지도 명확히 밝혀지지 않았다.)

복습을 위한 핵심 단어

행위	공정한 가격	한계효용 체감
결과	기대 시간	
효용	복권	
기댓값	상트페테르부르크 역설	

9 기댓값 최대화

가능한 행위 중에서 무엇을 선택해야 할지 어떻게 결정하는가? 결정을 위한 가장 일반적인 규칙은 분명히 말한다. 기댓값이 가장 높은 행위를 하라. 그러나 이 간단한 규칙에도 연관된 몇 가지 역설이 존재한다.

위험을 안고 있는 결정

논리학은 근거와 논증을 분석한다. 우리는 믿음에 대한 근거를 제시할 수 있다. 행위와 결정에 대한 근거도 제시할 수 있다. 이런 상황에서 무엇을 하는 것이 최선인가? 귀납논리는 위험을 안고 있는 논증을 분석한다. 그것은 결정 이론 (decision theory), 즉 위험을 안고 있는 결정에 관한 이론에도 도움이 된다.

번개가 무서움에도 불구하고, 뇌우를 뚫고 책을 가지러 가야 할까? 나는 밖에 책을 두고 왔다고 믿기 때문에 뇌우를 뚫고 밖으로 나간다. 나는 책이 비에 젖어 망가질 것이라고 믿는다. 나는 또한 벼락에 맞지 않을 것이라고 믿는다. 그러나 내가 뇌우를 뚫고 밖으로 나가는 것은 무엇보다도 그 책을 원하기 때문이기도 하다. 물론, 나의 믿음은 확실하지 않다. 단지, 나는 책을 밖에 두고 왔다고 매우 확신할 뿐이다. 나는 책을 밖에 둔다면 그 책이 젖을 거라고 확신한다. 나는 내가 벼락에 맞을 개연성이 없다는 것을 알고 있다.

결정은 두 가지에 의존한다.

- 우리가 믿는 것
- 우리가 원하는 것

때때로 우리는 믿음 혹은 확신의 정도를 확률로 나타낸다. 때때로 우리는 원하는 것을 달러와 같은 금전적 가치, 또는 가치에 대한 판단, 즉 **효용**이라고 불리는 것으로 나타낸다.

결정이란, 무언가를 한다는, 혹은 아무것도 하지 않는다는 결정이다. 그것은 행위를 하는 것, 혹은 행위하지 않는 것에 대한 결정이다. 행위는 일반적으로 여러 가지 가능한 가치와 결과를 지닌다. 우리는 앞 장에서 어떤 행위의 기댓값을 계산하는 방법을 살펴보았다. 그러나 그 값을 활용하는 방법에 대해서는 살펴보지 않았다.

결정 이론

필요한 확률을 알고 있을 때, 무엇을 해야 할지 어떻게 결정할 수 있을까? 이것은 결정 이론이 다루는 주제 중 하나이다. 기댓값은 결정 모형을 구성하는 기본 도구이다.

여러 행위 중에서 한 가지를 선택해야 한다고 가정해보자. 당신은 각 행위의 결과, 그 결과의 확률에 대해 충분히 알고 있다. 더불어 당신이 각 행위의 기댓값을 계산할 수 있다는 것도 당신은 알고 있다. 이때, 한 가지 실용적인 규칙이 말하는 바에 따르면, 당신은 가장 높은 기댓값을 가지고 있는 행위를 수행해야 한다. (만약 최대기댓값을 가지는 행위가 여럿이라면, 그 행위 중에서 아무거나 하나를 수행하라. 그런 행위 사이의 선택에 도움이 될 기댓값 이상의 것은 없다.)

기댓값 규칙:
기댓값을 최대화할 수 있도록 행위하라.

신중

기댓값 규칙은 신중하게 취급돼야 한다.

로또 6/49 복권 100장을 구매하는 행위의 기댓값은 100달러짜리 발레 복권 1장을 구매하는 행위의 기댓값의 두 배이다. 전자의 기댓값은 45달러, 후자의 기댓값은 23달러였다. (158-162쪽을 보라.) 하지만 많은 사람은 로또 복권보다 발레 복권을 선호하는 것이 합당하다고 생각한다. 로또 복권을 통해 거액의 당첨금을 받을 확률은 무시할 수 있을 정도로 매우 낮은 데 반해, 발레 복권을 통해 고가의 상품을 받을 확률은 그렇게 무시할 만한 수준은 아니기 때문이다.

누군가 당신에게 로또 6/49 복권 100장을 공정한 가격 45달러에 구매하라고 제안했다고 하자. 단, 구매한 복권은 이윤을 남기고 재판매될 수 없다. 그럼 당신에게는 두 가지 선택지가 있다.

행위 **B**: 45달러에 복권 100장을 구매함.   Exp(**B**)=0.

행위 **D**: 그 제안을 거절함.   Exp(**D**)=0.

행위 **B**와 **D**의 기댓값은 0이다. 따라서 기댓값 규칙에 따르면, 당신은 두 선택지 중 어느 것도 다른 것보다 더 선호해서는 안 된다. 즉 당신은 두 선택지에 대해서 무차별적(indifferent)이어야 한다.

이제 가빈과 엘레나라는 두 학생을 생각해보자. 이 학생은 모두 어리다. 그리고 162-163쪽에서 언급된, 복권 구매를 통해 얻을 수 있는 "희망"과 같은 환상을 그들은 필요로 하지 않는다. 복권을 재판매하지 않는다는 것을 조건으로 두 학생 모두 로또 복권 100장을 45달러에 제안받는다.

가빈: 할인된 가격이네요! 여기 45달러 있어요!

엘레나: 필요 없어요. 그토록 위험한 도박을 하는 것보다 내 손에 45달러가 있는 것이 나에겐 훨씬 더 가치 있어요.

가빈과 엘레나 모두 기댓값 규칙을 위반하고 있다. 가빈은 위험-추구형(risk-prone)이다. 엘레나는 위험-회피형(risk-averse)이다.

이런 점은 개인적인 특성일지도 모른다. 두 학생이 로또 6/49 복권 100장 또는 100달러짜리 발레 복권 1장 중 하나를 선택해야 하는 상황에 부닥쳐 있다고 가정해보자. 우리는 위험-회피형인 엘레나는 발레 복권을 더 선호하지만 위험-추구형인 가빈은 로또 복권을 더 선호하리라고 추측할 수 있다.

기댓값 규칙은 어림짐작 규칙(rule of thumb)이다. 일부 전문가들은 기댓값 규칙이 합리성의 표준이라고 생각한다. 그들은 기댓값-규칙 독단론자라고 불릴 만하다.

그런 독단론자는 기댓값 규칙에 따라 행위하지 않는 사람은 비합리적이라고 말한다.

기댓값-규칙 독단론자는 다소 오만해 보인다. 우리 중 가빈이나 엘레나가 "비합리적"이라고 생각하는 사람은 거의 없다.

유틸

금전적 가치는 효용에 대한 대강의 척도일 뿐이다. 돈과는 다른 가치도 있다. 우리는 달러와 같은 금전적 가치가 아니라 더 일반적인 단위로 효용을 측정하길 원한다. 그 일반적인 단위는 유틸(utiles)이라고 불린다. 소액의 돈은 유틸로 취급될 수 있다. 우리는 2달러를 2유틸의 가치를 가진 것으로 생각할 수 있다. 하지만 200만 달러는 200만 유틸의 가치를 가진 것으로 생각되어선 안 된다. 이런 점은 다니엘 베르누이의 한계효용 체감이라는 개념과 잘 맞는다(167-168쪽). 30달러가 30유틸의 가치를 지닌다고 해서, 3,000만 달러의 유틸 가치가 30달러의 유틸 가치보다 백만 배 더 크다고 할 수 없다. 상트페테르부르크 역설을 해결하기 위해서, 다니엘 베르누이는 3,000만 달러는 단지 60만 유틸의 가치를 가질 뿐이라고 생각했다.

가빈은 로또 6/49 복권 100장을 기꺼이 45달러에 구매하려 했지만, 엘레나는 그렇게 하지 않고 본인의 돈을 지키려 했다. 이들의 행동은 효용을 이용해 설명될 수 있는가?

기댓값 규칙 구출?

실제로는 아무런 달러 가치가 없는 것에도 효용가치가 부여될 수 있다. 예를 들어, 위험은 아마도 엘레나에게 음의 효용이 있지만, 가빈에게는 양의 효용이 있을 것이다(가빈은 위험을 즐기는 사람이다).

따라서 복권들을 45달러에 구입했을 때, 가빈은 45달러의 가치, 말하자면 45유틸에, 위험이 주는 즐거움의 가치, 말하자면 7유틸을 더한 것을 얻게 되리라 계산한 것이다. 그래서 가빈은 45유틸을 지불하고 52유틸을 얻기 때문에, 그에게 이 복권은 싼 것이다.

엘레나는 위험을 감수하는 걸 싫어한다. 복권에 돈을 투자하는 것의 위험은 엘레나에게 음의 효용, 말하자면 -19유틸의 가치가 있을 것이다. 만약 복권을 구매한다면, 그는 45유틸을 지불하고 26유틸만을 얻게 된다.

기댓값-규칙 독단론자: 제 말이 정확합니다! 가빈과 엘레나 모두 합리적이라 할 수 있습니다. 왜냐하면 그 둘 모두 유틸 가치에 대한 각자의 기댓값을 최대화하는 선택을 했기 때문입니다. 가빈은 순 기댓값이 +7가빈-유틸인 행위를 선택합니다. 엘레나는 기댓값이 -19엘레나-유틸인 행위보다 기댓값이 0-엘레나-유틸인 행위를 선호합니다.

변동성

위험 회피를 효용의 일종으로 간주하는 생각은 기댓값 규칙을 구출하는 것처럼 보인다. 그러나 일상에서 그렇게 생각하는 것은 다소 인위적이게 느껴진다. 위험 회피가 효용과는 다른 차원에 있는 것처럼 보이기 때문이다. 주식과 채권을 거래하는 경우를 예로 들어보자.

주식 경험이 없는 고객에게 투자 상품을 판매하고자 할 때 정직한 주식 중개인은 다음과 같이 묻는다.

■ 투자로 얼마나 벌고 싶습니까? 이것은 고객이 얼마큼의 효용을 원하는가에 대한 질문이다.
■ 위험과 변동성을 어느 정도까지 감수할 수 있습니까? 이것은 전혀 다른 질문이다.

내부자가 아닌 한 그 누구도 주식 시장에서 위험 부담이 없고 수익률이 높은 투자 상품을 살 수 없다. 따라서 고객은 두 가지 고려 사항, 즉 위험을 피하려는 욕구와 부자가 되고 싶은 욕구 사이에서 균형을 잡아야 한다. 어리고 야심 있는 가빈은 다이아몬드 광산에 대한 저가의 주식, 즉 하루아침에 휴지 조각이 되어 버릴 수도, 백배의 가치 상승이 일어날 수도, 매일같이 등락을 반복할 수도 있는 주식을 사길 원할 것이다. 평생을 모아온 돈을 잃지 않고 응급 상황에는 언제든지 꺼내 쓸 수 있는 예금이 필요한 엘레나의 조부모는 수익은 있지만, 그 가치가 크게 변동하지 않는 안전하고 좋은 주식이나 채권을 원할 것이다.

이것들은 선택에서 고려해야 할 (적어도) 두 가지 차원이다. 이 두 차원은 효용이라는 하나의 추상적 개념으로 뭉뚱그려질 수 없다.

보험

보험은 위험 회피를 바탕으로 한다.

8장 연습문제 6번을 떠올려보자(172쪽). 윌리엄의 귀중품은 중고차 한 대와 할아버지가 물려준 금시계가 전부이다. 한 보험회사가 윌리엄에게 다음과 같은 제안을 한다.

- "보험에 가입하는" 행위의 기댓값: -$62.60.
- "보험에 가입하지 않는" 행위의 기댓값: -$26.00.

기댓값이 가장 높은 행위는 "보험에 가입하지 않는" 것이다. 그러나 우리는 윌리엄이 위험-회피형이라서 보험에 가입했다고 상상할 수 있다. 보험회사는 위험 회피형 사람의 구미에 잘 맞는다. 사실, 보험회사가 공정한 보험료를 부과한다면, 그들은 윌리엄에게 26달러의 보험료만을 청구할 것이다. 하지만 이렇게 되면 보험회사는 수익을 올리지 못한다. 지난 300년 동안 보험회사들은 매우 좋은 수익을 올려왔다.

계리적 보험

매우 거칠게 말해, 두 종류의 보험이 있다.

- 일반 "계리적" 보험.
- 특별 보험.

"계리인"(actuary)이란 말은 지금은 사용되지 않는 오래된 단어이다. 한 사전에 따르면, 이 말의 의미는 다음과 같다.

사망률 등 화재, 생명, 상해 보험과 관련된 여러 세부 사항에 대한 전문가

"계리적 보험"이란 사망, 화재 등에 대해 밝혀진, 혹은 예측된 비율에 기초한 보험을 뜻한다.

일반적인 보험의 잘 알려진 사례에는 생명보험, 자동차보험, 주택 보험 등이 있다. 보험사는 계리적 경험을 바탕으로 보험료를 산정한다. 그래서 보험사는

특정 나이의 특정 건강 이력을 가진 사람이 다음 해에도 생존할 빈도-유형 확률, 특정 사고 경력을 가진 사람이 다음 해에 사고 없이 지낼 빈도-유형 확률 등을 명시한다.[1]

보험사는 보험에 가입하는 사람의 기댓값이 0보다 작도록 보험료를 부과한다. 이것은 평균적으로 볼 때 회사가 수익을 내게 된다는 것을 의미한다. 매년 보험금으로 지불하게 될 금액이 보험료로 받게 될 금액보다 적다는 것이다.

일반 보험에 가입하는 사람은 누구나 기댓값 규칙에 어긋나게 행동하는 것 같다.

> 기댓값-규칙 독단론자: 단순히 달러가 아닌 진짜 효용에 대해 생각해보면, 그렇게 말할 수 없습니다! 윌리엄은 새 차를 살 여유가 없었지만, 그의 직업을 위해서는 차가 필요했습니다. 따라서 그가 보험에 가입하지 않은 상태에서 차를 도난당하는 것에 대한 실제 음의 효용의 크기는, 그가 차의 가격에 해당하는 달러 가치를 잃어버리는 것보다 훨씬 큽니다. 그리고 설령 자동차 도난으로 인해 실직하는 것에 현금 가치를 부여할 수 있다고 하더라도, 그 현금 가치에 새로운 일자리를 구하려는 번거로움은 포함되어 있지 않습니다. 그 어떤 시계도 할아버지의 금시계를 대체할 수 없는 것과 같은 이치입니다. 할아버지의 금시계는 감성적인 가치를 지니고 있습니다. 그것은 가족의 마지막 흔적이며, 어떤 면에서는 할아버지의 여전히 살아 있는 마지막 일부분입니다. 보험은 실제 손실을 보상해줄 수 없습니다. 하지만 적어도 고통을 줄여주기는 합니다. 실제 효용과 선호를 측정하기 위해서는 이 모든 것들을 고려해야 합니다. 이렇게 하면, 우리는 사람들이 기댓값을 최대화하는 식으로 선택한다는 것을 확인하게 될 것입니다.

우리는 개인의 효용을 어떻게 조작적으로 정의할 수 있는지 설명하지 않았다. 한 가지 중요한 방법은 다음 사항들을 먼저 결정한다.

■ 확률에 대한 개인의 실제 평가.

---

1 [역자 주] 이 '빈도-유형 확률'이라는 개념에는 확률의 의미에 대한 특별한 해석이 포함되어 있다. 확률의 의미에 대한 여러 해석은 11-12장에서 설명된다. 더불어 이 '빈도-유형 확률'을 이용한 귀납추리는 16-19장에서 다룰 것이다.

■ 실험 혹은 현실 상황 속 개인의 실제 선호.

이 방법은 기댓값 규칙에 새로운 의미를 부여한다. 기댓값 규칙은 더 이상 무엇을 해야 하는지에 대한 실용적 규칙이 아니다. 대신에, 그 규칙은 효용을 정의하는 방법이 된다. 즉, 개인 효용의 척도 또는 가치 체계는 선호와 믿음−유형의 확률에 의해 결정될 것이다. 기댓값 규칙을 정의로 만들어 그것을 구출하는 것이다.[2]

특별 보험

도박이나 내기에 가까운 특별한 보험도 있다.

우주 로켓을 발사하는 민간 기업도 보험에 가입한다. 실용적 목적의 우주 발사(TV 위성 등)는 점차 일반화되고 있으며 로켓 또한 상업화되고 있다. 하지만 로켓에 대한 계리적 경험은 많지 않기 때문에, 여전히 이에 대한 보험은 일반적이지 않고 가변적이다. 당신은 사람을 태운 로켓 사고에 대해서만 들어봤을 것이다. 그러나 화물을 실은 로켓도 상당히 자주 사고가 나거나 오작동한다.

로켓 발사에 대한 최근 보험료는 보험가액의 25%에 달하는 높은 수준이다. 이 정도라면, 로켓 보험은 말 그대로 로켓 회사와 보험업자 사이의 도박이라 할 수 있다.

주차

당신은 친구의 집에서 하룻밤을 묵으려 한다. 친구의 집은 붐비는 도심 거리에 있는데, 그 거리 차도에는 거주자 표지가 부착된 차량만 주차할 수 있다. 당신은 차를 몰고 친구 집에 갔는데, 그 주변에는 합법적인 무료 주차 구역이 없었다. 주변에 있는 유료 주차장의 하룻밤 주차비는 3달러였다. 지금은 매서운 추위가 한창인 겨울이고, 가장 가까운 무료 주차장은 도보로 30분 거리에 있다.

---

2 [역자 주] 효용을 정의하는 데 기댓값 규칙이 사용되기 때문에 기댓값 규칙은 정의에 의해서 참이 된다는 것이다. 한 가지 전통적인 효용 이론은 기댓값 규칙을 이용해 선호와 확률로부터 효용을 결정한다. 즉 우리가 특정 확률을 가지고 있다는 것, 그리고 우리가 기댓값 규칙대로 주어진 행위에 대한 선호를 가지고 있다는 것으로부터 관련된 결과의 효용을 결정한다. 따라서 기댓값이 최대인 행위를 선호한다는 것, 즉 기댓값 규칙은 효용의 정의에 의해서 참이 된다.

당신의 친구가 말한다: 그냥 차도에 주차해. 순찰은 10일에 한 번 정도만 돌아. 그러니 딱지를 떼일 확률은 0.1에 불과해.

벌금은 20달러이다. 그리고 면허증을 갱신해야 하기 때문에 당신은 주차 위반 벌금을 내지 않을 수 없다. 불법 주차를 하는 것의 기댓값은 얼마인가? 그것은 0보다 작을 것이다.

I: 불법으로 주차함.
L: 주차장에 주차함.
T = 당신은 딱지를 떼인다.
P = 당신은 3달러를 지불한다.
$Pr(T/I) = 0.1$.

당신이 금전적 손실만을 고려한다면, (즉 딱지를 떼여 발생하는 불편함 같은 건 무시한다면) 딱지를 떼이는 것의 효용은 $U(T) = -\$20$가 될 것이다. 그럼 불법으로 주차하는 행위의 기댓값은 다음과 같을 것이다.

$$Exp(I) = (0.1)(-\$20) + (0.9)(\$0) = -\$2.$$

주차장에 주차했을 때 일어날 일과 관련해서는 어떤 불확실한 점도 없다. 당신이 금전적 소비만을 고려한다면, 주차장에 주차하는 행위의 기댓값은 $Exp(L) = -\$3$이다.

무엇을 해야 하는가?
기댓값 규칙의 조언은 분명하다. 기댓값이 최대가 되도록 행위하라. 당신이 기대할 수 있는 가장 높은 효용은 -2달러이다. 그러므로, 불법 주차하라.

이것으로 문제가 끝나는 것은 아니다. 어떤 사람은 법을 어기는 것은 잘못이라고 생각한다. 어떤 법이라도 마찬가지다. 다른 어떤 사람은 법이 그렇게 중요한 것이 아니라고 생각한다. 그는 다른 사람에게 피해를 주는 것, 가령 지역 주민만을 위한 주차 구역을 이용하는 것이 잘못이라고 생각한다.

기댓값 규칙을 고수하는 사람에게 특별한 이름, 즉 공리주의자(utilitarian)라는 이름을 붙이자. 공리주의는 미묘하고 복잡한 도덕철학이다. 기댓값 규칙은 공리주의의 단순한 형태일 뿐이다. 가장 유명한 공리주의 철학자는 『자유론』과 중요한 페미니즘 저작인 『여성의 종속』을 쓴 존 스튜어트 밀(John Stuart Mill, 1806-1873)이다. 그의 『논리학 체계』는 귀납 추론에 관한 기초적인 연구라고 할 수 있다.

공리주의를 반대하는 가장 중요한 서양 도덕철학은 임마누엘 칸트(Immanuel Kant, 1724-1804)와 관련이 있다. 그의 가장 유명한 책은 『순수이성비판』이다. 윤리학에 관한 후기 작업에서 칸트는 마땅히 해야 할 일을 하는 의무(*duty*)의 중요성을 그 어떤 것보다 강조했다. 여기서 의무는 마땅히 해야 할 일을 할 의무이며, 이것은 그런 일을 하는 것의 효용과 거의 관련이 없다.

파티에서

당신은 차를 주차하고 파티에 도착했다. 세 친구, 유티, 듀티, 뷰티가 주차 문제에 대해 토론하고 있다.

> 듀티: 나는 법을 어기는 것도, 다른 사람들을 불편하게 하는 것도 좋아하지 않아. 그래서 나는 효용을 최대화하는 선택을 하지 않을 거야.
>
> 유티: 네가 말하는 것은 그저 벌금을 물거나 주차 요금을 내는 것 말고도 고려해야 할 요소가 있다는 것뿐이야. 너의 가치 척도에서 법을 어기는 것 또는 다른 사람을 불편하게 하는 행위는 음의 효용을 가지고 있어. 법을 어기고 타인에게 폐를 끼치는 것에 대한 (너의) 효용이 -5달러 정도라고 해봐. 그럼, 불법 주차에 대한 너의 기대 효용은 다음과 같을 거야.
>
> $$\mathrm{Exp}(\mathbf{I}) = (0.1)(-\$20-\$5) + (0.9)(\$0-\$5) = -\$7.$$
>
> 너의 "의무에 기반한" 결정도 기댓값을 최대화하는 또 다른 방법일 뿐이야. 왜냐하면, 너는 -7달러라는 불법 주차의 기대 효용보다 -3달러라는 주차 요금 지불의 효용을 더 선호하는 것이기 때문이지.
>
> 듀티: 하지만 나는 그런 식으로 생각하지 않았어!
>
> 유티: 글쎄, 생각해봐. 법은 절대 위반되어선 안 된다는 것에 대해 네가 정

말로 확고부동하다면 법을 어기는 것에 대한 너의 효용은 아마 -$10,000 정도라고 해도 될 거야. 하지만, 너는 생명을 구하기 위해서라면 불법 주차를 할 거잖아, 안 그래?

뷰티: 듀티는 법을 어길 거야. 작년 여름, 쟤는 벌목꾼들을 몰아내려고 숲으로 가는 길을 막은 혐의로 체포된 적이 있어.

듀티: 그건 탐욕스러운 벌목 회사와 부패 정치인으로부터 숲을 지키는 것이 더 큰 의무였기 때문이야!

유티: 그래, 우리는 네가 무엇에 더 큰 가치를 두는지 따져보고 있어.

듀티: 난 나의 소중한 가치를 달러와 같은 돈으로 재고 싶지 않아.

유티: 그건 말하자면 그렇다는 것뿐이야. 돈은 다양한 것들, 심지어 우리의 명예와 같은 것도 맞바꿀 수 있는 한 가지 가치 측정 방식에 불과해. 실제로 우리는 유틸에 대해 말하고 있어.

위험 회피

뷰티: 나는 듀티의 도덕적 양심을 가지고 있지 않아. 하지만 나도 기댓값을 최대화하지는 않을 거야. 주차 구역의 이용 요금이 3달러인 반면, 불법 주차의 기댓값이 단지 -2달러에 불과하다는 것은 분명히 맞는 이야기야. 그러나, 중요한 것은 20달러 벌금의 위험이 10%나 있다는 것이고, 나는 그 20달러는 감당할 여유가 없다는 거야. 딱지를 떼이면, 토요일 밤에 나가 놀려고 모아둔 돈이 모두 없어져 버려! 차라리 주차 요금을 내는 게 나아.

유티: 그래? 너는 지금 1달러의 20배보다 20달러에 더 많은 가치를 두고 있는 거야. 1달러가 1유틸의 가치가 있다고 해봐. 그럼 지금 너에게 20달러의 가치는 20유틸 이상인 것이지. 네가 나중에 프랜차이즈 미용실 체인을 소유하게 되면, 지금처럼 생각하지 않을 거야. 아마도 너도 다른 모든 배부른 자본가처럼 불법 주차를 하게 될 거야. 유틸은 바로 지금 당신의 실제 가치를 측정해.

뷰티: 하지만 그런 유틸로는 계산할 수 없어!

유티: 아니, 계산할 수 있어. 일단 유틸은 서로 더할 수 있다고 가정해봐. 그러고 나서 토요일 밤 20달러를 가진 것에 대해서 네가 얼마의 가

치를 부여하는지 네 자신의 선호를 이용해 계산해보자고. 넌 길거리
에 주차하는 것보다 주차 구역에 주차하는 것을 더 선호하고 있어.
이것은 불법 주차에 대한 너의 음의 기대 효용의 크기가 주차 요금으
로 3달러를 지출하는 것의 효용보다 더 크다는 것을 의미해. −3달러
가 −3유틸과 같다고 하자고. 그럼 딱지 떼이는 것에 대한 너의 효용
은 얼마가 되어야 할까?

$$\text{Exp}(\mathbf{I}) = (0.1)(U(T)) + (0.9)(\$0) < -3 \text{유틸}.$$

따라서 $U(T) < -30$유틸이지. 이 결과는 네가 주차 딱지를 떼이는 것
을 얼마나 두려워하는지 보여주지.

뷰티: 너무 인위적이잖아!

듀티: 맞아. 네가 효용이라고 부르는, 그저 숫자로 매겨진 값일 뿐인 것으
로 법을 지키고 타인을 존중해야 한다는 의무를 잴 수 없어.

뷰티: 그건 네 문제지, 나의 문제는 아니야. 하지만 내가 20달러에 1달러의
스무 배보다 큰 가치를 두고 있다는 것은 말도 안 돼. 나에게 20달러
는 1달러의 스무 배의 가치가 있어. 사실인 것은, 내가 20달러에 1달
러의 스무 배보다 더 큰 가치를 둔다는 것이 아니라, 나는 위험을 감
수하는 것을 좋아하지 않는다는 것이야.

유티: 우리는 그것도 측정할 수 있어.

뷰티: 아니, 할 수 없어. 위험을 좋아하지 않는다는 것은, 나의 가치 척도와
아무런 상관이 없어. 그것은 단지 내 불안한 성격의 특징일 뿐이야.
난 그저 위험을 회피하려는 거야.

이상적 모형

기댓값 규칙은 위험 회피와 같은 태도를 (애써 효용으로 바꾸려고 하지 않는
한) 고려하지 않는다. 이것은 기댓값 규칙에 대한 비판임과 동시에 그 규칙의 한
계이다. 규칙을 잘못 적용하는 것과 이런 비판을 혼동하지 말라.

예를 들어보자. 어떤 행위의 기댓값 계산은 그 행위의 가능한 결과들의 집합
에서부터 시작된다. 그 집합을 구성하는 가능한 결과들 C_1, C_2, $\cdots$, C_n은 서로
배타적이고 망라적이다.

결과를 이런 식으로 나누는 것은 이상화 또는 단순화라고 할 수 있다. 행위 대부분은 먼 미래에 이르기까지 무한히 많은 결과를 지닌다. 그 결과에 대한 불완전한 분석으로 인해 누군가는 형편없는 결정을 내리게 될 수도 있다. 다음은 실제로 있었던 일이다.

앨버트는 복권에 당첨되어 당첨금으로 수백만 달러를 받았다. 당첨되기 며칠 전 아내와 헤어진 앨버트는 당첨금 전부를 독차지하려고 새로운 여자친구에게 그 돈을 맡겼다. 아내는 당첨금 절반의 소유권을 주장하며 소송을 제기했다. 앨버트의 여자친구는 당첨금 전부를 가지고 아르헨티나로 떠났고 다시는 만날 수 없었다. 앨버트의 이야기가 뉴스 머리기사에 등장하자, 그의 다른 예전 여자친구들은 기자에게 그를 쥐새끼 같은 놈이라고 했다. 채권자들도 그를 찾아갔고, 앨버트가 그의 새 여자친구에게 주지 않은 돈을 뜯어냈다. 앨버트는 음주 운전 사고를 내어 무고한 행인을 다치게 하였다. 그 결과 그는 감옥에 갔다. 법원은 아내에게 당첨금의 절반에 대한 소유권이 있다고 판결했다. 현재 앨버트는 아내에게 수백만 달러의 빚을 진 상태로 감옥에 있다. 하지만 그는 돈을 갚을 여력이 없다. 왜냐하면, 그의 여자친구가 당첨금을 모두 가져갔기 때문이다.

앨버트가 당첨 복권을 구매했을 때, 우리는 가능한 결과를 다음 네 가지로 나눌 수 있을 것이다: C_1(수백만 달러 당첨), C_2(제법 큰 상금에 당첨), C_3(소액의 상금에 당첨), C_4(당첨되지 않음).

위 사례에서 보았듯이, 실생활에서 앨버트의 C_1은 아주 많은 결과로 나뉠 수 있다. 예를 들어, C_1은 '여자친구가 배신하지 않고 곁에 있음'과 '배신하고 아르헨티나로 사라짐'으로 나뉘고, 또 그 각각은 '언론에 많이 소개되지 않음'과 '언론에 많이 소개됨'으로 나뉠 수 있다. 더 나아가 다른 방식으로도 결과는 계속 나뉠 수 있다.

앨버트가 행위의 결과를 예견하지 못했다는 사실은 기댓값 규칙에 대한 비판이 아니다. 그것은 행위의 가능한 결과를 더욱 면밀하게 조사하지 않은 앨버트에 대한 비판일 뿐이다.

의견 불일치

많은 이유에서 사람들의 의견은 다를 수 있다. 결과의 확률에 대한 의견이 다를 수 있고, 결과가 얼마나 위험하거나 바람직한지, 즉 효용에 대한 의견도 다를 수 있다.

확률과 효용에 관한 사람들 사이의 의견 불일치는 흔히 일어난다. 이런 불일치는 해결할 수 없다. 하지만 적어도 의견 불일치를 분석해서 양측이 무엇에 관해 논쟁하는지 확인할 수 있다. 다음은 갈릴레오 우주 탐사선 발사 이전에, 흔하게 볼 수 있었던 뉴스 기사이다.

갈릴레오의 플루토늄 사용에 항의하는 단체들

전기 생산을 위해 갈릴레오 우주 탐사선 안에 약 50파운드의 플루토늄이 실렸다는 사실이 이번 우주왕복선 발사에 관한 가장 뜨거운 논쟁거리로 떠오르고 있다.

미국 에너지부는 사고 시 발생할 수 있는 다양한 조건 아래에서 약 100건의 테스트를 10년에 걸쳐 수행하여 플루토늄 장치의 안전성을 확인하였다.

에너지부의 발표에 따르면, 테스트를 통해 그 플루토늄 장치는 충격에 꽤 강하다는 사실이 밝혀졌다고 한다.

논란의 핵심은 얼마나 강한가이다. 나사(NASA)는 우주왕복선 사고로 인해 발사 지역에 플루토늄이 방출될 최대 확률은 1/2500보다 낮다고 말했다. 이 말에 동의하지 않는 반핵 단체들은 그 확률이 1/430 정도는 된다고 주장한다.

양측은 플루토늄 방출이 건강에 미칠 영향에 대해서도 의견을 달리한다. 반핵 단체들은 그것이 수천 명에게 치명적인 암을 유발할 수 있다고 추정한다. 하지만 나사는 플루토늄 방출량이 극도로 적기 때문에 추가적인 암 사망자는 없을 것이라고 주장한다.

나사의 건강-영향 추정치는 연방 관계 부처 합동 패널이 갈릴레오를 평가한 것보다 훨씬 낙관적이다. 합동 패널의 보고서에 따르면, 발사대 사고로 플루토늄이 방출되면 결과적으로 80명이 암으로 사망할 수 있다고 한다. 패널은 지구 주위 회전을 이용해 추가 속도를 얻으려 탐사선이 대기로 재진입하게 될 경우, 방출된 플루토늄으로 인해 최대 2,000명의 암 사망자가 발생할 수 있다고 말했다.

워싱턴에 있는 미국 과학자 연맹의 선임 연구 분석가인 스티븐 애프터굿은, 진짜 문제는 우리가 감내할 수 있는 위험의 크기라고 말했다. "제 생각에는 위험은 적습니다." 그는 이어 말했다. "그리고 과학적 보상은 큽니다."

확률

이 우주 탐사선은 태양으로부터 아주 멀리 떨어진 곳까지 가기 때문에 태양에너지를 사용할 수 없다. 믿을 만한 유일한 장기 에너지원은 소형 플루토늄 원자로뿐이다. 위험은 탐사선이 발사될 우주왕복선의 사고, 혹은 이와 비슷한 다른 참사가 지구 대기권 안이나 그 주변에서 발생하여 우주에서 가장 치명적인 물질 중 하나인 플루토늄이 방출될 수 있다는 것이다.

이해 당사자를 두 그룹으로 나누어, 각 그룹을 탐험가와 안전-제일주의자라고 부르자. 탐험가에는 나사와 미국 에너지부가 속해 있고, 안전-제일주의자에는 환경운동가와 반핵운동 단체가 속해 있다. 이 두 그룹은 관련된 확률에 대해 다른 의견을 가지고 있다. 탐험가는 사고 발생 확률이 1/2500이라 주장하고, 안전-제일주의자는 그 확률이 1/430이라고 말한다.

이 확률들은 어떤 종류의 확률인가? 갈릴레오 탐사선은 오직 한 대뿐이다. 그럼, 큰 사고가 일어나거나 일어나지 않거나, 둘 중 하나다. 그러나 **탐험가**가 말한 것은, 그저 "나는 그렇게 믿고 있습니다."만이 아니다. **탐험가**는 "그것은 우리, 즉 관련 과학계가 확보된 최고의 증거에 비추어 판단한 것입니다."와 같이, 단순한 믿음 이상의 것을 말하고 있다. 확보된 증거를 고려할 때, 사고가 발생하지 않는다는 것을 2499/2500 정도로 믿는 것이 합리적이라는 것이다. 안전-제일주의자가 말하는 것은, 그저 자신들이 **탐험가**와 다른 믿음을 가지고 있다는 것만이 아니다. 그들은 **탐험가**가 틀렸고, 잘못된 믿음을 가지고 있다고 말하고 있다.

결과

플루토늄 입자를 들이마시면 당신은 플루토늄에 중독될 것이다. 다른 일로 먼저 죽지 않는다면, 당신은 곧 암에 걸릴 것이다. 플루토늄의 인간 몸속 반감기는 많은 다른 유독 물질에 비해 긴 편이다.[3] 대기 중에 방출된 플루토늄은 사라지지

---

3 [역자 주] 일반적으로 반감기는 물리적 반감기와 생물학적 반감기로 나뉜다. 물리적 반감기는 자연 상태에서 방사성 물질이 방사능 붕괴 때문에 절반으로 줄어드는 시간을 말한다. 한편,

않는다.

탐험가는 사고가 발생하더라도 암 사망자 수가 증가하지 않을 것이라고 주장한다. 왜냐하면, 탐사선 속 플루토늄은 오븐 접시와 같은 세라믹 블록으로 차폐되어 있어, 증발이나 기타 방식에 의해 대기 중으로 빠져나오지 못하기 때문이다. 사고가 발생한다면 달갑지 않은 결과가 일어날 것이다. 부정적인 언론 기사나 향후 프로젝트 지원금의 감소는 말할 것도 없이, 시간, 노력, 재원을 잃게 될 것이다. 그러나, 탐험가가 생각하기에 일어날 수 있는 최악의 일은 이것들뿐이다.

반면에 안전-제일주의자는 사고가 발생하면 2,000명이 암에 걸릴 수 있다는 패널의 주장을 받아들인다.

탐험가는 발사가 성공하면 우주 탐험 열기가 고양될 것이며 새로운 지식과 여러 흥미로운 일이 가득할 것으로 생각한다. 안전-제일주의 그룹 또한 과학적 연구를 존중한다. 그러나 결과 전체에 대해서는 상반된 평가를 한다.

마지막으로, 기자들은 현명한 판단을 내려줄 것으로 기대되는 애프터굿 박사에게 자문을 구한다. 그는 위의 모든 결론 사이에서 균형을 잃지 않고 신중히 판단해, "위험은 적고 과학적 보상은 큽니다"라고 말한다. (그러나 애프터굿 박사는 과연 어떤 사람일까? 미국 과학자 연맹은 탐험가 그룹에 속해, 중립적이지 않다고 해야 하지 않을까?)

위험

우주 탐사선은 얼마나 위험한가? 이 물음에 대한 대답은 두 가지, 즉 여러 가능한 결과의 확률과 그 결과의 비용에 달려 있다. 우리는 두 가지 다른 평가를 다음과 같이 나타낼 수 있다.

탐험가 평가

	확률	결과
사고	1/2500	달갑지 않음
무사고	2499/2500	탐험!

생물학적 반감기란 몸속에 들어온 방사성 물질이 소화나 배설 등을 통해 절반으로 줄어드는 시간을 말한다. 플루토늄의 물리적 반감기는 24,300년이며 생물학적 반감기는 200년이다. (한국원자력연구원 홈페이지(https://www.kaeri.re.kr/) 참조.)

각 결과에 어떤 효용이 할당되든, 당신은 탐험가가 왜 갈릴레오 우주 탐사선이 멋진 생각이라고 여기는지 알 수 있을 것이다.

안전-제일주의자 평가

	확률	결과
사고	1/430	2000명 죽음
무사고	429/430	작음*

* 안전-제일주의자에게 "작음"은 "인간에 대한 잠재적 위험에 비해, 작음"을 의미한다.

각 결과에 어떤 효용이 할당되든, 당신은 안전-제일주의자가 왜 갈릴레오 우주 탐사선을 끔찍한 생각이라고 여기는지 알 수 있을 것이다.

어느 쪽이 옳은가? 귀납논리는 답할 수 없다. 귀납논리는 오직 다음과 같이 말할 수 있을 뿐이다. 탐험가에 의해 할당된 확률과 효용에 따르면, 탐사 프로그램은 계속되어야 한다. 안전-제일주의 그룹에 의해 할당된 확률과 효용에 따르면, 탐사 프로그램은 폐기되어야 한다.

알레의 역설

우리는 역설 하나를 살펴보며 이 장을 마무리할 것이다. 여러 다른 역설과 비슷하게, 이 역설 역시 인위적이다. 핵심은 기댓값 최대화에 대한 우리 생각을 명확히 하는 것이다.

100장의 카드에 1부터 100까지 번호를 매긴다. 카드를 섞은 후, 거기에서 한 장의 카드를 뽑는다. 그럼 가능한 결과는 서로 배타적인 세 그룹으로 나눌 수 있다.

L: 89 이하의 "낮은" 숫자 카드가 뽑힌다. (확률 0.89)
N: 90 숫자 카드가 뽑힌다. (확률 0.01)
H: 91 이상의 "높은" 숫자 카드가 뽑힌다. (확률 0.1)

알레의 첫 번째 도박

당신은 다음 두 가지 선택지 중 하나를 고를 수 있다. 이 둘 중 하나를 고르는 데 어떤 비용도 지불할 필요는 없다.

A: 높은 숫자 카드나 90 숫자 카드가 뽑히면, 즉 H나 N이 성립하면(확률 0.11), 500,000달러를 받는다. 이외의 경우에는(확률 0.89), 아무것도 받지 못한다.

B: 높은 숫자 카드가 뽑히면, 즉 H가 성립하면(확률 0.10), 2,500,000달러를 받는다. 이외의 경우에는(확률 0.90), 아무것도 받지 못한다.

행위 **A**를 수행(**A**를 선택)할 것인가, 아니면 행위 **B**를 수행(**B**를 선택)할 것인가?

　여기에 답을 적어보라: ＿＿＿＿

　실험에 따르면, 사람 대부분은 **B**를 선택한다. 10%의 확률로 2,500,000달러를 얻는 것을 11%의 확률로 500,000달러를 얻는 것보다 선호하는 것이다. 웬일인지, 대부분의 사람들은 많은 것을 얻을 확률이 조금 낮은 경우(10%)가 그보다 훨씬 적은 것을 얻을 확률이 약간 더 큰 경우보다 낫다고 여기는 듯하다.

알레의 두 번째 도박
이제, 다른 두 가지 선택지를 생각해보자.

F: 아무 조건 없이 500,000달러를 선물로 받는다(공짜!).

G: 높은 숫자 카드를 뽑으면, 즉 H가 성립하면(확률 0.1), 2,500,000달러를 받는다.

　낮은 숫자 카드를 뽑으면, 즉 L이 성립하면(확률 0.89), 500,000달러를 받는다.

　이외의 경우에는(확률 0.01), 아무것도 받지 못한다.

행위 **F**를 수행(**F**를 선택)할 것인가, 아니면 행위 **G**를 수행(**G**를 선택)할 것인가?

　여기에 답을 적어보라: ＿＿＿＿

　실험에 따르면, 굉장히 많은 사람이 **F**를 선택한다. 우리 대다수는, 아주 큰돈을 받을 확률이 10%이긴 하지만 아무것도 받지 못할 확률도 무시할 수 없는 경

우에 처하느니, 차라리 어떤 위험도 감수하지 않고 500,000달러를 받으려고
한다.

기댓값 규칙 적용

기댓값 최대화 규칙은 알레의 두 도박에 대해 어떤 판단을 내리는가? **A**와 **B**에
대해서 그 규칙은 적절한 판단을 내린다. 사람들은 분명히 **B**를 더 선호한다. 그
리고 그것은 가장 높은 기댓값을 지닌 선택지이다.

$$\text{Exp}(\mathbf{A}) = \$55{,}000. \quad \text{Exp}(\mathbf{B}) = \$250{,}000.$$

하지만 조건 없이 선물로 받는 **F**에 대해서는, 기댓값 규칙의 판단과 사람들의
일반적인 선택은 일치하지 않는다.

$$\text{Exp}(\mathbf{F}) = \$500{,}000.$$
$$\text{Exp}(\mathbf{G}) = (0.89)(\$500{,}000) + (0.1)(\$2{,}500{,}000) = \$695{,}000.$$
$$\text{따라서, } \text{Exp}(\mathbf{G}) > \text{Exp}(\mathbf{F}).$$

연습문제 10번에서 볼 수 있듯이, 이 논증에서 숫자는 그다지 중요하지 않다.

위험 회피?

알레의 역설은 무엇을 보여주는가? 실험이 올바르게 진행되었고, 대부분의 사
람들은 첫 번째 도박에서는 행위 **B**를, 두 번째 도박에서는 행위 **F**를 선호한다고
가정하자. 이것은 무엇을 의미할까? 통계학자들과 철학자들의 답변은 매우 다
양하다. 다음은 그중 두 가지이다.

■ 알레의 역설은 거의 모든 사람이 어느 정도 위험-회피 성향을 가지고 있다
  는 것을 보여준다. 도박하는 사람, 위험을 즐기는 사람, 벌금에도 불구하고
  불법 주차를 하려는 사람조차, 결국에는 위험 감수를 멈추어야 할 때를 알고
  있다. 그들은 원하는 것, 말하자면 백만 달러를 확실하게 받을 수 있는 경우
  를, 제법 높은 확률(10%)로 더 큰돈을 받을 수 있지만 아무것도 받지 못할

확률(1%)도 낮으나 무시할 수 없는 경우보다 좋아한다.

■ 알레의 역설은 당신이 생각해야 한다는 것을 보여준다. 당신이 처음에 **F**를 선호했더라도, 두 번째 도박에 대해 생각해보고 기댓값을 따져보면, 실제로 당신이 선호하는 것은 **G**라는 것을 발견하게 될 것이다.

새비지와 알레

알레의 역설은 인위적이다. 하지만 관련된 일화가 있다.

2차 세계 대전 이후, 개인적 확률과 개인적 기댓값의 최대화를 옹호했던 저명한 학자는 미국의 수학자이자 통계학자인 새비지(L. J. Savage, 1917-1971)였다. 그는 13-15장에서 다루게 될 귀납 추론에 대한 베이즈주의 접근법에 대해서 그 누구보다 많이 연구했다. (306-307쪽 참조).

새비지가 자신의 아이디어를 발전시켰을 때, 몇몇 통계학자는 그의 방법을 매우 의심스러워했다. 여기엔 약간의 국가적 적대감도 있었다. 예를 들어, 어느 프랑스 수학자 그룹은 인간의 자유로운 선택을 계산하는 맹목적 규칙에는 기계적이고, 무모하고, 지독하게 "미국적"인 면이 있다고 생각했다.

프랑스 수학자 모리스 알레(Maurice Allais)는, 인간이 기댓값을 최대화하는 방식으로 기계적으로 행동하지 않는다는 것을 논증하기 위해 역설을 만들었다. 우리의 희망과 두려움, 그리고 기대는 너무 복잡한 것이어서, 지성을 상실한 계산기 하나에 담을 수는 없다.

새비지의 반응

알레가 그 역설을 알려주었을 때, 새비지는 그에 대한 자기 생각을 기록해두었다.

두 개의 상황을 처음 들었을 때, 나는 즉시 **G**보다 **F**를, **A**보다 **B**를 선호한다고 말했다. 그리고 여전히 이런 선호가 직관적이라고 생각한다. 하지만 나는 문제를 다음과 같이 다루어야 한다고 여기게 되었다.

A, B, F, G는 숫자가 적힌 100개의 제비로 구성된 복권을 [우리가 이미 위에서 설명했던 것과 같은] 아래 계획에 맞춰 추첨하는 것으로 여길 수 있다.

	제비 번호		
	1-89	90	91-100
선택지 **F**	5	5	5
선택지 **G**	5	0	25
선택지 **A**	0	5	5
선택지 **B**	0	0	25

(복권 당첨금 단위: 100,000달러)

이 표를 그리고, 새비지는 계속해서 자신의 기록을 이어나갔다.

그럼, 1번부터 89번까지 제비 중 하나가 뽑히면, [두 개의 선택 상황에서] 무엇을 뽑아야 할지는 문제가 되지 않는다. 따라서 나는 90번부터 100번 사이의 제비 중 무엇이 뽑힐 것인지에 주목한다. 이 경우, 두 도박은 [즉, **F**와 **G** 사이의 선택과 **A**와 **B** 사이의 선택은] 완전히 같아진다.

이런 식으로 생각한 결과, 물론 새비지는 **F**가 아니라 **G**를, **A**가 아니라 **B**를 선택했다. 그리고 다음과 같이 덧붙였다.

내가 보기에, 선택지 **F**와 선택지 **G** 사이의 나의 선호를 바꿔 실수를 바로잡았던 것 같다.

연습문제

1 **자물쇠**. 당신은 방금 80달러를 주고 오래된 자전거 하나를 구매했다. 당신은 부술 수 없는 20달러짜리 크립토나이트 자물쇠와 8달러짜리 값싼 체인형 자물쇠 중 하나를 살 것이다. 당신은, 크립토나이트 자물쇠로 잠근다면 아무도 자전거를 훔치려 하지 않을 것이라 생각한다. 왜냐하면 그 자물쇠를 부수기에는 일이 너무 많기 때문이다. 이에 반해, 누군가 값싼 체인형 자물쇠를 끊고 자전거를 훔쳐 갈 확률은 10%이다. 그 자전거를 도난당하더라도 당신은 새 자전거를 구입하려고 애쓰지 않을 것이다. 관련된 모든 가치를 나열하여 기댓값을 최대화하려 한다면, 당신은 어떤 자물쇠를 사야 하는지 밝히라.

2 **불편함.** 당신이 크립토나이트 자물쇠를 사면서 "나는 이 낡은 자전거를 잃어버리는 불편함을 원하지 않기 때문에"라고 설명했다고 가정해보자. 당신이 효용을 최대화하는 사람이라면, 당신은 그런 불편함에 어떤 가치를 두고 있는 것이다. 최소한 얼마의 가치를 두고 있는 것인가?

3 **반복 손실.** 당신은 기대 달러 가치를 최대화하여 값싼 자물쇠를 샀다고 가정해보자. 며칠 후 당신은 자전거를 도난당했다. 그래서 새 자전거를 구매하기로 결정했지만, 문제1에서 언급된 모든 정보가 여전히 성립했다. 당신은 싸구려 자물쇠를 산 것에 심하게 화가 났다. 이제, 크립토나이트 자물쇠를 사는 것은 당신에게 합리적인 일인가?

4 **사전 계획.** 문제3에서, 첫 번째 자전거를 도난당하면 당신은 새 자전거를 구매하기로 결정했다. 첫 번째 자전거를 구입했을 때 이미 당신은 자전거를 도난당하면 80달러짜리 다른 자전거를 구매할 계획을 가지고 있었다고 해보자. 이 경우, 문제1의 결정은 달라지는가? 당신은 정말로 계획대로 일을 처리할 것이다. 특히, 두 번째 자전거를 구매하게 된다면, 문제3과 마찬가지로 20달러짜리 크립토나이트 자물쇠가 아니라 8달러짜리 값싼 자물쇠를 사게 될 것이다.

5 **처음부터 현명하게?** 그러나, 스스로에 대해서 곰곰이 생각해본 결과, 당신은 첫 번째 자전거를 도난당하면 두 번째에는 값싼 자물쇠보다는 크립토나이트 자물쇠를 사게 되리라는 것을 알게 되었다고 해보자. 이제, 어떤 행위가 기댓값을 최대화하는가?

6 **무보험 운전.** 똑똑하지만 어느 정도 자기-중심적이며 총각인 확률 이론가가 있다. 그는 자동차보험 없이 수년 동안 운전을 해왔다. (이는 미국 일부 지역에서 여전히 합법이다.) 하지만, 이후 결혼해서 가정을 꾸리기 시작했을 때, 그는 보장 범위가 충분한 자동차보험에 가입했다. 이 남자의 행위들을 설명해보라.

7 **유티와 듀티.** 위 똑똑한 총각 확률 이론가를, 유티는 옹호하지만 듀티는 비판할 것이다. 그 이유를 설명해보라.

8 **원자력과 석탄.** 원자력 산업은 원자력이 상당히 안전하다고 선전한다. 원자력에 의한 사망자의 수는 석탄-채굴에 의한 사망자의 수보다 훨씬 적다는 것, 원자력에서 비롯

된 환경적 피해는 석탄을 태워서 전기를 생산할 때 발생하는 산성비보다 훨씬 더 적다는 것 등이다. 화석 연료 옹호자들은, 참혹한 사고의 위험성은 말할 것도 없고, 오래된 발전소를 해체하고 끔찍한 독극물을 저장하는 등 원자력 발전은 엄청난 비용이 든다고 주장한다.

이 예를 두 가지 방법으로 논의하자.

(a) 양측의 확률과 효용이 어떻게 다른지 설명해보라.

(b) 양측의 위험 회피에 대한 태도가 어떻게 다른지 설명해보라.

9 **가장 긴 다리.** 바다를 가로지르는 가장 긴 다리가 뉴브런즈윅과 프린스에드워드섬 사이에 건설되고 있다. 길이는 8마일(13km)이고 대서양 위에 20층 건물보다 높은 아치를 그리고 있다. 매년 봄마다 거대한 부빙(浮氷)이 이 해협을 통과하며 부서지기 때문에, 어떤 사람들은 이 다리가 안전하다고 믿지 않는다. 신문은 다음과 같이 보도했다.

주요 관심사는, 해협이 잔잔한 날 이 다리의 기둥 44개가 '해빙(海氷)'을 막게 되었을 때 일어날 섬의 미세 기후의 변화이다. 물과 공기가 늦게 차가워지면, 가리비 및 바닷가재 어장과 감자 수확량은 심각한 영향을 받을 수 있다. [이 섬은 북미 대륙 전역에 걸쳐 있는 패스트푸드 가맹점 감자튀김의 약 20%를 공급한다.]

건설이 시작되기 전, 1990년 환경 패널은 보고서를 작성했다. 그 보고서에서 패널은 해빙이 100년에 2일씩 지연되는 것을 한계치로 설정했다. 부빙이 기둥을 쓰러뜨릴 수도 있다는 좀 더 절망적인 우려도 있다. 기둥은 해협 바닥에 볼트가 아니라 시멘트로 고정된다. 비판자들과 해협을 오랫동안 감시한 사람들은 전산화된 확률 연구는 가능성과 같은 것이 아니라고 말한다.

"비판자들과 해협을 오랫동안 감시한 사람들"의 의견, 또는 다리가 안전하고 생태학적으로 심각한 피해를 주지는 않을 것이라는 자문위원들의 의견을 나타내는 간단한 진술을 작성해보라.

당신의 진술은 확률과 효용을 명확하게 추정해야 한다. 하지만 이 추정을 수로 제시할 필요는 없다. 당신이 비판자라면, 무엇보다 "전산화된 확률 연구는 가능성과 같은 것이 아니다."는 말이 어떤 의미(를 담고 있다면, 그것이 무엇)인지 설명해야 한다. 당신이 자문위원이라면, 무엇보다 그 말을 논박해야 한다.

10 **알레**. 알레의 역설은 돈을 이용한다. 다니엘 베르누이의 한계효용 체감과 같은 것을
   이용하면 그 역설을 피할 수 있는가? 또는, 확률과 효용을 다르게 할당하면 그 역설
   을 피할 수 있는가?

복습을 위한 핵심 단어

결정 이론	위험 회피
기댓값 규칙	보험
유틸	위험 평가
공리주의	알레의 역설

10 불확실성 아래 결정

결정 문제는 때때로 확률이나 기댓값을 전혀 사용하지 않고서도 해결되곤 한다. (현실 세계에서 어떤 일이 일어나든 상관없이) 하나의 전략이 다른 모든 전략보다 우월한 상황에서 그렇다. 이는 **우월**이라고 불린다. 이것은 신을 믿게 되는 행위를 해야 한다는 것을 옹호하는, 매우 유명한 논증을 예로 들어 설명될 수 있다. 그 논증의 여러 다른 형태들을 통해 우리는 여러 종류의 결정 규칙을 만나게 된다.

확률을 확보한 경우에만 기댓값 규칙을 이용할 수 있다. 간혹 아무것도 몰라 여러 대안의 확률조차 말하기 어렵기도 하다. 이는 극단적으로 불확실한 경우라고 할 수 있다. 하지만 그런 때에도 충분히 합리적인 결정이 있을 수 있다.

우월

자욱한 안개가 긴 칠흑 같은 밤, 피터는 부모님의 고향인 네덜란드로 첫 여행을 떠났다. 부모님은 친척을 만나기 위한 차를 빌릴 수 있는 충분한 여행 경비를 주었다. 하지만 차를 빌린 이후 피터는 사실상 빈털터리가 되었다. 피터는 그의 먼 친척 집에 머물 계획이었다. 그래서 그는 운전하여 친척 집으로 가고 있었다. 그러던 중, 어느샌가 길을 잃었다. 이때 그는 머리 위에 있는 표지판 하나를 마주하게 되었다. 불행하게도, 쓰레기봉투가 그 표지판 앞부분을 가리고 있어, 각 지역 이름의 앞 세 글자를 확인할 수 없었다. 피터가 본 것은 다음과 같았다.

AVENHAGE ↑

TERDAM →

피터는 첫 번째 지역은 "'s Gravenhage"(스흐라벤하허. 영어로는 "헤이그", 국제 사법 재판소가 위치한 곳)인 것이 분명하다고 생각했다. 그러나 두 번째 지역은 "Amsterdam"(암스테르담)일 수도, "Rotterdam"(로테르담)일 수도 있었다. 피터는 어느 쪽으로 가야 하는가? 직진? 아니면, 우회전?

결정은 쉽다. 헤이그에는 피터의 친척이 살지 않는다. 하지만 암스테르담과 로테르담 모두에 친척이 살고 있다. 그래서 피터는 우회전했다.

분명하다. 하지만, 그 이유를 알아보기 위해 표를 그려보자.

행위들:

R: 우회전 (그리고 암스테르담 또는 로테르담에 도착)
S: 직진 (그리고 헤이그에 도착)

이 경우, 가능한 사태는 다음과 같다.

A : TERDAM은 사실 암스테르담을 가리킨다.
T : TERDAM은 사실 로테르담을 가리킨다.

피터는 "███TERDAM"이 암스테르담을 가리키는지, 로테르담을 가리키는지 몰랐지만, 그것이 무엇이든 우회전 전략은 양의 효용, 즉 피터를 맞아줄 먼 친척을 만난다는 효용을 가진다. 직진 전략은 음의 효용, 폭풍우가 몰아치는 칠흑 같은 어둠 속 묵을 곳 없이 낯선 도시를 헤맨다는 효용을 가진다. 효용에 적당한 수를 임의로 할당해보자.

$U(\mathbf{R},A)=2.$ $U(\mathbf{S},A)=-3.$
$U(\mathbf{R},T)=2.$ $U(\mathbf{S},T)=-3.$

	A	T
R	+2	+2
S	-3	-3

자명하게도, 모든 가능한 사태에서 **R**이 **S**보다 낫다. 이런 경우, 우리는 **R**은 **S**보다 우월하다(dominate)고 말한다.

세 가지 규칙

불확실성 아래 결정에 대한 초기 연구에는 이상한 점이 있다. 그런데도, 그 초기 연구는 이번 장에서 다룰 세 가지 결정 규칙을 소개하기에는 유용하다. 그 규칙들은 다음과 같다.

(1) 우월 규칙.
(2) 기댓값 규칙(9장 참조).
(3) 우월 기댓값 규칙.

아래 논증에 (1)을 적용해보라. 이 시도가 비판받으면 (2)로 바꿔보라. 이 역시 비판받거든 (3)으로 바꿔보라.

파스칼의 내기

우리는 8장 마지막에서 블레즈 파스칼을 만났다. 그는 귀납논리에 관한 몇몇 장이 처음으로 논리학 교과서에 실리는 데 공헌했다.

파스칼은 불확실성 아래 결정의 어떤 극단적인 사례에 대해 고심했다. 그 사례는 종교적 논증이다. 그 논증은 신의 존재에 관한 것이 아니라, 신을 믿게 되는 행위를 해야 하는지에 관한 것이다.

그 논증은 신의 존재에 대한 보통의 논증으로는 전혀 설득되지 않는 사람을 위한 것이다. 그런 사람은 성경이나 코란에 있는 계시와 간증을 전혀 신뢰할 수 없다고 생각한다. 그들은, 자연 종교로부터의 논증─세상은 너무 잘 만들어져 있어서 이것을 만든 설계자가 반드시 있었을 것이다─은 아무런 설득력이 없다고 여긴다. 하지만 그들 중 몇몇은 자신의 공동체와 문화 속 종교─모든 종교가 아니라 그들 주변의 종교─로부터 영향을 받는다. 그들은 자신 주변의 종교가 제대로 된 증거를 갖추고 있다고 생각하지 않는다. 그런데도, 어쨌든 그들은 불안해한다.

그런 사람은 극단적인 불확실성 아래 있는 것이다. 그들에게 신이 존재할 가능성은 무시할 수 없는, 즉 실질적인 것이다. 그러나 그들은 어떤 식으로도 증거를 찾지 못한다.

그런 사람은 종교 공동체에 참여하여 공동체의 믿음을 가지려고 결심할 수 있다. 아니면, 종교와 아무런 상관없이 살아갈 수도 있다.

파스칼의 결정 문제는 다음과 같다. 우리는 신을 믿게 되는 행위를 해야 하는 가?

여기에서 우리는 파스칼의 생각을 따라갈 것이다. 이렇게 하는 것은 그 논증에 설득력이 있기 때문이 아니다. 그보다 우리는 그 논증을 귀납논리와 결정 이론의 본보기로 여길 것이다. 파스칼의 논증은 좋은 사례이다. 왜냐하면, 파스칼은 세 가지 규칙 (1), (2), (3)을 구분하고 있기 때문이다.

심리 이론

파스칼은 근본 믿음에 대한 어떤 심리 이론을 가지고 있었다. 그것은 특정한 삶의 방식에 헌신적인 사람들과 함께 살아가면서 진심으로 그들 활동에 참여한다면 삶에 대한 그들의 기본 원칙과 편견을 공유하게 된다는 것이다.

당신 역시 이런 경험을 했을 것이다. 비록 현재는 당신 가족의 전통에서 많이 벗어나 있다고 하더라도 말이다. 무신론자, 불교도, 유대인, 마르크스주의자, 이슬람교도, 개신교인 등의 가정에서 자란 아이는, 10대를 지나 가족에게서 벗어날 즈음까지 가족과 같은 종교적, 또는 정치적 태도를 보이는 경향이 있다.

파스칼은 당신이 종교 공동체의 진정으로 독실한 구성원이 된다면, 다소 냉소적인 기분으로 동참했더라도 점차 그 공동체의 믿음을 얻게 될 것이라고 주장했다. 그는 신념이 전염된다고 생각했다.

파스칼은 이에 대해 매우 솔직하다. 그의 시대와 지역에서 그가 참여한 종교 공동체는 로마 가톨릭이었다. 그가 날카롭게 지적했듯이, 가톨릭 신자와 함께 살아가며 성수와 성체의 삶을 무심히 따르다 보면 어느새 신자가 되어 있는 자신을 발견하고 말 것이다.

살아 있는 가능성

어떤 가능성은 우리에게 실질적인 선택지이지만, 다른 어떤 것은 진지하게 고려될 수 없기도 하다. 어떤 사람은 미래를 예언하는 방법으로 점성술을 진지하게 고려할 수 있겠지만, 나는 그럴 수 없다. 미국의 실용주의 철학자 윌리엄 제임스(William James, 1842-1910)의 훌륭한 구절을 이용해 말하자면, 점성술은 나에게 살아 있는 가능성(*live possibility*)이 아니다. 하지만 그것은 오늘날에도 세계의 여러 지역, 여러 사람에게 살아 있는 가능성이다.

파스칼이 살던 시대, 대부분 프랑스인의 종교는 로마 가톨릭이었다. 파스칼이 공격적인 개신교와 여러 면에서 꽤 비슷한, 약간 청교도적인 형태의 신앙을 택했을 때도, 그가 속한 공동체는 (그런 신앙을 상당히 못마땅하게 생각했던) 로마 가톨릭교회 안에 있었다. 종교를 가지려 할 때, 로마 가톨릭 기독교의 몇 가지 형태만이 유일한 살아 있는 가능성이었다. 무신론 역시 살아 있는 가능성이었다. 파스칼의 도박판 친구 대부분은 진지한 형태의 무신론에 관해 이야기를 나누곤 했다.

하지만 파스칼의 논증은, 살아 있는 종교적 가능성은 오직 하나밖에 없으며, 그 외 다른 가능성은 무신론밖에 없다고 생각하는 사람에게만 적용될 수 있었다. 파스칼과 그의 동료에게 불교, 이슬람교, 유대교는 살아 있는 가능성이 아니었다.

파스칼을 비판하는 어떤 사람은 다음과 같이 말했다. "이맘(imam)도 그런 식으로 추리할 수 있었을 것이다." (이맘은 이슬람교의 영적 지도자를 가리키는 말이다.) 맞다. 하지만 이것은 파스칼의 논리에 대한 비판은 아니다. 그보다, 파스칼의 전제, 즉 무신론과 로마 가톨릭 신앙이라는 단 두 개의 가능성만 있다는 것에 대한 비판이다.

분할

따라서, 파스칼의 결정 문제는 다음과 같은 것이 아니다.

  신을 믿게 되는 행위를 해야 하는가?

그보다, 더 구체적이다.

  현재 로마 가톨릭 교리 속의 신을 믿게 되는 행위를 해야 하는가?

파스칼에게는 서로 배타적이고 망라적인 두 가능성이 있었다.

  (로마 가톨릭이 말하는 것과 같은) 신이 존재한다.
  그런 신은 존재하지 않는다.

이 두 가지는 가능한 사태에 대한 분할을 이룬다. 분할이란, 가능성들의 집합으로, 그 원소 중 하나는 반드시 참이어야 하며(망라적이어야 하며), 오직 하나만 참일 수 있다(서로 배타적이다).

파스칼은 위 분할을 다음과 같이 축약한다. (신은 존재한다, 신은 존재하지 않는다).

결정 문제

8장에서, 우리는 행위, 결과, 결과의 효용을 구분했다. 하지만 아는 게 정말로 거의 없다면, 조금 물러나서 우리가 관심을 가지는 살아 있는 가능성만을 고려하게 될 수도 있다.

가능한 사태들에 대한 분할은 서로 배타적이고 망라적인 가능한 우주의 상태들의 집합이다. 사태들을 분할하는 방법은 무수히 많다. 결정 문제는 해당 문제와 관련된 자연스러운 분할과 함께 제시되어야 한다.

불확실성 아래 결정 문제에는 다음의 요소들이 있다.

- 가능한 사태들에 대한 분할
- 행위자가 할 수 있는 가능한 행위들
- 분할 속 가능한 각 사태에서, 각 가능한 행위의 결과가 지니는 효용

사태 X에서 행위 **A**를 했을 때 얻게 될 효용을 $U(\mathbf{A},X)$라고 하자. 그럼 두 가지 가능한 사태 X와 Y, 그리고 두 가지 가능한 행위 **A**와 **B**에 대한, 결정 문제는 다음 표로 자연스럽게 표현된다.

	X	Y
A	$U(\mathbf{A},X)$	$U(\mathbf{A},Y)$
B	$U(\mathbf{B},X)$	$U(\mathbf{B},Y)$

파스칼의 분할

파스칼이 고려하는 행위는 다음과 같다.

A: 무신론자로 행위하라. 도박, 무절제한 음주, 문란한 성생활, 수리 물리학 연

구, 소매치기, 은행 운영 등, 무엇이든 당신이 가장 좋아하는 것을 하라.

B: 신자로 행위하라. 교회 가입, 신자와의 교류, 예배 참석, 계명 준수, 경건한 태도 열망 등, 신의 존재를 믿게 되는 행위를 하라.

파스칼이 고려하고 있는 사태는 (G,N)으로 축약된다. 각 기호의 의미는 다음과 같다.

G=신은 존재한다. (여기서 신은 당시 로마 가톨릭의 교리가 말하는 바로 그 신이다.)

N=신은 존재하지 않는다.

첫 번째 효용 할당

우리에게 필요한 것은, 분할 속 각 사태에서 각 가능한 행위의 결과가 지니는 효용이다.

파스칼의 분할에서, 신이 존재하는 경우, 신자가 될 수도 있었지만 그렇게 하지 않은 무신론자는 결국 지옥에 갈 것이다. 그러므로 U(**A**,G)는 무한히 나쁠 것이다. 말하자면, 그 값은 "음의 무한대"이다. 이것을 다음과 같이 쓴다.

$$U(\mathbf{A},G) = -\infty.$$

무한한 효용과 비교했을 때, 무신론자가 되는 것의 세속적 효용은 0이라고 할 수 있다.

$$U(\mathbf{A},N) = 0.$$

파스칼의 분할에서, 신이 존재하는 경우, 신을 믿고 도덕적인 삶을 산 사람은 천상의 축복, 즉 무한한 가치로 보상받는다.

$$U(\mathbf{B},G) = +\infty.$$

무한한 축복과 비교했을 때, U(**B**,N)은 0이라고 할 수 있다.

$$U(\mathbf{B},N)=0.$$

첫 번째 결정표

이런 효용 할당은 표를 이용해 가장 잘 나타낼 수 있다. 이런 표는 결정표(deci-sion table)라고 불린다.

	G	N
A	$-\infty$	0
B	$+\infty$	0

신이 존재하는 사태 G에서, 행위 **B**가 행위 **A**보다 명백하게 (무한한 정도로) 더 낫다. 사태 N에서, 그 둘 사이에는 어떤 차별점도 없다. 행위, 믿음, 효용 사이의 이런 구조에서는 다음이 성립한다.

- 적어도 하나의 가능한 사태, 즉 G에서, **B**의 효용은 **A**보다 크다.
- 어떤 가능한 사태에서도 **B**의 효용이 **A**보다 작지 않다.

어떤 사태 X가 "가능하다"는 것은 그것이 어쩌면 참일 수도 있다는 것이다. 현재 우리가 가진 지식에는 X가 거짓이라고 생각할 만한 어떤 강력한 이유도 없다.

　이런 상황이 성립할 때, **B**는 **A**보다 우월하다라고 한다. 어느 한 행위가 다른 행위보다 우월할 때 그 우월한 행위를 해야 한다는 것은 "자명해" 보인다. 결정 문제에서 어떤 다른 행위도 우월한 행위보다 더 나은 결과를 낳을 수 없다.

첫 번째 내기: 우월

> 어떤 행위의 효용이 적어도 하나의 사태에서는 다른 모든 행위보다 크고, 어떤 사태에서도 다른 모든 행위보다 작지 않다면, 이 행위는 어떤 다른 행위보다 우월하다.

우월 규칙(the dominance rule)이 말하는 것은 사실상 다음과 같다. 한 행위가 어떤 다른 행위보다 우월하다면, 그것을 하라!

두 행위의 결과가 분할 속 모든 사태에서 같은 효용을 가진다면, 그 둘 사이에는 어떤 차별점도 없다. 원한다면, 동전을 던져 무엇을 할지 결정할 수 있다.

파스칼의 첫 번째 논증의 결론은 다음과 같다. 신을 믿게 되는 행위를 하라는 **B**가 우월한 행위이므로, **B**를 하라.

우월 규칙

파스칼의 첫 번째 내기와 별개로, 우월 규칙은 현재로서는 꽤 명백해 보인다. 잠시 다른 이야기를 해보자. 토머는 담배에 심각하게 중독된 젊은 학생이다. 그가 관심을 가지고 있는 것은 종교가 아니라 금연 여부이다. **Q**=금연한다. **S**=계속 흡연한다.

토머는 자신의 결정 문제를 단순화하기 위해 사태를 두 가지로 분할한다.

Y: 65세가 되기 전, 젊은 나이에 죽는다.
O: 65세를 넘겨, 늙은 나이에 죽는다.

토머는 자신이 얻을 효용이 대략 다음과 같다고 생각한다.

$U(\mathbf{S},Y)=0.$ $U(\mathbf{S},O)=100.$
$U(\mathbf{Q},Y)=-5.$ $U(\mathbf{Q},O)=95.$

이것을 표로 그리면, 다음과 같다.

	Y	O
Q	–5	95
S	0	100

계속 흡연하는 것이 우월하다. 위에서 제시된 우월 규칙에 따르면, 토머는 계속 흡연해야 한다. 하지만 토머가 이 결론을 얼마나 좋아하든 상관없이, 대부분의 의사는 그 규칙이 잘못되었다고 여길 것이다.

실제로, 토머의 친구인 페기는 의학 통계학자와 상담한다. 그 통계학자는 토머 또래의 남성이 계속 담배를 피우게 되면 당장 금연하는 경우보다 젊은 나이에 죽을 확률이 훨씬 높다고 말한다. 대략 147개의 발표된 통계 분석을 종합해 본 통계학자는 페기에게 다음과 같이 말해준다.

$$\Pr(Y/S)=0.36. \qquad \Pr(O/S)=0.64.$$
$$\Pr(Y/Q)=0.15. \qquad \Pr(O/Q)=0.85.$$

이 자료를 반영하게 되면, 우월 규칙에 따른 조언과 기댓값 규칙에 따른 조언은 서로 비일관적으로 된다. 왜냐하면, 가장 큰 기댓값을 지니는 행위는 Q이기 때문이다.

$$\text{Exp}(S)=(0.36)(0)+(0.64)(100)=64.$$
$$\text{Exp}(Q)=(0.15)(-5)+(0.85)(95)=80.$$

따라서 기댓값 규칙은 토머에게 금연하라고 조언한다.

위 우월 규칙을 둘러싼 문제는 한 개인의 기대 수명이 그의 금연 여부와 독립적이지 않다는 데 있다.

이것은 그 결정 자체가 분할 속 가능한 사태, 즉 Y와 O에 영향을 미치기 때문이다. 토머가 금연한다면, 그는 노년기에 살아 있을 확률이 더 높다. 금연한다면, 토머가 지긋한 나이가 될 때까지 살게 될 확률은 제법 높다. 흡연한다면, 그렇게 될 확률은 별로 높지 않다.

이런 어려움을 해결해, 제대로 된 우월 규칙을 만들기 위해서는 제약 사항 하나를 추가해야 한다.

우월 규칙:
행위의 집합에 있는 어떤 행위도 분할 속 사태에 아무런 인과적 영향을 미치지 않는 경우, 한 행위가 어떤 다른 행위보다 우월하다면 그것을 하라!

우월이라는 개념 자체에는 확률이 포함되지 않는다는 점에 유의하라. 하지만 확

률은 합리적 결정을 위해 우월이라는 개념을 사용할 수 있는지를 판단하는 데 있어 중요한 역할을 한다. 이제 다시 확률, 그리고 파스칼 이야기로 돌아가자.

두 번째 효용 할당

불가지론자는 파스칼의 첫 번째 논증을 별로 좋아하지 않는다. "파스칼, 당신은 틀렸어요!"라고 그는 말한다. 파리의 사교계를 주름잡는 내 삶의 가치는 당신이 말한 것처럼 0이 아닙니다. 그래요, 아마 저는 결국 어떤 위험을 무릅쓰고 있는 것일 수 있습니다.

U(**A**,N)은 신의 감시 없이 활기차게 파티를 즐기는 무신론자가 되는 것의 가치이다. 오직 재미만 있고 죄책감 따윈 없다. 그러므로 우리는 U(**A**,N)을 유한한 양수 "+"로 나타낼 수 있다. (또는 원하는 유한한 양수 아무거나 사용하라).

마찬가지로, 만약 위 불가지론자가 신자가 되었는데 정작 신이 없다면, 그 보상은 그릇된 믿음과 어리석은 관습을 가진 신자와 함께한 따분한 인생이 될 것이다. 분명히 이것은 음의 효용이다. 우리는 U(**B**,N)을 "-"로 나타낼 수 있다. (또는 원하는 유한한 음수 아무거나 사용하라).

	G	N
A	$-\infty$	+
B	$+\infty$	-

이런 새로운 효용 할당에서 **B**는 더 이상 **A**보다 우월하지 않다. 사태 G에서 **B**는 **A**보다 큰 이익을 거두며, 사태 N에서 **B**는 **A**보다 낮은 이익을 거둔다.

두 번째 내기: 확률을 이용하라

파스칼은 확률을 도입해 기댓값 규칙을 활용하여 불가지론자의 새로운 효용에 답한다. 그는 다음과 같은 비유로 시작한다. "무한히 떨어지는 곳에서 진행되는 동전 던지기 게임을 생각해봅시다. 그 결과는 앞면일까요, 뒷면일까요?" 파스칼은 당장은 결과를 알 수 없는 곳에서 진행된 동전 던지기를 "신은 있습니까?"라는 질문에 대한 모형으로 삼고 있다. 다르게 말하자면, 그는 불가지론자에게 "신이 존재한다"는 것과 "신이 존재하지 않는다"는 것에 똑같이 1/2의 개인적 확률을 할당하자고 제한하고 있다.

그럼 우리는 **A**와 **B**의 기댓값을 계산할 수 있다. "+"와 "−"의 값을 당신이 원하는 만큼 크게 설정하라. 그 값이 유한하기만 하다면, 기댓값은 다음과 같게 된다.

$$\mathrm{Exp}(\mathbf{A}) = -\infty.$$
$$\mathrm{Exp}(\mathbf{B}) = +\infty.$$

파스칼의 두 번째 논증 결론은 다음과 같다. 신을 믿게 되는 행위를 하라는 **B**의 기댓값이 가장 크므로, **B**를 하라.

세 번째 내기: 여러 확률을 사용하라

불가지론자는 여전히 마음이 편하지 않다. 그는 묻는다. 왜 확률이 50:50이라고 그토록 확신하나요? 신이 존재할 공산은 실제로 거의 없어요. 당신이 말한 천국과 지옥에 관한 이야기도 거의 믿을 것이 못 됩니다!

파스칼이 되묻는다. 신이 존재할 가능성은 허용하나요? "그렇습니다." 즉, 신이 존재하고 천국과 지옥에 대한 그 이야기가 참일 확률이 0이 아니라는 것을 허용하나요? "그렇습니다."

파스칼이 말한다. 좋아요. 그럼, 그렇게 허용된 모든 확률 할당을 생각해봅시다. **B**의 기댓값은 다음 식을 통해 구해집니다.

$$\mathrm{Exp}(\mathbf{B}) = \mathrm{Pr}(G)U(\mathbf{B},G) + \mathrm{Pr}(N)U(\mathbf{B},N).$$

당신은 $\mathrm{Pr}(G) > 0$이라는 것에 동의했습니다. G, 즉 신이 존재한다는 것에 대한 개인적 확률로 당신이 할당한 값이 아무리 작더라도 $U(\mathbf{B},G)$는 무한합니다. 따라서 $\mathrm{Exp}(\mathbf{B})$는 여전히 무한합니다.

$$\mathrm{Exp}(\mathbf{B}) = \infty.$$

또한, 당신은 $\mathrm{Pr}(N) < 1$이라는 것에 동의했습니다. N에 할당된 확률이 얼마나 높든 상관없이, 그리고 사태 N에서의 행위 **A**에 할당된 유한한 효용이 얼마나

크든 상관없이, U(**A**,N)은 그저 유한할 것입니다. 그럼, 아래 식이 성립하기 때문에,

Exp(**A**)=Pr(G)U(**A**,G)+Pr(N)U(**A**,N).

다음이 도출됩니다.

Exp(**A**)=−∞.

따라서 G와 N에 할당된 확률이 무엇이든 그 둘의 가능성 모두 완전히 배제되지 않는다면, 그리고 사건 N에 할당된 효용이 무엇이든 그것이 유한하다면, **B**의 기댓값은 **A**의 기댓값보다 무한하게 큽니다. 이것은 우월 기댓값(dominating expected value) 논증이다.

우월 기댓값 규칙
결정 문제의 구성 요소는 다음과 같다.

◆ 행위자가 할 수 있는 행위들
◆ 가능한 사태들에 대한 분할
◆ 분할된 각 가능한 사태에서, 각 가능한 행위의 결과가 지니는 효용

파스칼은 약간 이례적으로 여기에 네 번째 요소를 추가했다.

◆ 분할 속 사태에 할당될 허용 가능한 확률 값들의 집합

이것에 의해 도입된 것은 다양한 사태 속 행위의 단순한 효용이 아니다. 그보다 이것은 행위의 기댓값을 도입한다.
　이제 우월에 대한 정의는 다음과 같이 확장될 수 있다.

모든 허용 가능한 확률 분포에서 한 행위의 기댓값이 어떤 다른 행위의 기댓값보다 크다면, 그 행위는 다른 행위보다 **기댓값 측면에서 우월하다.**

우월 기댓값 규칙
한 행위가 어떤 다른 행위보다 기댓값 측면에서 우월하다면, 그 행위를 하라!

파스칼의 세 번째 논증 결론은 다음과 같다. 신을 믿게 되는 행위를 하라는 **B**가 기댓값 측면에서 우월하므로, **B**를 하라.

비판

오늘날 파스칼의 내기에 설득되는 사람은 별로 없다. 하지만 결정 이론가들은 파스칼이 거의 350년 전에 개발한 이 논증을 오랫동안 활용해왔다.

우리는 무한한 효용에 대해 우려할 수 있다. 이것이 상트페테르부르크 역설에도 문제가 될 수 있다는 점을 상기하라(164-165쪽).

이외에, 파스칼의 논리는 건전하다. 문제는 그의 출발점은 더 이상 대부분 우리에게 적용되지 않는다는 것이다. 그 출발점은 더 이상 "살아 있는 가능성들"이 아니다.

당신은 (믿음이 전염된다는) 파스칼의 심리 이론에 회의적일 수도 있다. 하지만 파스칼은 인간 마음에 대해 대다수의 수학자보다 더 많은 통찰력을 가지고 있었을 것이다.

파스칼과 함께할 수 없는 것은 바로 그가 제시한 분할이다. 로마 가톨릭 교리와 다른 여러 가능성이 있다. 예를 들어, 엄격한 칼뱅주의 한 유형에 따르면 누가 천국에 가는지는 행동과 상관없이 미리 정확하게 결정되어 있다.

악마와 같은 신이 가톨릭 신자를 모두 지옥 불에 빠뜨린다는 가상의 신학을 만드는 일은 어렵지 않다. 만약 당신에게 이런 것이 살아 있는 가능성이라면, 파스칼의 내기는 결코 당신에게 먹혀들지 않을 것이다!

재조합 DNA

현재 우리는 분자생물학을 당연한 것으로 받아들이고 있다. 하지만 1970년대 재조합 DNA 실험이 처음 시작되었을 때, 일부 과학자는 우리가 절대 저항할 수 없는 유기체를 이제 만들 수 있게 되었다며 심각한 우려를 드러냈다.

예를 들어, 우리는 전 세계 가축 모두를 쓸어버릴 수 있는 탄저균과 같은 것의 여러 변종을 생산할 수 있다. 우리는 밀을 멸종시킬 대규모 감염을 일으킬 수 있다. 우리는 전파가 빠르고, 인간은 어떤 저항력도 가지지 못한, 새롭고 무시무시한 전염병을 만들 수도 있다.

1974년 세계 유수의 분자생물학자들이 미국 캘리포니아주 아실로마에 모여 회의를 개최했다. 이 회의에서 과학자들은 재조합 DNA에 대한 강력한 제한과 통제를 촉구했다. 심지어 일부 학자는 그 누구도 이 연구에 참여하지 말아야 한다고까지 주장했다. 이런 주장의 바탕이 된 논증은 파스칼의 내기와 같은 형태를 가지고 있다.

그들은 과학자로서 자신이 할 수 있는 행위에는 본질적으로 연구함과 연구하지 않음, 두 가지가 있다고 말했다. 그리고 결과로는 생명이 파괴되는 재앙이 발생함과 그런 재앙이 발생하지 않음, 두 가지가 있다.

그들은 파스칼 내기의 논증 형식을 이용해서, 연구하지 않음이라는 선택지가 연구함이라는 선택지보다 우월하다고 결론 내렸다.

블레즈 파스칼

블레즈 파스칼(Blaise Pascal, 1623-1662)은 천재 프랑스 수학자였다. 그의 여러 연구 중 그 무엇보다 눈에 띄는 것은 디지털 컴퓨터의 전신이라 할 수 있는 계산기를 발명했다는 것이다. 최초의 현대 컴퓨터 언어 중 하나의 이름이 "파스칼"(PASCAL)인 것도 이 때문이다. 확률 이론의 출발점은 보통 파스칼과 (페르마의 마지막 정리의) 페르마가 주고받은 서신이라고 여겨진다. 파리에서 젊은 시절을 보내고 있었을 때, 파스칼은 비록 범죄에 연루될 정도는 아니었지만 심각한 도박꾼이었다(는 말이 있다). 훗날 파리 생활에 싫증을 느끼게 된 파스칼은 도덕, 종교, 신앙 문제에 깊은 관심을 가진 금욕주의자가 되었다. 파스칼은 뛰어난 기독교 실존주의 초기 철학자 중 한 명으로 여겨진다. 그의 책 『팡세』(*Pensées*, 'Thought', 혹은 '생각'을 뜻하는 프랑스어)는 도덕과 신앙에 대한 여러 짧은 단편으로 구성되어 있다. 파스칼의 내기로 알려진 그의 논증은 인간의 조건, 도덕, 영성, 종교에 관한 짧지만 여전히 호소력 있는 그의 여러 생각 중 하나일 뿐이다. 다음은 파스칼의 유명한 격언 중 하나이다.

> 마음에는 이성이 모르는 그 나름의 이유가 있다.

이 말은 무슨 뜻일까? 아마도 그것은 실제 인간에겐 파스칼 자신이 만들어낸 학문 분야, 즉 결정 이론에 의해 탐구될 수 없는 어떤 이유가 있다는 의미일 것이다.

연습문제

세 학생이 진로에 관한 다음 두 선택지 중에서 고민하고 있다.

C: 컴퓨터 과학 학위를 받음.
P: 철학 학위를 받음.

현실적으로, 그들은 다가올 미래에 두 가지 가능성이 있다고 생각한다.

B: 불황이 임박했으며 상황은 점점 더 나빠질 것이다.
G: 호황이 임박했으며 상황은 점점 더 좋아질 것이다.

학생 모두 B 사태에서는 컴퓨터 과학자들이 일자리를 구하지만, 철학자는 그렇지 않을 거라고 믿는다.
또한, 학생 모두 G 사태에서는 컴퓨터 과학자와 철학자가 일자리를 구하지만, 컴퓨터 과학자가 철학자보다 더 많은 수입을 올릴 거라고 믿는다.

1 **돈이 중요한 사라.** 사라는 직업을 구할 때 수입만 고려한다.
결정표를 그려 사라에게 적합한 효용을 할당하라. 이때, 한 행위가 다른 행위보다 우월해야 한다. 사라는 무엇을 하기로 결정하는가? 그리고 그 결정은 어떤 규칙을 따른 것인가?

2 **꿈꾸는 피오니**. 피오니는 논리학에 소질이 있다. 하지만 그는 컴퓨터 과학을 싫어한다. 아마 그는 컴퓨터 과학자가 되어 생계를 유지할 수 있을 것이다. 피오니는 철학자가 되고 싶어 한다. 그러나 그는 편하게 생계를 유지할 수 있기를 바라기도 한다.

　　결정표를 그려 피오니에게 적합한 효용을 할당하라.

　　피오니가 해야 할 일을 결정하는 데 있어 그 효용만으로 충분한가? 충분하지 않다면 무엇이 더 필요할까? 더 필요한 것이 있다면 그것을 제시하라.

　　피오니는 무엇을 하기로 결정하는가? 그리고 그 결정은 어떤 규칙을 따른 것인가?

3 **이상주의자 마리아**. 마리아는 컴퓨터 과학자로서 일하느니, 차라리 기초생활수급자가 되어 철학적 문제들에 대해 고민하는 것이 낫다고 생각한다. 마리아와 관련해, 위 문제와 동일한 물음에 답하라.

4 **파스칼 비판**. 우월에 의한 논증은 다음 세 가지 이유로 비판받을 수 있다.

(a) 분할이 잘못되었다.

(b) 몇몇 행위는 분할 속 사태에 영향을 미친다.

(c) 효용이 잘못되었다.

오늘날의 관점에서 볼 때, 우월에 의한 파스칼의 논증을 어떻게 비판할 수 있겠는가? 또한 그렇게 비판한 이유는 무엇인가?

5 **공부할까, 말까**. 다음 논증에 대해 토론해보라. 제임스는 다음 시험을 대비하여 열심히 공부할지 고민 중이다. 그는 두 행위를 염두에 두고 있다. S＝열심히 공부한다, R＝노트만 가볍게 복습한다. 제임스는 자신이 받을 수 있는 학점은 A, B, C 중 하나라고 생각한다. 그는 열심히 공부하는 것보다 다른 일을 하며 시간을 보내는 것이 더 낫다고 생각한다. 따라서 그의 결정표는 다음과 같다.

	A	B	C
R	＋＋＋＋	＋＋	0
S	＋＋＋	＋	－－

제임스는 노트만 가볍게 복습하는 것이 우월하다는 것을 확인하고 열심히 공부하지 않기로 한다. 이는 좋은 논증인가?

6 **21세기의 그늘**. 빌 조이는 소프트웨어 기술 분야의 주요 개척자이다. 그는 다음과 같

은 경고와 함께 새로운 밀레니엄에 대비하는 데 힘을 보탰다.

- 그가 말하길, 살아 있는 물질을 재설계하기 위한 과학적 돌파구는 "말 그대로 자연계를 휩쓸어 버릴 수 있는 새로운 인공 전염병이 나타나는 계기가 되었다."
- 로봇공학의 발전은 "새로운 종류의 로봇, 즉 자기 스스로 진화된 복제물을 창조할 수 있는 지능형 로봇의 토대가 되고 있다."
- 나노기술은 엄청나게 작고 똑똑한 기계를 만드는 데 활용될 수 있다.
- "이 세 가지 모두 자신을 쉽게 복제하여 물리 세계를 휩쓸어 버릴 정도의 누적 효과를 창출해낼 수 있다. 극단적 악이 더욱 완전해지는 순간에 서 있다는 것은 결코 과장이 아니다."

"극단의 악이 더욱 완전해지는 순간"? 질 킬조이는 이 말의 분명한 의미를 알진 못했다. 하지만 그에게도 이 말은 아주 섬뜩한 소리로 들렸다. 그래서 그는 로봇공학, 유전공학, 나노기술 연구를 지금 당장 중단해야 한다는 것을 보여주기 위해 우월에 의한 논증을 구성하려 한다.

　질의 논증을 간단하고 정확하게 제시하라. 이 논증에는 효용 할당과 가능성들에 대한 간단한 분할, 결정표가 포함되어야 한다. 그런 다음, 해당 논증에 대한 일반적인 비판을 제시하라.

복습을 위한 핵심 단어

불확실성 아래 결정	우월
파스칼의 내기	인과적 영향
분할	우월 규칙
살아 있는 가능성	우월 기댓값 규칙

확률의 종류

11 무슨 뜻인가?

확률에 대한 견해는 두 가지 다른 방향으로 나간다. **믿음**과 **빈도**. 확률을 통해 우리는 아는 것, 혹은 발견한 것이 주어졌을 때, 불확실한 것을 얼마큼 확신할 수 있는지 생각하게 된다. 또한, 확률을 통해 우리는 어떤 우연 장치를 반복적으로 시행했을 때, 특정 결과가 나오는 상대빈도가 얼마인지 생각하게 된다.

지금까지 우리는 이 두 견해를 거의 대체 가능한 것으로 여겼다. 왜냐하면, 어떤 견해를 가지고 있든 기본 계산 규칙은 사실상 같기 때문이다. 그러나 이제 우리는 그 둘을 구분해야 한다. 왜냐하면, 철학과 실제에서 이 두 견해는 매우 다르게 활용되기 때문이다. 이 구분은 이 책의 나머지 부분을 위해 (그리고 확률에 대한 모든 명확한 사유를 위해) 본질적이다.

우리는 '확률' 자체가 의미하는 바가 무엇인지에 대해서 어떤 말도 하지 않은 채, 관련된 모든 확률 계산을 해왔다. 이제 이것을 바로잡을 시간이다. 지금까지 그 단어가 뜻하는 것이 무엇인지는 크게 문제가 되지 않았다. 이제부터 그 의미는 큰 영향을 미칠 것이다.

이 장은 일반적으로 분석철학이라고 불리는 철학 분야에 속한 내용을 다룬다. 우리는 확률과 관련된 각양각색의 개념을 마주하게 될 것이다. 많은 학생은 책의 전체 내용 중 이 부분이 가장 어렵다고 생각한다. 이는 별로 놀랍지 않다! 우리가 제시해야 하는 구분은 (최고의 몇몇 학자들을 포함해) 확률 이론가들을 200년 이상 괴롭혀왔다. 빈도 접근을 취하는 전문가와 믿음 접근을 취하는 전문가 사이의 논쟁은 신랄하게 전개된다. 이 장과 다음 장을 통해, 당신은 이 주제에 대해서 어떤 태도를 취할지 자신의 마음을 정해야 할 것이다.

편향된 동전

일상 언어에서 '확률'이란 단어는 여러 방식으로 사용된다. 우리는 다음과 같이 말한다.

(1) 이 동전은 앞면 쪽으로 편향되어 있다. 앞면이 나올 확률은 약 0.6이다.

당연히도 (1)은 동전에 대한 진술이다. 이 진술은 정해진 우연 장치를 통해 진행될 동전 던지기 방식을 암묵적으로 가리키고 있다. (1)에 관해 다음 다섯 가지 사항에 주목하자.

a 동전에 관해 우리가 알고 있는 것과 상관없이, 진술 (1)은 참이거나 거짓이다. 만약 (1)이 참이라면, 그것은 세계의 모습, 특히 동전과 그것을 던지는 장치의 생김새 때문이다.

b 만약 (1)이 참이라면, 우리는 동전이 비대칭적이라고 생각한다. (혹은 아마도 던지기 장치에 뭔가 특이한 것이 있으리라 생각한다.)

c 우리는 동전의 기하학적 특징, 혹은 물리학의 법칙으로부터 도출된 사실에 의해서 (1)이 설명될 수 있으리라 여긴다.

d (1)을 검사하기 위해 실험을 할 수 있다. 해당 우연 장치에서 많은 시행을 진행한 뒤, 앞면의 상대빈도를 관찰한다. 100번의 던지기 결과에 63번의 앞면이 불규칙하게 분포되어 있다면, 우리는 (1)이 참이라는 것을 흔쾌히 수용할 것이다. 그러나 만약 앞면이 단지 37번만 나왔다면, 우리는 (1)을 매우 의심스러워할 것이다.

e 간단히 말해, (1)은 세계의 모습에 관한 사실을 말하고 있으며, 우리는 (1)이 참인지 거짓인지 확인하기 위해 증거를 모을 수 있다.

방사능 붕괴에 관해서도 매우 비슷한 이야기를 할 수 있다. 작은 라돈 조각 옆에 가이거 계수기를 두면, 방사능 붕괴 생성물이 검출기를 통과할 때마다 딸깍 소리를 들을 수 있다. 계수기를 라돈 조각으로부터 4피트 정도 떨어뜨려 놓는다면, 무작위적으로 반복되는 딸깍 소리를 연속해서 듣게 될 것이다. 이것은 일종의 우연 장치이다. 그리고 당신은 다음과 같이 생각하게 될 것이다.

3초 동안 한 번의 딸깍 소리가 날 확률은 0.6이다.

a 라돈이나 검출기에 대해서 우리가 알고 있는 것에 상관없이, 위 진술은 참이
   거나 거짓이다.
c 우리는 계수기 제작 방식과 라돈 조각에 관한 사실, 그리고 물리학의 법칙으
   로부터 도출된 사실에 의해서 위 진술이 설명될 수 있으리라 여긴다.
d 위 진술을 검사하기 위해 실험을 할 수 있다. 시간을 3초 간격으로 나누어, 그
   중 딸깍 소리가 난 3초 간격들의 상대빈도를 관찰한다.
e 간단히 말해, 위 진술은 세계의 모습에 관한 사실을 말하고 있으며, 우리는
   그것이 참인지 거짓인지 확인하기 위해 증거를 모을 수 있다.

예를 들어, 라듐의 반감기에 관한 조금 더 정교한 진술도 이런 식으로 이해될 수
있다.

공룡 멸종
또 우리는 다음과 같이 말하기도 한다.

(2) 공룡은 거대한 소행성과 지구와의 충돌로 인해 멸종했다는 것은 개연적
(probable)이다.

TV 프로그램 "어제의 과학" 속 다음 대화와 같이, 상세하고 정확한 내용을 (2)
에 덧붙일 수 있다.

> 과학 저널리스트 베티 글로솝: 지구 곳곳에서 발견되는 이리듐 매장 지층
> 과 관련된 매우 많은 증거가 있습니다. 지질학자들은 그 증거가 공룡 멸
> 종 시기와 동시대의 것이라는 사실을 확인했습니다.
> 진행자 조 펜천트: 그것이 어떤 관련이 있나요?
> 베티: 이리듐은 흔한 원소가 아닙니다. 이것은 자연에서 발견된 물질 중 가
> 장 큰 내식성을 가지고 있지요. 소행성이 만든 크레이터 속에는 이리듐,
> 아마도 소행성에서 온 듯한 이리듐이 풍부하게 있다는 것이 확인되었습
> 니다. 소행성의 충돌로 인해 지구 전체를 덮을 만큼 거대한 먼지구름이
> 만들어졌을 것입니다. 그리고 그 먼지구름에는 이리듐이 있었을 것입니
> 다. 식물이 필요한 초식 공룡, 그리고 그 초식 공룡을 먹고 사는 육식 공

룡 모두 잘 자랄 수가 없었겠죠. 공룡은 굶어 죽었던 겁니다.

조: 그렇다면, 그 모든 새로운 증거에 비춰봤을 때 소행성이 공룡을 멸종시켰다는 것은 얼마나 개연적일까요?

(3) 베티: 모든 증거들을 고려했을 때, 그 확률은 약 90%입니다.

(1)과 (3)에서 "확률"이라는 단어는 다르게 사용된 것 같다. (3)에서 베티 글로숍은 어떤 명제의 확률에 대해 말하고 있다. 그 명제는 다음과 같다.

(4) 공룡은 거대한 소행성과 지구와의 충돌로 인해 멸종했다.

우선 (3)을 살펴보자. (3)에서 베티는 이리듐 등에 대한 증거를 언급하고 있다. (3)과 편향된 동전에 관한 (1)의 a~e를 하나하나 대조해보자. 아래 진술과 앞의 진술을 아주 주의해서 읽어 보라. 각 진술에 대해서 동의할 수 있는지 생각해 보라.

먼저 (1), (2), (3), (4)가 정확하게 무엇인지 검토해보자. (4)는 확률과 전혀 관련 없는 진술이다. (3)만이 증거를 언급하고 있다는 것도 주목하라.

공룡과 확률

a 진술 (1)과 (4)는 한 가지 측면에서 유사하다. (그러나 (3)은 그렇지 않다.) 진술 (1)과 마찬가지로, (4)는 공룡에 관해 우리가 알고 있는 것이 무엇인지와 상관없이 참이거나 거짓이다. (4)가 참이라면, 그것은 세계의 모습, 특히 공룡 시대의 종말 때 일어난 일 때문이다. (3)이 참이라면, 그것은 "세계의 모습" 때문에 참인 것은 아니다. 그것은 증거가 진술 (4)를 얼마나 잘 지지하는가에 의해서 참이다.

b (3)이 참이라면, 그것은 귀납논리 때문에 참이지 세계의 모습 때문에 참인 것은 아니다.

c (3)에서 언급된 증거는 거슬러 올라가 물리학(이리듐), 지질학(소행성), 지구 물리학, 기후학, 생물학의 법칙까지 포함하게 될 것이다. 그러나 이런 분과 과학은 왜 (3)이 참인지 설명하지 않는다. (3)은 이 분과 과학에 의해서 제공된 증거와 공룡에 대한 진술 (4) 사이의 관계를 말하고 있다.

d 이리듐 등에 대한 주장을 검사하기 위해서 실험을 할 수 있다. 그러나 우리는

(3)을 검사하기 위해서 실험을 할 수는 없다. (1)에 대한 검사는 반복된 동전 던지기를 포함한다는 사실에 주목하라. 그러나 반복적으로 (3)을 검사한다는 것은 말이 되지 않는다.

e 간단히 말해, 진술 (3)은 증거가 진술 (4)를 얼마나 지지하는지에 관한 주장 이다.

증거를 언급하지 않는 것에 대해서

우리는 (2)를 건너뛰었다. 이는 (3)과 비슷하지만, 증거를 언급하고 있지 않다. (2)를 (1), (3)과 더 비슷하게 만들기 위해서는 그 "개연적"(probable)에 수를 덧붙여야 한다.

(2.1) 공룡은 거대한 소행성과 지구와의 충돌로 인해 멸종했다는 것의 확률 (probability)은 약 0.9 정도로 매우 높다.

진술 (2.1)은 (3)과 다르다. 왜냐하면 (2.1)은 증거를 언급하고 있지 않기 때문이다. 그러나 몇몇 점들에서는 (3)과 비슷하다. d는 그런 비슷한 점 중 하나를 보여준다.

d 이리듐 등에 대한 주장을 검사하기 위해서 실험을 할 수 있다. 그 실험을 통해 주장 (2.1)에 이르게 되는 사람도 있을 것이다. 그러나 우리는 (2.1)을 검사하기 위해서 실험을 할 수는 없다. (1)에 대한 검사는 반복된 동전 던지기를 포함한다는 사실에 주목하라. 그러나 반복적으로 (2.1)을 검사한다는 것은 말이 되지 않는다.

불행하게도 (2.1)을 이해하는 방식에는 최소한 두 가지가 있다. 우리는 (2.1)이 "실제로는" (3)의 축약형일 뿐이라고 생각할 수 있다. 사람들이 이러저러한 것이 개연적이라고 말할 때, 그 말이 의미하는 것은 확보된 증거에 비춰볼 때 이러저러한 것이 개연적이라는 것이다. 우리는 이를 (2.1)을 이해하는 상호 개인적/증거적(interpersonal/evidential) 방식이라 부를 것이다. 한편 (2.1)을 이해하는 다른 방식은 개인적(personal) 방식이라 불릴 것이다.

상호 개인적/증거적

이 방식대로 (2.1)을 이해하자면, 그것은 다음을 축약한 것이다.

(2.2) 확보된 증거에 비춰볼 때, 공룡이 거대한 소행성과 지구와의 충돌로 인해
     멸종했다는 것의 확률은 약 0.9 정도로 매우 높다.

어떤 사람은 (2.2)를 장황하게 늘려 말할지도 모른다. 그런 사람에 대해서 우리
는 다음과 같이 말할 수 있다.

◆ 그는, 증거를 확인한 합리적인 사람이라면 누구나 소행성이 공룡을 멸종시
  켰다고 생각하는 것이 합리적이라고 판단할 것이라고 여기고 있다.
◆ 그는 소행성이 공룡의 멸종을 일으켰다고 확신하는 것이 합리적이라고 생각
  한다.
◆ 그는 (2.1)이 (2.2)와 비슷한 의미를 가진다고, 혹은 약간 덜 장황한 베티 글
  로숍의 말 (3)과 비슷한 의미를 가진다고 생각한다.
◆ 그는 (2.2)는 상호 개인적이라고 생각한다. 왜냐하면, 그것은 모든 합리적인
  사람이 합리적으로 가지고 있는 믿음이 무엇인지 말해주는 것이기 때문이
  다. 더불어 믿음의 정도는 확보된 증거에 의존해야 하므로, 우리는 (2.2)를
  상호 개인적/증거적이라고 부른다.
◆ 그는 (2.2)가 상호 개인적이며 합리적 믿음의 정도에 관한 것이라고 생각하
  기에 그에게 (2.2)는 "객관적"인 것으로 여겨진다.

주관적/객관적—이건 아니다

확률에 관한 글을 많이 읽어보았다면, "객관적" 확률과 "주관적" 확률이라는 표
현을 자주 접했을 것이다. 이는 이데올로기로 채워진 형편없는 표현이다. "나는
객관적이고, 너는 주관적이다. 그리고 그는 편견에 사로잡혀 있다." 이런 종류의
말은 얼마나 자주 들었는가?

  제임스: 그것은 단지 너의 주관적 의견일 뿐이야.
  메리: 말도 안 돼. 이것은 객관적 사실이야.

당신은 얼마나 자주 위와 같은 대화를 하는가?

확률에서, 혹은 앞으로의 삶에서 이런 판에 박힌 말을 사용하지 말라. 제임스와 메리의 대화는 논쟁이 아니다. 그들은 서로를 헐뜯고 있을 뿐이다.

그러나 편향과 주사위에 대한 (1), 그리고 (2.2)나 (3)은, 비록 그 이유는 서로 다르지만 "객관적"이라고 불릴 수 있다는 점을 주목하라. 세계의 모습에 대한 진술이라는 이유에서 (1)은 "객관적"이라고 불린다. 특정 증거와 어떤 명제, 즉 (4) 사이에 성립하는 관계, 이른바 논리적 관계에 관한 진술이라는 이유에서 진술 (2.2)는 "객관적"이다.

개인적 믿음의 정도

(2)는 다르게 이해될 수도 있다. (2)라고 말하는 누군가는 단지 자기 자신에 관한 무언가를 의미했을 수도 있다. 다음과 같이 말이다.

(2.3) 나는 개인적으로 공룡이 거대한 소행성과 지구와의 충돌로 인해 멸종했다는 것을 매우 확신한다.

혹은 (2.1)을 다음과 같이 이해할 수도 있다.

(2.4) 만약 내기를 해야 한다면, 나는 '공룡이 거대한 소행성과 지구와의 충돌로 인해 멸종했다'가 참이라는 것에 대해 9대 1의 내기를 할 것이다.[1]

자신에 관해 생각할 시간

(2), 즉 "공룡이 거대한 소행성과 지구와의 충돌로 인해 멸종했다는 것은 개연적이다"라고 말했을 때 당신이 뜻한 것은 무엇인가?

다음과 같이 말했을 때 당신이 뜻한 것은 무엇인가?

아마도(probably) 오늘 비가 올 것이다.

1　[역자 주] 여기에서 '9대 1의 내기'(bet 9 to 1)란 공룡이 거대한 소행성과 지구와의 충돌로 멸종했다는 것이 참이라면 1을 얻고, 거짓이라면 9를 잃는 내기를 말한다.

아마도(probably) 나는 지질학 시험에 낙제할 것이다. 나는 이놈의 암석 표
본을 전혀 구별할 수 없다.

존 F. 케네디의 암살 현장에 또 다른 무장 암살범이 있었을 확률(probabili-
ty)은 무시할 만하다.

화석 연료, 에어로졸, 식용 소의 배설물에서 나온 메탄 등으로 인해 우리는
곧 극단적 지구온난화의 시기로 접어들게 되리라는 것은 매우 확률이 높
다(in all probability).

대대적인 선전에도 불구하고, 지구온난화 가설은 전혀 개연적(probable)이
지 않다. 우리는 그저 정기적으로 반복되는 기후 순환에 접어들었을 뿐
이다.

아버지가 일하는 회사는 기업 인수 후에 경영 축소에 들어가고 이에 아버
지가 곧 직장을 잃게 되리라는 것은 매우 개연적(probable)이다.

믿음-유형

진술 (4)는 공룡의 멸종에 관한 명제이다. (2)-(2.2), (3)은 (4)가 얼마나 신뢰
할 만한가(믿을 만한가)에 관한 것이다. 그 진술들은 어떤 사람이 믿는, 혹은 믿
어야 할 정도에 대한 것이다. 그 진술들은 증거에 비춰볼 때 얼마나 확신할 수
있는지, 혹은 얼마나 확신해야 하는지에 대한 것이다.

(2)-(2.2), (3)에서 사용된 단어 "개연적"(probable)과 "확률"(probability)은
다음과 같은 개념들과 관련 있다.

믿음   확신
신뢰성   증거

확률 관련 단어의 이런 용도를 위해서는 이름 하나가 필요하다. 철학자들은 다
양한 이름을 사용해왔다. 그중, 다음이 가장 기억하기 쉽다.

믿음-유형 확률

이것이 전부는 아니다. 우리가 방금 보았듯이 믿음-유형 확률을 다루는 방식에

는 최소한 두 가지, 즉 상호 개인적/증거적 방식과 개인적 방식이 있다.

빈도-유형

이제 (1)을 다시 한번 살펴보자.

(1) 동전 던지기에서 앞면이 나올 확률은 0.6이다.

이 진술의 진위는 우리가 무엇을 믿는가와는 아무 상관이 없는 것처럼 보인다. 우리는 어떤 물질적 대상, 즉 동전(과 그것을 던지는 장치)에 관한 완전히 사실적인 진술을 하고 있는 것처럼 보인다. 그 사실을 알든 모르든, 우리는 틀릴 수 있다. 그 동전은 공정했지만 던진 횟수가 얼마 되지 않아, 잘못된 판단을 내릴 수도 있다. 우리가 이야기하고 있는 것은 동전의 물리적 성질, 즉 실험을 통해 탐구될 수 있는 성질이다.

그 물리적 성질은 무엇인가? 아마 우리는 다음과 같이 답할 수 있을 것이다.

◆ 그 동전 던지기를 반복하면, 앞면의 상대빈도는 6/10이라는 안정적인 비율에 가까워질 것이다.
◆ 이 동전은 뒷면보다는 앞면이 더 자주 나오는 경향(tendency)을 가지고 있다.
◆ 이 동전은 앞면이 나오는 성향(propensity or disposition)을 가지고 있다.
◆ 혹은, 동전과 던지기 장치의 비대칭성과 관련된 좀 더 근본적인 무언가를 말하고 있다. 우리는 뒷면보다는 앞면이 더 자주 나오도록 만드는 동전의 기하학적 혹은 물리적 특징을 언급할 수도 있다.

(1)에 있는 "확률"이란 단어의 사용은 다음과 같은 개념과 관련 있다.

빈도(frequency)	성향(disposition)
경향(tendency)	대칭(symmetry)
성향(propensity)	

확률 관련 단어의 이런 용도를 위해서는 이름 하나가 필요하다. 철학자들은 다양한 이름을 사용해왔다. 그중, 다음이 가장 기억하기 쉽다.

빈도-유형 확률

다른 이름

철학자들이 "확률"이라는 단어의 위 두 가지 용도에 그토록 많은 이름을 붙였다는 것은 믿기 어려울 수 있다. 다른 책을 볼 때, 다음 용어 설명을 참조하라.

◆ 주관적/객관적. 믿음-유형과 빈도-유형 구분에 대응하는 가장 오래된 단어는 "주관적"(믿음-유형)과 "객관적"(빈도-유형)이다. 비판: 진술 (3)에 이리듐 지층 등에 관한 확보된 증거를 추가해 길게 만들어진 진술이 왜 주관적인가? 많은 과학자는 그런 진술은 증거에 대한 "객관적" 평가라고 주장할 것이다.

◆ 현학적인 그리스어. 믿음-유형 확률은 "인식적"(epistemic)이라고 불려왔다. 이 단어는 지식을 뜻하는 그리스어 에피스테메(episteme)에서 왔다. 빈도-유형 확률은 "우연적"(aleatory)이라고 불려왔다. 이 단어는 라틴어 알레아(alea)에서 왔다. 알레아는 분명한 빈도 유형 확률의 예를 보여주는 데 사용되곤 하는 주사위 게임과 같은 게임을 뜻한다. 비판: 이 단어들은 널리 사용되지 않았다. 그리고 우리 대부분이 기억하기에는 현학적인 그리스어나 라틴어보다는 평범한 언어가 훨씬 더 쉽다.

◆ 숫자 1과 숫자 2. 철학자이자 논리학자인 루돌프 카르납(Rudolf Carnap, 1891-1970)은 믿음-유형 확률을 "확률1", 빈도-유형 확률을 "확률2"라 불렀다. 비판: 카르납의 제안은 널리 사용되지 않았다. 그리고 무엇이 1번이고 무엇이 2번인지 기억하기 어렵다.

확률의 두 가지 개념에 대해 위에서 제시된 것 외에도 여러 다른 이름이 사용되어왔다. 하지만 지금으로서는 이것으로 충분하다. 이제, 이 책 앞부분에 등장한 몇 가지 사례를 살펴보자. 어떤 사례에서 빈도-유형 확률이 암묵적으로 사용되었는가? 어떤 사례에서 믿음-유형 확률이 암묵적으로 사용되었나?

충격 흡수장치

105쪽에는 충격 흡수장치를 생산하는 두 업체, 즉 볼트와 아크메에 관한 몇 가지 자료가 제시되었다. 우리는 아래 정보에서 시작하였다.

> 어떤 자동차 제조업체에 볼트가 제공하는 충격 흡수장치의 비율은 40%이며, 아크메가 제공하는 충격 흡수장치의 비율은 60%이다.
> 무작위로 뽑힌 충격 흡수장치가 볼트 제품일 확률은 0.4이다.
> 아크메 제품 중 96%가 신뢰성 시험을 통과했으나 생산 공정의 문제가 있었던 볼트의 제품 중 신뢰성 시험을 통과한 비율을 겨우 72%뿐이었다.

우리는 다음과 같이 물었다.

> 무작위로 뽑힌 충격 흡수장치가 신뢰성 시험을 통과할 확률은 얼마인가? 이 확률은 0.864로 계산되었다.
> 무작위로 뽑힌 충격 흡수장치가 시험을 통과하여 신뢰할 만하다는 것이 밝혀졌을 때, 그것이 볼트에서 제조되었을 확률은 얼마인가? 이 값은 1/3로 계산되었다.

여기서는 빈도 관점을 택하는 것이 자연스럽다.

우리는 어떤 조립 설비에서 대량으로 생산되는 제품에 관해 이야기하고 있다. 볼트의 조립 설비와 아크메의 조립 설비 각각에서 생산된 제품 중 불량 제품과 신뢰성 있는 제품의 상대빈도를 관찰하였다. 이 상대빈도에는 틀림없이 두 업체 간 차이가 반영되었을 것이다.

패혈성 인두염

138쪽에서는 패혈성 인두염에 관한 특이한 물음 6을 다루었다. 우리는 의사인 당신이 환자를 진료한 뒤 그로부터 얻은 조직 표본을 실험실에 보낸 경우를 상상해보자고 했다. 우리는 다음과 같이 말했다.

> 당신은 해당 환자가 패혈성 인두염에 걸렸을 확률이 높다고 생각한다. 이 해를 돕기 위해, 그 환자가 패혈성 인두염에 걸렸을 확률을 90%라고 해보

자. 즉 Pr(S)=0.9이다.

당신은 실험실로부터 얼핏 비일관적인 것처럼 보이는 보고서, 즉 3개의 양성반응과 2개의 음성반응 결과가 담긴 보고서를 받았다. 의사인 당신은 이 보고서에 비추어 결론을 내려야 한다. 당신이 내린 결론은 다음과 같다.

> 환자가 패혈성 인두염에 걸렸을 확률이 걸리지 않았을 확률보다 훨씬 더 크다. 확보된 자료에 비추어 볼 때, 그 환자가 패혈성 인두염에 걸렸을 확률은 343/344, 즉 0.997이다.

이 결론을 내린 다음, 우리는 다른 경우, 즉 "순수한 무지"라고 불렀던 경우를 살펴보았다. 우리는 무지한 사람은 아마도 다음과 같이 말할 것이라고 했다.

> 그 환자가 패혈성 인두염에 걸렸는지 아닌지는 50대 50이다.
> 그 환자가 패혈성 인두염에 걸렸을 확률은 0.5이다.
> 즉, Pr(S)=0.5이다.
> 실험실에서 온 새로운 자료를 고려한 후, 당신은 그 환자가 패혈성 인두염에 걸렸다는 것에 대한 당신의 확률을 약간 놀라운 값인 343/352, 즉 0.974로 계산하였다.

이 사례에서 우리는 빈도 자료, 즉 실험실 검사의 거짓양성 확률을 가지고 있다. 그럼에도 불구하고 우리가 이야기하고 있는 것은 의사 혹은 무지한 일반인이 실험실 결과를 얻기 전후에 가진 믿음일 뿐이다. 이 경우에서는 믿음 관점을 택하는 것이 자연스럽다.

충격 흡수장치의 문제와 패혈성 인두염의 문제 모두 정확하게 같은 방식, 즉 베이즈 규칙이라는 방식을 통해서 해결된다. 형식적, 논리적, 수학적 문제는 같다. 그러나 그 의미는 제법 다르다.

진술과 근거

빈도-유형 확률 진술은 세계의 모습이 어떠한지 진술한다. 예를 들어, 그런 진술은 동전과 던지기 장치의 물리적 성질 혹은 아크메와 볼트의 생산 방식에 대해서 말한다.

　믿음-유형 확률 진술은 어떤 믿음에 대한 한 개인의 신뢰도를 표현하거나, 증거에 기반한 추측이나 명제의 믿음직함을 진술한다.

　많은 학생은 여기서 혼란스러워한다.

　내가 사실과 관련된 무언가를 진술한다면 당신은 내가 그 진술 내용을 믿고 있다고 기대한다. 당신은 내게 그 믿음이 참이라고 생각할 만한 어떤 근거가 있으리라 기대한다. 당신은 내가 그 근거를 보여줄 수 있으리라 기대한다.

　그래서 몇몇 학생은 다음과 같이 생각한다. 세계의 모습에 관한 모든 진술은 근거와 믿음에 대한 진술을 포함한다. 그렇지 않다!

　세계의 모습에 관한 진술은 (바람직하기로는) 누군가 그것을 믿고 그 믿음에 대한 근거를 가지고 있기 때문에 제시된다. 그러나 그 진술이 말하는 바는 "나에게 p라고 믿을 만한 근거가 있다"는 것이 아니다. 그것이 말하는 것은 "p가 바로 세계의 모습이다"이다.

　다음 둘을 구분하라.

◆　어떤 사람이 말한 바(어떤 명제가 진술한 바).
◆　어떤 사람이 어떤 명제를 진술하거나 믿기 위해서 그가 가지고 있는 근거.

실제로, 사람들이 자신의 말에 대한 근거를 갖추지 않은 경우는 자주 있다. 때때로 사람들은 자신이 말한 바를 믿지 않기도 한다. "세계의 모습"에 대해서 말하는 상황은 다양할 수 있다. 우리는 다음과 같은 상황에 있을 수 있다.

◆　훌륭한 근거가 있다.
◆　그 진술이 참이길 바라긴 하지만 어떤 근거도 없다.
◆　거짓말을 한다. 해당 명제가 거짓이라고 믿고 있으며, 그렇게 믿어야 할 이유가 있지만 다른 사람에게 잘못된 정보를 주고 싶어 한다.

단일 사례

보통 빈도-유형 확률은 룰렛의 회전, 충격 흡수장치의 생산 등 반복적으로 일어나는 것에 대한 확률이다.

　단일 사건(single event)의 "빈도"에 대해서 말하는 것은 무의미하다. 환자는 패혈성 인두염에 걸리거나 걸리지 않거나, 둘 중 하나이다. 특이한 물음 5에 등장하는 택시 문제에서 다른 차의 옆을 치고 달아난 택시는 파란색이거나 초록색이다. 앞서 말했듯이, 이런 문제들은 단일 사건, 단일 택시, 단일 환자, 단일 사례를 포함하고 있다.

그런 확률은 문자 그대로의 의미에서 빈도라고 이해될 수 없다. 그것은 경향이나 성향으로도 이해될 수 없다.

택시 사례에서 목격자는 안개 낀 밤 택시의 색을 올바르게 확인할 수 있는 경향이나 성향을 가지고 있다. 당시 그의 판단 중 80%가 옳다. 이것은 빈도이다. 그러나 옆을 치고 달아난 차가 초록색이나 파란색이 되는 경향을 가진 것은 아니다. 그것은 초록색, 혹은 파란색이었을 뿐이다.

> 누군가 단일 사건의 확률을 묻는다면, 그는 믿음 관점을 취하고 있는 것이 틀림없다.

단순하게 들리지만, 주의해야 한다. 딘이 동전을 던진다. 그리고 그 동전은 앞에 있는 테이블에 떨어진다. 자신을 포함해 다른 사람이 동전 던지기 결과를 관찰하기 전에, 딘은 동전 위로 책을 덮어 버렸다.

> 딘: 책 아래 동전이 앞면으로 놓여 있을 확률은 얼마야?
> 비노: 60%.
> 딘: 책 아래 동전이 앞면으로 놓여 있을 확률이 0.6이라는 말이야?
> 비노: 응.
> 딘: 왜 그렇게 생각했지?
> 비노: 나는 네가 이 장 앞부분 (1)에서 말한 편향된 동전을 던졌을 것으로
>   생각했어. 그 동전은 앞쪽으로 편향되어 있고, 앞면이 나올 확률은 약
>   0.6이라고 생각했던 거지.

이 사례에서 비노는 바로 그 동전의 바로 그 던지기, 즉 어떤 단일 사례에 대한 믿음-유형 진술을 하고 있다. 그는 이 믿음-유형 진술에 대한 어떤 근거를 가지고 있다. 그것은 바로 그 동전에 대한 빈도-유형 진술이다.

관점 전환

우리는 빈도 관점과 믿음 관점에서 "확률"이라는 하나의 단어를 사용한다. 우연히 이렇게 된 것은 아니다. 우리는 두 관점 사이를 오락가락한다. 다음을 보자.

> 어떤 충격 흡수장치가 무작위 추출되어 신뢰성 검사를 통과한 경우에 볼트가 그 장치를 제조했을 조건부 확률은 1/3이다.

이 진술은 자동차 제조업체가 구입한 충격 흡수장치 제작 공정의 특성에 대해 말하고 있다. 엔지니어 리벳공 로지[2]가 품질 관리를 맡았다고 하자. 내일 그녀는 한 무더기의 충격 흡수장치로부터 하나를 무작위로 뽑아 검사할 것이다. 검사 후 뽑힌 충격 흡수장치가 신뢰할 만한 품질을 가지고 있다고 여기게 되었다.

> 볼트가 바로 그 충격 흡수장치를 제조했을 확률은 얼마인가?

로지는 답을 알고 있다. 그 확률은 1/3이라는 것이다.

그러나 이 확률은 단일 사례에 대한 것이다. 볼트가 바로 그 충격 흡수장치, 혹은 바로 그 한 무더기의 충격 흡수장치를 제조했다는 것의 빈도란 존재하지 않는다. 그것들은 볼트에서 제조되었거나, 그렇지 않거나 둘 중 하나일 뿐이다.

로지가 진술한 것은 믿음-유형이다. 이런 진술을 위해 그녀는 상대빈도에 대한 지식을 사용한다. 그 지식은 바로 해당 상황에서 무작위로 뽑힌 충격 흡수장치 중 신뢰할 만한 품질을 가진 것의 상대빈도이다.

이렇게 로지는 빈도 관점에서 믿음 관점으로 전환한다.

빈도 원리

관점 전환은 빈도 원리라고 불리는 어림 규칙(rule of thumb)을 이용해 이루어진다. 이 원리를 통해 믿음-유형 확률과 빈도-유형 확률이 연결된다.

---

2 [역자 주] '리벳공 로지'는 'Rosie the Riveter'을 번역한 것이다. 이 'Rosie the Riveter'는 이차세계대전 시기 공장에서 일하는 여성을 나타내는 문화 아이콘이다. 이 이름은 1942년 발표된 노래에 처음 등장하였으며, 1944년 할리우드에서 동명의 영화가 만들어지기도 했다. 이 이름은 미국 페미니즘과 여성의 경제적 지위 성장에 대한 상징으로 사용되기도 한다. [위키피디어 참조. https://en.wikipedia.org/wiki/Rosie_the_Riveter]

빈도 원리는 앎과 모름에 관한 규칙이라 할 수 있다. 다음을 가정해보자.

◆ 당신은 특정 종류의 시행에서 일어나는 사건의 빈도-유형 확률을 알고 있다.
◆ 이를 제외하고 당신은 그 종류의 단일 시행 결과에 관해서는 아무것도 모르고 있다.

그렇다면, 당신은 그 빈도-유형 확률을 그 단일 사례의 믿음-유형 확률로 여겨야 한다.

우리는 이것을 빈도-외-거의-아는-바-없음 원리라고도 부를 수 있을 것이다. 다음은 이 빈도 원리를 좀 더 전문적인 용어로 표현한 것이다.

> 만약 S가 유형 E에 속한 개별 사건이고,
> 어떤 우연 장치 속 특정 종류의 시행에서 E가 일어났는지에 대한 유일한 정보는, 그 장치 속 해당 종류의 시행에서 E의 상대빈도가 p라는 것, 즉 $Pr(E) = p$라는 것뿐이라면,
> S의 믿음-유형 확률 역시 p이다.

관련 부분집합

빈도 원리는 일종의 어림 규칙이다. 어떤 사건의 발생에 대해서 우리가 알고 있는, 말 그대로의 "전부"가 단지 빈도-유형 확률인 경우가 있을 수 있는가? 동전을 던지고 그 결과를 숨기는 경우와 같이, 매우 인위적인 상황에서만 그럴 것이다. 그런데도 실제 세계에서 우리는 그와 "유사한" 상황에 매우 자주 처하게 된다.

우리가 가진 수많은 정보는 보통 잘 정돈되어 있지 않다. 기상청은 전체 주들 중 이번 주와 비슷한 주만으로 이루어진 부분집합을 찾아내어, 그런 주들 다음에 일어날 강수 현상의 경향을 추적한다.

우리의 암묵적인 빈도 원리 사용에는 위와 같은 관련성에 대한 판단이 자주 포함된다. 208쪽의 애연가 토머의 사례를 다시 생각해보자. 친구 페기는 통계학자로부터 다음과 같은 이야기를 들었다.

> 나이(를 비롯해 여러 가지)가 토머와 비슷한 남성이 흡연을 했을 때 65세

이전에 사망할 확률은 0.36이다.

통계학자들은 주로 나이를 이용해서, 그리고 빈도-유형 확률에 관한 신뢰할 만한 진술을 확보하기 위해서, 관련 부분집합을 선택한다. 빈도 원리를 실생활에 적용하기 위해서는 여러 판단이 필요하다.

확률의 확률

도박사의 오류로 놀아가 보자. 똑똑한 학습자(71-72쪽)는 룰렛 휠이 12번 연속 검은 칸에서 멈췄다는 것을 알게 되었다. 그는 이 휠이 편향되지 않았나 의심한다. 이 휠을 더 실험해본 후, 그가 휠이 검은색으로 심각하게 편향되어 있다고 결론 내렸다고 해보자.

$$0.91 \leq \Pr(B) \leq 0.93.$$

그는 위 진술을 휠의 성질에 대한 것으로 이해하고자 했다. 룰렛 휠의 특정한 제작 및 작동 방식으로 인해, 전체 중 약 92%가 검은 칸에서 멈춘 것이다.

이것은 위험을 안고 있는 결론이다. 다음은 똑똑한 학습자에게 꽤 만족스러운 진술일 수 있다.

검은 칸에 멈출 확률이 0.92에 가깝다는 것은 매우 개연적(probable)이다.

조금 더 정확하게는 다음과 같이 말할 수도 있다. "$0.91 \leq \Pr(B) \leq 0.93$일 확률은 적어도 95%이다."

똑똑한 학습자가 말한 것은 분명 빈도-유형 확률에 대한 믿음-유형 확률이다. 이렇게 말하는 것이 과연 가능한가? 별거 아니다. 검은 칸에 멈출 확률이 0.91과 0.93 사이에 있는지는 사실의 문제이다. 그리고 우리는 그 사실의 문제의 참일 확률에 관해 이야기할 수 있다. 그것이 바로 (빈도-유형) 확률의 (믿음-유형) 확률이다.

연습문제

1 **다시, 충격 흡수장치**. (a) 충격 흡수장치 사례에서 아크메의 품질 검사 결과는 볼트의 품질 검사 결과보다 좋았다. 이런 차이의 원인은 무엇일까? (b) 그런 원인은 빈도-유형 확률과 믿음-유형 확률을 구분하는 것과 어떤 관련이 있는가?

아래 기울임체로 되어 있는 각 진술을 빈도-유형과 믿음-유형으로 분류하라. 그리고 각 진술이 그런 유형으로 이해되어야 하는 이유를 설명하라.

2 **독감**. 아래는 모두 신문 기사에서 발췌한 것이다.
   (a) *유행성 독감 유행 시기, 독감에 노출된 사람이 독감에 걸릴 확률은 10%와 15% 사이이다.*
   (b) *건강한 젊은 사람은 이 독감을 5 내지 7일 동안 앓게 될 공산이 크다.*
   (c) *그러나 몇 주 동안 독감을 앓게 될 확률은 노인이 젊고 건강한 사람보다 훨씬 더 크다.*
   (d) 백신을 만드는 것은 언제나 게임과 같다. 왜냐하면, 어떤 독감 변종이 나타날지 예측할 수 없기 때문이다. 하지만 과학자들은 지난해 말에 발생한 독감 변종이 무엇인지 검사하여 이를 가늠하기도 한다. *만약 어떤 변종이 전년도 말에 발병했다면 그것이 다음 해에도 발병할 확률은 상당하다.*
   (e) 건(Gunn) 박사에 따르면, *독감 백신을 맞은 젊고 건강한 사람이 독감에 걸리지 않을 확률은 70%에서 90% 사이에 있다. 65세 이상의 사람들에게 그 확률은 50%에 불과하다.* 그러나 건 박사는 *백신이 노인의 죽음을 막을 확률은 0.85*라고 덧붙였다.

3 (a) 1996년 1월 3일 (당일 뉴스 기사로부터 발췌): 중국은 지방의회를 폐기할 것을 결정하였다. … *시민의 자유를 보호하고자 하는 홍콩 법령이 약화될 개연성 또한 크다.*
   (b) 2006년 2월 1일 (당일 뉴스 기사로부터 발췌): 최근 보도와 달리, *분리된 남부 지방이 홍콩을 수도로 선택할 개연성은 낮다.*

4 **연방준비이사회**. 발표자는 연방준비이사회 의장이었다. 이 이사회는 미국 달러의 통화량과 기준 금리를 결정하는 곳이다. 신문 보도에 따르면, 의장은 다음과 같이 말

했다.

(a) *일 년 전 경제 악화에 대한 우려가 증가했던 것과 대조적으로 경기 침체의 확률은 50%보다 작다.*

(b) *선행 경제 지표에 대한 연방준비이사회의 최근 분석에 따르면, 다음 6개월 안에 경기 침체가 올 확률은 10에서 20% 사이로 더욱 낮아졌다.*

(c) *내 전 재산을 그런 통계치에 걸 수는 없다.*

5 **복제** (대표적 주간 과학 학술지 중 하나인 『네이처』에서 발췌). 과학자들은 마르판 증후군과 관련된 유전자를 찾아내었다. 이 증후군에는 시력 손실, 심장 질환, 팔다리 뼈의 비정상적 성장 등의 여러 광범위한 문제가 포함되어 있다. ⋯ 이번에 프란체스코 라미레즈(Francesco Ramirez)는 피브릴린 유전자를 복제하여 그것을 염색체 15의 일부 분절에 맵핑시켰다. 증후군에 걸린 사람의 가족을 연구한 후, 그는 *그런 유전적 결함이 있다는 조건 아래에서 마르판 증후군이 나타날 확률은 0.7이라고 결론 내렸다.*

복습을 위한 핵심 단어

빈도	상호 개인적/증거적
믿음	개인적 확률
단일 사례	경향
빈도 원리	관련 부분집합

12 확률에 관한 이론

확률에 대한 근본적으로 다른 두 가지 접근법이 있다. 하나는 빈도 견해를 강조하는 것이고 다른 하나는 믿음 견해를 강조하는 것이다.

몇몇 이론가는 정말로 중요한 것은 두 견해 중 단 하나뿐이라고 말한다. 우리는 그런 이론가를 독단론자라고 부를 것이다. 이 책에서 우리는 **절충적인** 입장을 취할 것이다. 사전은 이 두 단어를 다음과 같이 정의한다.

◆ 절충. 형용사. 1. (예술, 철학 등) 다양한 문체, 교리, 견해, 방법 등으로부터 가장 좋아 보이는 것을 선택하는 것.
◆ 독단. 형용사. 1. 권위적이거나 오만한 주장 혹은 견해 등이 가진 특징.

빈도 독단론자

어떤 전문가는 모든 귀납추리가 빈도-유형 확률을 이용해 분석되어야 한다고 믿는다. 귀납추리는 확률의 단 한 가지 사용에만 의존해야 한다고 말하는 것은 독단적이다. 빈도 독단론자는 종종 믿음 유형 확률이 "과학에서 아무 역할도 못한다."라고 말한다.

믿음 독단론자

어떤 전문가는 모든 귀납추리가 믿음-유형 확률로 분석되어야 한다고 믿는다.

귀납추리는 확률의 단 한 가지 사용에만 의존해야 한다고 말하는 것은 독단적이다. 믿음 독단론자는 종종 빈도-유형 확률이 "어떤 의미도 없다."라고 말한다.

우리의 절충적 입장

16-19장과 22장은 빈도 견해를 다룬다. 13-15장과 21장은 믿음 견해를 다룬다.

다행스럽게도, 빈도 독단주의자가 분석할 수 있는 (전부는 아니지만) 대부분의 자료와 논증은 믿음 독단주의자도 분석할 수 있다. 그리고 반대도 성립한다. 두 학파가 같은 자료로부터 실제로 다르게 추론하는 일은 다소 특수한 상황에서만 일어난다. 그 둘 사이의 더 큰 차이는 우선적으로 자료 수집 방식에 있다. 그들은 최고의 정보를 획득하기 위한 실험 설계 방법에 대해서 다른 의견을 가지고 있다.

우리의 절충적 입장은 이 두 견해 모두 그 나름의 가치가 있다고 생각한다.

날씨

기상예보관들은 확률을 가지고 작업한다.

(a) 내일 강수 현상이 나타날 확률은 30%이다.

이것이 의미하는 것은 무엇인가? 이 진술은 내일의 비(혹은 눈이나 우박)에 대한 것이다. 즉 이것은 단일 사례에 대한 것이다. 비가 오거나 그렇지 않거나 둘 중 하나이다. 단 하나의 내일만 있을 뿐이다. 그렇다면, 이것은 분명 믿음-유형 확률이어야 한다.

만약 당신이 기상청에 이 말의 의미가 무엇인지 묻는다면 다음과 같은 말을 듣게 될 것이다.

(b) 우리는 매우 방대한 자료를 지난주의 날씨 상황과 비교했습니다. 그 후, 날씨와 관련해 지난주와 유사한 주들을 모두 골라냈습니다. 그런 주들 중에서 30%만이 다음 날 비가 내렸습니다. 지난주와 유사한 주 다음 날 비가 올 확률은 30%입니다.

이것은 빈도-유형 확률로 진술된 것이다. 기상청의 말이 위와 같은 의미라면 기상청은 빈도 원리를 이용하여 (b)로부터 (a)를 추론한 것이 분명하다. 몇몇 기상학자는 기상청이 (a)라고 예보한다면 그것은 단지 (b)를 의미한 것일 뿐이라고 말한다. 조금 더 정확하게는, 그들은 (a)는 (b)를 축약한 것일 뿐이라고 말한다. 그런 기상학자들은 자신의 말이 언제나 빈도-유형 확률을 의미한다고 말한다. 그들은 빈도 독단론자이다.

믿음 독단론자의 주장에 따르면, 기상청 사람들은 자신이 무엇을 말하고 있는지 잘 모른다. 기상학자들이 의미하는 것이 단지 빈도일 수만은 없다. 왜냐하면 그들은 과거 강수 현상의 빈도에만 의존할 수는 없기 때문이다. 그들은 (b)를 비롯한 모든 종류의 정보를 활용하여 개인적인 판단을 내린다. 진술 (a)가 바로 그런 진술이다. 그것은 기상청 사람들이 비가 오리라고 기대하는 정도를 진술하고 있다.

대부분의 사람이 이런 독단론자들 사이의 싸움에 대해서 모르고 있다는 것은 다행스러운 일이다. 일상생활을 살아가는 그 누구도 (a)가 무엇을 의미하는지 신경 쓰지 않는다.

확률에 대한 네 가지 이론

위 두 유형의 독단론자는 자신의 견해를 가능한 한 분명하게 제시하려고 한다. 이런 점에서 철학에는 "확률에 대한 이론"이라고 불리는 것이 꽤 많이 있다. 우리는 두 개의 빈도-유형 이론과 두 개의 믿음-유형 이론을 간단히 살펴볼 것이다.

개인적 확률

공룡을 다시 생각해보자. 어떤 사람이 "거대한 소행성이 지구와 충돌했을 때 공룡의 시대는 끝이 났다"라고 말한다고 하자. 아래와 같이, 위 주장은 화자를 언급하지 않은 채 진술될 수 있다.

거대한 소행성이 지구와 충돌했을 때 공룡의 시대는 끝이 났다는 것은 개연적이다.

이렇게 화자에 대한 언급이 불필요하다는 점은, 충분한 정보를 가지고 있는 사람이라면 "누구라도" 같은 판단을 내려야 한다는 것을 시사한다. 다음과 같이, 상호 개인적이라는 개념은 특정한 개인이 언급되지 않은 주장과 연결된다.

> 우리는 거대 소행성과 지구와의 충돌 이후 공룡이 멸종했다는 것을 매우 확신한다.

뿐만 아니라, 다음과 같이 화자 자신의 개인적 확신 혹은 믿음의 정도를 표현하는 개인적 진술도 가능하다.

> 나는 거대 소행성과 지구와의 충돌 이후 공룡이 멸종했다는 것을 매우 확신한다.

위 진술은 개인적 확률이라는 개념과 연결된다. 이는 일종의 믿음-유형 확률이다. 혹시 당신에게 개인적 확률은 완전히 "주관적"이며 귀납논리에서 어떤 가치도 없는 것으로 보일 수도 있다. 사실, 개인적 확률이나 견해는 매우 강력하다. 이 견해는 13-15장에서 다루게 될 것이다. (그곳에서 우리는) 일관적이길 원하는 사람의 개인적 확률은 기본 확률 규칙에서 어긋나서는 안 된다(는 것을 보일 것이다).

논리적 확률

개인적 확률은 믿음-유형 확률의 꽤 극단적인 유형이다. 반대 방향의 극단에는 논리적 확률이 있다. 공룡에 관한 아래의 장황한 확률 진술을 보자.

> 공룡 멸종 시기와 지질학적으로 동시대라고 확인된 지구 곳곳 이리듐 매장 지층에 관한 최근의 증거들에 비추어 볼 때, 거대한 소행성의 지구와 충돌로 인해 공룡의 시대가 끝이 났을 확률은 90%이다.

또한 다음과 같이도 말할 수 있다.

> 확보된 증거에 비추어 볼 때, 공룡-소행성 가설에 대해서 높은 믿음의 정

도를 가지는 것은 합리적이다.

이는 조건부 확률 진술이다. 우리는 이것을 상호 개인적/증거적 확률이라고 불렀다.

H를 공룡에 대한 가설이라고 하자. 그리고 E를 증거라고 하자. 그럼 위 진술은 다음과 같은 형식을 갖추고 있다.

$$Pr(H/E) = 0.9.$$

논리적 확률 이론은, 위와 같은 진술이 논리적 연역 가능성(logical deducibility)과 마찬가지로 H와 E 사이의 논리적 관계를 표현한다고 말한다.

논리적 확률은 증거와 가설 사이에 논리적 관계가 성립한다는 것을 가정한다. 이 이론에서 H의 확률만을 단독으로 말하는 것은 의미가 없다.

논리적 확률 이론에 따르면, 확률은 언제나 증거에 상대적이다. 명시적으로 표현되지 않은 경우에도 증거는 암묵적으로 언급된 것이다.

빈도 독단론자들은 이런 결론을 견딜 수 없다. 처음으로 확률에 대한 빈도 이론을 명시적으로 제시한 사람은, 벤 다이어그램(120쪽)의 개발자로 더 잘 알려진 존 벤(John Venn, 1834-1923)이었다. 그는 다음과 같이 말했다.

들판의 면적이 다른 어떤 것에 상대적이지 않은 것과 마찬가지로, 사건의 확률은 그와 다른 어떤 것에 상대적이지 않다.

불충족 이유율

어떤 관련된 증거도 없을 때는 어떻게 되는가? 수를 이용해 확률을 나타내기 시작한 초기부터 사람들은, 여러 대안 중 무엇을 선택해야 하는지에 대한 어떤 근거도 없다면 각 대안의 확률은 모두 동일하게 취급돼야 한다고 말했다.

사례: 네덜란드 거리에 서 있는 피터(199쪽)는 다음 안내판이 암스테르담(Amsterdam)을 가리키는지, 로테르담(Rotterdam)을 가리키는지 알 수 없었다.

██████TERDAM →

그에게는 이 두 대안 중에서 특정한 하나를 선택할 어떤 이유도 없었다. 그는 "terdam"으로 끝나는 다른 대도시는 없다고 알고 있다. 그래서 그는 두 대안 각각의 확률이 0.5라고 말한다.

사례: 마리오 바게트는 친구 소니아를 메트로폴리탄 공항에서 만나려고 한다. 소니아는 뉴욕발 비행기를 타고 오고 있다. 그는 마리오에게 오후 3시와 4시 사이에 도착할 것이라고 말했다. 한 시간 사이에 뉴욕에서 온 비행기는 모두 다섯 대로, 각각은 알파 에어, 베타 블라스터, 감마 고웨이스, 델타 에어라인, 이트멉 에어라인 소속 비행기였다. 마리오는 어떤 하나를 다른 것보다 선호할 이유가 없다고 생각했다. 그래서 그는 각 확률 모두 0.2라고 했다. 알파와 베타는 터미널 1에, 감마와 델타는 터미널 2에, 이트멉은 터미널 3에 도착한다. 그래서 소니아가 이트멉 소속 비행기를 타고 터미널 3에 도착한다는 것에 대한 마리오의 기대치가 가장 낮았다. 그는 터미널 1과 2 중 어디로 마중 나갈지 결정하기 위해서 동전을 던져보았다.

논리적 확률의 지지자들은 서로 배타적이고 함께 망라적인 n개의 가설 중 특정 하나를 선호해야 할 어떤 이유도 없을 때 각 가설에 대해서 $1/n$의 확률을 할당해야 한다고 말한다. 이는 '불충족 이유율'(the principle of insufficient reason) 혹은 '무차별 원리'(the principle of indifference)라고 불린다.

반반은 너무 쉬워

불충족 이유율은 훌륭해 보인다. 그러나 치명적인 문제가 있다. 당신은 어떤 차가 붉다는 것과 붉지 않다는 것이 같은 확률을 가지고 있다고 말할 수 있는가? 혹은 그 차가 붉은색이라는 것, 파란색이라는 것, 녹색이라는 것, 혹은 그 외의 다른 색이라는 것이 모두 같은 확률을 가지고 있다고 말할 수 있는가? 이 원리는 곧장 많은 역설들을 만들어낸다.

베이즈주의자

우리는 15장에서 개인적 확률 이론과 논리적 확률 이론이 베이즈 규칙을 얼마나 적극적으로 활용하는지 보게 될 것이다. 믿음-유형 확률만을 이용하고 베이즈 규칙을 크게 강조하는 믿음 독단론자들은 종종 베이즈주의자(Bayesian)라고 불린다.

케인즈와 램지

언제나 "증거에 상대적"이라는 논리적 확률 개념은 최소한 200년 전으로 거슬러 올라간다. 그러나 논리적 관계로서 논리적 확률을 처음 체계적으로 제시한 사람은 존 메이너드 케인즈(John Maynard Keynes, 1883-1946)였다. 케인즈는 저명한 경제학자이다. 그는 종종 1929-1936년 대공황으로부터 자본주의를 구한 인물로 평가를 받는다. 첫 번째 저서인 『확률론』(*Treatise on Probability*)은 케임브리지 장학금을 받기 위해서 제출된 것이었다. (그 장학금은 일종의 박사 후 연구비와 같은 것인데, 박사 학위가 필요 없었다.)

1926년 또 다른 케임브리지의 젊은 학자 프랭크 플럼튼 램지(Frank Plumpton Ramsey, 1903-1930)는 현대 개인적 확률 이론을 처음으로 제시하였다(283쪽을 보라). 램지는 26살에 수술을 받던 도중 사망하였다. 사망 전 그는 이미 경제학, 수리 논리학, 확률론, 철학에 근본적인 공헌을 하였다.

논리학자들, 특히 루돌프 카르납(Rudolf Carnap)은 케인즈의 논리적 확률 이론에 매료되었다. 그럼에도 불구하고, (케인즈 이론에 대한) 램지의 간단한 논평은 인상적이다.

> 가장 "근본적인 케인즈의 관점에 대한 비판은 … 그가 제시한 확률 관계와 같은 것은 실제로는 존재하지 않는 것처럼 보인다"는 것이다.

드 피네티와 새비지

개인적 확률의 역사에 있어 두 명의 위대한 인물은 이탈리아 수학자인 브루노 드 피네티(Bruno de Finetti)와 미국의 L. J. 새비지(L. J. Savage)이다. 새비지에 대해서는 306-307쪽에서 조금 더 살펴볼 것이다. 영국에서 램지가 개인적 확률에 관해서 연구했던 시기와 거의 같은 시기에, 드 피네티는 이탈리아에서 그 아이디어를 개척하고 있었다. 램지의 마음 한구석에는 빈도-유형 확률 개념, 특히 양자 역학에서 빈도-유형 확률 개념이 필요하리라는 생각이 자리 잡고 있었다. 드 피네티는 개인적 믿음-유형 개념만이 의미가 있다고 확신하였다. 이런 점은 새비지도 마찬가지였다. 둘 모두 믿음 독단론자들이었다. 이 둘은 개인적 확률 개념과 우리가 현재 베이즈주의 통계학이라고 부르는 것에 관한 굉장히 많은 지식을 남겼다.

극한 빈도

믿음-유형 확률은 두 개의 극단적 견해로 분리된다. 한 극단에는 논리적 확률이 있고, 다른 한 극단에는 개인적 확률이 있다. 이와 비슷한 일이 빈도-유형 확률에도 일어난다.

지금까지 우리는 빈도, 장기 시행, 기하학적 대칭, 물리적 성질, 경향, 성향이라는 일군의 개념들을 언급했다. 이 개념들은 어떻게 정밀하게 다듬어질 수 있을까? 한 가지 방법은 장기 시행에서의 상대빈도를 강조하는 것이다. "장기 시행"이란 무엇인가? 수학자들이 즉각 이상화된 어떤 것, 즉 무한한 시행열(infinite sequence of trials)을 생각해냈다.

그다음 수학자들에게 떠오른 아이디어는 수렴과 수학적 극한이라는 개념이었다. 이는 무한한 시행열의 이상화로 이어진다. 그 이상화된 무한한 시행열 속에서 결과 S의 상대빈도는 어떤 극한으로 수렴한다.

그러나 여기에는 또 다른 조건이 있다. 다음 동전 던지기 결과의 시행열을 생각해보자. 이 시행열에서 앞면과 뒷면이 교대로 나타난다.

H T H T H T ….

확실히 상대빈도는 1/2에 수렴한다. 그러나 우리는 이것을 확률이라 생각하지 않는다, 왜냐하면 이 시행열은 완전히 결정되었기 때문이다. 따라서 위 확률의 정의에는 다른 조건, 즉 67쪽에 소개했던 도박 시스템의 불가능성이라는 것이 추가되어야 한다.

존 벤은 1866년 이런 확률 이론을 처음으로 제시하였다. 그리고 그 이론은 하버드 대학 교수를 지낸 미국 출신 수학자(기체역학자)이자 철학자인 리처드 폰 미제스(Richard von Mises, 1883-1953)에 의해서 1928년 체계적으로 발전되었다.

"도박 시스템의 불가능성"이라는 아이디어는 매우 생산적이었다. 그 생각은 계산적 복잡성(computational complexity)이라는 완전히 새로운 생각으로 이어졌다. 이 계산적 복잡성이라는 개념을 개척한 사람은 A. N. 콜모고로프였다(126쪽을 보라). 거칠게 말해, 시행열의 무작위성은 일군의 이상적 컴퓨터 프로그램에 상대적으로 결정된다. 즉 어떤 시행열이 무작위적이라는 것은 그 시행열을 만들어내기에 충분한 그 어떤 프로그램도 최소한 그 시행열만큼 길다는 것이다.

경향

극한 상대빈도라는 개념은 빈도-유형 확률의 꽤 극단적인 유형이다. 그것은 어떤 우연 장치에서 일어난 시행의 실제 결과를 이상화한다. 이 개념은 일어난 사건 이면에 있는 원인이나 구조가 아니라, 무엇이 일어날 수 있는지를 강조한다.

상대빈도는 우연 장치가 특정한 물리적 혹은 기하학적 성질을 가진 경우에만 안정적으로 존재한다. 그리고 그 어떤 시행도 실제로 일어나지 않은 경우에도 그 이면의 구조는 여전히 존재한다.

빈도-유형 견해의 두 번째 극단적인 유형은 우연 장치의 성향 혹은 경향을 강조하는 것이다. 방사능 붕괴와 같이 자연에서 찾아볼 수 있는 통계적 과정을 생각할 때, 이런 견해는 특히 더 자연스러워 보인다. 우리가 관심을 두고 있는 것은 근본적인 물리 과정이지 가이거 계수기의 딸깍 소리의 분포가 아니다.

확률에 대한 경향적 설명은 런던 정경 대학 교수를 지낸 오스트리아 출신 철학자 칼 포퍼(Karl Popper, 1902-1994)에 의해서 전개되었다. 포퍼는 가장 영향력 있는 20세기 과학철학자일 것이다. 20장에서 우리는 그가 귀납의 문제를 어떻게 회피했는지 살펴볼 것이다. 포퍼는 양자 역학의 근본적인 문제를 이해하는 데 있어 자신의 경향이라는 개념이 중요한 역할을 하리라 생각했다.

기댓값

지금껏 우리는 확률의 종류에만 너무 집중한 나머지 기댓값과 공정한 가격을 너무 무시해왔다.

기댓값이 확률에 의해 설명된다면 "확률"이라는 말의 다의성을 "기댓값"이라는 말도 가질 것이다. 그렇다면, 개인적 기댓값, (증거를 조건으로 하는) 논리적 기댓값, 경향적 기댓값 등등이 있을 것이다. 더불어, 늘 그런 것처럼 이런 이론들 사이에는 논쟁도 있을 것이다. 아래의 내 개인적 이야기는 그런 논쟁을 보여준다.

구식 콜라 자동판매기

아주 오래전 코카콜라 한 병의 가격은 겨우 5센트였다. 콜라 자판기에 5센트짜리 동전 하나를 넣으면 콜라 한 병이 나왔다. 그 후 가격이 올라, 콜라 한 병당 6센트가 되었다. 가여운 선원은 이것을 죽는 날까지 기억했다. (이 이야기는 내가 미국 도량형 표준국을 방문했을 때 그에게 직접 들은 것이다. 그는 도량형 표준국의 수석 통계학자로 일하고 있었다.)

가여운 선원은 태평양 해군 기지에 방문한 적이 있었다. 그곳의 콜라 자판기는 가격 상승에 맞춰 조정되었다. 5센트 동전을 넣었을 때 아무것도 받지 못할 확률이 1/6이 되도록 설정된 것이다. 선원이 기지에 상륙해 있던 시간은 단 하루였으며 그는 콜라 한 병만을 원했다. 처음 동전을 넣었을 때 그는 아무것도 받지 못했다. 이에 콜라를 먹기 위해서 그는 5센트짜리 동전을 하나 더 넣어야만 했다. 그는 "이건 불공정해!"라고 말했다.

위 자동판매기는 다음 복권과 동일하다. 여섯 개의 제비로 이루어진 복권이 있다. 그중, 다섯 개의 제비는 6센트짜리 콜라 한 병을 상품으로 준다. 그리고 나머지 한 제비는 아무것도 주지 않는다. 이 복권의 공정한 가격은 5센트이다.

논쟁은 철학자들이 사는 천국에서도 계속된다.

> 벤, 폰 미제스, 포퍼, 그리고 다른 빈도 독단론자들의 영혼들: 물론 그 가격은 공정하다. 왜냐하면, 기지에 있는 선원들이 각각의 콜라 한 병에 지불한 금액의 평균은 6센트이기 때문이다.
>
> 가여운 선원의 영혼: 장기 시행이 나와 무슨 상관이란 말인가. 내가 그 기지에 머문 날은 단 하루였다. 그리고 나는 6센트 콜라 한 병을 먹기 위해 10센트를 내야만 했다. 그 기지에 영원히 머물 사람에게 그 기계는 공정할 수 있다. 하지만 나에겐 그렇지 않다.
>
> 케인즈, 그리고 다른 믿음 독단론자들의 영혼: 그 말이 정확하다. 장기 시행의 평균에 관한 이야기는 이번 일과 아무 관련이 없다. 그 자동판매기는 공정했다. 5센트짜리 동전을 넣는 것은 여섯 개의 제비로 이루어진 대칭 제로섬 복권(a symmetric zero-sum lottery)[1]에서 제비 하나를 사는 것과 같다. 다섯 개의 제비는 6센트에 해당하는 상품을 주며, 나머지

---

1 [역자 주] 제로섬 게임이란, 각 게임 참여자가 얻는 손익의 합이 언제나 0인 게임을 말한다. 그리고 대칭 게임이란, 모든 게임 참여자가 상대방의 전략에 따라 얻게 될 손익이 같은 게임을 말한다. 여기서 언급되는 복권의 경우, 5명은 1센트의 이익을 보게 될 것이며, 1명은 5센트의 손해를 보게 될 것이다. 그럼 이 손익의 총합은 0이 된다. 이런 점에서 이 복권은 제로섬 복권이다. 한편, 모든 상대방이 당첨 제비를 산 경우 자신은 5센트의 손해를 보게 될 것이며, 그렇지 않은 경우 자신은 1센트의 이익을 보게 될 것이다. 이런 점은 그 누구에게나 마찬가지이다. 따라서 이 복권은 대칭적이다. 바로 이런 이유에서, 이 복권은 대칭 제로섬 복권이라 할 수 있다.

한 제비는 아무것도 주지 않는다. 그럼 제비의 전체 가격은 30센트가 된다. 참가자는 6명이며, 각각은 5센트를 낸다. 불공정한 것은 복권이 아니다. 불공정한 것은 가여운 선원에게 이 복권 추첨에 참여하도록 강요한 것이다. 불공정에는 여러 종류가 있다. 가볍게 음료수 하나를 마시기 위해서 도박에 참여하도록 하는 것이 그런 것 중 하나이다.

왜 우리는 여러 종류의 확률을 가지고 있는가?

간단한 답이 있다. 확률을 수를 이용해 나타내는 것은 아주 오래전, 1650년 즈음에 본격적으로 시작되었다. 당연하게도, 사람들에게는 단순한 사례가 필요했다. 도박은 매우 일상적인 것이었다. 복권 역시 마찬가지였다. 많은 도박이 주사위, 동전, 카드 등 인공 무작위 추출기에 의존하고 있다. 복권 역시 인공 무작위 추출기를 이용한다. 더욱이, 많은 무작위 추출기들의 선택은 대칭적이라고 가정된다. 그러므로 사실상 확률이란 말이 무엇을 의미하는가는 큰 차이를 만들어내지 않는다. 숫자를 적어둔 1,000개의 공이 담긴 항아리를 이용한 복권을 생각해보자. 그리고 왜 확률의 의미가 별다른 차이를 만들어내지 않는지 살펴보자.

상대빈도 이야기: 이 복권에서 반복적으로 복원추출하면, 각 공이 나오는 빈도는 다른 공과 거의 비슷할 것이다. 그래서 434번 공이 뽑힐 확률은 그 공이 뽑힐 상대빈도, 즉 1/1000이다.

경향 이야기: 한 공이 뽑힐 경향이 다른 공이 뽑힐 경향과 동일하도록 항아리, 공, 공을 뽑는 절차가 배치되었다. 따라서 434번 공이 뽑힐 확률은 1/1000이다.

개인적 이야기: 내 개인적인 입장에서 보자면, 각 공이 뽑히는 사건은 모두 같은 정도로 일어남직하다. 따라서 나에게 434번 공이 뽑힐 확률은 1/1000이다.

상호 개인적 이야기: 합리적인 사람이라면 누구나 어떤 공이 나올 확률을 다른 공이 나올 확률보다 높게 할당하지 않을 것이다. 따라서 434번 공이 뽑힐 확률은 1/1000이다.

논리적 이야기: 임의의 가설 h_j(j번 공이 뽑힌다)와 확보된 증거 사이의 논리적 관계는 임의의 다른 가설 h_k와 확보된 증거 사이의 관계와 같다. 따라서 그 확률은 모두 같으며 434번 공이 뽑힐 확률은 1/1000이다.

불충족 이유율 이야기: 서로 배타적이고 함께 망라적인 1,000개의 가설 중 어떤 하나를 선호해야 할 어떤 증거도 없다. 따라서 우리는 각 가설에 동일한 확률

1/1000을 할당해야 한다.

모형 만들기

확률 이론 발전의 다음 단계는 항아리, 복권, 주사위, 카드 등과 같은 핵심 사례를 이용해 복잡한 상황의 모형을 만드는 것이다. 이것은 핵심 사례를 어떻게 이해해야 하는가와 큰 관련이 없다. 확률에 대해서 어떻게 생각해야 하는지는 단지 매우 정교한 모형을 만들 때만 문제가 된다. 물론, 충격 흡수장치 사례는 빈도로 이해하는 것이 자연스러우며, 패혈성 인두염 사례는 믿음의 정도로 이해하는 것이 자연스럽다. 그러나 통계적 추론을 아주 꼼꼼히 따져보기 전, 그런 확률의 의미에 큰 관심을 가지는 사람은 현학적인 철학자뿐이다.

의미

"네 말을 정의하라!" 이 말을 얼마나 자주 들어봤는가. 하지만 우리가 언제나 정의를 원하는 것은 아니다. 처음에 많은 단어는 예를 통해 가장 잘 설명된다. 외계인에게 "새"라는 단어를 설명하려는 경우를 생각해보자. 아마 당신은 주변에서 흔히 볼 수 있는 작은, 혹은 중간 크기 이하의 새를 가리킬 것이다. 캘리포니아에서 진행된 유명한 실험을 통해 밝혀진 바에 따르면 학생 대부분은 개똥지빠귀를 새의 원형으로 여긴다고 한다. 당신은 영국에서도 같은 결과를 얻을 수 있을 것이다. 영국 개똥지빠귀(redbreast, 울새)는 미국 개똥지빠귀와 전혀 다른 종류의 새인데 말이다! 만약 나에게 새의 원형을 뽑으라고 한다면 나는 개똥지빠귀를 선택하지 않을 것이다. 그보다, 내 창문 너머 나무에 모여 있는 작은 갈색 새를 뽑을 것이다. 그러나 이 실험의 의도를 눈치 챈 사람을 제외한다면, 북아메리카에 있는 그 누구도 화식조는 물론이고, 타조도 새의 원형으로 뽑지 않을 것이다. 일부 사람은 오리를, 그보다 적은 사람은 백조를 선택할 것이다. 몇몇은 독수리나 부엉이를 선택할지 모르겠다.

누가 새를 정의할 수 있는가? 아마도 조류학자는 할 수 있을 것이다. 그러나 우리 대부분은 "새"에 대한 정의 없이도 새에 대해서 잘 이야기할 수 있다. 우리는 새를 그 원형과 어느 정도 비슷한 것으로 생각한다. 어떤 면에서 보면, 타조는 내가 선택한 작은 갈색 새와 비슷하다. 독수리도 마찬가지다. 하지만 타조와 독수리는 그렇게 많이 비슷하지 않다. 우리는 새를 중앙으로부터 선들이 뻗어

나온 그림을 통해 이해할 수 있다. 중앙에는 우리가 새의 원형이라고 생각하는 것이 있다. 그리고 도식 주변부에 있는 새는 중앙에 있는 새와 어떤 유사성을 가지고 있다. 위 실험에 따르면 북캘리포니아에 사는 학생이 가진 새에 대한 그림은 다음과 같다.

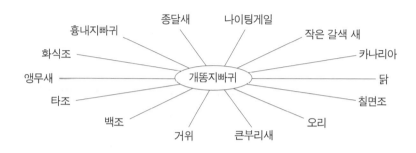

확률도 이와 비슷하다. 우리의 원형적인 사례는 인공 무작위 추출기였다. 하지만 조금 더 실생활에 맞는 사례에 대해서 곰곰이 생각하게 된다면 우리는 핵심 사례에서 점점 더 멀어진다. 그런 다음, 우리 사례들은 믿음-유형 사례나 빈도-유형 사례로 묶이는 경향을 띠게 될 것이다. 그리고 마침내 우리는 확률에 관한 두 가지 다른 종류의 개념을 발전시키게 된다.

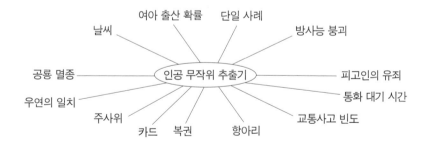

맺는말

지금까지 우리는 확률의 종류를 조심스레 살펴보았다. 앞의 여러 장에서 우리는 가능한 경우에는 언제나 빈도-유형 방식으로 확률을 다루려고 해왔다. 그럼 믿음-독단론자들에게 맺는말을 할 기회를 주면서 이 책의 전반부를 마치는 것이 공정할 것이다.

　믿음-유형 확률에 대한 논리적 이론을 지지했던 존 메이너드 케인즈는 빈도-유형 확률을 좋아하지 않았다. 그는 장기 시행에서의 상대빈도(relative frequency in the long run)라는 개념을 조롱했다. 그는 "장기 시행"이 무엇인지 물었다.

　"장기 시행"은 그저 은유일 뿐이다. 무한한 장기 시행은 훌륭한 이상화일 수 있다. 하지만 실생활과는 아무 관련이 없다. 다른 맥락에서 케인즈는 다음과 같이 말했다.

> "장기 시행에서 결국 우리 모두는 죽는다."
> "In the long run we are all dead."

연습문제

1 **무차별성**. 소니아를 마중 나가는 것에 관한 마리오 바게트의 문제를 다시 보자(244쪽). 소니아가 저가 항공, 즉 이트멉 비행기를 타고 올 것이라는 의심이 들었다면, 마리오는 다섯 개의 선택지에 대해서 무차별적이지 않게 될 것이다. 이제, 그는 자신의 개인적 확률을 어떻게 할당할지 결정해야 한다. 마리오는 소니아가 알파나 베타 비행기를 타고 올 확률이 더 크다고 생각할까, 아니면 저가의 이트멉 비행기를 타고 올 확률이 더 크다고 생각할까? 당신이라면 어떻게 생각할 것인가?

남은 연습문제는 가상의 심포지엄에서 일어난 일을 바탕으로 한 것이다. 오래전 어느 날, 네 명의 독단론자가 한자리에 모였다. 그리고 각자는 확률에 대한 자신의 견해를 설명하였다. 우리는 이 독단론자들을 다음과 같이 부를 것이다.

　벤, 빈도 이론가
　포퍼, 경향 이론가
　드 피네티, 개인적 확률 이론가
　케인즈, 논리적 확률 이론가

　심포지엄의 좌장은 아래 몇몇 진술을 읽고 각 독단론자에게 그 진술의 의미가 있는지, 있다면 그것은 무엇인지 물었다. 각 네 명은 아래 기울임체 진술의 의미에 대해서 무엇이라고 답했을까?

2 **미국대학원입학자격시험(GRE) 대비 수험서 해피 해리.** *"해피 해리 수험서를 이용한 학생들이 GRE에서 성공할 확률은 90%입니다!"*

3 **소식통.** 신원이 밝혀지길 원치 않는 한 소식통은 최근 빈발하고 있는 폭격과 보복 공격에 대한 질문을 받았다. 그는 *중동의 지속적인 평화가 다음 2년 안에 확립될 확률은 매우 낮다고* 답했다.

4 **조건부 해피 해리.** *"해피 해리로 공부하기 전 당신이 GRE에서 성공할 확률은 기껏 50-50이었다면, 해피 해리로 공부한 이후에 그 확률은 75%가 될 것이다."* 심포지엄의 좌장은 각 독단론자에게 위 진술을 아래와 같이 두 개의 확률 진술이 결합된 복합 진술로 봐달라고 요구했다. *"당신이 해리 수험서를 이용하지 않았다는 조건 아래에서 당신의 성공 확률이 0.5라면, 당신이 해리 수험서를 이용했다는 조건 아래에서 당신의 성공 확률은 0.75이다."*

5 **위대한 선수.** 아이스하키의 역사상 가장 많은 득점을 한 웨인 그레츠키(Wayne Gretzky)는 38세에 관절염이 생겼으며, 진통제인 타이레놀 TV 광고에 출현했다. 그토록 건강한 사람이 어떻게 30대에 관절염에 걸릴 수 있는가? 하키 의료진인 크래필드 박사는 "그는 그동안 너무 많이 하키를 했습니다. 그래서 *아마도 관절의 외상은 다른 선수들 대부분보다 그가 더 심할 것입니다.*"라고 말했다.

6 **화성 착륙.** 나사의 대변인은 *"화성에 첫발을 내딛는 사람은 기술자일 개연성이 매우 높다."*라고 말했다.

7 **놀라운 동전 던지기.** 공정한 동전을 던질 것이다. 동전을 N번 던졌을 때 앞면이 뒷면보다 더 많이 나온 경우, 우리는 앞면이 앞선다고 말한다. 반대로 뒷면이 앞면보다 더 많이 나온 경우, 우리는 뒷면이 앞선다고 말한다. (만약 N이 짝수일 때, 앞면과 뒷면은 서로 비긴다.) N-1번째 동전 던지기에서 앞면이 앞섰지만, N+1번째 동전 던지기에서 뒷면이 앞서게 되면, 우리는 선두가 바뀌었다고 말한다. *10,000번의 공정한 동전 던지기에서 선두가 한 번도 바뀌지 않을 확률은 0.0085이다.*

8 **놀라운 정답**. 여기서 당신이 답해야 할 것은 다음 질문 속 확률의 의미이다. 우리는 여기서 당신이 이 질문에 대한 답을 알 것이라 기대하지 않는다. 그러나 추측해보라. *10,000번의 동전 던지기에서 어떤 한 면이 9,930번 앞서지만 다른 면은 70번보다 적게 앞설 확률은 얼마인가?*

복습을 위한 핵심 단어

빈도 이론   개인적 이론

경향 이론   논리적 이론

믿음의 측정으로서의
확률

13 개인적 확률

가상의 도박을 이용해 개인적인 믿음의 정도를 어떻게 수로 나타낼 수 있을까?

1-10장에서 여러 종류의 확률이 의도적으로 애매하게 사용되었다. 이것은 기초 개념이 대부분 종류의 확률에 두루 적용되기 때문이었다.

이제 우리는 믿음-유형 확률의 중요 개념을 살펴볼 것이다. 그것은 빈도 관점과는 별 관련이 없다.

프로그램
논증은 세 단계로 이루어진다. 각 단계는 독립된 하나의 장에서 다루어질 만하다.

- 이 장은 당신의 믿음의 정도를 나타내기 위해 어떻게 수를 이용할 수 있는지 보여준다.
- 14장은 왜 그런 수가 기본 확률 규칙을 만족해야 하는지 (따라서 그런 수가 베이즈 규칙을 만족해야 하는지) 보여준다.
- 15장은 새로운 증거에 비추어 개인적 확률을 수정이나 갱신하기 위해 어떻게 베이즈 규칙을 사용해야 하는지를 보여준다. 이것이 바로 13-15장의 근본적인 목표이다.

이 세 장에서 우리 관심은 개인의 믿음의 정도에 있다. 우리는 개인적 확률에 관해서 이야기할 것이다. 그러나 이런 접근은 믿음-유형 확률의 다른 형태, 가령 케인즈와 카르납의 논리적 관점에도 적용될 수 있다.

이런 방식에 있어 베이즈 정리는 매우 근본적이다. 따라서 이 방식은 종종 베이즈주의(Bayesianism)라고 불린다. "믿음 독단론자"는 단순히 베이즈주의자라고 불리기도 한다. 왜냐하면, 경험으로부터의 학습에 대한 모형으로 베이즈 규칙을 사용하는 것이 그들 철학에 있어 꽤 큰 역할을 하기 때문이다. 그러나 베이즈주의 사고법에는 여러 다양한 유형이 있다는 것에 주의해야 한다. 이 관점은 개인적인 것으로부터 논리적인 것까지 걸쳐 있다.

사고실험

우리 관심은 믿음의 정도에 있다. 믿음과 행위는 서로 밀접한 관계를 맺고 있다. 예를 들어보자.

> 당신은 낯선 시골 마을 길을 걷고 있다. 집으로 가는 길에 당신은 아무 표지도 없는 교차로에 이르게 되었다. 당신은 왼쪽으로 가야 할지, 오른쪽으로 가야 할지 모른다. 왼쪽으로 가는 것을 선호하지만 확실하지 않다. 당신은 결정했다. 추정된 위험을 감수하기로 말이다. 당신은 자신의 믿음을 행위로 바꾸고, 그 행위로 자신의 믿음을 표현한다. 당신은 오른쪽이 아니라 왼쪽으로 간다.

이것이 좋은 결정이라는 것을 얼마나 확신하는가? 왼쪽이 집으로 가는 길이라는 것을 어느 정도 믿고 있는가? 이 사고실험은 믿음의 정도를 어떻게 수로 나타낼 것인가에 관한 실마리를 제공한다.

예를 들어보자.

> 공정한 동전을 던져 어디로 갈지 결정한다고 해보자. 당신은 왼쪽 길에 집이 있다는 것이 오른쪽 길에 집이 있다는 것만큼 개연적이라고 생각하는 것이 분명하다. 각 길에 대한 당신의 개인적 확률은 1/2이다.
> 그러나 만약 당신이 주사위를 던져 6이 나오면 오른쪽으로 가고 그렇지 않으면 왼쪽으로 가기로 결정했다고 해보자. 그럼, 오른쪽 길에 집이 있다는 것에 대한 당신의 주관적 확률은 틀림없이 1/6일 것이다.

이 장은 사고실험을 다룬다. 당신의 선생님이나 당신의 이웃에 대한 실험이 아니다. 그 실험은 바로 당신에 대한 것이다.

첫 번째 사고실험: 선물

당신이 하게 될 첫 번째 사고실험은 여러 "도박" 사이의 선택이다. 그 내기를 하기 위해서 당신은 어떤 비용도 지불할 필요가 없다. 당신에겐 어떤 위험도 없다는 것이다.

> 작지만 가치 있는 상, 즉 공짜 선물을 받는 경우를 생각해보자.
> 그 선물은 $10일 수도, 좋은 학점일 수도, 다음 밸런타인데이에 마음에 드는 사람으로부터 받게 될 장미일 수도 있다. 그 선물이 무엇인지는 중요하지 않다.
> 당신이 받게 될 선물 하나를 골라보라.
> 실제 상황이라고 생각하라. 다음 빈칸에 당신이 원하는 선물을 하나 적어보라.

위험 없는 도박

이제 가능한 두 사건을 생각해보자. 여기에서 우리는 약간 진부한 사례, 즉 토론토의 초봄 날씨를 이용할 것이다.

> 사건1: 다음 3월 21일 토론토에 눈이 온다.
> 사건2: 다음 3월 21일 토론토는 따듯한 봄 날씨다.

도박은 두 개의 가능성 중 하나를 선택하는 것이다. 당신이 받을 선물로 $10를 골랐다고 하자. 이제 다음 둘 중 하나를 선택하라.

- 사건1이 일어나면 $10를 받고, 그렇지 않으면 아무것도 받지 않는다.
- 사건2가 일어나면 $10를 받고, 그렇지 않으면 아무것도 받지 않는다.

당신은 사건1이 일어난다는 것에 대해서 "도박"을 하고 싶은가? 아니면 사건2가 일어난다는 것에 대해서 도박을 하고 싶은가?

실제 상황이라고 생각하고 당신의 답을 적으라.

만약 두 선택지 사이에서 무차별적이라면, 당신은 사건1과 사건2가 같은 정도로 일어남직하다고 생각하는 것이 틀림없다.

그러나 사건1이 일어났을 때 선물을 받는 것이 더 나아 보인다면, 당신은 사건1이 사건2보다 더 일어남직하다고 생각하는 것이다. 당신은 사건1에 사건2보다 더 높은 개인적 확률을 할당한다.

반대로 사건2가 일어났을 때 선물을 받는 것이 더 나아 보인다면, 당신은 사건2가 사건1보다 더 일어남직하다고 생각하는 것이다. 당신은 사건2에 사건1보다 더 높은 개인적 확률을 할당한다.

사건과 명제

지금껏 우리는 사건 언어를 사용해왔다. 앞에서와 같이, 우리는 명제 언어를 사용할 수도 있다. 다음 명제를 생각해보자.

> 명제3: 건강한 바닷가재의 오른쪽 집게발은 거의 언제나 왼쪽 집게발보다 크다.
> 명제4: 건강한 바닷가재의 왼쪽 집게발은 거의 언제나 오른쪽 집게발보다 크다.

명제3이 참일 때 $10를 받는 것과 명제4가 참일 때 $10를 받는 것 중 당신이 더 낫다고 생각하는 것은 무엇인가? 만약 당신이 (3)을 (4)보다 더 선호한다면 (3)에 대한 당신의 개인적 확률은 (4)에 대한 당신의 개인적 확률보다 더 클 것이다.

현실 확인: 결판

도박은 금방 결판나는 경우에만 가치가 있다. 지금부터 백만 년 뒤 날씨에 대한 $10짜리 도박에 대해서 나는 아무 관심도 없다. 다음을 생각해보라.

> 5: 2075년 1월 1일 토론토에 폭설이 내린다.
> 6: 다음 1월 1일 토론토는 따뜻한 봄 날씨다.

내가 생각하기에, 온실효과가 있든 없든 (5)가 (6)보다 훨씬 더 일어남직하다.

그래도 나는 (5)가 일어날 때보다는 (6)이 일어날 때 선물 받는 것을 더 선호한다. (5)의 진위가 밝혀질 때 그 결과가 무엇이든 나는 죽어 없을 것이다. 그때 나는 어떤 것도 얻지 못할 것이며, 2075년의 10달러는 나에게 아무런 가치도 없을 것이다. 하지만 (6)을 선택하게 되면, $10의 선물을 받게 될 약간의 가능성이 생긴다.

지금부터 모든 도박과 내기는 금방 결판날 것이라고 가정한다.

이 가정은 우리에게 많은 상상을 요구한다. 위 바닷가재를 생각해보자. (3)과 (4)는 "거의 언제나"라고 말하고 있다. 이 내기는 어떻게 결판날까? 아니면 파스칼의 내기를 다시 생각해보라. 다음 내기는 어떤가?

> 7: 신은 이 우주를 지금 모습 그대로 창조했다.
> 8: 이 우주는 아무런 원인이 없이 일어난 빅뱅으로부터 우연히 진화하였다.

몇몇 사람, 즉 "창조론자"는 (7)이 참이면 선물을 받게 되는 도박을 더 선호할 것이다. 다른 사람, 가령 무신론자는 (8)이 참이면 선물을 받게 되는 도박을 더 선호할 것이다. 그러나 우리가 살아 있는 동안 이 문제가 결판나리라고 생각하는 사람은 별로 없다.

현실 확인: 관련 없는 상품

두 개의 사건을 비교하는 데 사용되는 상품의 가치는 해당 사건에 영향받지 말아야 한다.

예를 들어 당신이 선택한 선물이 두툼한 새 외투였다고 하자. 그럼 당신은 3월 21일이 봄 날씨일 때보다 눈 오는 날씨일 때 그 상품에 더 많은 가치를 부여할 것이다. 이런 경우, 그 선물은 사건1과 사건2에 관해 생각하는 데 있어 적당하지 않다.

마찬가지로, "영원한 행복"은 (7)과 (8)에 대한 가상의 도박을 비교하는 데 있어 적당한 선물이 아니다. 왜냐하면, 당신이 (7)이 매우 비개연적이라고 생각한다면 당신에게 있어 영원한 삶이란 결코 실제 가능성일 수 없기 때문이다.

두 번째 사고실험: 공정한 동전

지금껏 우리는 정성적(qualitative)이었다. 우리는 같은 절차를 이용해 정량적(quantitative)인 이야기도 할 수 있다.

당신이 공정하다고 믿고 있는 동전 하나를 고르라. 다음 3월 21일에 그 동전을 던진다고 하자. 이제 다음 내기를 생각해보자.

다음 경우 $10를 받는다: (1) 다음 3월 21일 토론토에 눈이 온다.
다음 경우 $10를 받는다: (9) 다음 3월 21일 그 공정한 동전의 첫 번째 던지기에서 앞면이 나온다.

당신이 (1)을 이용해 $10를 받는 것을 선호한다면, 당신은 눈이 온다는 것을 앞면이 나온다는 것보다 더 일어남직하게 생각하는 것이 틀림없다. 당신은 3월 21일 눈이 올 확률이 1/2보다 크다고 평가한다.

당신이 (1)을 이용해 $10를 받는 것을 선호한다고 하자. 그럼 이제 다음 가상의 내기를 생각해보자.

다음 경우 $10를 받는다: (1) 다음 3월 21일 토론토에 눈이 온다.
다음 경우 $10를 받는다: (10) 다음 3월 21일 그 공정한 동전의 첫 두 번 던지기에서 적어도 한 번 앞면이 나온다.

(10)의 확률은 3/4이다. 만약 당신이 (10)을 (1)보다 선호한다면 (1)에 대한 당신의 개인적 확률은 1/2와 3/4 사이에 있다.

만약 당신이 (1)을 (10)보다 선호한다면 3월 21일 눈이 온다는 것에 대한 당신의 개인적 확률은 3/4보다 크다.

만약 당신이 (1)과 (10) 사이에 무차별적이라면 3월 21일 눈이 온다는 것에 대한 당신의 개인적 확률은 약 3/4이다.

세 번 연속 진행된 동전 던지기와 비교하게 되면 당신은 자신의 개인적 확률의 범위를 더 좁힐 수 있다. 혹은 자신의 믿음을 원하는 만큼 섬세하게 보정(calibration)하고자 한다면 당신은 k개의 녹색 공과 $n-k$개의 붉은 공이 들어 있는 항아리를 생각해볼 수도 있다.

이렇게 당신은 자신의 개인적 믿음을 보정하기 위해 인공 무작위 추출기를 이용한 실험을 생각해볼 수 있다.

심지어 언제 당신의 입장에서 동전이 공정하다고 할 수 있는지 설명할 수 있다. 내기에 건 돈과 얻게 될 이익이 같을 때, 당신은 앞면에 거는 것과 뒷면에 거는 것 사이에 무차별적이다.

측정보다 표상

두 번째 사고실험 이후, 우리는 (1)과 (10) 사이에 무차별적인 사람의 개인적 확률은 "약 3/4"이라고 말했다. 정확히 얼마인지는 말할 수 없는가?

없다. 믿음은 정확하게 측정될 수 있는 것이 아니다. 이 방법은 당신의 개인적 믿음의 정도를 소수점 아래 상당히 많은 자리까지 확정할 수 없다. 하지만 당신에게 필요한 만큼은 섬세하게 그 믿음의 정도를 결정할 수는 있다. 예를 들어, 어떤 사람들이 아래 두 개의 내기 중에서 첫 번째 것을 두 번째 것보다 선호한다고 가정해보자.

> 다음 경우 $10를 받는다: (11) 다음 3월 21일 그 공정한 동전의 첫 일곱 번 던지기에서 연달아 일곱 번 앞면이 나온다.
>
> 다음 경우 $10를 받는다: (12) 다음 3월 21일 남부 캘리포니아 콜롬비아에 폭설이 내린다.

그러나 그들은 (12)인 경우 $10를 받는 것을 아래 내기보다 선호한다.

> 다음 경우 $10를 받는다: (13) 다음 3월 21일 그 공정한 동전의 첫 여덟 번 던지기에서 연달아 여덟 번 앞면이 나온다.

그럼 우리는 다음 3월 21일 콜롬비아에 폭설이 내린다는 것에 대한 당신의 개인적 확률 *p*를 다음과 같이 보정할 수 있다.

$$1/256 \leq p \leq 1/128. \text{ 또는 } 0.0039 \leq p \leq 0.0078.$$

여태껏 우리는 이런 수에 대해 별다른 생각이 없었다. 수를 이용해서 개인적 확률을 나타내고자, 즉 표상하고자 한다면, 우리는 그 개인적 확률이 (말하자면) 0.006 "이다"라고 말할 수 있다. 이렇게 할 수 있는 것은 그 믿음의 정도가 측정되었기 때문이 아니다. 그보다, 그 믿음의 정도를 수로 표상하는 것이 편리하다는 것을 알아냈기 때문에 그렇게 말할 수 있는 것이다.

내기

우리 사고실험은 위험을 감수해야 하는 경우를 다루고 있지 않다. 그런 사고실험에서 당신은 아무것도 잃지 않을 것이다. 그러나 이제 약간의 위험을 감수해야 하는 상황을 생각해보자. 이기거나 질 수 있는 내기를 생각해보자.

당신은 거의 모든 것에 대해 내기할 수 있다. 이때 내기들은 적당한 시간에 곧 결판날 것이라고 가정될 수 있어야 한다.

당신과 내가 어떤 사건 혹은 명제 A, 예를 들어 위 (1)부터 (10)의 가능성 중 무엇이 일어나느냐에 대해서 내기한다고 상상해보자.

돈을 이용해 내기한다고 가정하자. (물론, 다른 효용도 괜찮다.)

당신은 A에 찬성하여 $X를 걸고, 나는 A에 반대하여 $Y를 건다.[1]

이것이 의미하는 것은, A가 일어나면, 혹은 A가 참이라고 밝혀지면 당신은 나의 $Y를 차지한다는 것이다.

그러나 A가 일어나지 않으면, 혹은 A가 거짓이라고 밝혀지면 내가 당신의 $X를 차지한다.

이런 내기에서, 두 내깃돈의 합, 즉 $(X+Y)는 **판돈**(stake)이라고 불린다.

---

1 [역자 주] 'A에 찬성하여/반대하여 $X를 건다'는 것은 'bet $X on/against A'를 번역한 것이다. 흔히 'bet $X on A'는 'A에 $X를 건다' 정도로 번역될 수 있다. 하지만 이와 비슷하게 'bet $X against A'를 번역하는 것은 쉽지 않다. 그래서 우리는 (다소 어색하지만) '찬성하여/반대하여'라는 표현을 삽입하였다. 'A에 찬성하여 $X를 건다'는 'A가 거짓이면 $X를 잃는다'를, 'A에 반대하여 $X를 건다'는 'A가 참이면 $X를 잃는다'를 함축한다.

내기 비율

당신과 내가 내기를 하고 있다고 하자. 당신은 3월 21일에 눈이 온다는 것에 걸었다. 나는 그날 눈이 오지 않는다는 것에 걸었다. 당신은 눈이 온다는 것에 찬성하여 $1를 건다. 나는 눈이 온다는 것에 반대하여 $3를 건다.

눈이 오면, 당신은 이익 $3를 포함해 총 $4를 받는다. 그리고 나는 $3를 잃는다.

눈이 오지 않으면, 나는 $4를 받게 되며, 나에게는 $1의 이익이, 당신에게는 $1의 손해가 발생한다.

이런 상황에서, 눈이 온다는 것에 찬성하는 당신의 내기 비율은 1/4이다. 눈이 온다는 것에 반대하는 나의 내기 비율은 3/4이다.

당신의 내기 비율＝(당신의 내깃돈)÷(판돈)

보수

내기를 표현하는 가장 간단한 방법은 보수 행렬(payoff matrix)이라고 불리는 표를 이용하는 것이다. 이 행렬은 판돈이 $S이고 당신의 내기 비율이 p일 때 당신이 얻게 될 보수를 나타낸다.

당신은 A에 찬성하여 pS를 건다.
당신과 반대로 내기하는 누군가가 $S(1-p)=$(S-pS)$를 건다.

왼쪽 열은 내기의 가능한 결과들, 즉 A가 일어난다는 것과 ~A가 일어난다는 것을 나타낸다.

	A에 찬성하는 내기의 보수	A에 반대하는 내기의 보수
A	$(1-p)S$	$-(1-p)S$
~A	$-pS$	pS

앞으로 달러 기호는 보통 생략할 것이다.

세 번째 사고실험

당신을 비롯해 당신 친구 그 누구도 사건 E의 발생 여부를 모른다. 나는 아무 대가 없이 다음 거래를 제안한다. 당신은 둘 중 하나를 선택할 수 있다.

선택지 (E): E가 발생하면 $(1-p)(\$10)$를 얻을 기회.

또는

선택지 (~E): E가 발생하지 않으면 $p(\$10)$를 얻을 기회.

이제 당신은 케이크를 나누어야 한다. p를 결정해야 한다는 말이다. 당신의 선택 뒤, 당신 친구가 선택지 (E)와 선택지 (~E) 중 하나를 선택한다. 당신의 입장에서 p가 공정한 내기 비율이라면 두 선택지 중 그 어떤 것도 다른 것보다 더 유리하지 않다.

p를 선택한 이후 선택지 (E)를 선택지 (~E)보다 선호할 만하다고 생각한다면, 당신은 p를 높여야 한다.

이것은 우리의 개인적 확률 보정 기술을 일반화한 것일 뿐이다.

공정한 내기 비율

위 두 선택지 중 하나를 고를 때 당신은 어떤 위험도 감수하지 않았다. 하지만 이는 다른 내기 참여자에게도 마찬가지다. 판돈이 $10라고 하자. 만약 당신의 입장에서 p가 E에 찬성하는 내기의 공정한 비율이라면 당신은 다음 둘 사이에서 무차별적일 것이다.

• p의 비율로 E에 찬성하는 내기: 위 선택지 (E)처럼, E가 발생하면 $(1-p)$ $(\$10)$를 얻는다.
• $(1-p)$의 비율로 E에 반대하는 내기: 위 선택지 (~E)처럼, E가 발생하지 않으면 $p(\$10)$를 얻는다.

만약 당신이 p라는 내기 비율이 공정하다고 생각한다면, 당신은 한 방식, 즉 p의 비율로 E에 찬성하는 방식으로 내기하는 것이 다른 방식, 즉 $(1-p)$의 비율로

E에 반대하는 방식으로 내기하는 것보다 유리하다고 생각하지 않는다.

간단히 말하자면, 다음과 같다.

E에 반대하는 내기의 공정한 비율은 E에 찬성하는 내기의
공정한 비율과 정반대이다.

실제 내기는 이렇지 않다

내기꾼들은 내기를 통해 이익을 보려고 한다. 그들은 E가 발생했을 때 $3를 얻기 위해서 $1를 내는 일, 그리고 E가 발생하지 않을 때 $1를 얻기 위해서 $3를 내는 일 따위는 하지 않는다. 그들은 우위를 점하길 원한다.

그래서 ~E가 E보다 세 배 더 일어남직하다고 생각하는 내기꾼이 $1를 내는 것은 E가 발생했을 때 $3보다 더 받기 위해서다. 그가 $(3+x)를 얻기 바란다. 그럼 E에 찬성하는 그의 내기 비율은 $1/(1+3+x)$가 된다. 내기꾼이 이런 내기 비율을 원하는 것은 이 비율이 자신에게 더 유리하다고 생각하기 때문이다. 그는 자신에게 유리하게 "불공정한" 내기를 원한다.

한편 E에 반대하여 $3를 건 내기꾼은 $1보다 더 얻길 원한다. 그가 $3를 낸 것은 E가 발생하지 않았을 때 $(1+x)를 얻기 위해서다. 그럼 E에 반대하는 그의 내기 비율은 $3/(1+3+x)$이 된다.

만약 당신이 도박업자에게 찾아가 다음 아메리카스컵 대형 요트 챌린지 레이스에 대한 내기를 문의한다면, 다음 명제에 대한 내기 비율을 받을 수 있다.

호주 요트팀은 다음 아메리카스컵에서 우승한다.
호주 요트팀은 다음 아메리카스컵에서 우승하지 않는다.

도박업자가 제시한 두 비율을 합해도 1이 되지 않는다는 것은 확실하다!

공정하다는 것은 어떤 우위도 없다는 것

우리는 경주장에 가지 않을 것이다. 우리가 사고실험을 하는 것은 우리 자신의 믿음의 정도를 표상하는 방법을 찾기 위해서다. 여기엔 어떤 "우위"도 없다. 어

떤 사람의 개인적 내기 비율 p가 공정하다는 것은, p의 비율로 E에 찬성하여 내기하는 것과 $(1-p)$의 비율로 E에 반대하여 내기하는 것 중 그 어떤 것도 다른 것보다 그에게 유리하지 않다는 것이다.

배당률

도박사들이 다루는 것은 내기 비율이 아니라, (어떤 일이 발생한다는 것에 대한) 배당률(odds against)이다.

당신은 $3의 이익을 바라면서 $1를 건다고 해보자. 이 경우, 도박사들은 당신이 이기는 것에 대한 배당률은 3대 1이라고 말한다.[2]

내기 비율은 걸린 전체 금액 대비 당신이 건 금액의 비율, 즉 $1/4 = 1/(1+3)$이다. 따라서 E에 대한 배당률(the odds against E)이 $y:x$라면 E에 찬성하는 내기 비율(the betting rate on E)은 $x/(x+y)$가 된다.

내기 비율과 배당률은 같은 기본 개념을 표현하는 두 가지 방법이다. 우리는 여기서 내기 비율을 사용할 것이다. 그 이유는 내기 비율이 확률과 좀 더 비슷하기 때문이다.

더욱이, 도박사들은 화려한 말로 환상을 만들어내길 좋아한다. 예를 들어, (미식) 축구에 대한 내기는 (반반의 배당률을 사용하는) 포인트 스프레즈(point spreads)나 머니-라인 베팅(money-line betting) 중 하나로 진행된다. 머니-라인 베팅에서 당신은 배당률을 "제시"하거나, 배당률을 "수용"해야 한다. 이런 표현에 익숙한 사람에게 이 방식은 매우 단순해 보일 것이다. 하지만 우리 대부분에게 이런 말은 무척 어렵게 느껴진다. 그래서 우리는 단 한 가지 개념, 즉 내기

---

2 [역자 주] '배당률'은 'odds (against)'의 번역이다. 배당률의 사전적 의미는 '불입한 금액에 대한 배당금의 비율'이다. 이 사전적 의미에서 '불입한 금액'은 내기에 건 돈을 의미하고, 배당금은 '얻게 될 이익'에 대응한다. 이런 점에서 '배당률'은 'odds (against)'의 의미를 비교적 분명하게 포착하고 있는 듯하다. 이 odds는 probability와 밀접한 관련이 있다. 가령, 명제 A의 probability를 Pr(A)라고 하자. 그럼 'odds against A'는 $Pr(\sim A):Pr(A)$가 된다. 여기서 독자는 odds가 들어간 표현의 의미가 그 뒤에 나오는 for(on)/against 따위의 전치사에 민감하다는 것을 주의해야 한다. 방금 말했듯이 'odds against A'는 $Pr(\sim A):Pr(A)$와 같다. 하지만 'odds for A'는 $Pr(A):Pr(\sim A)$와 같다. 위에서 설명했듯이 'A에 대한 배당률'이란 표현은 'odds against A'를 뜻한다. 이렇게 odds와 probability는 분명히 다른 의미를 가지고 있음에도, 일상적인 맥락에서는 정확히 구분되지 않고 사용되는 경우들이 있다. 우리는 그 둘 사이의 의미 차이가 중요하지 않은 맥락에서는, 글의 매끄러움을 위해 odds를 공산, 승률 따위로 번역했다.

비율이라는 개념만을 사용할 것이다.

조건부 내기

내기 비율은 개인적 확률에 대응한다. 조건부 확률은 어떤가? 우리에겐 조건부 내기라는 개념이 필요하다.

조건부 내기는 특정 조건 아래에서 진행되는 내기이다. 해당 조건이 성립하지 않게 된다면 내기는 취소된다.

사례:

아이스하키팀 토론토 메이플 리프스가 스탠리컵 결승에 올라간다는 조건 아래에서, 그 팀이 우승한다는 것에 대한 내기.

3월 21일 밤 토론토 공항 기온이 0℃ 아래로 내려간다는 조건 아래에서, 그 날 토론토에 눈이 온다는 것에 대한 내기.

당신이 특정 종교의 관습을 따른다는 조건 아래에서, 당신이 천국에 간다는 것에 대한 내기.

인간 게놈 프로젝트가 성공하는 경우에, 10년 안에 유전병 치료에 근본적인 돌파구가 마련된다는 것에 대한 내기.

날씨 이야기를 계속하자. 영하의 기온이라는 조건 아래, 눈이 온다는 것에 대해서 당신은 일정 금액, 말하자면, $1를 건다. 그리고 나는 그렇지 않다는 것에 대해서 $2를 건다. 그럼 판돈은 $3가 된다.

영상의 기온이 유지된다면 내기는 취소된다. 이때는 이긴 사람도 진 사람도 없다.

기온이 영하로 떨어진다면, 내기는 진행된다. 그리고 (눈이 와서) 당신이 $2의 순이익을 얻거나, (눈이 오지 않아) 내가 $1의 순이익을 얻는다.

조건부 내기 비율

조건부 내기 비율은 보통의 내기 비율과 비슷하다.

B라는 조건 아래에서 A에 찬성하는 당신의 내기 비율은 다음과 같다.

(당신의 조건부 내깃돈)÷(판돈).

위 사례에서

당신의 조건부 내깃돈은 $1였다.
나의 조건부 내깃돈은 $2였다.

판돈은 $3였다.

당신의 조건부 내기 비율은 1/3이었다.
나의 조건부 내기 비율은 2/3이었다.

일반적으로 말하자면,

판돈이 $S이고 당신이 p의 비율로 'B라는 조건 아래에서 A에 찬성'하여 내기한다면, 당신은 $pS를 걸며,

B가 발생하지 않으면, 내기는 취소된다.
B와 A가 발생하면, 당신은 $$(1-p)$S를 얻는다.
B가 발생하지만 A는 발생하지 않으면, 당신은 $pS를 잃는다.

마찬가지로 B가 주어졌을 때 A에 찬성하는 당신의 내기 비율이 p일 때, 당신이 B라는 조건 아래에서 A에 반대하여 내기한다면, 당신은 $$(1-p)$S를 걸며,

B가 발생하지 않으면, 내기는 취소된다.
B와 A가 발생하면, 당신은 $$(1-p)$S를 잃는다.
B는 발생하지만 A는 발생하지 않으면, 당신은 $pS를 얻는다.

조건부 보수 행렬

다음은 달러 기호를 생략하고 작성된 조건부 내기의 보수 행렬이다. 이 행렬에서 B가 주어졌을 때 A에 찬성하는 내기 비율은 p이며, 걸린 총 금액, 즉 판돈은

S이다.

	B가 주어졌을 때, A에 찬성하는 내기의 보수	B가 주어졌을 때, A에 반대하는 내기의 보수
A&B	$(1-p)$S	$-(1-p)$S
$(\sim$A$)$&B	$-p$S	pS
$\sim$B	0	0

논증

베이즈주의 프로그램은 세 단계로 구성된다. 우리가 이 장에서 다룬 것은 그 첫 번째 단계이다. 14장과 15장 각각에서 두 번째 단계와 세 번째 단계가 설명될 것이다.

첫 번째 단계(이번 장)에서 당신은 자신의 개인적 믿음의 정도를 내기 비율로 표상한다.

두 번째 단계(14장)에서 엄격한 논증 하나를 살펴본다.

세 번째 단계(15장)에서 첫 두 단계의 간단한 논리적 귀결을 확인할 수 있을 것이다.

어떤 의미에서 가장 어려운 부분은 15장이다. 왜냐하면, 그 장에 아주 정밀한 논증이 포함되었기 때문이다. 하지만 또 다른 의미에서 생각해보면 이번 장이 가장 어려운 부분이라 할 수도 있다. 각 단계는 첫 단계로부터 꽤 자연스레 따라 나오는, 그럴듯한 귀결일 뿐이기 때문이다. 당신은 이 모든 것이 속임수 같다는 느낌을 받을 수도 있다! 하지만 정말로 흥미로운 것은, 이 논증의 여러 다른 형태, 즉 우리 것보다 훨씬 미묘하지만, 여전히 같은 결론을 도출하는 여러 논증 형태가 있다는 것이다.

연습문제

1 **핵 발전**. 당신은 다음 도박을 제안받았다. 이 도박에 참여하기 위해서는 어떤 비용도 들지 않는다. 만일

(a)   상용 핵융합에너지가 21세기 말 무렵에 이용 가능하게 된다면, $100를 받는다.

또는

앞면이 나올 확률이 p인 동전을 던져 앞면이 나오면 $100를 받는다.

당신의 (a)에 대한 개인적 확률을 보정하기 위해 위 내기를 실제로 활용할 수 있을까?

다음 (b)에 대한 개인적 확률을 보정하기 위해서 비슷한 도박을 이용할 수 있을까? 만일

(b) 북미에서 핵에너지가 2년 안에 사라진다면, $100를 받는다.

2 **초코홀릭**. 앨리스는 초콜릿을 좋아한다. 그에게 맛 좋은 초콜릿 한 상자는 굉장한 선물이다. 그는 병원 대기실에 앉아 있다. 그는 그 초콜릿 한 상자를 상금으로 삼아 다음 가능성에 대한 자신의 믿음을 실제로 보정할 수 있을까?

(a) 의사는 엘리스에게 곧바로 체중 감량 프로그램을 시작하라고 말할 것이다.

(b) 의사는 엘리스에게 신진대사 능력이 괜찮아 원하는 것은 무엇이든 먹어도 좋다고 말할 것이다.

3 **지적 외계인**. 1996년 여름, 화성 운석에서 "생명"의 증거가 발견되었다는 발표 이후, 래드브로크스라는 대형 도박업체는 "내년에 지적인 외계 생명체가 발견된다는 것의 배당률을 250-대-1에서 50-대-1로 줄였다. 참여자들은 UN이 지구와 소통할 수 있는 능력을 가진 외계 생명체의 존재를 확인해주는 경우에 이길 수 있다."

(a) 위 상황은 내기들이 "금방 결판" 나야 한다는 조건을 만족하는가?

(b) 지적 외계 생명체가 1년 안에 확인된다는 것에 대한 배당률이 50-대-1이라는 것은 해당 내기 비율이 1/51이라는 것과 같은 말이다. 당신은 래드브로크스에 $1를 지불하고, 당신이 이기면 그 업체는 당신에게 $51를 돌려 줄 것이다. (그럼 당신은 $50의 순이익을 본다.) 배당률만 같다면 래드브로크스는 어떤 형태의 내기도 허용한다고 가정하자. 당신은 지적 외계 생명체의 존재가 확인되지 않는다는 것에 $50를 걸 수 있다. 이 경우, 당신이 이긴다면 $1의 순이익을 보게 된다. 외계인광(外界人狂) 이외에 그 누구도 12개월 안에 UN에 의해 지적 외계 생명체의 존재가 증빙되는 일은 일어남직하다고 믿지 않는다. 많은 사람은 회의적인 스컬리에 동의하여, UN이 지적 외계 생명체를 확인해주지 않는다는 것에 대한 자신들의 내기 비율은 999/1,000 정도라고 말할 것이다. 스컬리는 내기 정산만 곧바로 이루어진다면 $1를 받기 위해 지금 당장 $999라도 걸 수 있다고 말한다. $50만 걸면 스컬리는 $1를 얻을 수 있다. 그런데 합리적인 스컬리는 어떤 돈도 걸지 않았다. 왜 그랬을까?

4 **내기**. 나는 당신이 이 수업에서 A를 받는다는 것에 $9를 건다. 당신은 반대로 건다. 판돈은 모두 $12이다. 당신은 얼마나 많이 걸었나? A를 받는다는 것에 반대하는 당신의 내기 비율은 얼마인가?

5 **판돈 올리기**. 이제 내기 비율은 동일하지만, 총 판돈은 $100라고 하자. 당신은 A를 받는다는 것에 반대하여 내기한다. A를 받는다면 당신의 "보수"는 얼마가 되는가?

6 **공정한 내기**. 당신은 자신이 A를 받는다는 것에 찬성하는 내기의 공정한 비율이 1/4 이라고 생각한다고 하자. 그럼 당신은 자신이 A를 받는다는 것에 반대하는 내기의 공정한 비율은 얼마라고 생각하는가?

7 **추가 시험**. 시험을 자주 보는 대형 강의가 있다. 이 강의는 병결로 시험을 보지 못한 학생에게 추가 시험 기회를 제공한다.

　　주변에 알아본 결과 당신은 추가 시험이 일반 시험보다 더 어렵다는 소리를 들었다.

　　다음 시험에서 최소한 B를 받는다는 것에 대한 당신 자신의 개인적 내기 비율은 얼마일 수 있을까?

　　병결 때문에 추가 시험을 본다는 조건 아래에서 최소한 B는 받는다는 것에 대한 당신의 내기 비율은 얼마일까?

　　판돈이 $10라고 가정하라. 그리고 해당 조건부 내기에 대한 보수 행렬을 그려라.

8 **정반대는 "아니지만"**. 우리는 E에 찬성하는 내기에 대한 당신의 공정한 개인적 내기 비율이 p라면 ~E에 찬성하는 내기에 대한 당신의 내기 비율은 $1-p$이어야 한다고 말했다. 일반적으로 당신이 E를 ~E로 바꾸면, 당신의 내기는 "정반대"가 된다. 다음은 이와 관련된 몇 가지 연습문제이다. (1)과 (2)를 임의의 사건(혹은 명제)이라고 하자. 그리고 당신은 "(1)이 일어나면 $10를 받는다"를 "(2)가 일어나면 $10를 받는다"보다 선호한다고 하자. 그럼 당신은 "(1)이 일어나지 않으면 $10를 받는다"와 "(2)가 일어나지 않으면 $10를 받는다" 중에서 무엇을 더 선호하는가?

복습을 위한 핵심 단어

사고실험   내기 비율

믿음의 정도   조건부 내기

판돈   조건부 내기 비율

수에 의한 표상   "공정한" 내기 비율

14 정합성

일관적인 내기 비율은 기본 확률 규칙을 만족해야 한다. 이런 의미의 일관성은 정합성이라 불린다.

개인적 확률과 내기 비율, 모두 매우 좋다. 그러나 여태껏 그것에 관한 어떤 구조도, 어떤 규칙도 제시되지 않았다. 사실상 별다른 의미도 설명되지 않았다. 이제 우리는 내기 비율이 기본 확률 규칙을 만족해야 한다는 것을 논증할 것이다. 13장에서 우리는 이미 세 가지 사고실험을 다루었다. 여기에 사고실험 두 개가 추가된다.

네 번째 사고실험: 내기 비율의 집합
일군의 믿음은 내기 비율의 집합으로 나타낼 수 있다.

당신 자신의 내기 비율의 집합을 공시하라. 그 집합에 등장하는 명제 A, B, ⋯, K 각각에 대한 내기 비율로 당신은 p_a, p_b, p_c, ⋯, p_k를 제시한다.

가령, 당신은 이 가상의 게임에서 다음과 같이 내기할 준비가 되어 있다고 하자.

p_a의 비율로 A에 찬성하는 내기, 또는
$(1-p_a)$의 비율로 A에 반대하는 내기.

다섯 번째 사고실험: 단순 비일관성

위의 것들은 개인적 내기 비율이다. 그렇다면, 자기가 원하는 것은 무엇이든 내기 비율로 선택할 수 있는 것 아닌가?

물론이다. 하지만 그런 선택은 비일관적일 수 있다.

예를 들어, 당신은 단 두 개의 가능성, 즉 B와 ~B에만 관심을 두고 있다고 해보자. (여기서 B는 "Below zero"(영하)를 알파벳으로 축약한 것이다.)

B: 3월 21일 밤, 토론토 국제공항 기상 관측소 기온은 0℃ 아래로 떨어질 것이다.
~B: 3월 21일 밤, 토론토 국제공항 기상 관측소 기온은 0℃ 아래로 떨어지지 않을 것이다.

이제 사고실험을 해보자. 당신은 우울하다. B에 의해 당신은 겨울을 떠올린다. 겨울이 끝나지 않는구나. 당신은 그런 일이 벌어지는 것이 추위가 사라지는 것보다 더 일어남직하다고 생각한다. 당신은 다음과 같이 내기 비율을 공시한다.

(1) B에 찬성하는 당신의 내기 비율: 5/8.

다른 사고실험도 해보자. ~B에 대해 생각하는 것은 당신의 기분을 좋게 만든다. 봄이 멀지 않았구나. 당신은 다음과 같은 내기 비율을 공시한다.

(2) ~B에 찬성하는 당신의 내기 비율: 3/4. 그러므로 ~B에 반대하는 당신의 내기 비율은 (1-3/4)=1/4이다. 이는 B에 찬성하는 내기 비율이 1/4이라는 것과 같다.

이 두 개의 평가는 일관되지 않다.

이제 비일관적인 내기 비율이라는 개념을 일반화시켜보자.

손실-확정 계약

내기 계약이란, 합의된 내기 비율을 이용해 하나의 내기 혹은 일군의 내기를 진행하는 것에 관한 계약을 말한다.

내기업자(bookmaker)란 내기 계약을 제시하는 사람이다. 당신이 이기게 되면 그는 당신에게 상금을 준다. 당신이 지게 되면 그는 당신의 돈을 가져간다.

영리한 내기업자 슬라이는 날씨에 관한 당신의 내기 비율 (1)과 (2)를 살펴보고 있다. 그는 당신의 비율에 맞춰 계약을 하나 제안한다. 그렇다면 그 계약은 공정하다고 할 수 있다! 그러나 **슬라이**는 어떤 식으로 내기할지 선택할 수 있다. 이 역시 공정하다! 그러나 당신의 내기 비율은 당신에게 나쁜 소식을 전할 것이다.

"공시된 당신의 내기 비율 (1)에 맞춰 당신은 B에 **찬성하여** $5를 겁니다."라고 슬라이가 말한다.

당신은 $5를 걸고, 슬라이는 (B에 반대하여) $3를 건다는 것이다. 3월 21일 기온이 영하로 내려간다면 당신은 $3를 얻는다. 그렇지 않으면 $5를 잃는다.

"그리고 공시된 당신의 내기 비율 (2)에 맞춰 당신은 ~B에 **찬성하여** $6를 겁니다."라고 슬라이가 말한다. 그럼 당신은 $6를 걸고, 슬라이는 (~B에 반대하여) $2를 건다. 3월 21일 기온이 영하로 내려가지 않으면 당신은 $2를 얻는다. 그렇지 않으면 $6를 잃는다.

당신은 곤경에 처한다. 아래 표를 보라. 당신의 이익과 손실 각각은 더하기 기호와 빼기 기호로 표시되었다.

	B에 찬성하는 내기	B에 반대하는 내기	보수
영하	+$3	-$6	-$3
영하 아님	-$5	+$2	-$3

3월 21일 무슨 일이 벌어지더라도 상관없이 당신은 $3를 잃게 될 것이다.
이것은 손실-확정 계약(sure-loss contract)이라 불린다.

> 어떤 사람 X에 대한 **손실-확정 계약**이란, X의 내기 비율로 이루어진 X와의 계약이자, 무슨 일이 벌어지더라도 X가 손실을 보게 되는 계약을 말한다.

손실-확정 계약의 여지가 있는 내기 비율을 공시하는 것은 바보 같은 일일 것이다. 이것은 논리적 실수이다. 당신의 내기 비율은 내적으로 일관적이지 않다. 연역논리에서 "비일관성"이라는 말은 표준적인 의미를 지니고 있다. 이와 구분하여, 귀납논리에서는 이런 종류의 잘못을 비정합성(incoherence)이라고 부른다.

내기 비율들의 집합이 손실-확정 계약의 여지가 없는 경우에, 그리고 그런 경우에만 해당 집합은 **정합적**(coherence)이다.

이제 곧 우리는 주목할 만한 다음 사실을 증명할 것이다.

내기 비율들의 집합이 기본 확률 규칙을 만족하는 경우에, 그리고 그런 경우에만 해당 집합은 정합적이다.

논증 3단계

1 개인적 확률은 내기 비율로 표상될 수 있다. (13장을 보라.)
2 개인적 내기 비율은 정합적이어야 한다.
3 내기 비율들의 집합이 기본 확률 규칙을 만족하는 경우에, 그리고 그런 경우에만 해당 집합은 정합적이다.

그러므로,

개인적 믿음의 정도는 기본 확률 규칙을 만족해야 한다.

이제 각 기본 규칙에 대해서 위 논증이 성립하는지 점검해보자.

정규성

$0 \leq$ (A에 찬성하는 내기 비율) ≤ 1이어야 한다.

  이것이 성립해야 하는 이유는 내기 비율은 0과 1 사이에 있는 분수로 정의되기 때문이다.

확실성

Pr(Ω)=1이어야 한다. 이것은 어떤 확실한 것의 확률은 1이어야 한다는 것이다.

A가 확실히 참, 또는 일어날 수밖에 없다고 하자. 그러나, A에 찬성하는 당신의 내기 비율이 $p<1$라고 하자. 그럼 슬라이는 당신에게 $1-p$의 비율로 A에 반대하여 내기하라고 요청할 것이다. 만약 판돈이 $1이면 당신은 $(1-p)$를 잃을 수밖에 없다.

가법성

가법성 규칙은 서로 배타적인 사건에 적용된다는 것을 기억하라. A와 B가 서로 배타적이라고 하자. 가법성에 따르면 다음이 성립해야 한다.

> A∨B에 찬성하는 내기 비율=A에 찬성하는 내기 비율+B에 찬성하는 내기 비율

또 다른 인물, 힐러리가 이 규칙을 만족하지 않는 내기 비율을 제시했다고 해보자. 힐러리가 공시한 내기 비율은 다음과 같다.

> A에 찬성하는 내기 비율: p.
> B에 찬성하는 내기 비율: q.
> A∨B에 찬성하는 내기 비율: r.

그리고, $r<p+q$이어서 가법성 규칙이 위반되었다고 하자.

슬라이는 힐러리에게 세 개의 내기를 공시된 비율대로 할 것을 요청한다. 그의 작전은 힐러리의 내기 비율 모두를 포함한 계약을 진행하는 것이다. 각 내기의 판돈은 $1이다.

> 내기 (i).   A에 찬성하여 p를 걸라. 그럼 힐러리는 A가 참이면 $(1-p)$를 얻고, A가 참이 아니면 p를 잃는다.
> 내기 (ii). B에 찬성하여 q를 걸라. 그럼 힐러리는 B가 참이면 $(1-q)$를 얻고, B가 참이 아니면 q를 잃는다.

　　내기 (iii). A∨B에 반대하여 \$(1−r)를 걸라. 그럼 힐러리는 (A∨B)가 거
　　　　　　짓이면, 다시 말해 A와 B 모두 참이 아니라면 \$r을 얻고 그중
　　　　　　하나가 참이면 \$(1−r)을 잃는다.

이들은 모두 \$1를 판돈으로 하는 "단위" 내기이다. 좀 더 실제와 맞게 만들려면, 판돈을, 가령 \$100 정도로 만들면 된다. 그럼, 예를 들어 $p=0.3$인 경우, 힐러리는 \$70를 받기 위해서 \$30를 걸게 된다.

　　A와 B가 서로 배타적이기 때문에, 그중 하나는 참일 수 있지만 둘 다 참일 수는 없다. 다음은 힐러리의 보수 행렬이다. 여기서 달러 기호는 생략되었다.

	(i)에 대한 보수	(ii)에 대한 보수	(iii)에 대한 보수	보수
A&(~B)	$1-p$	$-q$	$-(1-r)$	$r-p-q$
(~A)&B	$-p$	$1-q$	$-(1-r)$	$r-p-q$
(~A)&(~B)	$-p$	$-q$	r	$r-p-q$

$r<p+q$라면, $r-(p+q)$는 음수이다. 따라서 힐러리는 무슨 일이 벌어지더라도 상관없이 \$[r-(p+q)]라는 손해를 본다.

　　$r>p+q$라면, 슬라이는 힐러리에게 공시된 내기 비율과 동일하게, 하지만 반대 방향으로 내기를 하자고 요청한다. 힐러리는 A에 반대하여 $1-p$를, B에 반대하여 $1-q$를, A∨B에 찬성하여 r을 걸 것을 요청받는다. 이때 내기 비율은 앞에 내기 비율과 같다. 그럼, 그의 손익, 즉 힐러리의 손실액은 무슨 일이 일어나더라도 상관없이 \$[r-(p+q)]가 될 것이다.

　　그러므로, 정합적인 내기 비율은 반드시 가법적이어야 한다. 또한, 우리는 위 표를 이용해 해당 내기 비율들이 가법적이라면, 즉 $r=p+q$라면, A, B, A∨B가 포함된 어떤 손실-확정 계약도 만들 수 없다는 것을 보일 수 있다.

　　지금껏 우리는 정규성, 확실성, 가법성을 위한 규칙들을 점검했다.

내기 비율의 집합이 정합적이기 위한 필요충분조건은 그 집합이 기본 확률 규칙을 만족하는 것이다.

조건부 손실-확정 계약

조건부 내기는 어떨까?

B라는 조건 아래에서 A에 찬성하는 내기는, B가 일어나지 않으면 취소된다. 그러므로 조건부 내기에 대해서는, 보장된 손실-확정 계약이 있을 수 없다. B가 일어나지 않으면 그 누구도 이기거나 지지 않기 때문이다.

그 대신, 우리는 조건부 손실-확정 계약을 만들 수는 있다. B가 일어날 때는 언제나 손실이 발생하는 경우에, 그리고 그런 경우에만 해당 계약을 B 조건부 손실-확정 계약이라고 부르자.

우리는 정합성이라는 개념을 확장할 수 있다. 내기 비율의 집합이 조건부 손실-확정 계약의 여지가 없는 경우에, 그리고 그런 경우에만 해당 집합은 B에 조건부로 정합적이다.

조건부 정합성

우리가 이제 보여야 할 것은, 조건부 내기가 기본 확률 규칙과 조건부 확률의 정의를 만족하는 경우에 그리고 그런 경우에만 그 내기는 조건부 손실-확정 계약을 피할 수 있다는 것이다. 즉 우리는 B에 찬성하는 내기 비율이 0이 아닐 때 다음이 성립해야 한다고 요구한다.

B라는 조건 아래에서 A에 찬성하는 내기 비율
  =[A&B에 찬성하는 내기 비율]÷[B에 찬성하는 내기 비율].

위 내용에 관한 증명은 앞에서 다룬 세 개의 기본 규칙에 대한 증명보다 어렵다. 힐러리가 다음 내기 비율을 공시했다고 하자.

A&B에 찬성하는 내기 비율: q.
B에 찬성하는 내기 비율: $r > 0$.
B라는 조건 아래에서 A에 찬성하는 내기 비율: p.

앞과는 달리, 여기서 내기업자 슬라이가 제시하는 각 내기의 판돈은 $1가 아니다. 대신 그는 각 내기 비율로부터 만들어진 값을 판돈으로 삼는다.

슬라이는 힐러리에게 다음 세 개의 내기를 하라고 요청한다. 이 내기는 공시된 힐러리의 내기 비율을 이용한 것이다.

(i) A&B에 찬성하여 $qr를 걸라. 그럼 A와 B가 모두 참이면 $(1-q)r를 얻
으며, 이 내기의 판돈은 $r가 된다.

(ii) B에 반대하여 $(1-r)q를 걸라. 그럼 B가 거짓이면 $rq를 얻으며, 이 내
기의 판돈은 $q가 된다.

(iii) B라는 조건 아래에서 A에 반대하여 $(1-p)r를 걸라. 그럼 A는 거짓이
고 B가 참이면 $pr를 얻으며, 이 내기의 판돈은 (i)과 같이 $r가 된다.

다음은 힐러리의 보수 행렬이다.

	(i)에 대한 보수	(ii)에 대한 보수	(iii)에 대한 보수	보수
A&B	$(1-q)r$	$-(1-r)q$	$-(1-p)r$	$pr-q$
($\sim$A)&B	$-qr$	$-(1-r)q$	pr	$pr-q$
$\sim$B	$-qr$	rq	0	0

그러므로 $p < q/r$이라면 힐러리는 손실을 볼 수밖에 없게 된다.

예를 들어, 힐러리의 내기 비율이 다음과 같다고 하자.

A&B에 찬성하는 내기 비율: 0.6.

B에 찬성하는 내기 비율: 0.8.

B라는 조건 아래에서 A에 찬성하는 내기 비율: 0.5.

슬라이는 힐러리에게 다음과 같이 요구한다.

(i) A&B에 찬성하여 $48를 걸라. A&B가 일어나면 $32를 얻는다.

(ii) B에 반대하여 $12를 걸라. B가 일어나지 않으면 $48를 얻는다.

(iii) B라는 조건 아래에서 A에 반대하여 $48를 걸라. B가 일어나지만 A가
일어나지 않으면 $40를 얻는다.

A와 B가 모두 일어나면, 힐러리는 $20를 잃는다.

B는 일어나지만 A가 일어나지 않으면, 힐러리는 $20를 잃는다.

　　B가 일어나지 않으면 조건부 내기는 취소되고 힐러리는 다른 두 개의 내기 각각에서 \$48를 얻고, \$48를 잃는다. 따라서 순이익은 0이 된다.

한편, $p > q/r$이라면 내기업자 슬라이는 힐러리에게 위 모든 내기를 서로 반대편에서 하라고 요청한다. (그럼 위 표는 슬라이의 보수 행렬이 된다.) 그리고 슬라이는 무슨 일이 일어나더라도 이익을 보게 된다.

　　내기 비율이 조건부 확률의 정의 $(p = q/r)$을 따를 때, 조건부 손실-확정 계약을 만드는 것은 불가능하다.

　　조건부 내기가 포함된 내기 비율의 집합이 정합적이기 위한 필요충분조건은 그 집합이 기본 확률 규칙을 만족하는 것이다.

프랭크 램지와 브루노 드 피네티

개인적 확률에 대한 첫 번째 체계적인 이론은 1926년 F. P. 램지(F. P. Ramsey)가 영국 케임브리지 철학 클럽 발표에서 처음으로 제시했다(245쪽). 그는 당신의 내기 비율이 기본 확률 규칙을 만족하지 않는다면 당신에게는 손실-확정 계약의 여지가 있다고 주장했다. 그러나 그는 개인적 믿음의 정도가 확률 규칙을 만족해야 한다는 것에 관한 훨씬 더 심오한, 그리고 훨씬 더 어려운 논증을 가지고 있었다. 우리는 이 책 전반에 걸쳐 효용이라는 개념을 당연한 것으로 간주했다. 하지만 램지는 확률과 효용이라는 개념을 상호 의존적인 방식으로 발전시켰다. 더욱이 그는 자신의 정의 속에서 돈의 한계효용이 감소하는 것도 허용하였다.[1]

　　1930년, 다른 젊은 학자, 이탈리아 수학자 브루노 드 피네티(Bruno de Finet-

1　[역자 주] 여기서 저자가 언급하는 '훨씬 더 심오한, 그리고 훨씬 더 어려운 논증'은 소위 '표상 정리'(representation theorem)라 불리는 것을 이용한 논증인 듯하다. 램지는 (참고문헌에도 언급된) "Truth and Probability"라는 논문에서, 표상 정리를 이용해 우리 믿음의 정도가 확률적으로 정합적이어야 한다는 것을 옹호한다. 이 논문에서 그가 밝혀낸 것은 대략적으로 다음과 같다. 어떤 행위자의 선호가 어떤 특정한 합리성의 규칙을 만족할 때, 그 행위자의 효용과 믿음의 정도는 수적으로 나타낼 수 있으며 그 믿음의 정도는 기본 확률 규칙을 만족한다.

ti)는 개인적 확률 이론을 독립적으로 개척하였다(245쪽). 그는 "정합성"이라는 단어를 만들어냈으며 손실-확정 논증을 여러모로 잘 활용했다.

언젠가 램지는 손실-확정 계약을 더치 북(Dutch book)이라고 부른 적이 있다. 여기서 "북"(book)은 내기업자에 의해서 만들어진 내기 계약을 가리킨다. 그러나 왜 "더치"(Dutch)인가? 나는 이 말이 당시 영국 대학생들 사이에 퍼진 내기 관련 은어가 아닐까 추측한다. 하지만 잘 모르겠다. 언젠가, 나의 두 네덜란드 학생은 인종적 편견이 담긴 이 말의 기원을 찾으려고 한 적이 있다. 그러나 실패했다. 그럼에도 불구하고 "더치 북"이라는 이름은 이제 귀납논리의 표준 용어가 되었다. 우리는 손실-확정 계약이라고 부르는 것을 선호한다.

연습문제

1 **디오게네스**. 디오게네스는 냉소적인 사람이다. 그는 아이스하키팀 메이플 리프스가 다음 리그에 마지막으로 합류할 것이라고 생각한다. 그 팀이 마지막으로 합류한다(명제 B)에 대한 그의 내기 비율은 0.9이다. 그 팀이 마지막으로 합류하지 않는다(명제 ~B)에 대한 그의 내기 비율은 0.2이다. 디오게네스에 대한 손실-확정 계약을 만들라.

2 **에피쿠로스**. 에피쿠로스는 낙천적이다. 그는 메이플 리프스가 다음 리그에 첫 번째로 합류할 것(명제 T)이라고 생각한다. T에 찬성하는 그의 내기 비율은 0.7이다. ~T에 찬성하는 그의 내기 비율은 0.2이다. 에피쿠로스에 대한 손실-확정 계약을 만들라.

3 **낙천적 신데렐라**. 신데렐라는 무도회장에 있다. 자정 이후에도 무도회장에 남아 있게 되면 그녀의 캐딜락이 호박으로 변할 것이라는 소리를 들었다. 그러나 그녀는 이것의 진위를 의심하고 있다. 그녀는 저녁 11시 59분에 공정한 주사위를 던져 3 또는 4가 나오면 무도회장에 계속 남아 있고, 그렇지 않으면 무도회장을 바로 떠나기로 결심했다.

여기서 그녀가 관심을 둔 가능성에는 다음과 같은 것이 있다.

S: 그녀는 무도회장에 남는다.

P: 그녀의 캐딜락이 호박으로 변한다.

내기 비율로 표상되는 그녀의 개인적 믿음은 다음과 같다.

P&S에 찬성하는 내기 비율: 0.2.

S에 찬성하는 내기 비율: 1/3.

S라는 조건 아래에서 P에 찬성하는 내기 비율: 1/2.

신데렐라에 대한 조건부 손실-확정 계약을 만들라. 이때 당신에게는 $1의 이익이 보장되어야 한다.

4 **염세적인 신데렐라**. P&S에 찬성하는 그녀의 내기 비율은 0.1이다. 이것만 제외하고는 3번 문제와 동일하다.

5 **비밀스런 선물**. 먼 친척이 당신에게 줄 선물이 있다고 말해주었다. 당신은 그 선물이 현금이길, 더 나아가 적어도 $100는 되길 바란다. 당신이 관심을 둔 가능성들은 다음과 같다.

C: 친척의 선물은 현금이다.

H: 친척의 선물은 적어도 $100 이상의 현금이다.

내기 비율로 표상되는 당신의 개인적 믿음의 정도는 다음과 같다.

C&H에 찬성하는 내기 비율: 0.3.

C에 찬성하는 내기 비율: 0.8.

C라는 조건 아래에서 H에 찬성하는 내기 비율: 0.5.

교활한 내기업자가 어떻게 손실-확정 계약을 만들 수 있는지 설명하라. 단, 당신은 언제나 $100의 손실을 봐야 한다. (당신은 이 정도의 현금을 선물로 받아야 한다!)

복습을 위한 핵심 단어

손실-확정 계약	조건부 손실-확정
정합성	조건부 정합성

15 경험으로부터의 학습

개인적 확률의 적용에 있어 핵심적인 것은 베이즈 규칙이다. 이 규칙은 새로운 증거에 따른 믿음의 합리적 변화를 표상하는 한 가지 방법이다.

베이즈 규칙

빈도-유형 확률에 관해 고민하는 사람에게 베이즈 규칙은 별다른 흥미를 끌지 못한다. 이것은 그저 한 가지 규칙일 뿐이다. 130-131쪽에서 우리는 조건부 확률의 정의로부터 몇 줄 되지 않는 추론을 거쳐 이 규칙을 도출했다.

충격 흡수장치, 타란툴라 거미, 유독성 금속에 중독된 아이들, 택시 등과 같은 문제에 관해 이 규칙은 계산을 간단하게 만들어줄 뿐이다. 이게 전부다.

그러나 개인적 확률, 혹은 다른 종류의 믿음-유형 확률에서 베이즈 규칙은 매우 중요하다.

오늘날, 믿음-유형 확률 접근법은 종종 "베이즈주의"(Bayesianism)라고 불린다. 어떤 문제를 베이즈주의식으로 분석하는 통계학자의 이야기를 들었다면, 그 이야기는 이번 장에서 다루게 될 견해의 한 형태를 가리킨다. 개인적 확률부터 논리적 확률까지, 수많은 형태의 베이즈주의가 있다. 독창적인 방식으로 베이즈주의를 연구한 I. J. 굿(I. J. Good)이라는 베이즈주의자의 계산에 따르면, 베이즈주의에는 이론상 46,656개의 형태가 있다.(307쪽)

가설

"가설"은 왠지 전문용어로 보인다. 하지만 일상생활도 가설로 가득 차 있다. 대부분의 결정은 여러 가설에 관한 증거를 비교하는 것에 의존한다.

앨버트는 이 수업을 취소해야 할까? 수강 취소 마감은 내일까지다. 그는 뛰어난 학생이 아니며, 지금껏 성적이 좋지 않았다. 다른 수업과 마찬가지로 이 수업은 점점 더 어려워질까?(가설1) 아니면, 학점을 받을 만한 정도로 현재의 난이도를 유지할까?(가설2)

불법 주차를 할까? 182-183쪽을 다시 보라. 가설은 무엇이었나? 확률은 무엇이었나?

핵 발전 설비에 투자해야 할까? 아니면 개선된 화석연료 오염 물질 처리 장치에 투자해야 할까? 가설은 무엇인가? 이 질문은 조금 더 복잡하다. 왜냐하면, 이 질문에 답하기 위해서 당신은 어떤 가설이 문제가 될지 고려해야 하기 때문이다. 당신은 가설들과 그 가설들에 대한 확률을 만들어낼 수 있는가?

루이스는 약학을 전공하여 약학 학위를 받아야 할까? 한편으로 생각해보자면, 그는 그런 일을 좋아한다. 그는 생화학에 능숙하며, 그의 삼촌은 자신의 약국을 운영하는 성공한 약사이다. 다른 한편, 최근 이 분야에서 꽤 많은 졸업생이 배출되어 공급이 과잉된 상태이다. 가설은 무엇인가? 가설과 그 가설의 확률을 규정할 수 있는가?

가설이 무엇인지 말하기 어려운 경우가 자주 있다. 그러나 가설이 분명할수록 그 가설에 대한 추리도 분명해진다. 가설에 관해 생각하는 한 가지 방법은, 당신이 생각하는 가설의 확률이 무엇인지 묻는 것이다. 때때로 당신의 개인적 확률을 표상하는 수를 사용할 수도 있다.

새로운 증거

어떤 명제에 대한 당신 자신의 개인적 확률은 당신의 배경지식, 믿음, 편견 등에 상대적이다.

그러나 당신은 여기서 멈추지 않는다. 우리는 언제나 새로운 것을 배운다. 당신이 편견에 가득 찬 사람이라면 새로운 증거는 당신이 믿고 있는 것, 그리고 당신의 개인적 확률에 어떤 영향도 주지 못할 것이다.

이런 점은 방금 제시된 사례들을 통해 확인할 수 있다. 앨버트는 그 교수의 수업이 언제나 끝으로 갈수록 어려워진다는 것을 들었을 수도 있다.

당신은 주차관리원이 지난밤 거리를 순찰했으며 연속으로 이틀 모두 순찰하는 경우는 거의 없다는 것을 배운다.

환경이나 에너지 분야에서 일하여 핵 발전과 화석연료 간 차이에 관심을 가진 연구원들은 매일매일 새로운 정보를 얻는다. 그들의 확률에는 그 정보가 포함되어 있을 것이다.

루이스는 약학 학위에 대해서 고민하고 있었다. 그는 예산이 삭감되어 약학에 투입되는 공적 자금이 줄어들 것이며, 비싼 약을 너무 많이 처방하는 의사는 처벌받게 된다는 것을 배운다. 그럼, 매출은 줄어들고 제약 산업은 위축될지 모른다.

확률에 관한 판단은 시시때때로 수정 혹은 갱신되어야 할 것이다. 이런 수정 혹은 갱신 방법에 관한 규칙이 있을까? 베이즈주의자들은 그렇다고 말한다.

베이즈주의자의 착상

베이즈 규칙을 다시 생각해보자. 이 규칙은 서로 배타적이고 망라적인 가설(H_I)들의 집합에 적용된다. 그런 서로 배타적이고 망라적인 가설들의 집합은 분할(partition)이라고 불린다.

분할 (H_1, H_2, ..., H_n)에 속한 임의의 H_J에 대한 베이즈 규칙은 다음과 같다.

$$Pr(H_J/E) = \frac{Pr(H_J)Pr(E/H_J)}{\Sigma[Pr(H_I)Pr(E/H_I)]}.$$

베이즈주의자의 착상은 E를 새로운 증거, H_I들을 서로 경쟁하는 가설로 생각하자는 것이다. 그럼, 임의의 H_J에 대해서 다음과 같이 생각할 수 있다.

$Pr(H_J)$는 우리가 새로운 증거를 획득하기 전에 가진 초기 확률이며,
E는 새로운 증거이며,
$Pr(H_J/E)$가 이 새로운 증거에 비추어본 우리의 개인적 확률이어야 한다.

이 생각은 경험으로부터의 학습에 관한 것이다. 이제 우리는 왜 정합성이 그토록 중요한지 확인할 수 있다. 우리의 논증은 다음과 같다.

(1) 개인적 확률은 정합적이어야 한다.
(2) 정합적인 개인적 확률은 기본 확률 규칙을 만족한다.
(3) 그러므로 그런 확률은 베이즈 규칙을 만족한다.

(4) 따라서 우리는 그런 확률을 이용해 경험으로부터의 학습을 표상할 수 있다.

사전 확률

수업 포기 여부를 고민하는 게으른 앨버트에서부터 약학 전공 여부를 고민하는 열정적인 루이스에 이르기까지, 각 사례 속에는 몇 가지 가설이 경쟁하고 있다. 당신이 각 가설이 무엇인지 분명하게 생각할 수 있고, 따라서 각 가설을 당신이 현재 가진 배경지식과 믿음에 따라 서로 배타적이고 망라적으로 나열할 수 있다고 해보자. 각 가설을 다음과 같이 나타내자.

$H_1, H_2, \cdots, H_n.$

이제 당신이 이 가설들에 대한 당신의 현재 믿음의 정도를 개인적 확률로 표상한다고 해보자. 그 확률은 당신의 사전 확률(prior probability)이라 불린다. 이 사전 확률은 가설과 주어진 정보에 관해 초기에 고려했던 것을 토대로 만들어진다. 앞의 질문에 대한 답으로 제시한 확률은 모두 사전 확률의 예가 될 수 있다.

그럼, 당신이 다음과 같은 사전 개인적 확률을 가지고 있다고 해보자.

$Pr(H_1), Pr(H_2), \cdots, Pr(H_n).$

사례: 충격 흡수장치(1)

105쪽의 사례를 다시 생각해보자. 어떤 자동차 회사는 지역 생산업체인 볼트와 아크메로부터 충격 흡수장치를 납품받기로 계약하였다. 볼트는 전체 제품의 40%를, 아크메는 60%를 납품한다. 모든 흡수장치는 품질 검사를 받는다. 품질 검사를 통과한 제품은 신뢰할 만하다고 평가받는다.

아크메 제품 중에서 96%가 신뢰할 만한 것으로 검사되었다. 그러나 볼트 생산 공정에는 몇 가지 문제가 있어, 단 72%만 신뢰할 만한 것으로 검사되었다.

충격 흡수장치가 트럭에 실려 입고되었다. 우리는 그 제품이 어떤 회사에서 생산된 것인지 알고 싶어 한다. 가설은 다음과 같다.

$H_1 = A =$ 입고된 제품은 아크메에서 생산된 것이다.

H$_2$=B=입고된 제품은 볼트에서 생산된 것이다.

사전 확률은 다음과 같다.

Pr(H$_1$)=Pr(A)=0.6.   Pr(H$_2$)=Pr(B)=0.4.

가능도

당신은 사전 확률을 가지고 있다. 이제 당신은 어떤 새로운 것, 즉 새로운 증거 E를 배운다. 당신은 E를 고려하여 당신의 믿음의 정도를 수정하려고 한다. 어떻게 수정해야 하는가?

당신은 만약 여러 경쟁 가설 각각이 사실상 참이었다면 E가 얼마나 일어남직한지 생각해볼 수 있다.

다시 말해, 당신은 다음과 같은 당신의 개인적 조건부 확률을 가늠해볼 수 있다.

Pr(E/H$_1$), Pr(E/H$_2$), ⋯, Pr(E/H$_n$).

이 값들은 매우 중요하다. 그렇다면 이들에 이름을 붙이는 것이 편할 것이다. 아마도 20세기의 가장 혁신적인 통계학자였던 R. A. 피셔(369쪽)는 이들을 위한 이름을 하나 정했다. 안타깝게도 그가 제시한 이름은 매우 혼란스럽다.

그는 이 값을 증거 E에 대한 가설 H$_1$, H$_2$, ⋯, H$_n$의 가능도(likelihood)라고 불렀다.

어떤 주어진 가설들의 집합의 각 원소에게 가능도를 할당하는 함수는 가능도 함수라고 불린다.

이 이름은 매우 혼란스럽다. 왜냐하면, 일상 영어의 여러 맥락에서 "probability"(확률)과 "likelihood"(가능도)는 동의어로 쓰이곤 하기 때문이다. 여러 대화 맥락에서 이 둘은 거의 같은 것을 의미한다. 그런데 여기서 피셔는 확률과 구분되는 전문용어로 쓰기 위해서 "likelihood"(가능도)라는 용어를 도입한 것이다.

Pr(E/H$_1$)과 같은 개별 가능도는 당연히 확률이다. 그러나 우리는 분할을 이루는 각 가설에 대한 그런 확률의 집합, 즉 가능도들의 집합은 가법성 규칙을 만족하지 않는다는 것에 주목해야 한다. 어떤 분할 집합에 속한 각 원소의 가능도는 서로 더해도 새로운 가능도가 되지 않는다. 그러나 분할에 속한 각 원소의 확률은 더할 수 있다. 그래서 어떤 분할 속 각 원소의 가능도의 집합은 그 원소의 확률의 집합이 아니다. "가능도"라는 단어의 이런 혼란스러운 사용의 예를 한번 생각해보자.

충격 흡수장치(2)

증거: 입고된 제품 중 무작위로 뽑힌 하나의 충격 흡수장치는 신뢰할 만하다고 검사되었다. 106쪽에서 우리는 이 새로운 증거를 R이라고 했다. 이 R은 신뢰할 만함(reliable)을 가리키는 축약어이다.

$$Pr(E/H_1) = Pr(R/A) = 0.96.$$
$$Pr(E/H_2) = Pr(R/B) = 0.72.$$

이들은 증거 E에 대한 해당 두 가설의 가능도이다. 각 가능도의 합은 1.68이다. 둘을 합한 값은 1이 아니다. (1.68이란 수는 어떤 의미도 가지지 않는다.)

몇몇 증거가 주어졌을 때, 어떤 분할 속 (원소의) 가능도의 집합이 무엇인지는 제대로 정의된다(well-defined). 하지만 그 집합은 같은 증거에 비추어 결정된 분할 속 (원소의) 확률의 집합과는 다르다.

이런 혼란스러운 용어를 사용해야만 하는가? 그렇다. 왜냐하면, 그것은 피셔가 75년 전 즈음에 도입한 이래로 모든 통계학자 사이에 완전히 정착된 용어가 되었기 때문이다.

사후 확률

당신은 새로운 증거에 비추어 사전 확률을 수정하고자 한다. 수정된 확률은 사후 확률(posterior probability)이라고 불린다. 사전(prior)은 이전, 즉 새로운 증거 이전을 의미한다. 사후(posterior)는 이후, 즉 새로운 증거 이후를 말한다. 위 각 가설로 이루어진 분할의 사후 확률은 다음과 같다.

$$Pr(H_1/E), Pr(H_2/E), \cdots, Pr(H_n/E).$$

여기서 베이즈 규칙은 사후 확률, 사전 확률, 가능도를 연결해준다.

$$Pr(H_j/E) = \frac{Pr(H_j)Pr(E/H_j)}{\Sigma[Pr(H_i)Pr(E/H_i)]}.$$

충격 흡수장치(3)

사후 확률은 다음과 같다.

$$Pr(H_1/E) = Pr(A/R). \quad Pr(H_2/E) = Pr(B/R).$$

베이즈 규칙을 적용하면, 입고된 제품이 아크메에서 생산되었는지, 아니면 볼트에서 생산되었는지에 대한 사후 확률을 계산할 수 있다.

$$Pr(H_1/E) = Pr(A/R) = 2/3. \qquad Pr(H_2/E) = Pr(B/R) = 1/3.$$

베이즈 규칙 요약 형태

베이즈 규칙을 다시 보자. 분모는 다음과 같다.

$$\Sigma[Pr(H_i)Pr(E/H_i)].$$

이것은 상수이다. 이 값은 관련 분할에 의해 결정된다. 사실상, 그 값은 $Pr(E)$일 뿐이다. 그러므로 모든 H_j에 대해서,

$Pr(H_j/E)$는 $Pr(H_j) \times Pr(E/H_j)$에 비례한다.

또는 "비례한다"를 간단히 "$\propto$"로 나타낸다면 다음과 같이 말할 수 있다.

사후 확률 $\propto$ 사전 확률 $\times$ 가능도

베이즈 규칙 반복 적용

우리는 가설들로 이루어진 분할에서 정의된 사전 확률에서 출발한다.

이제 우리는 새로운 증거 E를 획득한다. 그리고 베이즈 규칙을 사용하여 사후 확률을 도출한다. 그다음, 이 사후 확률을 해당 분할에 대한 우리의 새로운 개인적 확률로 간주한다.

이제 또 다른 증거 F를 획득한다. 우리는 새로운 개인적 확률을 사전 확률로 사용하여 베이즈 규칙을 이용해 두 번째 사후 확률의 집합을 계산해낸다.

요약해 말하자면 이 과정은 다음과 같다.

H의 첫 번째 사후 확률∝[(H의 사전 확률)×(E에 대한 H의 가능도)].
H의 두 번째 사후 확률∝[(H의 첫 번째 사후 확률)×(F에 대한 H&E의 가능도)].

그럼 n개의 가설로 이루어진 분할 $(H_1, H_2, \cdots, H_n)$이 있다고 하자.

우리는 사전 확률 $\Pr(H_j)$에서 시작한다.

우리가 새로운 증거 E를 배웠을 때, 우리는 첫 번째 사후 확률 $\Pr(H_j/E)$에 관심을 가지게 되고, 그 확률을 베이즈 규칙을 이용해 계산한다.

우리가 추가 증거 F를 얻게 되면, 우리는 두 번째 사후 확률 $\Pr(H_j/E\&F)$에 관심을 가지게 되고, 그 확률을 베이즈 규칙을 이용해 계산한다. 이때 우리는 첫 번째 사후 확률을 사전 확률로 여긴다. 이것이 사전 확률이라는 것은 새로운 증거 F를 기준으로 한 것이다. 이를 통해 우리는 다음과 같이 조건부 형태로 된 베이즈 규칙을 도출할 수 있다.

$$\Pr(H_j/E\&F) = \frac{\Pr(H_j/E)\Pr(F/H_j\&E)}{\Sigma[\Pr(H_i/E)\Pr(F/H_i\&E)]}.$$

충격 흡수장치(4)

우리는 입고된 제품 중 충격 흡수장치 하나를 검사했다. 그 장치는 신뢰할 만하다고 검사되었다. 그것을 증거 E라고 했다. 이제 우리는 두 번째 충격 흡수장치를 무작위로 선택하여 그것을 검사한다. 그것은 신뢰할 만하지 않다고 검사되었다. 이것을 새로운 증거 F라고 하자.

이 표본은 무작위 추출되었고 각 추출 결과는 독립적이다. 따라서,

$$Pr(F/A\&E)=Pr(-R/A)=0.04. \qquad Pr(F/B\&E)=Pr(-R/B)=0.28.$$

E라는 조건 아래에서, 우리의 개인적 확률은 다음과 같았다.

$$Pr(A/E)=2/3. \qquad Pr(B/E)=1/3.$$

베이즈 규칙을 적용하면, 다음이 성립한다.

$$Pr(A/E\&F)=\frac{Pr(A/E)Pr(F/A\&E)}{Pr(A/E)Pr(F/A\&E)+Pr(B/E)Pr(F/B\&E)}.$$

그럼, $Pr(A/E\&F)=2/9$가 된다.

충격 흡수장치(5)

베이즈 규칙을 적용하는 데 있어 증거 획득 순서는 중요한가? 첫 번째 충격 흡수장치가 신뢰할 만하지 않다고 검사되었고 두 번째 장치는 신뢰할 만하다고 검사되었다면, 결과가 달라졌을까? 베이즈 규칙에 따르면, 그렇지 않다.

　무작위로 추출된 충격 흡수장치가 신뢰할 만하지 않다는 것, 즉 F를 첫 번째로 얻었다고 해보자. 그럼 우리는 다음과 같이 계산했을 것이다.

$$Pr(A/F)=3/17. \qquad Pr(B/F)=14/17.$$

이 상태에서, 베이즈 규칙을 다시 적용해 계산하면 다음이 성립하게 된다.

$$Pr(A/E\&F)=2/9.$$

순서 뒤집힘

위 결과는 베이즈 규칙이 가진 일반적이고 아주 깔끔한 특징 하나를 드러낸다. 그것은 바로 우리가 일련의 증거를 획득하는 순서는 최종 사후 확률에 어떤 차이를 만들어내지 못한다는 것이다.

사례: 맹장염

충격 흡수장치 사례에서 사전 확률과 가능도는 빈도와 관련된 객관적인 사실에 의해서 주어졌다. 그 빈도 관련 사실은 충격 흡수장치를 공급하는 두 업체에 관한 것이었다. 이 교과서에 주어진 정보를 들은 사람이라면, 누구나 같은 결론에 이를 것이다. 이제 조금 더 개인적인 확률을 생각해보자.

어떤 사람이 맹장염에 걸렸을 확률에 관해 이야기해보자.

단계1: 최초 사전 확률

여기 대도시 사람들의 전화번호가 나열된 책자가 있다. 이 전화번호부에 등록된 이름 중 하나를 무작위로 뽑았다. 우선 전화번호부를 집어 든다. 그다음 성(姓)을 하나 선택한다. 내가 선택한 성은 "와우키"(Waukey)였다. 이 이름은 내게 무척 낯설다. 나는 그런 이름이 있다는 것조차 모르고 있었다. 나는 이 번호로 전화를 걸었다. 전화상 목소리는 젊은 남성의 것처럼 들렸다. 그리고 그는 자신의 이름이 "리처드 와우키"(Richard Waukey)라고 말했다. 그럼, 아마도 젊고, 남성이며, 어떤 특정 지역에 거주하며, 전화에 응답했다는 것 외에, 내가 그에 대해 아는 것은 사실상 아무것도 없다. (아마도 그는 자신의 이름을 속였을 수도 있다.)

그럼, 현재 리처드가 맹장염에 걸렸을 확률은 얼마인가? 바로 지금 확률값을 하나 선택해야 한다면, 나는 정말로 작은 값, 가령 백만 분의 팔 정도의 수를 선택할 것이다. A를 리처드가 맹장염에 걸렸다는 사건이라고 하자. 이 사건에 대한 나의 의견을 나타내기 위해서, 나는 다음과 같이 적당히 자의적인, 그렇다고 완전히 자의적이지만은 않은 작은 수 하나를 선택할 수 있다.

$$Pr(A) = 0.000008.$$

단계2: 좀 더 유용한 사전 확률

나는 매우 작은 수를 골랐다. 왜냐하면, 맹장염은 성인들, 즉 전화번호부에 등록된 사람 사이에서 흔히 발견되는 질병이 아니기 때문이다. 그러나, 이제 나는 리처드가 14살이라는 증거 E를 하나 배웠다. 나는 그가 사는 지역 내 맹장염에 걸린 소년의 비율은 십만 명 당 단 6명뿐이라는 것을 들었다. 이제 나는 의미 있는 판단을 내릴 수 있게 되었다.

$Pr(A/E) = 0.00006.$

단계3: 가능도

나는 리처드가 오한을 느끼고, 기분이 좋지 않고, 짜증도 심해졌고, 약간의 두통이 있으며, 지난 식사 이후에는 구토까지 했다는 것을 배웠다. 이 증상을 구토 (vomiting)의 첫 글자를 따서 V라고 하자. 맹장염에 걸린 사람 대다수에게는 이런 증상이 나타난다. 그래서 나는, 맹장염이라는 것과 더불어 여러 배경지식을 가정했을 때 구토가 일어날 가능성, 다르게 말해 기타 배경지식이 주어졌을 때, 구토에 대한 맹장염의 가능도는 다음과 같다고 판단했다.

$Pr(V/A\&E) = 0.8.$

단계4: 분할

그러나 그 소년에게 다른 문제가 있을 수도 있지 않은가? 나는 다른 가설 두 개를 고려한다.

> H: 리처드는 기본적으로 건강하다. 그런 일은 뭔가를 먹을 때 흔히 일어나는 일일 뿐이다.
> F: 리처드는 식중독에 걸렸다.

단순하게 생각하기 위해서, 참일 수 있는 가설은 이 세 가지가 전부라고 가정하자.

나는 다음과 같이 판단한다: $Pr(F/E) = 0.00009.$
따라서 $Pr(H/E) = 1 - 0.00009 - 0.00006 = 0.99985.$

단계5: 추가 가능도

나는 리처드의 증상이 맹장염보다는 식중독에 약간 더 가깝다고 판단한다. 한편 오늘 같은 날, 상당히 건강한 소년이 구토 증세를 보이는 것은 매우 일어나기 어렵다. 그래서 나는 개인적으로 다음과 같이 판단한다.

$Pr(V/F\&E) = 0.9.$

$$Pr(V/H\&E)=0.00001.$$

단계6: 병의 전개

몸 상태가 빠르게 안 좋아졌다. 소년은 사타구니 오른쪽 바로 윗배에 심한 통증을 호소했다. 그는 고통을 줄이려고 오른쪽 허벅지를 약간 구부린 채 통증이 있는 부위에 압박을 가하고 있었다. 아픈 부위를 손으로 건드리면 심한 통증이 느껴졌다. 구토 증세가 있는 맹장염 환자 모두가 이런 증상을 보이는 것은 아니다. 하지만 이런 증상은 구토 증세가 있는 식중독 환자에게서는 훨씬 덜 일어난다. 그리고 심한 소화불량에 걸린 상당히 건강한 소년에게 이런 증상은 거의 일어나지 않는다. P가 위에서 언급한 통증 증상을 가리킨다고 하자. 이제 나의 가능도 평가는 다음과 같아진다.

$$Pr(P/A\&V\&E)=0.6.$$
$$Pr(P/F\&V\&E)=0.02.$$
$$Pr(P/H\&V\&E)=0.00001.$$

확보된 정보 요약

직관적으로 생각해볼 때, 단계1에서 당신은 리처드가 맹장염에 걸렸을 확률은 전혀 없다고 말했을 것이다.

아마도 단계2의 확률도 꽤 낮았을 것이다. 그러나 이 정도의 확률은 여전히 무시할 수 있을 정도일 것이다.

단계4에 와서야 비로소 의미 있는 확률이 등장한다. 그러나 당신은 그의 병이 식중독이 아니라고 말할 수는 없다. 맹장염이 아니라 식중독에 걸린 사람에게 맹장 수술을 하는 것은 매우 나쁜 일, 의료사고다!

그래서 단계5에서 당신은 심각한 딜레마에 빠진다. 마지막, 단계6에서 당신은 리처드가 맹장염이라는 것을 상당히 확신하게 된다.

얼마나 확신하는가? 베이즈 규칙은 이 계산을 할 수 있게 도와준다.

단계4에서 베이즈 규칙 이용하기

우리는 $Pr(A/V\&E)$를 계산해야 한다.

$Pr(A/V\&E) = [Pr(A/E) \times Pr(V/A\&E)] \div K.$

여기서 비례상수 K는 다음과 같다.

$[Pr(A/E) \times Pr(V/A\&E)] + [Pr(F/E) \times Pr(V/F\&E)] + [Pr(H/E) \times Pr(V/H\&E)].$

우리는 각 항에 해당하는 값을 가지고 있다. 그럼 다음이 도출된다.

$Pr(A/V\&E) \approx 48/139 \approx 0.35.$

$Pr(F/V\&E) \approx 81/139 \approx 0.58.$

$Pr(H/V\&E) \approx 10/139 \approx 0.07.$

그 소년의 구토라는 새로운 증거로부터 우리가 배운 것은 무엇인가? 첫째, 우리는 그가 아프다는 것을 배웠다. 그가 "건강"하다는, 최소한 그가 식중독이나 맹장염을 앓고 있지 않다는 것의 사전 확률은 사실상 1이었다. 이제 그 확률은 7%로 떨어졌다.

이 값은 조금 큰 것처럼 보인다. 구토를 하는 사람에게는 분명 무언가 잘못된 것이 있지 않은가?

아니다. 이 큰 값은 기저율(base rates)에서 비롯된 것이다. 해당 지역의 사람 대부분은 식중독이나 맹장염을 앓고 있지 않다. 소화불량은 흔한 일이다. 이 지역 10대 소년 대부분은 건강이 너무 좋아 그런 증상은, 예를 들어 체리 파이를 너무 많이 먹어서도 일어날 수 있다.

이 7%는 베이즈 규칙이 어떻게 당신을 정직하게 만드는지 보여준다. 우리 중 많은 사람은 별 근거 없이 리처드 와우키가 아프다는 결론으로 비약할 것이다! 확률과 가능도에 대한 우리의 사전 평가를 따른다면, 그런 비약은 일어나지 않는다.

식중독과 맹장염을 비교하는 것은 어떤가? 맹장염과 비교했을 때, 식중독의 사후 확률이 크다. 그러나 아주 많이 큰 것은 아니다. 의사는 아직 확실한 진단을 내릴 수 없다.

5단계에서 베이즈 규칙 이용하기

학습은 (이상적으로 생각하자면) 누적적인 과정이다. 당신은 무언가를 배우고 그것에 의존한다. 물론, 당신은 베이즈 규칙을 이용하지 않을 수 있다. 그 대신 당신은 언제나 첫 번째 원리, 즉 기본 확률 규칙으로부터 직접 계산을 해낼 수 있을 것이다. 하지만 5단계에서 사후 확률을 계산하고 새로운 정보—위에서 언급된 복통에 대한 정보—에 관한 분석을 시작하게 되면, 5단계의 사후 확률을 6단계의 사전 확률로 이용할 수 있게 된다.

$$Pr(A/P\&V\&E)=Pr(A/V\&E)\times Pr(P/A\&V\&E)\div K^*.$$

여기서 비례상수 K^*는 다음과 같다.

$$[Pr(A/V\&E)\times Pr(P/A\&V\&E)]+[Pr(F/V\&E)\times Pr(P/F\&V\&E)]$$
$$+[Pr(H/V\&E)\times Pr(P/H\&V\&E)].$$

각 항에 해당 값을 넣으면, 대략 다음과 같은 결과를 얻는다.

$$Pr(A/P\&V\&E)\approx 160/169\approx 0.947.$$
$$Pr(F/P\&V\&E)\approx 9/169\approx 0.053.$$
$Pr(H/P\&V\&E)$는 무시해도 될 정도의 값이다.

특별한 복통에 대한 새로운 정보는 각 비율에 강한 영향을 미친다. 이제 나는 그에게 단순한 소화불량 이상의 일이 일어났다는 것을 사실상 확신하게 된다. 이런 식으로 검토한 결과, 리처드 와우키가 맹장염에 걸렸다는 것은 (비록 완전히 확신할 만한 것은 아니지만) 극단적으로 높은 확률을 가지게 된다.

생각을 멈추지 말라!

최근 베이즈 규칙을 활용한 컴퓨터 진단 프로그램이 등장했다. 프로그램과 의사의 판단 사이에 불일치가 발생했을 때, 환자에 관한 거의 동일한 정보를 동료 의사에게 주고 검토를 요청한다. 이런 경우, 검토한 동료 의사의 판단은 프로그램의 판단과 일치하는 경우가 더 많았다고 한다. 하지만, 기계 핑계를 대며 생각을 소홀히 하지 말라!

정합성은 일종의 귀납적 일관성이다. 6단계에 이른 후, 의사는 개인적 확률과 가능도에 대한 자신의 판단을 검토해볼 수 있다. 베이즈 규칙이 할 수 있는 것은 그저 믿음의 정도 전체 체계가 일관적이게끔 만들어주는 것뿐이다. 6단계에 이른 후, 사려 깊은 의사는 "당신도 아시다시피, 저는 아마 리처드가 식중독으로 인해 복부 통증을 겪었을 확률을 과소평가한 것 같습니다. 다시 생각해보는 것이 좋을 것 같습니다."라고 말할지도 모른다. 이후 그 의사는 앞에서 언급된 확률과 가능도 중 몇 가지를 수정할 것이다. 그리고 6단계에서 다른 사후 확률에 이르게 될 것이다.

가능도 비(比)

증거가 당신에게 말해주는 것은 정말 무엇인가? 베이즈 규칙은 정합적인 개인적 확률로 믿음의 정도를 표상할 수 있는 사람에게 한 가지 답을 제시한다. 사람마다 가진 사전 확률은 서로 다르다. 그러나 새로운 증거 E가 주어지면 그들 모두 같은 방식, 즉 가능도를 곱하는 방식으로 자신들의 확률을 갱신한다. E에 대해 상대적으로 높은 가능도를 가진 가설은 모든 사람의 믿음 등급 윗자리를 차지한다. 반면 상대적으로 낮은 E에 대한 가능도를 가진 가설은 아래로 내려간다. 가능도 사이의 비(比)는 어떻게 새로운 증거가 믿음에 영향을 주는지를 결정한다.

이것이 피셔가 증거에 대한 가설의 가능도를 그토록 중요하게 여긴 한 가지 이유다. 이렇게 중요한 개념에 그가 그토록 혼란스러운 이름을 붙인 것은 얼마나 안타까운 일인가!

가능도 비가 중요한 다른 이유는, 사람들은 확률보다 증거에 대한 가설의 상대적 가능도에 대해 훨씬 쉽게 의견이 일치하는 경향이 있기 때문이다.

맹장염 진단의 사례는 가능도 비의 가치를 드러낸다. 우리는 리처드 와우키에 대한 분석 각 단계에서 가능도를 작성했다. 상대적인 가능도가 주어지면 다음 계산 단계는 기계적이었다.

우리의 베이즈 규칙 사용은 일반적으로 다음과 같이 진행된다.

- 우리는 사전 확률에서 시작한다.
- 우리는 새로운 증거를 얻고 몇몇 사후 확률에 관심을 가지게 된다.
- 우리는 (베이즈 규칙의 요약 형태가 우리에게 보여주듯이) 가능도를 곱해 사후 확률을 얻는다.

가능도 비는 새로운 증거가 제공하는 (고려 중인 가설과 관련된) 모든 정보를
전달한다.

베이즈주의 관점에서 경쟁하는 가설들 사이의 가능도 비는
새로운 정보의 증거적 의미를 요약한다.

몇몇 수학자는 가능도 함수라는 용어를 사용하여 이런 견해를 표현하기도 한다.
어떤 주어진 증거에 대한 가능도 함수란, E에 대한 각 가설의 가능도를 계산해
내는 함수를 뜻한다.

학습 모형?

어떤 철학자는 다음과 같이 말한다. 리처드가 14살이며, 구토하고, 위에서 언급
된 통증이 있다는 것을 발견한 이후, 리처드가 맹장염에 걸렸다는 것에 대한 당
신의 개인적 확률은 이제 94.5%가 되어야 한다. 이런 식으로, 우리는 새로운 정
보를 어떻게 처리해야 하는지를 보여주었다. 더욱이 경쟁 가설 사이의 상대 가
능도는 새로운 증거의 유의미성에 대한 좋은 지표이다.

　어떤 철학자는 이런 점이 매우 일반적이라고 주장한다. 우리는 경험으로부터
의 학습이 합리적이기 위한 열쇠를 찾았다. 반복해 말하자면, 그것은 세 개의 서
로 다른 아이디어를 결합한 것이다.

　　아이디어1: 개인적 믿음의 정도와 개인적 내기 비율은 그럴듯하게 연결된다.
　　아이디어2: 내기 비율이 기본 확률 규칙(과 따라서 베이즈 규칙)을 만족해야
　　　　　　　한다는 것에 관한 그럴듯한 논증이 있다.
　　아이디어3: 베이즈 규칙은 새로운 증거에 비추어 확률에 대한 초기 판단을 수
　　　　　　　정하는 데 사용될 수 있다.

어떤 철학자는 베이즈 규칙을 경험으로부터의 학습의 열쇠로 여긴다. 그것은 데
이비드 흄의 귀납의 문제에도 도움이 되는 것 같다. 베이즈 규칙을 그 문제에 적
용하는 것은 이 책의 마지막 부분, 즉 21장에서 다뤄질 것이다. 그 장은 철학적
내용이 담긴 장이다. 그곳에서 우리는 베이즈 규칙을 경험으로부터의 학습의 엄

격한 모형으로 사용하는 것에 대해서 의문을 제기하기도 할 것이다.

제프리 규칙

문제가 하나 있다. 베이즈 규칙이 널리 사용될 수 있다고 하더라도, 여전히 경험으로부터의 학습을 분석하는 데 그 규칙만으로는 충분치 않다. 왜 충분하지 않은가?

왜냐하면, 베이즈 규칙은 학습이 다음과 같은 깔끔한 단계들로 진행된다고 가정하기 때문이다.

> 우리는 확실한 새로운 진리 E를 배운다.
> 우리는 베이즈 규칙을 적용한다.
> 우리는 그다음 새로운 확실한 진리 F를 배운다.
> 우리는 베이즈 규칙을 적용한다.
> 이런 식으로, 우리의 사후 확률은 거듭 갱신된다.

몇몇 학습은 분명히 이런 식으로 진행된다. 실험실이나 조사 표본과 같이, 우리가 확실한 관찰 결과를 모을 수 있는 곳에서는 특히 그렇다. 그러나 실제 생활에서 우리는 조금 덜 정밀한 관찰과 경험을 토대로 우리 의견을 수정하곤 한다.

약학을 공부할지 고민하는 루이스의 경우를 예로 들어보자.

루이스는 예산이 삭감되어 약학에 투입되는 공적 자금이 줄어들 것이며, 비싼 약을 너무 많이 처방하는 의사는 처벌받게 된다는 소문을 들었다. 그래서 매출은 줄어들고 제약 산업은 위축될지 모른다.

이런 소문은 유용하다. 그러나 이 소문에는 그가 의존할 만한 어떤 절대적으로 분명한 증거도, 어떤 확립된 진리도, 어떤 확정된 사실도 없다. 그는 단지 소문만을 가지고 있을 뿐이다.

귀납논리학자 리처드 제프리(Richard Jeffrey)는 이런 경우도 다룰 수 있도록 베이즈 규칙을 확장하는 방안을 제안했다.

아래에서 우리는 그의 아이디어를 간략히 소개할 것이다. 루이스가 고려하고 있는 가설의 분할은 G와 ~G이다. 여기서 G와 C가 뜻하는 바는 다음과 같다.

G = 4년 동안 약사들은 좋은 취업 기회를 가진다.

C＝약학에 투입되는 공적 자금이 줄어들 것이며, 고가의 약을 너무 많이 처
　방하는 의사들은 처벌받게 된다.

루이스가 생각하기에 C가 참이라는 것은 젊은 약사들에게 별로 좋지 않은 소식
이다.

　$Pr(G/C)=0.1.$

그렇지 않다면, (비록 예산 삭감 말고도 다른 이유에서 취업 시장이 나빠질 수
있긴 하지만) 여전히 약사들이 좋은 취업 기회를 가질 공산이 매우 높다.

　$Pr(G/\sim C)=0.8.$

루이스는 소문을 들었다. 그렇다고 그가 C가 참이라는 것을 배운 것은 아니다.
그가 배운 것은 그저 C가 개연적으로 참이라는 것뿐이다.
　그 소문에 기초해 형성된 확률을 Pr*라고 하자. 그럼,

　$Pr^*(G)$는 그 소문에 기초한 G의 확률을 가리킨다.

우리가 알고 싶은 것이 바로 $Pr^*(G)$이다.
　소문을 들었을 때, 루이스는 C의 확률이 3/4이라고 판단했다.

　$Pr^*(C)=0.75.$ $Pr^*(\sim C)=0.25.$

우리는 여기에 베이즈 규칙을 적용할 수 없다. 왜냐하면, 위 소문은 베이즈 규칙
에 들어갈 어떤 확실한 정보 E를 제공하지 못하기 때문이다.
　제프리가 수정한 베이즈 규칙은 전체 확률 규칙을 연상시킨다. 두 개의 가설
G와 ~G로 구성된 어떤 분할에 대한 그의 규칙은 다음과 같다.

　$Pr^*(G)=Pr(G/C)Pr^*(C)+Pr(G/\sim C)Pr^*(\sim C).$

　결국, 제프리는 루이스에게 $Pr^*(G)=0.275$라고 결론 맺으라고 조언한다.

소문을 듣기 전에 루이스는 약사 학위를 받으면 좋은 곳에 취업할 확률이 매우 높다고 생각했었다. 그가 제프리 규칙에 따라 추론했다면 그에게 취업 시장 상황은 매우 암울하게 보일 것이다.

논리–베이즈주의자들

이 장에서 지금껏 우리가 다룬 것은 확률에 대한 순수한 개인적 판단이었다. 믿음–유형 확률의 스펙트럼은 넓다. 그 스펙트럼 전체의 한쪽 끝에 순수 개인적 확률이 있다. 그리고 다른 쪽 끝에 논리적 확률이라는 견해가 있다.

논리적 확률은 가설과 그 증거 사이의 논리적 관계를 나타내는 것으로 여겨진다. 우리가 언급했듯이, 경제학자 J. M. 케인즈, 그리고 그보다 훨씬 나중에 등장한 철학자 루돌프 카르납은 논리적 확률 이론을 선호했다. 그 둘은 이 견해를 위한 공리를 제안했다. 그들의 논리적 확률은 기본 확률 규칙을 만족한다. 그러므로 그 확률 역시 베이즈 규칙을 만족한다. 그러므로 논리적 확률, 역시 베이즈 규칙으로 경험으로부터의 학습을 표상할 수 있다.

논리–베이즈주의라고 불리는 것에 가장 중요한 공헌을 한 사람은, 현장 과학자로 활동했던 영국의 지구물리학자인 해롤드 제프리스(Harold Jeffreys)였다. 그의 『확률론』(*Theory of Probability*, 1939)은 수많은 실제 과학 문제 적용 사례를 담고 있으며, 여전히 현실적인 베이즈주의 과학 사고법에 관한 귀중한 자료라 할 수 있다.

전체증거 요건

개인적 확률은 단지 한 개인의 믿음의 정도를 나타낼 뿐이다. 정언적 확률에 대한 우리의 기호법, $Pr(A)$은 개인적 확률에 매우 잘 맞는다. 그러나 논리적 확률은 명제와 그 증거 사이의 관계라고 여겨진다. 그래서 우리에게 필요한 것은 조건부 확률 표기법 $Pr(H/E)$이다.

개인적 확률은 믿음의 정도를 표상한다. 그리고 우리는 이것을 효용과 결합하여 기대 효용을 계산하는 방법, 그리고 결정 이론을 활용하는 방법을 잘 알고 있다. 개인적 확률은 쉽게 실용적으로 해석될 수 있다.

그럼 논리적 확률은 어떻게 실용적으로 해석할 수 있는가? 기본 아이디어는, 합리적인 사람이라면 **확보된** 증거 전체를 조건으로 삼은 논리적 확률을 이용해

서 조건부 기댓값을 최대화해야 한다는 것이다. 카르납은 이것을 전체증거 요건
(requirement of total evidence)이라고 불렀다.

논리 vs. 의견

개인적 확률 이론에 따르면, 개인의 확률 판단은 사적인 문제이다. 그 확률은 개
인이라는 개체에 의존한다. 그러나 아무 확률 판단이나 다 좋은 것은 아니다. 이
에 대한 몇 가지 합리적 제약 사항이 있다. 개인적 확률은 귀납적으로 일관되어
야 한다. 즉 그것은 정합적이어야 한다. 그 확률이 정합적이라는 것은 기본 확률
규칙을 만족한다는 것이다.

　이것 이외에, 개인적 확률에 대한 어떤 다른 제약 사항도 없다. 한 가지 후보
는 234쪽에 등장한 빈도 원리―빈도 유형 확률이 가설에 대한 유일한 정보인
상황에서 당신의 개인적 확률은 그 빈도와 같아야 한다는 원리―가 될 수 있다.

　논리적 확률 이론은 단순한 정합성보다 훨씬 강한 제약 사항이 있다고 주장한
다. 그 이론에 따르면, 증거가 고려된 가설의 확률에 대한 여러 판단 중 옳은 것,
합리적인 것은 단 하나이다. 루돌프 카르납은 이 생각을 완화시켰다. 그는 자신
이 귀납적 방법(inductive methods)이라 부른 것으로 이루어진 어떤 연속체가
있다고 주장했다. 연속체를 이루는 귀납적 방법 각각은 논리적 사전 확률의 집
합에 대응한다. 하지만 그가 자신의 『확률의 논리적 기초』(*Logical Foundations
of Probability*, 1950)와 『귀납적 방법의 연속체』(*The Continuum of Inductive
Method*, 1952)에서 발표한 그의 체계는 너무 단순하다. 그 체계는 과학이나 일
상생활에 실제로 적용될 수 있는 것처럼 보이지 않는다.

L. J. 새비지

개인적 확률 이론은 프랭크 램지와 브루노 드 피네티가 각자 독립적으로 발전시
켰다. 그러나 이 견해의 성공―그리고 "개인적 확률"이라는 바로 그 이름의 성
공―은 전적으로 미국 통계학자 L. J. 새비지(L. J. Savage, 1917-1971)에게서
비롯되었다. 그는 베이즈 규칙을 결합하여 개인적 확률이라는 착상의 여러 중요
한 요소를 명확하게 다듬었다. 그의 가장 유명한 공헌은 『통계적 추론의 기초』
(*The Foundations of Statistical Inference*, 1954)이다.

　여기엔 좀 재미있는 점이 있다. 초창기 베이즈주의 철학은 초창기 컴퓨터 과

학과 우연히 연결되어 있었다는 것이다.

제2차 세계 대전 중 새비지는 존 폰 노이먼(John von Neumann)의 수석 "통계" 보조원이었다. 위대한 수학자인 폰 노이먼은 최초로 전자 컴퓨터를 제작하여, 현대 컴퓨터와 정보 시대를 연 인물이다.

제2차 세계 대전 직후 또 다른 위대한 베이즈주의자가 있었다. 그는 영국의 확률 이론가 I. J. 굿(I. J. Good)이다. I. J. 굿은 A. M. 튜링(A. M. Turing)의 보조원이었다. 튜링은 이상적 컴퓨터 개념을 정의하고 이상적 계산에 관한 근본적인 정리를 증명한 사람이다. 바로 이 공헌 때문에 오늘날에도 우리는 여전히 튜링 기계에 관해 이야기한다.

현대 베이즈주의는 마치 컴퓨터 시대의 부산물인 것처럼 보인다.

연습문제

1 **가능도**. 다음에 문제들에 등장하는 사전 확률, 사후 확률, 가능도를 진술하라.

   (a) 132-133쪽의 거미 문제. (T에 대한) G와 H의 가능도들의 합은 1인가?

   (b) 133-134쪽의 택시 문제. (W_b에 대한) G와 B의 가능도들의 합은 1인가?

2 **잃어버린 노트**. 귀납논리학 수업에서 사용한 노트를 잃어버렸다고 상상해보라. 당신에게는 다음 두 개의 가설이 있다. 그리고 그중 무엇이 참인지 확신하지 못한다.

   L: 도서관에 노트를 두고 왔다.

   C: 귀납논리학 강의실에 노트를 두고 왔다.

   (a) 당신에게 합리적인 것처럼 보이는 사전 확률을 L과 C에 할당하라. 간단한 수를 이용하라. 그러나 이 문제에서 할당될 확률은 실제와 비슷해야 한다.

   당신은 다음 증거를 얻는다.

   E: 어떤 친구가 도서관에서 누군가 두고 간 노트 하나를 보았지만 그것이 누구 것인지에 대한 어떤 정보도 없다.

   (b) E에 대한 L과 C의 당신 개인적 가능도를 할당하라.

   (c) E에 비추어 L과 C의 사후 확률을 계산하라.

   잠시 뒤 당신은 몇 가지 추가 증거를 얻는다.

   F: 다른 친구가 도서관에서 당신의 이름이 적힌 이런저런 물건을 보았다고 말해 준다.

(d) F에 대한 L&E와 C&E의 가능도를 할당하라.

(f) 이전 사후 확률로부터 L과 C의 새로운 사후 확률과 가능도를 계산하라.

3 **버섯**. 늦은 밤, 야영지에 있던 잭 와우키가 당신 병원으로 실려 왔다. 그에겐 구토 증세와 오한, 복부 통증이 있었다.

당신은 그가 맹장염일 확률 $Pr(A)$는 0.8이라고 판단했다.

그때, 그의 형 리처드는 잭이 어둑어둑해지는 저녁에 야생 버섯을 몇 개 뽑아 요리해 먹었다고 말해주었다. 당신은 그에게 그 버섯에 관해 물었다. 그는 버섯의 모양은 충분히 잘 설명할 수 있었다. **광대버섯**이라는 것이 거의 확실했다. 색깔은? 엷은 오렌지 색깔의 **시저광대버섯**은 훌륭한 식재료이다. 하지만 흰색 **알광대버섯**에는 맹독이 있다. 이 버섯은 **죽음의 모자**(*Death Cap*)라는 이름으로 유명하다.

버섯을 뽑은 시간은 어둑어둑해지는 저녁이었다. 리처드와 잭 그 누구도 색깔을 확신할 수 없었다. 어린 알광대버섯의 안쪽은 흰색이다. 한편, 색깔만 빼고 어린 시저광대버섯의 안쪽은 알광대버섯과 대체로 비슷하다. 어린 시저광대버섯의 안쪽 색은 노르스름하다. 색에 대한 어떤 명시적인 증거도 없다. "글쎄요, 아마도 노르스름했던 것 같은데요."라고 리처드가 말했다. 이 말을 바탕으로 당신은 $Pr^*(Y)=0.7$이라고 여기게 되었다.

제프리 규칙을 사용하여, 잭이 맹장염이라는 것에 대한 새로운 확률 $Pr^*(A)$를 계산하라.

관련 결정이 얼마나 중요한지 생각해보라. 중독되었을 때 필수적인 것은 위세척이다. 그렇지 않고 맹장염 수술을 하는 것은 환자에게 치명적이다. 그러나 위세척은 맹장을 파열시킬 수 있다. 따라서, 다른 경우, 즉 맹장염 걸린 사람에게 위세척은 매우 위험하며, 수술이 필수적이다.

4 **소문에 소문**. 기말고사를 보기 바로 전, 조이는 교수가 이번 기말고사에 도박사의 오류에 관한 문제는 나오지 않는다고 말했다는 소문을 들었다. 관련된 명제를 다음과 같이 나타내자.

G＝도박사의 오류에 관한 문제가 나온다.

I＝교수는 그런 문제가 나오지 않는다고 말했다.

교수가 어떤 힌트도 주지 않았다고 가정한다면, 조이가 그 소문을 듣기 전에 그는 도박사의 오류에 대한 문제가 나올 수 있으며 이에 대한 적절한 확률은 0.3이라고 생각했다.

그는 교수가 상당히 신뢰할 만하다고 생각했다. 즉 $Pr(\sim G/I) = 0.9$이다.

그는 이 소문이 옳을 확률이 꽤 높다고 생각했다. 그래서 소문을 들은 이후 I에 대한 조이의 개인적 확률, 즉 $Pr^*(I)$는 0.8이 되었다.

(a) 소문을 들은 이후 그가 G에 할당하는 확률을 결정하라. 당신이 사용한 확률 갱신 규칙이 무엇인지 서술하고 이름을 말하라.

(b) 복습한 내용에 대한 문제가 나오는 것에 대한 조이의 효용은 20이다. 한편 시험에 나오지 않은 주제를 공부하는 것에 대한 조이의 효용은 –5이다. 소문을 듣기 전, 도박사의 오류를 복습한다는 조이의 결정의 기대 효용을 계산하라. 소문을 들은 후, 그의 기대 효용을 계산하라. 그는 기대 효용이 0보다 큰 경우에만 해당 내용을 공부한다. 소문을 들은 후 그는 도박사의 오류를 복습하게 될까?

5 **버스**. 당신은 외국에 있는 고테르담(Gotterdam)라는 대도시에 여행 왔다. 당신이 이 도시를 방문한 것은 이번이 처음이다. 그 국가에 있는 대도시로는 고테르담 이외에 샘스테르담(Shamsterdam)밖에 없다. 두 도시는 아주 훌륭한 버스 서비스를 운영하고 있다. 이것이 그 두 도시에 관해 당신이 아는 전부이다.

공항에서 당신은 두 도시 버스 운행표를 찾아냈다. 그러나 각 운행표의 일부, 특히 도시 이름이 적힌 곳의 일부가 잘려 나가 있었다. 남아 있는 것은 마지막 여섯 글자 "...terdam"뿐이다. 당신은 이 "dam" 도시 중 하나는 20개의 버스 노선을 가지고 있지만 다른 하나는 200개의 노선을 가지고 있다는 것을 확인하였다. 고테르담이 샘스테르담보다 크기 때문에 당신은 200개의 버스 노선을 가진 것은 고테르담이고 20개의 노선을 가진 것은 샘스테르담일 것이라는 생각이 들었다. 관련된 명제를 다음과 같이 나타내자.

[200] = 고테르담에는 200개의 버스 노선이 있다.

[20] = 고테르담에는 단 20개의 버스 노선이 있다.

(a) $Pr([200])$과 $Pr([20])$에 대한 당신 자신의 개인적 확률을 결정하라.

(b) 밤늦게 도착한 이후, 친구가 당신을 집으로 데리고 갔다. 아침에 일어난 당신은 산책을 나가려고 한다. 당신이 보기에, 지금 있는 곳은 "전형적인" 도심지 같다. $Pr(n)$, 즉 당신이 처음으로 보게 될 버스가 n번 버스라는 것에 대한 당신의 개인적 사전 확률은 무엇인가?

(c) 당신의 개인적 사전 확률 $Pr(1 \le n \le 20)$과 $Pr(21 \le n \le 200)$은 얼마인가?

(d) 당신은 아침 산책을 나왔다. 당신이 처음으로 본 버스는 19번이었다. 당신은 다음과 같이 생각한다. "낮은 번호의 버스들만 있는 경우 낮은 번호의 버스를 보게

되는 것이, 200개의 노선이 있는 경우 낮은 번호의 버스를 보게 되는 것보다 훨씬 더 일어나기 쉽다."

이 새로운 증거에 대한 [200]의 가능도, 즉 해당 명제에 대한 당신 개인적 가능도는 무엇인가?

[20]의 가능도는 무엇인가?

[200]의 가능도 대비 [20]의 가능도의 비율은 얼마인가?

(e) 당신의 개인적 조건부 확률 Pr([200]/19)와 Pr([20]/19)는 얼마인가?

(f) 당신은 매우 오랫동안 고테르담 이곳저곳을 둘러보며 산책하고 있다. 당신은 100대의 버스를 보았다. 그것들은 모두 1번부터 20번까지의 버스였다. 고테르담에는 200개의 버스 노선이 있다는 것에 대한 당신의 개인적 조건부 확률은 얼마인가?

(g) 이 이야기에는 "경험으로부터의 학습"이란 생각이 어떻게 묘사되어 있는가?

6 **인류 종말**. 철학자 존 레슬리(John Leslie)는 위 문제와 비슷해 보이는 추론을 이용해서 아주 놀라운 결론을 도출했다. 그는 베이즈 정리를 이용해, 아마도 인류는 곧 종말에 이르게 될 것이라고 논증한다! 이를 위해 그는 우선 다음과 같은 항아리 문제를 검토한다.

내 이름이 담긴 항아리가 하나 있다. 그 항아리에 10개의 이름이 있을 확률은 2%이고, 1,000개의 이름이 있을 확률은 98%이다. 이 "사전" 확률은 어떤 이름도 꺼내기 전 내가 개인적으로 추정한 것이다. 첫 세 번의 꺼내기 중에 내 이름이 나왔다고 해보자. 그럼 베이즈 규칙에 따르면, 항아리에 10개의 이름이 있다는 것의 "사후 확률"은 _____ 이 된다.

(a) 위 빈칸을 채우라. 이 사례에서 당신의 사후 확률은 얼마인가?
당신은 다음과 같이 말하는 레슬리에게 동의할 것이다.

단 100분의 2라는 확률 추정치는 약 3분의 2로 수정된다.

이제 그는 다음과 같이 제안한다.

비슷한 계산을 어떤 사람의 시간상 위치에 적용해보자. 단순화하기 위해, 유일한 대안 가설은 (i) A.D. 2150년 전에 인류가 종말한다는 것과 (ii) 인류는 앞으로 수십만 년 이상 생존한다는 것밖에 없다고 하자. 조금 더 단순화하기 위해, 우리가 단기-지속 인류인 경우, 어떤 인간이 21세기 첫 10년 안에 있을 확률이 1/10이라고 하자. 그리고 우리가 장기-지속 인류인 경우 그 확률은 단지 1/1000이라고 하자.

여기 1/10이라는 수는 어디에서 왔는가? 레슬리는 2150년까지 존재했었던 모든 사람 중에서 약 10%가 1990년대에 살아 있다고 계산했다. 이 1990년대는 그가 윗글을 쓰고 있었을 때이다. 이와 대조적으로 인류가 계속 생존하면서 그 수가 많이 증가한다면, 장기-지속 인류의 기껏해야 1/1000이 1990년대에 살았을 것이다. 그는 계속한다.

이제 인류가 2150년 전에 종말한다는 것의 확률이 단 1%라는 생각에서 출발해 보자.

레슬리 교수의 지금까지의 가정 모두를 받아들이자. 다음으로 그는, **당신은** 자신이 21세기에 살고 있다는 것을 안다고 주장한다. 이것을 증거라고 하자. (19번 버스와 비교해보라. 혹은 이름 뽑기에서 당신이 이름이 뽑힌 것과 비교해보라.) 그가 주장하기를, 베이즈 규칙을 이용하면 곧 종말한다는 것의 확률은 _____로 수정된다.

(b) 레슬리의 계산을 완성하라. 위 버스의 사례와 이름 뽑기 사례와 비슷하게 베이즈 규칙을 적절히 활용하라.

논증은 탄탄하다. 이 논증은 개인적 확률 할당에 심각하게 의존하지 않는다. 1/10, 1/1000, 1%를 어떤 것으로든 바꿔보라. 여전히 레슬리의 놀라운 결론이 도출된다. 인류가 곧 종말한다는 것은 그렇지 않다는 것만큼 개연적이다. 사실, 이 논증은 이 세계가 앞으로 몇 분 안에 종말에 이른다는 가설에 대해서 훨씬 더 잘 작동한다.

(c) 왜 그런지 설명하라.

레슬리는 수많은 핵무기, 개발 중인 신종 살인 바이러스, 지구 오염, 지구온난화, 핵겨울, 미확인 소행성 등등을 생각할 때, 이 결론은 그렇게 놀랍지 않다고 말한다. 이런 음울한 모습은 그 결론(2150년 이전 종말)이 우리가 처음 생각했던 것보다 더 개연적이라는 것을 보여준다.

(d) 그러나 그런 음울한 모습은 베이즈 규칙을 이용한 레슬리의 논증을 강화하는가?

이제 고테르담의 버스로 되돌아가 보자. 만난 버스 모두 20보다 작은 번호가 매겨진 것이라면, 우리는 고테르담에는 20개의 버스 노선만 있다고 사실상 확신하게 된다. 레슬리 교수가 만나거나 이야기를 들은 수백만의 사람들은 모두 다음 1년 안에 있었던 사람이다!

(e) 레슬리의 인류 종말 논증을 활용하여, 위 모든 증거에 비추어 볼 때 인류가 1년 안에 종말에 이르게 된다는 것의 사후 확률이 무엇인지 계산하라.

7 **오류**. (e)에 대한 당신의 답은 **귀류** 논증의 출발점이다. 우리는 부조리한 결론을 도출하는 데 있어 위 논증을 이용했다. 인류가 곧 종말한다는 것이, 사실상 확실하다고는 할 수 없다. 그럼 이 논증에서 잘못된 것은 무엇인가?

버스 논증은 훌륭하다. 우리 대부분에게 레슬리의 논증은 터무니없어 보인다. 레슬리의 논증에 있는 오류를 적어도 하나 찾아내라.

8 **전체 증거**. 논리적 확률과 전체 증거 요건의 관점에서 레슬리의 논증에 대해서 간단히 논하라.

복습을 위한 핵심 단어

사전 확률	경험으로부터의 학습
사후 확률	가능도 비
가능도	제프리 규칙
베이즈주의	논리-베이즈주의

빈도로서의 확률

16 안정성

기본 확률 규칙, 빈도-유형 확률, 통계적 안정성 사이의 몇 가지 핵심적인 관련성. 이들 사이의 관계는 빈도를 이용한 추리의 기초를 이룬다. 이 장은 베르누이 정리라고 불리는 확률에 대한 가장 기본적인 사실 중 하나를 소개하며 마무리된다.

이제 믿음 관점을 다루었던 앞의 세 장에서 벗어나 빈도 관점을 다루는 네 개의 장으로 넘어가자. 13, 14장에서는 믿음-유형 확률이 기본 확률 규칙을 만족해야 하는 이유가 설명되었다. 15장은 그 결과를 "경험으로부터의 학습"에 적용하는 방법을 보여주었다. 16-19장은 이와 비슷한 작업을 빈도 관점을 이용해 진행할 것이다.

프로그램
- 이 장은 확률 규칙과 안정적 빈도에 관한 우리 직관이 어떻게 연역적으로 연결되는지 설명한다.
- 17장은 그 연결을 확장한다.
- 18장은 유의성(significance)이라는 개념을 다룬다. 이것은 빈도-유형 귀납 추론의 첫 번째 핵심 요소다.
- 19장은 신뢰(confidence)라는 개념을 다룬다. 이것은 빈도-유형 귀납 추론의 두 번째 핵심 요소다. 이 개념은 현대 여론조사가 보도되는 방식을 설명한다. 또한 통계학의 사용을 귀납적 행동으로 여기는 것이 무엇을 의미하는지 설명된다.

이번 장이 설명하는 결과는 모두 기본 확률 규칙으로부터 연역적으로 도출된다. 그 결과의 증명은 이 책의 다른 내용보다 어렵다. 따라서 증명 없이 그 결과들만 제시될 것이다.

믿음과 빈도의 비교

기본 규칙은 모든 확률 유형에 적용된다. 기본 규칙으로부터 도출될 수 있는 것 중에서 믿음-유형 확률과 빈도-유형 확률이 강조하는 것은 서로 다르다.

믿음-유형 확률에서 가장 중요한 아이디어는 베이즈 규칙이다. 이 규칙은 모든 확률 유형이 만족하는 기본 확률 규칙으로부터 연역적으로 도출할 수 있다. 그러나 빈도-유형 확률은 베이즈 규칙을 별로 중요하게 여기지 않는다.

빈도-유형 확률의 가장 중요한 한 가지 개념은 시행 횟수가 증가할수록 빈도가 안정화되는 방식이다. 이 아이디어를 이해하는 데 있어 베르누이 정리(Bernoulli's Theorem)라고 알려진 것이 큰 도움이 된다. 비록 베이즈 규칙보다는 더 어렵긴 하지만, 베르누이 정리 역시 기본 확률 규칙으로부터 연역적으로 도출될 수 있다. 따라서 그 정리는 모든 유형의 확률에 대해서 성립한다고 말할 수 있다. 하지만 믿음-유형 확률은 베르누이 정리를 별로 중요하게 여기지 않는다.

수학자들은 여러 세대에 걸쳐 상당히 중요한 여러 큰 수의 법칙들(laws of large numbers)과 중심 극한정리들(central limit theorems)을 발전시켰다. 베르누이 정리는 그런 정리 중 첫 번째일 뿐이다. 하지만 우리가 보기에, 베르누이의 원래 정리 속에 이미 풍부한 핵심 아이디어가 다양하게 포함되어 있다.

다음과 같이 생각해보자. 믿음 관점은 베이즈 규칙이라는 확률 규칙의 기본적인 논리적 성질에 단단히 뿌리내리고 있다. 빈도 관점은 큰 수의 법칙이라는 확률 규칙의 또 다른 기본적인 논리적 성질에 단단히 뿌리내리고 있다. 이 두 논리적 성질 모두 상당히 풍부한 철학적, 수학적 함의와 귀결을 가지고 있다.

낡은 부대에 담긴 새 술

베르누이 정리가 제시된 지는 300년이 지났다. 베이즈 정리는 거의 250년이 되었다. 이렇다고 해도, 이 둘은 전혀 낡지 않았다. 각각은 오늘날 꽃피고 있는 귀납 추론에 대한 두 가지 다른 접근법의 핵심에 자리 잡고 있다. 많은 독단론자는 이 둘 중 단 하나만 옳다고 생각한다. 우리의 입장은 실질적인 점에서는 물론,

(21장과 22장에서 다루게 될) 귀납에 대한 철학적 문제에 신선한 관점을 도입하기 위해서라도 둘 다 유용하다는 것이다. 그 귀납의 문제를 분명하게 제시한 것은 데이비드 흄(David Hume)이다. 흄이 이 문제를 제시한 것은, 베르누이가 자신의 정리를 증명한 뒤 30년 후, 그리고 베이즈의 연구가 발표되기 30년 전의 일이다. 흄의 문제 역시 낡은 것이 아니다. 이 문제를 진지하게 연구한 분석철학자들은 여전히 스스로를 (점잖게 말해) 궁지에 몰아넣는다.

통계적 안정성

그럼 이제 공부를 시작하자. 확률에 대한 우리의 기본적인 아이디어 중 하나는 장기 시행에서 상대빈도가 안정화된다는 것이다. 기본 확률 규칙 그 자체는 장기 시행은 물론이고 빈도가 안정적이라는 것에 관해서도 아무 말도 하고 있지 않은 듯이 보인다. 우리는 이미 장기 시행에서의 빈도가 매우 모호한 아이디어라는 것을 강조했다. "장기 시행에서, 결국 우리 모두는 죽는다." 그러나 우리 대부분은 우연 장치 속 시행의 수가 증가할수록 상대빈도는 점점 더 안정화될 것이라고 생각한다. 이제 우리는 이 생각이 기본 규칙들을 통해 어떻게 설명될 수 있는지 보일 것이다.

실험

먼저 정말 안정화되는지부터 확인하자. 공정한 동전을 20번 던진다. 그리고 앞면이 나온 수를 기록한다. 당신은 앞면이 약 10번 정도 나오리라고 기대한다. 하지만, 당연히 앞면은 매우 적게 나올 수도, 10번 이상 나올 수도 있다. 기초 확률론이라는 대형강의를 수강하는 학생 각자에게 동전을 주고 20번 던지라고 해보았다. 아래 도표는 그렇게 해서 얻은 250개의 결과를 나타내고 있다. 어떤 학생에게도 0, 1, 19, 20번 앞면이 나오지 않았다. 단 25명의 학생에게만 정확하게 10번 앞면이 나왔으며, 32명의 학생에게는 11번의 앞면이 나왔다. 그리고 9번 앞면, 12번 앞면이 나온 학생들의 수는 각각 29명이었다.

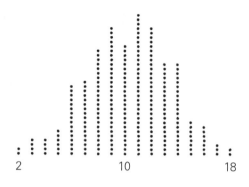

20번의 동전 던지기에서 앞면이 나온 횟수

불규칙적이지만 각 기둥 끝을 따라 매끄러운 곡선을 그린다면 대략 "종" 모양의 곡선을 얻게 될 것이다. 이것은 실험 "종형 곡선"(bell-shaped curve)이다.

우리가 기대하기에, 한 대학의 학생 모두에게 동전 던지기 20번을 하라고 한다면 도표는 훨씬 매끄러워져 딱 봐도 "종" 모양처럼 보일 것이다. 그리고 우리가 (어려운 일이긴 하지만) 줄곧 공정하게 동전을 던졌다면 곡선은 10에서 가장 높을 것이다.

표본 평균

우리 실험은 250번의 소규모 실험으로 구성된다. 각 소규모 실험은 동전 던지기에서 앞면이 나온 횟수에 해당하는 결과 k를 가지고 있다. 이제 우리는 250번 시행 k의 "평균"이 얼마인지 물을 수 있다. 그 답을 구하기 위해서는 더하기를 많이 해야 한다. 그렇게 해서 답을 구해본다면 그 평균값이 10에 매우 가까운 9.76이라는 것을 확인할 수 있다.[1]

학생 각각은 20번 동전 던지기라는 소규모 실험을 수행했다. 250개의 소규모 실험으로 이루어진 우리의 대규모 실험은, 훨씬 더 많은 소규모 실험, 혹은 무한하게 많은 소규모 실험으로 구성된 큰 집합에서 추출된 표본으로 간주될 수 있

---

1   [역자 주] 위 도표의 내용과 이 계산 결과에는 차이가 있다. 도표의 종 모양이 약간 오른쪽으로 치우쳐 있다는 것을 눈여겨보라. 이런 경우, 평균은 10보다 작을 수 없다. 실제로 해당 평균은 약 10.26 정도로 계산된다. 이런 도표와 계산 사이의 차이는 아래 서술에도 계속된다. 번역자에게 있어, 그것들을 모두 교정하는 것은 꽤 부담스러운 일이다. 그래서 우리는 교정을 하지 않고 이렇게 역자 주에 언급하기로 선택했다.

다. 여기서 우리 대규모 실험 속 k의 평균값은 앞면이 나온 횟수의 실험 평균 (experimental mean) 혹은 표본 평균(sample mean)이라 불린다.

학생들이 k/n, 즉 앞면의 상대빈도로 (혹은 앞면이 나온 횟수의 비율로) 기록을 했다면, 상대빈도의 표본 평균은 9.76/20＝0.49가 될 것이다. 이 값은 1/2에 매우 가깝다.

표본 표준편차

표본 평균은 그저 평균일 뿐이다. 우리는 평균 이외에 다른 것에 대해서도 이야기할 수 있다. 수업을 듣는 학생 모두 동전을 50번 던졌다면, 각 결과가 평균 주변에 모이는 현상은 훨씬 더 두드러지고, 이에 종형 곡선은 더욱 "얇게" 보일 것이다. 그 결과들은 덜 퍼져 있을, 혹은 덜 산포되어 있을 것이다.

우리는 결과들이 평균 X 주변에 산포된 정도에 대한 측정치를 제시할 수 있다. 매우 거칠게 말하자면, 그 측정치는 동전 던지기 결과 대부분이 $X-d$와 $X+d$ 사이에 있도록 만드는 어떤 수 d가 될 것이다.

산포를 측정하는 한 가지 자연스러운 방법은 평균 X와 각 관찰 결과 X_i 사이의 차이를 이용하는 것이다. 우리 실험에서 관찰된 비율 k/n의 개수는 250이며, 그 비율들의 평균 X는 0.49이다.

이제 각각 차이 (X_i-X)를 구해 단순히 더하기만 해보자. 각 차이 중 일부는 양수일 것이고 일부는 음수일 것이다. 각각을 모두 더하면 그 값은 모두 상쇄되어 버린다. 이 방법 대신, 산포를 측정하는 일반적인 방법은 각 차이의 제곱을 이용하는 것이다. 제곱을 이용해 값을 양수로 만든다. 그리고 그 제곱한 값을 모두 더한 뒤 제곱근을 취한다. 이렇게 해서 얻은 값은 표본 표준편차(sample standard deviation)라고 불리며 SD로 줄여서 표현한다.

$$SD = \sqrt{\sum (X_i - X)^2 / n}\ .$$

우리의 위 실험에서 표본 표준편차는 약 2.9이다.

이제 앞의 도표를 다시 살펴보자. 당신은 총 162개의 결과, 혹은 전체 결과의 65%가 (10-3)과 (10+3) 사이에 있다는 것을 확인할 수 있을 것이다.

10,000명의 대학생을 이용한 실험을 생각해보자. 이 터무니없는 실험에서 얻게 될 표준편차는 더 작을 것이라 기대할 수 있을 것이다. 뒤에서 우리는 곧 그

값이 2.3보다는 작다는 것을 확인하게 될 것이다.

특이한 물음 1

우리 아이디어는 빈도가 장기 시행에서 안정화되는 경향이 있다는 것이다. 시행 열이 길수록 안정성은 더욱 커진다. 시행의 수가 커질수록 평균으로부터 더 큰 편차가 발생하기 어렵게 된다. 이것이 다음 특이한 물음 1(17쪽) 이면에 놓인 생각이었다.

> 여자아이들과 비슷한 수의 남자아이들이 병원에서 태어난다. 많은 아기가 매주 시티 종합병원에서 태어난다. 시골 마을인 콘월에는 매주 겨우 몇 명의 아기만 태어나는 작은 병원이 있다.
>
> **보통 일주일**이란 태어난 아기 중 45%~55%가 여자인 일주일을 말한다.
>
> **특별 일주일**이란 태어난 아기 중 55% 이상이 여자이거나 또는 55% 이상이 남자 인 일주일을 말한다.
>
> 다음 중에서 참을 골라보시오.
>
> ＿ (a) 특별 일주일은 시티 종합병원과 콘월 병원에서 동일한 정도로 발생한다.
>
> ＿ (b) 특별 일주일은 콘월 병원보다 시티 종합병원에서 더 자주 발생한다.
>
> ＿ (c) 특별 일주일은 시티 종합병원보다 콘월 병원에서 더 자주 발생한다.

특별 일주일의 경우에서 나타나는 큰 편차는 도시에 있는 큰 집단에서보다 콘월 과 같은 작은 집단에서 더 빈번하다. 이것이 (c)가 옳은 답인 이유다. 이 답은 신 생아의 성은 우연의 문제라는 (참인 듯이 보이는) 것을 암묵적으로 가정하고 있 다. 최근까지 거의 모든 집단에서 남자 신생아가 태어날 확률은 약 0.51, 여자 신생아가 태어날 확률은 0.49였다. 신생아의 성비가 약간 한쪽으로 치우친 동전 을 던지는 것과 같은 이론적 모형을 따른다고 가정할 때, (c)는 확실히 옳은 답 이다.

물론 그런 모형은 잘못된 것일 수 있다. 아이의 성은 임신 초기에 쉽게 확인할 수 있다. 어떤 집단에서는 남자아이가 여자아이보다 더 많이 선호되어 여자아이 태아는 첫 3개월 사이에 낙태되기도 한다. 이런 이유에서, 여자 신생아 대비 남 자 신생아의 비율이 증가하는 것이다.

베르누이 시행

이 장에서 우리는 독립 시행을 반복하는 것에 관심이 있다. 그런 시행에서 어떤 사건 E가 일어날 확률은 p로 일정하다. 이런 시행들은 종종 베르누이 시행이라고 불린다. 우리는 동전 던지기, 룰렛 휠의 회전, 항아리로부터 (복원) 추출을 베르누이 시행이라고 간주해왔다.

이제 우리는 이 장의 뒷부분에서 서술될 기본 정리를 수식을 이용하지 않고 서술할 것이다.

우리는 다음과 같이 물을 수 있다.

> 만약 사건 E의 확률이 p라면 장기 베르누이 시행열 속에서 E가 발생하는 상대빈도는 무엇인가?

이 장에서 서술되는 정리들 모두는 이 질문에 여러 방식으로 답한 것이라고 할 수 있다.

극한

기본 확률 규칙은 위 상대빈도는 거의 언제나 약 p라는 것을 함축한다.

장기 베르누이 시행열 대부분에서 E의 상대빈도는 p에 접근한다.

더욱이,

시행열의 길이가 길어질수록 E의 상대빈도가 p에 접근할 확률은 점점 더 커진다.

우리는 위의 것보다 더 강한 주장을 만들 수도 있다. 어떠한 작은 오차 한계 ϵ에 대해서도, 시행의 수가 제한 없이 계속 커진다면 E의 상대빈도가 p를 중심으로 ϵ 간격 안에 있을 확률은 점점 더 커진다.

'E의 상대빈도가 p를 중심으로 오차 한계 ϵ 간격 안에 있을 확률'을 정확도-확률이라고 부르자.

어떠한 작은 오차 한계 ϵ에 대해서도, 시행의 수가 점점 커진다면 정확도-확률은 1에 접근한다.

이것은 베르누이 정리로부터 도출된 결과이다. 이 정리는 분명 시행의 수가 커질수록 상대빈도가 p로부터 크게 벗어날 확률이 감소한다는 것을 함축한다.

이는 정성적인 진술이다. 하지만 우리는 앞으로 정확도-확률의 몇 가지 정량적 어림값을 사용할 것이다.

이 장에서 논의될 모든 결과에 대한 설명은 끝났다. 이제 우리는 그 결과를 조금 더 조심스럽게 진술하고, 그것의 실제적 의미와 관련된 몇 가지 사례를 살펴볼 것이다.

항아리 모형

복원 장치가 있는 이상적인 항아리를 생각해보자. 각 시행은 서로 독립적이고 어느 한쪽으로 편향되어 있지 않다. 즉 항아리에서 공을 추출하는 매 시행에서 각 공이 나올 확률은 모두 같다. 그럼 이 항아리에서 공을 뽑는 것은 베르누이 시행이 된다.

항아리 속 녹색 공과 붉은 공 각각이 특정 비율 p로 들어 있다고 하자. 그럼 녹색 공이 뽑힐 확률은 p가 된다.

반복 추출

이제 복합 시행이라는 새로운 유형의 시행을 생각해보자.

공 뽑기를 독립적인 복원추출 방식으로 n번 반복한다. 각각의 공 뽑기는 베르누이 시행이다. 이 반복 시행, 즉 n개의 공 뽑기라는 시행의 결과로, 녹색 공이 뽑힌 횟수 k를 적는다. 이런 유형의 반복 시행 속 가능한 결과는 $0, 1, 2, \cdots, n$이다.

이제 우리는 위와 같은 반복적이고 복합적인 시행에 관한 몇몇 단순한 결과를 도출할 수 있다.

가장 확률이 높은 수

복원추출 방식으로 n개의 공을 뽑았을 때 "가장 나오기 쉬운" 녹색 공의 수는 무엇인가?

분명, p가 작다면 녹색 공이 많이 뽑힐 것이라고 기대하지 않을 것이며, p가 크다면 녹색 공이 많이 뽑힐 것이라 기대할 것이다. 그렇다면 위 질문의 정확한 답은 무엇일까?

우리는 0개의 녹색 공을 뽑을 확률, 1개의 녹색 공을 뽑을 확률, 2개의 녹색 공을 뽑을 확률, …, n개의 녹색 공을 뽑을 확률을 계산할 수 있다.

0부터 n까지의 수 중에서 무엇이 가장 높은 확률을 가지는가? 이 물음에 대한 답은 다음과 같다.

가장 높은 확률을 가진 녹색 공의 수는 대략 pn이다.

n번의 공 뽑기 시행 속 가장 높은 확률을 가진 녹색 공의 수뿐만 아니라, 우리는 가장 높은 확률을 가진 녹색 공의 비율, 혹은 상대빈도도 고려할 수 있다.

가장 높은 확률을 가진 녹색 공의 상대빈도는 대략 p이다.

왜 "대략"인가? 두 가지 이유가 있다. 첫째, 일반적으로 pn은 정수가 아니다. $p=1/2$이고 $n=5$일 때, $pn=2\frac{1}{2}$으로 정수가 아니다. 항아리에서 5번 공 뽑기 결과는 $2\frac{1}{2}$일 수 없다. 둘째, 때때로 가장 높은 확률을 가진 공 뽑기 결과가 두 개일 수 있다. $p=1/2$이고 $n=5$일 때, 2개의 녹색 공이 뽑힌다는 것과 3개의 녹색 공이 뽑힌다는 것 모두 가장 높은 확률을 가진 공 뽑기 결과이다.

연습문제 7과 8을 통해, 가장 높은 확률을 가진 결과는 정수인 pn이거나 혹은 정수가 아닌 pn에 "가장 가까운" 두 개의 정수라는 것을 확인할 수 있다. $pn-(1-p)$와 $pn+p$가 정수가 아닐 때, 가장 확률이 높은 수는 이 두 수 사이에 있게 된다.

가장 확률이 높은 상대빈도

n번의 시행에서 가장 확률이 높은 녹색 공의 수를 k_0라고 하자. 그럼 가장 확률이 높은 녹색 공의 상대빈도는 p에 가까운 k_0/n가 된다. 연습문제를 통해 확인한 대로 다음이 성립한다.

$$(p-(1-p)/n) \leq k_0/n \leq (p+p/n).$$

시행의 수 n이 커질수록 p/n와 $(1-p)/n$은 0에 접근한다. 그럼 위 식에서 왼쪽의 수와 오른쪽의 수는 곧바로 p에 가까워진다. 그러므로 큰 수 n에 대해서 가장 확률이 높은 상대빈도는 본질적으로 p와 같다.

정리: 임의의 큰 수의 시행에서, 가장 확률이 높은 녹색 공의 상대빈도 k_0/n은 본질적으로 정확히 p와 같다.

이것이 바로 확률과 장기 시행 속 빈도 사이의 첫 번째 연결이다.

우리 실험과 비교해보자. 실험에서 250명의 학생이 동전을 20번씩 던졌다. 그 실험에서 가장 많이 관찰된 상대빈도는 1/2이 아니었다. 32명의 학생에게서 20번의 던지기 중 11번 앞면이 나왔다. 따라서 가장 많이 나온 상대빈도는 10/20=0.5가 아니라 11/10 혹은 0.55였다.

n번의 추출 속 녹색 공 개수의 기댓값

또한, 우리는 n개의 공을 복원추출할 때 뽑힌 녹색 공 개수의 평균을 물을 수도 있다. 여기서 우리는 n개의 공 뽑기가 여러 번 반복되는 경우를 생각하고 있다. 녹색 공은 전혀 나오지 않는 일도 있을 것이며, 1개의 녹색 공만 나오는 일도 있을 것이다. 아마도 k_0개의 녹색 공이 나오는 경우가 가장 흔할 것이다. 우리는 이 모든 결과의 평균을 구해, n번의 추출 속 녹색 공 개수의 평균 혹은 기댓값을 얻을 수 있다. 그 기댓값이 pn이라는 것은 기본 확률 규칙을 통해 쉽게 계산할 수 있다.

n번의 추출 속 녹색 공 상대빈도의 기댓값

기대 상대빈도는 기댓값을 n으로 나눈 값일 뿐이다. 그러므로 다음과 같이 말할 수 있다.

정리: 녹색 공의 기대 상대빈도는 p이다.

이것이 바로 확률과 장기 시행 속 상대빈도 사이의 두 번째 연결이다.

우리의 실험과 비교해보자. 학생들 250명 각자가 20번씩 동전을 던지는 우리 실험에서 앞면의 실제 상대빈도의 평균은 거의 1/2에 가까웠다. 즉 0.49였다.

수렴과 안정성

$\Pr(\text{녹색}) = p$가 주어졌을 때, 우리는 표본에서 pn개의 녹색 공을 얻게 되리라 기대한다.

그러나 관찰된 비율 k/n가 매우 높은 확률로 p에 가깝기 위해서는 표본의 크기는 얼마나 커야 할까?

조금 더 정확하게, n번의 시행 속 녹색 공의 상대빈도가 p를 중심으로 어떤 작은 "오차 한계" ϵ 간격 안에 있을 확률은 얼마인가?

야코프 베르누이는 n이 증가할수록 이 확률은 1에 가까워진다는 것을 증명했다.

오차 한계와 정확도 확률

위 내용을 수식을 이용해 표현해보자. 어떤 작은 오차 한계 ϵ이 주어졌다고 하자. 우리가 관심을 가지는 것은, n번의 시행에서 다음을 만족하는 k개의 녹색 공이 나올 확률이다.

$$p - \epsilon \leq k/n \leq p + \epsilon.$$

이는 꽤 복잡한 "사건"이다! p와 n의 값은 정해져 있다. k는 n번 시행의 관찰 결과이다.

예를 들어, $p=0.3$, $n=100$, $\epsilon=0.01$이라고 하자. 그럼

$$p-\epsilon \leq k/n \leq p+\epsilon.$$

를 만족하는 사건은 다음을 만족하는 k가 나올 사건이 된다.

$$(0.3-0.01) \leq k/100 \leq (0.3+0.01).$$

결과적으로, $k=29$, 30, 31인 녹색 공이 뽑혔을 때 이 사건이 일어난다.

우리가 관심을 가지는 것은 이 사건의 확률이다. 우리는 바로 이 확률을, 주어진 오차 한계에 대한 정확도-확률이라 부른다.

주어진 오차 한계 ϵ에 대한,

정확도-확률은 k가 np를 중심으로 ϵn 간격 안에 있을 확률이다.

기호로 표현하자면, 정확도 확률은 다음과 같다.

$$\Pr[(np-\epsilon n) \leq k \leq (np+\epsilon n)].$$

정확도-확률은 k/n가 p를 중심으로 ϵ 간격 안에 있을 확률이다. 기호로 나타내면 다음과 같다.

$$\Pr[(p-\epsilon) \leq k/n \leq (p+\epsilon)].$$

정리: 시행의 수가 점점 커질수록, 정확도-확률은 1에 가까워지고 상대빈도는 확률로 수렴한다.

이것은 바로 확률과 장기 시행 속 상대빈도 사이의 세 번째 연결이다.

베르누이 정리

보통, 베르누이 정리는 위와 약간 다른 방식으로 표현된다: 극한에서 k/n은 p로 수렴한다. 이때, 그 수렴이 일어날 확률은 점차 1에 가깝게 증가한다.

이 결과를 정확하게 진술해보자. 이를 위해, 우선 p와 상대빈도 사이의 차이를 우리가 원하는 만큼 작게 설정하자. 즉 앞에서 논의했듯이 k/n가 p를 중심으로 작은 오차 한계 ϵ 간격 안에 있도록 해보자.

둘째, 우리는 k/n가 p를 중심으로 ϵ 간격 안에 있을 정확도-확률이 우리가 원하는 만큼 1에 가까워지길 바란다. 즉 우리는 충분히 많은 시행을 하는 경우 정확도 확률과 1 사이의 차이가 우리가 원하는 만큼 작아지길 바란다. 이런 아이디어들을 베르누이 정리의 형태로 묶어 표현하면 다음과 같다.

> 임의의 작은 오차 한계 ϵ과
> 임의의 작은 차이 x에 대해서,
> 다음을 만족하는 시행의 횟수 N이 있다.
> 임의의 $n > N$에 대해서
> 녹색 공의 비율 k/n가 p를 중심으로 ϵ 간격 안에 있을
> 확률은 $1-x$보다 크다.

이는 아래 상자로 강조할 만한 가치가 있다.[2]

---

2 [역자 주] 다음 장에서 언급되듯이, '베르누이 정리'는 '큰 수의 약법칙'이라고도 불린다. 수학 교과서에서 이것은 다음과 같이 표현되기도 한다: 임의의 $\epsilon\,(>0)$에 대해서,

$$\lim_{n\to\infty}\Pr(|(k/n)-p|<\epsilon)=1.$$

여기서, '임의의 ϵ에 대해서 $|(k/n)-p|<\epsilon$이다'는 'k/n이 p와 아주 가깝다'는 뜻이다. 한편, 위 베르누이의 정리에 등장하는 N이나 x는 'n이 증가함에 따라, $\Pr(|(k/n)-p|<\epsilon)$이 1에 가까워진다', 즉 '$\Pr(|(k/n)-p|<\epsilon)$의 극한값은 1이다'를 엄밀하게 표현하기 위해 도입된 것이다. 이해를 위해, 'n이 증가함에 따라, a_n은 1에 가까워진다', 즉 '$\lim_{n\to\infty}a_n=1$'의 의미가 어떻게 규정되는지 살펴보자. 우선, 아주 작은 양수 하나, 가령, 0.0001을 선택하자. a_n이 1에 가까워진다면, n이 어느 정도 커지면 a_n과 1 사이의 차이가 0.0001보다 작게 될 것이다. 이런 아이디어를 바탕으로, 'a_n이 1에 가까워진다'는 말을, '모든 (작은) x에 대해서, n이 어느 정도 커지면 a_n과 1 사이의 차이가 x보다 작다'라고 규정할 수 있을 것이다. 조금 더 정확하게는, '모든 (작은) x에 대해서, 다음과 같은 N이 있다: N 이상의 모든 n에 대해서, a_n과 1 사이의 차이가 x보다 작다.'라고 쓸 수 있다. 위 베르누이 정리의 x와 N 역시 바로 이런 역할을 하기 위해서 도입된 것이다.

베르누이 정리

임의의 작은 오차 한계 ϵ와

임의의 작은 차이 x에 대해서,

다음을 만족하는 시행의 횟수 N이 있다.

임의의 $n > N$에 대해서

$\Pr\left[(p-\epsilon) \le k/n \le (p+\epsilon)\right] > (1-x).$

이것은 네 번째, 그리고 확률과 장기 시행 속 상대빈도 사이의 가장 근본적인 연결이다. 다음 장에서 우리는 또 다른 근본적인 연결을 보게 될 것이다.

야코프 베르누이

베르누이 정리는 스위스 수학자 야코프 베르누이(Jacques Bernoulli, 1654-1705)의 이름을 딴 것이다. 그는 다니엘 베르누이(169쪽)의 삼촌이다. 『추측술』(*The Art of Conjecturing*)은 확률에 대한 그의 주저이다. 이 책은 1690년대 초반에 완성되었으나 그가 사망한 1713년까지 출판되지 않았다. 수학적 확률론에 있어 이 책은 매우 중요하다. 하지만 철학에 있어서도 매우 중요한 책이다. 이 책의 4부와 마지막 부에서, 베르누이는 경험으로부터의 학습에 대한 "신뢰도"(confidence) 접근법의 핵심 아이디어를 제시한다. 그것은 19장에서 다루게 될 것이다.

연습문제

1 **배고픈 클라라**. 클라라는 24시간 동안 7번 분유를 먹는다. 7번 각각의 분유 "섭취량"은 다음과 같았다.

$$6 \text{ oz.}, 4 \text{ oz.}, 7 \text{ oz.}, 4 \text{ oz.}, 2 \text{ oz.}, 7 \text{ oz.}, 5 \text{ oz.}$$

(a) 클라라의 분유 섭취량의 평균은 얼마인가?

(b) 표준편차는 얼마인가?

2 **아픈 샘**. 건강하지 않은 샘은 불규칙하게 식사한다. 그의 부모는 하루에 7번에 걸쳐

수유하지만, 그중 단 한 번만 많이 먹는다. 24시간 동안 샘이 먹은 양은 다음과 같다.

$$3 \text{ oz.}, 1 \text{ oz.}, 2 \text{ oz.}, 2 \text{ oz.}, 8 \text{ oz.}, 1 \text{ oz.}, 4 \text{ oz.}$$

(a) 샘의 분유 섭취량의 평균은 얼마인가?

(b) 표준편차는 얼마인가?

(c) 샘의 평균은 클라라의 평균보다 작지만, 표준편차는 그렇지 않다. 왜 그런가?

3 **중간 소득**. 어떤 집단의 산술적인 평균 수입은 각 수입의 합을 집단의 크기로 나눈 것이다. 이것은 일종의 "중간"이다. 우리는 한 집단을 둘로 나누어 수입을 살펴볼 수도 있다. 어떤 특정 값보다 수입이 큰 사람의 수가 그보다 수입이 작은 사람의 수와 같은 경우를 생각해보자. 이런 경우, 그 특정 값은 **중간값**(median)이라고 불린다. 중간값은 상위 집단의 가장 낮은 소득과 하위 집단의 가장 높은 소득의 가운데 값이다.

어떤 소규모 신규 사업체에 6명의 종업원 A, B, C, D, E, F가 일하고 있다. 종업원 중에는 밤에 출근해 청소와 정리 정돈을 하는 비정규직이 포함되어 있다. 각각의 수입은 다음과 같다.

A: $31,000   B: $16,000   C: $85,000

D: $38,000   E: $122,000   F: $74,000

수입의 (a) 평균과 (b) 중간값은 얼마인가?

4 **수입**. 연습문제 3번에서 계산된 평균과 중간값은 서로 다르다. 그 차이는 집단의 크기가 작기 때문인가? 그렇지 않다. 다음은 최근 통계 자료를 이용해 계산된 캐나다의 평균 수입과 중간 수입이다.

가구형태	평균 수입	중간 수입
일반가구	57,146	50,316
단독가구	25,005	18,856
전체가구	46,556	37,979

* 여기서 각 값의 단위는 모두 캐나다 달러이다.

평균과 중간값의 차이가 수입의 분포에 대해 시사하는 것은 무엇인가?

5 **빈곤선**. "빈곤선"(proverty line)은 여러 방식으로 정의된다. 미국의 빈곤선은 일반적으로 **빈곤 역치**(poverty thresholds)라 불리는 것을 의미한다. 캐나다의 빈곤선은 **저**

소득 기준(low-income cutoffs)을 뜻한다. 캐나다에서 대도시 거주 4인 가족 빈곤선은 34,000캐나다달러 혹은 23,000US달러이며, 이는 미국의 4인 가족 빈곤 역치, 즉 17,029US달러보다 약 6,000US달러 많다.

국가 간 비교를 위해서, 보통 "빈곤선"은 전체 인구의 (i) 중간 수입의 50% 혹은 (ii) 평균 수입의 50%로 정의된다. 각각의 빈곤선 측정 방식에 따라 (연습문제 4에 제시된 표를 이용해) 캐나다 일반 가구의 빈곤선을 계산하라.

6 **신속한 해법.** 영국 수상은 다음 선거 전까지 빈곤층의 30%를 빈곤선 이상으로 올릴 것이라고 발표했다. (a) 이를 위한 손쉬운 방법은 무엇인가? 빈곤선이 평균 수입으로 정의된다고 가정하라. 빈곤선 위에 있는 사람들의 수를 억지로 빈곤선 아래에 있는 사람의 수와 맞추지 말라! (b) 빈곤선을 중간 수입으로 정의하게 되어도 당신의 방법은 여전히 유효한가?

7 **가장 확률이 높은 수들.** 가장 확률이 높은 수는 대개 pn과 정확히 같지는 않다. 왜냐하면 가장 확률이 높은 수는 5나 1097과 같은 정수이지만 pn은 분수 혹은 소수이기 때문이다. 예를 들어 $p=0.3$, $n=13$이라고 하자. 그럼 $pn=3.9$로 정수가 아닌 값이 된다. 더욱이 가장 확률이 높은 수는 두 개일 수도 있다.

녹색 공과 붉은 공이 같은 수로 들어 있는 항아리에서 5개의 공을 복원추출하는 경우를 생각해보자. 이 경우 $p=1/2$이다. $\Pr(0)$은 0개의 녹색 공이 뽑힐 확률, $\Pr(1)$은 1개의 녹색 공이 뽑힐 확률을 가리킨다. 다른 확률도 이런 식으로 표현된다.

(a) 5개 공 뽑기의 가능한 결과들에는 무엇이 있는가? 각 결과들의 확률은 같아야 한다.

(b) $\Pr(0)$와 $\Pr(5)$의 값은?

(c) $\Pr(1)$과 $\Pr(4)$의 값은?

(d) $\Pr(2)$와 $\Pr(3)$의 값은?

(e) 가장 확률이 높은 수는 무엇인가?

(f) 확률 p를 가지는 n번의 베르누이 시행에서 가장 확률이 높은 녹색 공의 수를 k_0라고 하자. k_0는 다음을 만족하는 정수 혹은 정수들의 쌍이다.

$$np - (1-p) \leq k_0 \leq np + p.$$

$p=1/2$, $n=5$인 우리의 예에서 수 2와 3이 가장 큰 확률을 가지는 수라는 것을 확인하라.

8 **가장 확률이 높은 수**. $p=0.3$, $n=13$일 때 가장 확률이 높은 수는 무엇인가?

9 **성공**. S는 성공을 뜻한다.
   (a) $\Pr(S)=0.3$인 11번의 베르누이 시행에서 가장 확률이 높은 성공 횟수는 얼마인가?
   (b) 성공 횟수의 기댓값은 얼마인가?

10 **해안 강우**. 1843년 이후 매년 측정해온 결과 빅토리아주 브리티시 컬럼비아에서 7월 1일에 비가 올 확률은 4/17라는 것이 밝혀졌다. 그다음 50년 동안 7월 1일에 비가 오는 횟수 중 가장 확률이 높은 것은 무엇인가?

11 **입자 가속기**. 물리학 실험을 통해 몇몇 유형의 입자들이 연구된다. 실험 조건 A에서는 초당 평균 60개의 입자가 나타나며, 그렇게 나타난 각 입자의 속도가 v보다 클 확률은 0.7이다. 실험 조건 B에서는, 초당 평균 50개의 입자들만 나타나지만 그들은 조금 더 빠르다. 이 조건에서 각 입자의 속도가 v보다 클 확률은 0.8이다.
   (a) 각 실험 조건 A와 B에서 v보다 빠른 입자의 초당 개수 중 가장 확률이 높은 수는 무엇인가?
   (b) v보다 빠른 입자의 초당 개수의 평균은 (a)에서 답한 가장 확률이 높은 수와 다른가? 이는 일반적인 일인가, 이상한 일인가?
   (c) 빠른 입자에 대해서 연구하고자 한다. 그럼 실험 조건 A와 B 중에서 어떤 조건 아래에서 작업하는 것이 좋은가?

복습을 위한 핵심 단어

표본 평균	가장 확률이 높은 수
표본 표준편차	베르누이 정리
베르누이 시행	기댓값

17 정규 근사

앞에서 보았듯이 상대빈도는 이론적 확률에 수렴한다. 그럼 얼마나 빠르게 수렴하는가? 관찰된 상대빈도는 언제 비로소 확률의 신빙성 있는 추정치로 사용될 수 있을까? 이 장은 이 질문에 대한 몇 가지 답변을 제시한다. 그 답변은 이 책의 다른 부분보다 조금 더 전문적이다. 실질적인 목표를 위해서라면, 아래 세 상자 속 **정규 사실**을 활용하는 방법을 아는 것으로 충분하다.

실험 종형 곡선

317–318쪽에서 우리는 동전 던지기 실험을 다루었다. 그 실험 결과 우리는 종 모양과 대략 비슷한 곡선을 얻을 수 있었다. 이런 성질을 가지고 있는 분포는 많이 관찰된다.

　사례: 수입. 우리는 근대 산업국가의 수입 분포가 다음 쪽 곡선1과 비슷하리라 생각한다. 이 곡선의 오른쪽 끝에는 일부 극단적으로 부자인 사람들이 있다. 그러나 봉건 사회에서는 중간 그룹이 없었다. 그래서 우리는 그때의 수입 분포가 곡선2와 같으리라 생각한다. 그 곡선은 두 개의 봉우리가 있는 "이봉"(bimodal) 곡선이다.

　사례: 오차. 우리 측정은 결코 완벽하게 정확할 수 없다. 같은 양을 아무리 "정확"하게 여러 번 측정해도 약간의 차이가 발생한다. 그래서 종종 우리는 결과들의 평균을 구한다. 이 평균은 표본 평균이라 여길 수 있다. 좋은 측정 도구는 표준편차가 작고, 평균 주변에 모여 있는 결과를 만들어낸다. 나쁜 측정 도구는 표준편차가 크고, 서로 넓게 퍼져 있는 결과를 만들어낸다.

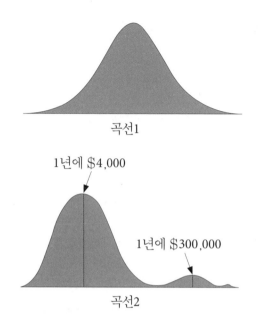

곡선1

1년에 $4,000

1년에 $300,000

곡선2

이상 종형 곡선

완벽하게 대칭적인 종형 곡선 수학식이 있다. 하지만 우리는 수학을 다루지 않을 것이다. 단지 그런 곡선의 몇 가지 유용한 성질만을 언급할 것이다. 그런 성질에는 정규(normal), 혹은 가우스(Gaussian)라는 수식어가 붙는다. '정규'라는 수식어가 붙은 것은, 사람들은 경험상 보통(normal) 그런 성질이 있다고 생각하기 때문이다. '가우스'라는 수식어가 붙은 것은, 독일 수학자 가우스(C. F. Gauss, 1777~1855)가 이 곡선을 깊이 연구했기 때문이다.

이런 종류의 곡선은 두 개의 수로 정의된다. 첫 번째 수는 (이론적) 평균이라고 불리는 것으로 (뮤(mu)라고 발음되는 그리스 문자) μ로 나타낸다. 이는 곡선의 봉우리가 있는 곳의 (가로축) 값이다.

두 번째 수는 곡선의 폭을 나타내는 것으로 이론적 표준편차 σ이다. 이는 그리스 문자 시그마의 소문자이다.

정규분포를 가진 모집단으로부터 표본을 추출했을 때, 그 표본의 평균 X는 이론적 평균 μ와 같아지는 경향이 있다. 그리고 표본 표준편차 SD는 이론적 표준편차 σ에 근접하는 경향이 있다.

곡선의 의미

동전 던지기 결과를 그린 그림에는 20개의 기둥이 있었다. n번째 기둥은 20번의 던지기에서 n번 앞면이 나온 학생의 수를 나타낸다. 정규분포는 연속적이다. 그래서 이와 관련된 수학은 조금 더 어렵다. 그러나 의미는 매우 단순하다. 기둥 대신 곡선 일부의 아래 면적을 생각하면 된다.

사례: 황의 녹는점은 112.8℃이다. 이 끓는점을 측정한다고 해보자. 이 측정이 제대로 된다면 측정치들은 112.8 주변에서 정규분포를 이룰 것이다. 이 수는 분포의 평균을 나타낸다. 얼마나 많은 측정치가 실제 녹는점을 중심으로 0.4℃ 간격 안에 있을까? 112.4℃와 113.2℃ 사이에 있는 측정치들의 비율은 곡선의 전체 면적에서 패턴이 그려진 영역의 비율로 표현된다.

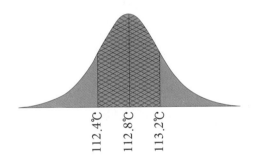

적용: 정규 사실 I

어떤 변수가, 평균이 μ이고 표준편차가 σ인 정규분포를 이룬다고 하자. 여기서 변수란, 측정 오차, 수입, 키와 같은 것이다. 우리는 이 변수의 값 E를 관찰한다, 그럼 다음과 같이 말할 수 있다.

E가 μ을 중심으로 σ 간격 사이에 있을 확률은 약 0.68이다.
E가 μ을 중심으로 2σ 간격 사이에 있을 확률은 약 0.95이다.
E가 μ을 중심으로 3σ 간격 사이에 있을 확률은 약 0.99이다.

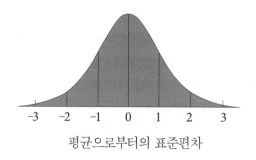

평균으로부터의 표준편차

적용: 정규 사실 II

베르누이는 1690년대에 자신의 정리를 증명했다. 그 후 몇 년이 지나 (그렇지만 그가 자신의 결과물을 발표하기 전에) 아브라함 드 무아브르(Abraham De Moivre)는 훨씬 더 강력한 결과를 내놓았다. 그것은 바로 정규분포가 베르누이 시행의 매우 훌륭한 근사(approximation)라는 것이다. n번의 베르누이 시행에서 사건 E가 k번 발생할 확률을 생각해보자. 여기서 E가 발생할 확률, 즉 Pr(E)는 p로 고정되어 있다.

> $b(k;n,p)$를, Pr(E)$=p$일 때 n번의 시행에서 사건 E가 k번 발생할 확률이라고 하자.

이는 이항분포(binomial distribution)라고 불린다. 왜냐하면 이 분포는 동전의 앞면과 뒷면과 같이 두 개(bi)의 항(nom)에 관한 것이기 때문이다. n이 상당히 클 때 함수 b를 가지고 작업하는 것은 무척 복잡해진다. 그러나 단순한 근사가 있다. 즉 $b(k;n,p)$의 근사라고 할 수 있는 정규분포가 있다. (이때 p가 0이나 1에 매우 가까워선 안 된다. 그런 경우에는 다른 종류의 근사가 필요하다.[1])

> 이항분포 $b(k;n, p)$의 근사는 $\mu=pn$이고 $\sigma=\sqrt{(1-p)pn}$인 정규분포이다.

---

1 [역자 주] 예를 들어, n이 크고 p가 0에 가까운 경우, 이항분포 $b(k;n,p)$는 정규분포가 아니라 푸아송 분포(Poisson distribution)에 근사하다. 이 분포는 특정한 시간 간격, 혹은 공간 간격 속에서 관련 사건이 발생한 횟수의 확률을 다루기 위해서 사용된다.

근사는 얼마나 훌륭한가?

아래 그래프는 동전을 10번밖에 던지지 않았음에도, 그리고 Pr(앞면)이 0.2로 상당히 작음에도 불구하고 정규 근사가 얼마나 훌륭한지 보여준다. 앞면의 확률이 1/5밖에 되지 않는다면 앞면이 다섯 번 혹은 여섯 번 이상 나오는 것은 무척 어려운 일이 된다.

Y축의 높이는 앞면이 정확하게 k번 나올 확률을 나타낸다.

아래 그림의 곡선은 정규곡선이다. 각 평균과 표준편차는 다음과 같다.

$$\mu = np = 10 \times 0.2 = 2.$$
$$\sigma = \sqrt{[(1-p)pn]} = \sqrt{[(1-0.2)(0.2) \times 10]} = 1.6.$$

아래 그림에서 곡선과 기둥이 얼마나 깔끔하게 일치하는지 확인해보라.

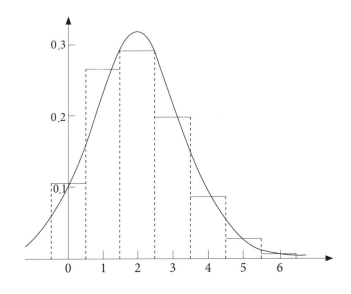

상대빈도는 얼마나 빠르게 확률에 수렴하는가?

정규 사실 I과 II를 이용해 이 질문에 답할 수 있다. 정규 사실 II는 이항분포의 근사는 정규분포라고 말한다.

정규 사실 III

우리는 지금 앞면이 나올 확률이 p인 베르누이 시행에 대해서 살펴보고 있다. n번의 동전 던지기에서 앞면이 나온 횟수는 k이다. 우리가 알고 싶은 것은 k가 pn에 가까울 확률이다. 우리는 다음 세 가지 특수한 사례에 대해 그 확률이 무엇인지 답할 수 있다. 이 답은 정규 사실 I과 II로부터 바로 도출된다.

---

k가 pn을 중심으로 σ 간격 사이에 있을 확률은 약 0.68이다.
k가 pn을 중심으로 2σ 간격 사이에 있을 확률은 약 0.95이다.
k가 pn을 중심으로 3σ 간격 사이에 있을 확률은 약 0.99이다.

예를 들어, k가 $pn-3\sigma$와 $pn+3\sigma$ 사이에 있을 확률은 99%이다.

이것은 다섯 번째, 그리고 확률과 장기 시행 속 상대빈도 사이의 가장 실질적인 연결이다.

큰 수의 법칙

우리는 아주 단순한 사례를 이용하여 확률과 장기 시행 속 상대빈도 사이의 다섯 가지 연결을 설명하였다. 동전 던지기나 항아리 구슬 뽑기와 같이, 그 사례는 상당히 익숙한 것이기도 했다. 그러나 예/아니오라고 답할 수 있는 많은 실제 문제들이 베르누이 시행을 통해서 다룰 수 있다. 아주 간단한 여론조사가 바로 그렇다. 전체 응답자를 "새로운 낙태법에 찬성하시나요?"라는 조사원의 물음에 "예"라고 답한 그룹과 그렇지 않은 그룹으로 분류한다. 우리는 생산 설비에서 가져온 충격 흡수기를 "OK" 혹은 "기준 미달"로 분류한다. 항아리 모형이 우리 실제 생활과 아주 동떨어져 있다고 할 수 없다.

베르누이와 드 무아브르의 연구 이후, (극한에 대한) 더욱 심오하고, 미묘하고, 섬세한 결과들이 증명되었다. 그 결과들은 종종 큰 수의 법칙(laws of large numbers)이라고 불린다. 베르누이 정리 그 자체는 종종 큰 수의 약법칙(weak laws of large numbers)이라고 불린다. 종종 중심 극한정리(Central Limit Theorems)라고 불리는, 더 일반적이고 위 결과 모두를 포괄할 수 있는 것도 있다. 그러나 뒤에 나올 것들을 제대로 이해하는 데 있어 베르누이 정리와 방금 설명한 정규 사실들만으로 충분하다.

전구

전구 제조 회사 비시오퍼펙트는 긴 전구 생산 설비를 가지고 있다. 이 생산 설비에서 제조된 전구 중 96%는 8,000시간 이상 빛을 낼 수 있는 "긴 수명"을 가지고 있다. 그리고 4%는 그보다 짧은 수명을 가지고 있다. 전구는 6개가 한 묶음으로 포장되어 판매되며, 여섯 묶음 400개, 즉 2,400개의 전구가 이 생산 설비의 최소 생산량이다.

긴-수명 전구와 짧은-수명 전구는 이 생산과정에 무작위적으로 분포되어 있다. 그래서 그 분포는 베르누이 시행을 모형으로 삼을 수 있다.

전구 2,400개 중, 긴-수명 전구의 기대 개수는 0.96×2,400=2,304이다.

긴-수명 전구 개수가 2,304일 확률이 가장 높으며, 2,304는 긴-수명 전구 개수의 기댓값이 된다. 하지만 정확하게 2,304개의 긴-수명 전구를 얻는 일은 좀처럼 잘 일어나지 않는다. 이 수와 가까운 수를 얻을 확률은 얼마나 클까? 우선 σ의 값은 다음과 같이 결정된다.

$$\sigma = \sqrt{[p(1-p)n]} = \sqrt{[0.96 \times 0.04 \times 2400]} = 9.6.$$

그러므로 전구 2,400개 중, 긴-수명 전구 개수가

2,294와 2,314 사이에 있을 확률은 2/3보다 크다.
2,284와 2,324 사이에 있을 확률은 0.95보다 꽤 크다.
2,275와 2,333 사이에 있을 확률은 0.99보다 크다.

첫 번째 줄에 "보다 크다"라는 표현이 있는 이유는 기댓값을 중심으로 10 간격의 폭은 σ=9.6 간격의 폭보다 더 크기 때문이다. 두 번째 줄에 "꽤 크다"라는 표현이 있는 이유는 기댓값을 중심으로 20 간격의 폭은 2σ=19.2 간격의 폭보다 꽤 더 크기 때문이다.

따분한 죄수

주식중개인인 제임스는 회삿돈을 사취한 혐의로 복역 중이다. 그는 철창 속에서 아무 할 일 없이 수년을 보내야 한다.

그는 어느 쪽으로도 쏠리지 않은 것처럼 보이는 동전을 10,000번 던지기로 결심했다. 동전과 던지는 방식이 공정하다면,

앞면이 나오는 횟수의 기댓값은 5,000이다.
$$\sigma = \sqrt{[p(1-p)n]} = \sqrt{[1/2 \times 1/2 \times 10{,}000]} = 50.$$

그러므로 그가 관찰한 10,000번의 동전 던지기에서 앞면이 나온 수가

4,950과 5,050 사이에 있을 확률은 약 2/3이다.
4,900과 5,100 사이에 있을 확률은 약 0.95이다.
4,850과 5,150 사이에 있을 확률은 약 0.99이다.

최악의 시나리오 50%

그 주식중개인은 동전을 10,000번 던졌다. 이 동전 던지기 횟수는 비시오퍼펙트의 2,400개의 전구 생산량의 4배보다 더 크다. 그러나 정확도-확률이 같을 때, 동전 던지기의 오차 한계가 전구의 경우보다 더 크다.

이는 전구 제조사의 생산량보다 주식중개인의 동전 던지기에 훨씬 더 큰 변동성이 잠재되어 있다는 것을 의미한다. 이를 더 분명하게 확인하기 위해, 제임스가 동전을 정확히 2,400번 던지는 경우를 생각해보자. 그럼 앞면이 나오는 횟수의 기댓값은 1,200이다. 그리고 다음이 성립한다.

$$\sigma = \sqrt{[p(1-p)n]} = \sqrt{[1/2 \times 1/2 \times 2400]} = 24.5.$$

비시오퍼펙트의 오차 한계 9.6과 비교해보라. 예를 들어 말해보자. 이 결과는, 정확도-확률이 96%일 때, 동전 던지기의 오차 한계는 50이지만 비시오퍼펙트의 오차 한계는 약 20이라는 것을 의미한다.

반대로 10,000개의 전구를 생산했다고 해보자. 그럼 긴-수명 전구 개수의 기댓값은 9,600이고 다음이 성립한다.

$$\sigma = \sqrt{[p(1-p)n]} = \sqrt{[0.96 \times 0.04 \times 10{,}000]} = 19.6.$$

제임스의 경우, 이 값은 50이었다. 다시 예를 들어 말해보자. 이 결과는, 정확도-확률이 99%일 때, 제임스의 오차 한계는 150이지만 비시오퍼펙트의 오차 한계는 약 60이라는 것을 의미한다.

따라서 정확도-확률이 같을 때, 제임스의 감옥 속 동전 던지기의 오차 한계는 전구 제조사의 오차 한계의 $2\frac{1}{2}$배이다.

전구 사례와 주식중개인 사례의 유일한 수치상 차이는 확률이었다.

전구: $p=0.96$ (긴-수명 전구가 선택될 확률)
동전 던지기: $p=0.5$ (앞면이 나올 확률)

오차 한계는 $p=1/2$일 때 가장 크다.
이는 예상했던 일이다. 오차 한계는 $\sigma=\sqrt{[p(1-p)n]}$에 의존한다.
n의 값이 고정되면, $p(1-p)$의 최댓값은 $1/2\times1/2=1/4$이 된다.
이를 다른 예를 통해 확인해보라. $p=0.3$이라면 $p(1-p)=0.21<0.25$가 된다.
연습문제 6에서 당신은 $1/2$의 확률이 최악의 시나리오라는 것을 증명해야 한다. 여기서 최악의 시나리오라는 것은 0.95나 0.99의 정확도-확률 아래에서 $p=1/2$일 때 오차 한계가 최대가 된다는 말이다.

아브라함 드 무아브르

아브라함 드 무아브르(Abraham de Moivre, 1667-1754)는 베르누이 시행의 정규 근사를 증명한 사람이다. 그는 잉글랜드로 망명한 프랑스 종교 난민 가정에서 태어났다. 수년 동안 그는 뉴턴이 보낸 학생들에게 개인 교습을 해주며 생활했다. 그의 책 『우연의 원칙』(*The Doctrine of Chances*)은 반세기가 넘도록 확률론의 가장 중요한 영문 교과서의 지위를 가지고 있었다. 훗날 그는 연금 이론의 토대를 세운 책을 최초로 집필하였다.

연습문제

1 **이봉 곡선**. 이봉 분포의 다른 사례를 제시하라.

2 **정규곡선**. 당신이 생각하기에 다음 분포는 대략적으로 정규곡선과 비슷한가, 이봉 곡선과 비슷한가? 아니면 둘 다 아닌가?

(a) 같은 민족인 남성들의 집단 속 키의 분포

(b) 같은 민족인 사람들의 집단 속 키의 분포

(c) 당신이 사는 지역, 주간 강수량의 일 년간 분포

(d) 영국 저지(Jersey) 지역, 젖소 한 마리 당 우유 생산량

3 **하급 생산 설비**. 비시오퍼펙트에서 만드는 전구 중 3/4만이 긴-수명 전구라고 하자. 그리고 이 과정은 본문에서 설명된 것과 같이 베르누이 시행을 모형으로 삼을 수 있다고 하자.

(a) 4,800개의 생산품 중에서 긴-수명 전구 개수의 기댓값은 무엇인가?

(b) 위 생산품 중 긴-수명 전구의 수가 3,540과 3,660 사이에 있을 확률은 얼마인가?

4 **운동 후 샤워**. 얼마나 많은 남자 고등학생이 체육 수업 이후 학교 샤워 시설을 이용하는가? 한때는 거의 모든 학생이 샤워했었다. 그러나 이제는 학생 중 약 절반 정도만 샤워하며, 나머지는, 잘 씻지 않아 냄새가 난다.

체육 수업에 참여한 3,136명의 남자 고등학생들을 무작위로 추출했다고 하자. 우리는 그중 1,568명이 운동 후 샤워했으리라 기대할 것이다. 운동 후 샤워를 하지 않은 남학생의 수가 $1,568+x$보다 크거나 $1,568-x$보다 작을 확률이 단 1% 정도이게 만드는 x의 값은 무엇인가?

5 **다른 지역**. 샤워 습관은 지역마다 다르다. 서로 멀리 떨어진 여러 지역, 즉 도시와 시골, 북부와 남부, 서부와 동부, 중부 등등에 있는 학교에서 3,136명의 학생들로 구성된 표본을 추출하였다.

운동 후 샤워를 하는 남학생들의 비율이 다음과 같을 때 위 4번 문제의 x값은 무엇인가?

(a) 0.3. (b) 0.7. (c) 0.1. (d) 0.9.

각 경우의 x에 대해서는 다음이 성립해야 한다. 조사된 남학생의 비율이 표본의 기댓값을 중심으로 x간격 밖에 있을 확률이 1%보다 작다.

6 **최악의 시나리오**. 다음을 증명하라. 정확도 확률이 0.95일 때, $p=1/2$인 경우 베르누

이 시행의 오차 한계가 가장 크다.

복습을 위한 핵심 단어

정규분포   이론적 평균
이항분포   이론적 표준편차
정규 근사

18 유의성과 검정력

통계적 가설은 자료와 비교된다. 이 자료는 종종 주의 깊게 설계된 실험을 통해 수집된다. 우리는 증거를 바탕으로 가설을 잠정적으로 채택하거나 거부한다. 증거는 좋을 수도 있고 나쁠 수도 있다. 그리고 증거는, 더 혹은 덜 설득력이 있을 수도 있다. 그런 증거는 언제 유의한가? 가설을 채택하고 거부하는 것 이면에는 어떤 아이디어가 있는가? 이 장에서 우리는 이 질문과 관련해, 근본적으로 다른 두 가지 사고방식을 소개할 것이다. 그 둘 다 실제 통계 활동에서 확고히 자리 잡혀 있다. 첫 번째 아이디어는 **유의성 검정**이고, 두 번째 아이디어는 거짓 가설을 구분해내기 위한 시험의 **검정력**이라는 것이다.

점성술

이 수업을 듣는 네 명의 학생이 첫 수업이 끝난 이후 커피숍에 모였다. 그중 두 명은 같은 별자리였다. 별자리에는 총 12가지가 있다. 두 명이 같은 별자리라는 것은 유의한(significant) 일인가? 그들이 만난 것은 운명이었나?

우리는 그럴듯한 모형을 이용해 다음과 같이 물을 필요가 있다. 이것은 단지 우연에 의해서 쉽게 일어날 수 있는 일인가?

이론적 확률 모델: 우연 장치의 도움을 받아, 각 사람에게 별자리 하나씩 할당한다. 이때 각 사람에게 특정 별자리가 할당될 확률은 모두 같다. 이는 마치 12개의 다른 카드, 가령 에이스를 뺀 클로버 12장에서 카드 한 장을 뽑는 것과 같다.

에이스는 모두 뺀 카드 한 벌을 생각해보자. 그럼 12개의 다른 숫자 카드로 이루어진 묶음 4개를 만들 수 있다. (이는 12개의 별자리, 4명의 학생 각각에 대응한다.) 각 묶음에서 카드 한 장씩 무작위로 뽑는다고 해보자. 그럼 뽑힌 카드 중 적어도 두 장이 같은 숫자일 확률은 얼마인가?

"적어도" 문제는 거꾸로 생각하면 쉽게 풀리는 경우가 많다. 모든 카드가 다른 숫자일 확률은 다음과 같다.

1-(적어도 카드 두 장이 같은 숫자일 확률)

카드 묶음 2개, 즉 스페이드 묶음과 다이아몬드 묶음에서 출발해보자. 각 묶음에서 뽑힌 카드가 서로 다른 숫자일 확률은 11/12이다. 왜냐하면, 스페이드 묶음과 다이아몬드 묶음에서 같은 숫자가 나올 확률은 1/12밖에 안 되기 때문이다. 클로버 카드 하나의 숫자가 다른 두 묶음에서 뽑은 카드와 다른 숫자일 확률은 10/12이고, 하트 카드 하나의 숫자가 다른 세 묶음에서 뽑은 카드와 다른 숫자일 확률은 9/12이다. 그렇다면 카드 네 장이 모두 다른 숫자일 확률은 다음과 같다.

$$\frac{11 \times 10 \times 9}{12 \times 12 \times 12} = \frac{55}{96}.$$

따라서 적어도 카드 2장이 같은 숫자일 확률, 즉 적어도 학생 두 명의 별자리가 같을 확률은 4/10보다 약간 큰 41/96이 된다.

그러므로 무작위로 뽑은 네 사람 중 적어도 두 명의 별자리가 같다는 것은 그렇지 않다는 것만큼 자주 일어나는 일이라 기대할 수 있다. 직관적으로 보기에, 같은 커피숍 테이블에 앉은 네 사람 중 두 명의 별자리가 같다는 것은 별로 유의한 일이 아니다.

똑똑한 학습자

71-72쪽의 똑똑한 학습자는 룰렛 휠 회전에서 12번 연속으로 검은색이 나오는 것을 보았다.

그는 룰렛 휠이 12번 회전한 결과에 관한 이 정보가 유의하다고 생각했다. 그는 그 정보가 휠이 검은색 쪽으로 편향되어 있다는 것을 (증명하는 것은 아니지만 암시하는 정도로) 나타낸다고 생각했다.

그는 왜 검은색이 12번 연속으로 나온 결과가 유의하다고 생각했을까? 그 결과의 유의성은 룰렛 휠이 공정하다는 가정과 관련되어 있다.

공정한 룰렛 휠에서 12번 연속으로 검은색이 나오는 일은 무척 일어나기 힘

들다. 룰렛에 어떤 0도 없다고 해보자. 그럼 검은색이 나올 확률은 1/2이 된다. 이렇다고 하더라도 휠을 12번씩 돌리는 것을 4,096번 해야 비로소 평균 1번 정도 검은색이 연속으로 12번 나오게 된다. 그 확률은 약 0.00024이다.

똘똘한 학습자는 다음과 같이 결론 내린다.

> 룰렛 휠이 검은색 쪽으로 편향되어 있거나, 아니면 룰렛 휠은 공정하고 검은색이 연속으로 나오는 흔치 않은 결과가 관찰되었다.

이 단순한 "있거나, 아니라면"이 바로 유의성 검정의 기초이다.

통계적 가설: 룰렛

도박사의 오류에 관한 장에서, 어리석은 도박사, 답답한 논리학자, 똘똘한 학습자 모두 "룰렛 휠은 공정하다."라는 가정에서 출발했다.

우리는 이 가정을 다음과 같이 분석하였다. 룰렛 휠은 우연 장치로, 검은색이라는 결과와 붉은색이라는 결과는 모두 같은 확률을 가지고 있으며 각 결과는 서로 독립적이다.

이 가정은 휠에 대한 가설로 여겨질 수 있다. 우리는 이를 통계적 가설이라고 부른다.

통계적 가설: 비시오퍼펙트

339쪽의 예에서 비시오퍼펙트는 2,400개의 전구를 생산한다. 이 회사가 홍보하는 것에 따르면 그 회사의 생산 설비에서 제작된 전구 중 96%가 긴 수명을 가지고 있다.

우리는 긴-수명 전구일 확률이 0.96인 베르누이 시행에 관한 주장을 이 사례에 대한 모형으로 삼았다.

이 주장은 비시오퍼펙트의 전구 생산과정에 대한 통계적 가설이다. 이 가설을 H라고 하자.

우리는 H가 참이라면 다음이 성립한다는 것을 계산했다.

◆ 전구 2,400개 중 긴-수명 전구 개수가 2,275와 2,333 사이에 있을 확률은

99%보다 크다.

◆ 반대로 짧은-수명 전구 개수가 125보다 크거나 67보다 작을 확률은 1%보다 작다.

가설은 참인가?

통계적 가설에는 빈도-유형 확률이 포함되어 있다. 그런 가설은 분명 세계의 모습에 관한 주장이다. 도박사의 가설은 룰렛 휠이 공정하다는 것이었다. 이 주장은 참이나 거짓, 둘 중 하나다. 이 주장에 관해서는 어떤 "빈도"도 없다.

마찬가지로, 전구 가설 H도 빈도 유형 확률을 포함하고 있다. 이것은 참이나 거짓 둘 중 하나다.

H는 참인가? H는 여러 이유에서 거짓일 수 있다.

■ 비시오퍼펙트는 자신의 생산과정을 착각하여, 그 과정이 실제로 어떤지 모를 수 있다.

■ 비시오퍼펙트의 홍보팀이 우리에게 오해를 불러일으켰을 수도 있다. 심지어 거짓말을 했을 수도 있다.

■ 또는 논리학자들이 성급히 결론 내린 것일 수도 있다. 아마도 생산과정은 단순 베르누이 시행처럼 작동하지 않을지도 모른다. (짧은-수명 전구가 만들어지는 과정에서 어떤 기계 결함이 발생했을 수도 있다.)

우리는 H가 참인지 물을 수 있다. 그러나 빈도 관점에서는 H의 확률 혹은 H가 참일 확률에 관해 이야기할 수 없다.

왜냐하면, H는 명확히 단일 사태, 즉 비시오퍼펙트가 전구를 만드는 과정에 관한 주장이기 때문이다. H는 참이거나, H는 거짓이다. 여기엔 어떤 "빈도"도 없다.

빈도-유형의 두 개념

증거에 기초한 H의 확률에 관해 말할 수 없다면, 빈도-유형 통계학자들은 우리의 귀납 추론에 어떤 도움을 주는가? 여러 방법이 있다. 우리는 그중 다음 두 가지를 강조할 것이다.

◆   유의성(significance) 개념.

◆   신뢰성(confidence) 개념.

비록 자주 오용되긴 하지만, 유의성 개념은 쉽게 이해할 수 있다. 신뢰성 개념을 이해하는 것은 조금 더 어렵다. 사람들은 이 개념 역시 자주 오용한다. 이번 장에서 우리는 유의성 개념을 설명할 것이다. 신뢰성 개념은 다음 장에서 설명된다.

불량 전구

월간지 『소비자평가』에 따르면, 비시오퍼펙트가 만든 2,400개의 전구, 즉 6개가 한 묶음으로 포장된 400개의 묶음을 시험했다. 그중 133개의 짧은-수명 전구가 발견되었다.

    H는 긴-수명 전구일 확률이 96%인 베르누이 시행에 관한 통계적 가설이다. 빈도 관점에서 우리는 다음을 추론할 수 있다.

■   만약 가설 H가 참이라면, 1%보다 작은 확률을 가진 사건(짧은-수명 전구의 개수가 125보다 크거나 67보다 작은 사건)이 일어난 것이다.

이는 H로부터 다음이 도출되기 때문이다.

■   제작된 짧은-수명 전구의 개수가 125보다 크거나 67보다 작을 확률은 기껏해야 1%이다.

하지만 우리는 다음을 추론할 수 없다.

    "H가 참일 확률은 1%보다 작다."

빈도 관점에서, 위와 같은 진술은 아무 의미가 없다!

수상한 동전

교도소에 수감 중인 주식중개인 제임스(340쪽)는 동전을 던지고 있다. 그는 동전이 공정하다고 생각했다. 그는 동전을 2,400번 던졌는데, 그중 1,279번 앞면이 나왔다.

이 결과는 앞면이 나온 횟수가 1,200으로부터 79만큼을 초과한 것이다. 그는 2,400번의 던지기에서 앞면이 75 이상으로 초과하거나 미달하는 일이 발생할 빈도는 1%보다 작을 것이라 계산했다.

그는 다음과 같이 말할 수 있었다.

■ 만약 동전이 공정하다는 가설이 참이라면, 1%보다 작은 확률을 가진 사건 (앞면이 나온 횟수가 1275보다 크거나 1125보다 작은 사건)이 일어난 것이다.

그러나 그는 다음과 같이 추론할 수 없다.

"동전이 공정할 확률은 1%보다 작다."

빈도 관점에서, 위와 같은 진술은 아무 의미가 없다. 그가 던진 동전은 공정하거나, 그렇지 않거나 둘 중 하나일 뿐이다.

유의성

빈도 관점에서는 H의 확률에 관해 말할 수 없다. 이렇다 하더라도, 『소비자평가』가 이끌어낸 결과는 유의하다. 짧은-수명 전구가 너무 많다는 것이다.

물론 어쩌다 보니 133개의 짧은-수명 전구가 만들어진 것일 수 있다. 그런 일은 우연에 의해서 일어났을 수 있다. 하지만 우리 대부분은 H가 거짓이라고 짐작할 것이다.

여기에서 통계학자들은 용어 하나를 만들어낸다. 그들은 『소비자평가』의 자료는 1% 수준에서 유의하다고 말한다.

실험 농장

몇몇 통계적 방법은 농업에서 처음으로 발전되었다. 실험 농장에서는 새로운 종자, 새로운 비료, 새로운 살충제가 시험된다.

연구원들이 처음에 관심을 가진 것은 수확량이었다. 새로운 제품은 풍성한 열매를 맺거나 해충, 가뭄, 폭풍 등에 더 잘 견뎌 더 많은 먹거리를 만들어내야 했다.

실험 방법은 꽤 단순했다. 새로운 종자나 비료는 잘 설계된 실험을 통해 시험되었다. 요즘에는 여러 구역으로 나뉜 농지를 가지고 실험을 한다. 나뉜 구역 중 몇 개를 무작위로 선택하여 새로운 제품을 이용해 특별한 처리를 할 것이고, 대조를 위해 나머지는 그대로 둘 것이다.

새로운 비료나 새로운 종자, 혹은 새로운 살충제로 처리된 구역은 처리구(the treated plot, 處理區)라고 불린다. 만약 처리구와 무처리구(the untreated plots, 無處理區) 사이에 수확량의 차이가 작다면, 해당 처리를 하는 것은 쓸모없다고 해야 할 것이다. 만약 그 차이가 상당하다면, 해당 처리는 바람직하다고 해야 할 것이다. 이는 당연하다. 문제는 다음과 같다.

◆ 수확량의 유의하지 않은 차이와 유의한 차이를 어떻게 구분할 것인가?

실험 설계

이 문제는, 해당 처리가 작물 수확량에 어떤 실질적인 차이도 만들어내지 않는다는 가설에 대한 검정(testing)으로 생각될 수 있다. "어떤 특별한 효과도 없다"라는 가설은 귀무가설(null hypothesis)이라 불린다.

위 문제에 답하는 절차는 간단해 보인다.

- 실험에 대한 통계 모형을 만들라. 이 모형에는 처리구와 무처리구를 결정하는 방법 — 예를 들어, 구역들을 무작위로 할당하는 방법 — 이 포함될 것이다.
- 이 모형을 이용하여 "해당 처리가 어떤 차이도 만들어내지 않는다."라는 귀무가설을 분명히 정의하라.
- 처리구와 무처리구의 수확량을 어떻게 측정할지 결정하라.
- 두 종류의 구역으로부터 얻은 수확량 사이의 가능한 차이를, 두 개의 배타적

이고 망라적인 집단, 큰-차이 집단과 작은-차이 집단으로 나누라. 만약 큰-차이 집단에 속한 실험 결과가 나타난다면, 수확량에 큰 차이가 있는 것이다.

■ 모형과 귀무가설을 따랐을 때, 큰-차이가 발생할 확률이 매우 작도록, 말하자면 1%가 되도록 큰-차이 집단과 작은-차이 집단을 선택하라.

■ 직관적으로 볼 때, 큰-차이 집단에 속한 결과는 유의하다.

실험이 설계된 뒤, 처리구와 무처리구의 수확량이 측정되고 비교된다. 두 수확량 사이의 차이가 크다면 이 결과는 1% 수준에서 유의하다라고 표현된다. 1% 유의하다라는 말을 사용하기도 한다.

사례: 살충제

보리를 공격하는 어떤 해충이 있다. 종자에 어떤 화학 처리를 하게 되면 피해가 줄어들 것이라는 의견이 제시된다. 그럼, 대조 실험이 설계된다. 다음은 이 실험에 대한 매우 대략적인 설명이다. 여러 밭에 보리를 재배한다. 몇몇 밭은 화학 처리가 된 종자를 심고, 다른 몇몇 밭에는 그런 처리가 되지 않은 종자를 심는다. 두 밭의 수확량을 비교한다. 이 실험에는 다음과 같은 것이 포함된다.

■ 귀무가설. 해당 처리는 별 도움이 되지 않는다.
■ 살충 처리를 하게 되면 수확량이 증가한다는 추측.
■ 자료: 처리구와 무처리구의 상대적 수확량.
■ 귀무가설이 옳다는 가정 아래에서, 위와 같은 자료, 혹은 훨씬 덜 개연적인 자료를 얻을 확률.
■ 위 확률은 p라는 것이 밝혀진다.

확률 p는 그 결과의 유의수준이라고 불린다.

유의성 영역

지금까지의 설명에는 무언가 누락된 것이 있다. 어떤 동전이 공정하다는 귀무가설을 생각해보자. 그 동전을 12번 던진다. 그리고 다음 결과를 얻었다.

H, H, T, H, T, T, T, H, T, T, H, H.

앞면 6번, 뒷면 6번 나온 것이다. 이것은 귀무가설, 즉 동전이 공정하다는 가설이 틀렸다는 것에 대한 증거라 할 수 없다.

그러나 앞면과 뒷면이 정확하게 위와 같이 나열된 결과가 나올 확률은 1/4096, 혹은 약 0.00024이다. 이런 사실은 위 결과가 유의하다는 것을 의미하는가?

그렇지 않다. 유의성 검정 대부분은 아래와 같은 방식으로 설계된다.

가능한 자료를 두 그룹으로 나눈다. 각 그룹을 S와 N이라 부르자. 여기서 S는 유의하다(significant)는 것을, N은 유의하지 않다(not significant)는 것을 나타낸다. 이 그룹들은 두 가지 특징을 가지고 있다.

1. 귀무가설이 참이라면, S에 속한 개별 시험 결과를 얻을 확률은 N에 속한 개별 시험 결과를 얻을 확률보다 작다.
2. 귀무가설이 참이라면, S에 속한 결과 중 하나를 얻을 확률은 p이다. 여기서 p는 이 검정의 유의수준이다.

첫 번째 특징에는 291쪽에서 정의된 가능도가 암묵적으로 포함되어 있다. E에 대한 H의 가능도는, H가 참일 때 E가 참일 확률이다. 특징 (1)이 말하는 것은, S에 있는 결과에 대한 귀무가설의 가능도는 S에 속하지 않는 것에 대한 귀무가설의 가능도보다 작다는 것이다.

검정 설계

특징 (1)과 (2)에는 규정되지 않은 것이 많이 남아 있다. 유의성 검정의 설계 방식은 다양하다. 일반적으로 검정을 설계하는 사람들은 통계량(statistic)이라는 것을 선택한다. 이 통계량이란, 특별한 방식으로 요약된 통계 자료를 말한다.

검정은 실험을 진행하는 것과 통계량을 이용해 자료를 요약하는 것으로 이루어진다. 만약 실험 통계량이 "1% 영역"에 있다면, 그 결과는 1% 수준에서 유의하다고 평가된다.

위 (1), (2)와 비슷하게, 1% 영역은 다음 특징을 가지고 있다.

1. 1% 영역은, 귀무가설에 따랐을 때 일어날 확률이 가장 낮은 결과 모두를 포함한다.
2. 1% 영역 속한 통계량을 얻을 확률은, 귀무가설에 따랐을 때 1%이다.

통계량은 어떻게 선택되는가? 이것은 유의성 검정의 직접적이고 실질적인 문제이다. 충분 통계량(sufficient statistic)이라는 이론적으로 중요한 개념이 있다. 어떤 의미에서 충분 통계량은 원자료(raw data)에 있는 모든 관련 정보를 담아 요약한 것이라고 할 수 있다. 이는 통계학 수업에서 등장하는 전문 개념이다. 하지만, 그것은 가능도 비가 정보의 증거적 의미를 요약하고 있다는 베이즈주의 아이디어(301–302쪽)와도 연결된다. 여기서 우리 관심은 검정 설계와 관련된 위와 같은 질문에 있지 않다. 그보다 우리는 유의성 검정의 기본 논리에 관심을 두고 있다.

유의성 검정의 귀납논리
유의성 검정은 결코 다음과 같은 것을 결론으로 삼지 않는다.

"귀무가설이 참일 확률은 기껏해야 1%이다."
"귀무가설이 거짓일 확률은 0.99이다."
"살충 처리가 수확량을 늘릴 확률은 99%이다."

유의성 검정의 전형적인 결론은 다음과 같다.

언급된 귀무가설이 참이라면, 우리와 같은 실험에서 나온 자료를 요약하고 있는 통계량을 이용할 때 우리가 얻은 자료, 혹은 그보다 훨씬 덜 개연적인 자료를 얻을 확률은 0.01이다.

위 진술은 종종 다음과 같이 짧게 표현되곤 한다.

귀무가설에 따르면, 해당 자료를 얻을 확률은 0.01이다.

그러나 위에서 말했듯이, 관찰된 실제 자료의 확률은 일반적으로 매우 낮다.

낮은 확률을 가진 것은 가능한 결과들로 이루어진 어떤 영역이며, 우리의 실제 자료는 그 영역에 포함되어 있다.

자료에 비추어볼 때, 우리가 귀무가설의 진위에 관해 말할 수 있는 것은 무엇인가? 단지 다음과 같은 것뿐이다.

귀무가설은 참이고 그 가설 아래에서는 흔치 않은 일(1%의 확률을 가진 일)이 우연히 일어났거나, 아니면 귀무가설은 거짓이다.

농부와 함께

유의성 검정은 농부들을 위해서 개발되었다. 여기에는 중요한 교훈이 하나 있다. 농부들은 식물, 동물, 날씨, 해충, 땅 등에 대한 광대한 지식을 가지고 있다. 그러나 배후에 심오한 이론을 갖추고 있는 물리학이나 분자생물학과 달리, 매우 적은 농업 지식만이 "이론적"이다. 비료나 살충제를 만들기 위해서는 복잡한 화학 지식이 필요하다. 그러나 그런 것이 특정 조건에서 제대로 작동하는지는 오로지 실험을 통해서만 확인할 수 있다. 결국, 농업에서 이론은 별 도움이 되지 않는다. 도움이 되는 것은 실천이다. 이런 점을 좀 더 강하게 표현하자면 다음과 같다.

유의성 검정은, 그 어떤 이론적인 방식으로도 무슨 일이 일어날지 이해할 수 없는 상황을 위한 것이다.

의학

유의성 검정은 매우 흔해졌다. 유의성 검정은 가장 먼저 의학 분야로 확장되었다. 의학은 농업과 매우 비슷하다. 다양한 약물과 치료가 왜 효과적인지, 우리는 보통 잘 모른다. 실제로 일어나고 있는 일에 관한 우리 이론적 지식은 매우 빈약하다. 스스로 이해하고 있다고 생각하는 연구자조차 회의적인 사람에게 확신을 심어주기 어렵다.

이런 상황에도 불구하고, 우리는 어떤 약물이 다른 약물보다 더 효과적이라고 경험에 비추어 말할 수 있다. 유의성 검정을 통해, 우리는 새로운 약물과 치료를 시험할 수 있다. 유의성 검정을 통해, 또한 우리는 다양한 건강 요인이 어떻게 연관되는지 혹은 어떤 상관관계를 가지는지 발견할 수 있다.

실험 심리학

유의성 검정의 심장부에는 실험 심리학이 있다. 실험 심리학은 우리 패러다임에 딱 들어맞는다. 인간 심리에 관해 심오한 이론적 방식을 통해 이해할 수 있는 것은 거의 없다. 그래서 우리는 순수 경험적 실험을 굉장히 많이 진행한다. 우리는 실험을 설계하고 결과를 얻은 다음 유의수준을 언급한다.

실험 심리학 연구 결과를 출판하는 많은 학술 잡지는 유의수준, 혹은 이보다 더 섬세한 통계 지표들을 강조한다. 오늘 발행된 학술 잡지를 펼쳐보라. 그러면 실험 결과가 담긴 표를 찾을 수 있을 것이다. 그런 표의 마지막 열은 두 개의 변수 사이의 연관성 정도를 나타낸다.

기억 실험을 예로 들어보자. 자극에 노출된 순간과 자극에 대한 인지 여부를 검사하는 순간 사이의 시간 간격은 해당 자극을 인지할 수 있는 능력에 영향을 줄 것이다. 실험 결과를 담은 표의 한 열에는 시간과 인지 사이의 연관성 정도를 나타내는 수들이 있을 것이다. 그런 수 중 몇몇은 한 개의 별표(*)가 붙어 있을 것이다. 어떤 다른 수들에는 두 개의 별표(**)가 붙어 있을 것이다. 그리고 표의 맨 아래에는 다음과 같은 것이 있을 것이다.

$^*p < 0.05.$ $^{**}p < 0.01.$

여기서, (*)가 붙은 연관성은 0.05의 수준에서 유의하다는 것을, (**)가 붙은 연관성은 0.01의 수준에서 유의하다는 것을 나타낸다.

사회과학

많은 사회과학의 실제 연구도 이와 비슷하다. 다음은 대표적인 사회과학 학술지에서 가져온 사례이다. 각 사례는 내가 이 장을 마무리할 즈음에 발표된 것들이다.

사회학: (a) 유년 시절 중 지역 간 이사 경험이 있는 아이의 교육 성취 및 직업과 (b) 유년 시절 내내 한 지역에서 거주하였던 동일

연령대 아이의 교육 성취 및 직업을 비교하는 논문.

경제 지리학:　피상적인 경제적 합의에도 불구하고, 3개의 주요 경제 패권 국가(독일, 일본, 미국) 중 일부가 별개의 무역 블록을 형성하려는 실질적인 경향은 지난 20년 동안 없었다는 것을 주장하는 논문.

정치과학:　전 세계 국가 중 단 4개국에서만 교육 수준과 개인주의 선호 사이에 유의한 연관성이 발견되었다는 (소련 붕괴 원인에 관한) 논문. 여기서 개인주의란, 가능하다면 언제나 자기 자신은 스스로가 돌봐야 한다는 입장을 말한다. 이는 국가가 모든 개인에 대한 보편적 복지를 책임져야 한다는 것과 반대되는 이야기다.

역사학:　1914년 이전, 미국, 캐나다, 호주, 이탈리아, 아르헨티나와 같은 자본 수입국이 수많은 어려움에도 불구하고 금본위제를 지키기 위해 노력한 이유를 설명하는 논문. 여기서 금본위제란, 자국의 화폐를 일정량의 금과 교환할 수 있게 만든 화폐제도를 뜻한다. (논문에서 밝힌 이유는 다음과 같다. 유럽의 자본 수출국, 즉 프랑스, 독일, 영국과 같은 나라가 금본위제 국가에 낮은 금리를 책정했기 때문이다. 비록 그런 자본 수출국은 차이가 별로 크지 않다고 주장하긴 했지만 말이다.)

정신의학:　특정 해리성 정체장애(다중 인격 장애) 진단 설문지와 다른 검사법—특히, 해당 진단 설문지에 믿음을 가진 정신의학자들이 선호하는 다른 검사법—사이에 꽤 강한 연관성이 있다는 논문.

연습 삼아 대학 도서관에 가서 위 관행대로 0.01과 0.05라는 유의수준을 언급하는 다른 유형의 학술지들이 얼마나 많은지 확인해보라.

통계 패키지

0.01이나 0.05(혹은, 각각을 100%에서 뺀 99%나 95%)를 많이 사용하게 된 것은 일종의 수학적 우연이었다. 정규분포나 종형 곡선에 근사한, 혹은 그것을 모형으로 삼을 수 있는 현상은 336쪽에서 '정규 사실'이라 언급된 성질을 가지고

있다. 그 성질을 이용하면, 몇몇 현상의 경우엔 99%, 95%의 정확도 확률 계산
이 상당히 쉬워진다.

소형 계산기로 인해 계산 작업이 단순해지기 훨씬 전, 위 숫자는 편리한 표준
이 되었다. 왜냐하면, 몇 주에 걸쳐 엄청난 양의 계산 노동을 하지 않아도 필요
한 계산을 해낼 수 있었기 때문이다. 오늘날, 많은 연구자는 그 작동 원리를 제
대로 이해하지 않은 채 통계 소프트웨어 패키지를 사용한다. 그저 자료를 입력
하고 프로그램 버튼을 누르기만 하면 된다.

그 결과, 매우 부주의해 보이는 연구가 생겨난다. 그런 연구가 찾는 연관성에
는 이론적 모형 같은 것은 전혀 고려되지 않는다. 그런 연구 역시 유의수준을 가
리키는 별표 (*), (**)가 붙은 표를 만들어낸다. (**)는 다음을 의미한다는 것을
기억하라.

> 귀무가설은 참이고 그 가설 아래에서는 흔치 않은 일(1%의 확률을 가진
> 일)이 우연히 일어났거나, 아니면 귀무가설은 거짓이다.

통계 소프트웨어 패키지를 이용해 훨씬 정교한 통계 기술을 손쉽게 사용하게 되
는 경우, 문제는 훨씬 심각해지곤 한다. 그런 패키지를 이용하는 사람 중에는 그
용도에 대해 전혀 모르는 사람도 많이 있다.

p-값

1%라는 유의수준의 값은 순전히 자의적이다. 0.05나 0.001과 같이 낮은 확률이
라면, 그 어떤 값을 이용해서도 실험을 설계할 수 있다. 이런 유의수준은 종종
p-값이라고 불린다. 논문들은 연구 결과를 기록하고 계산을 수행한 뒤, "p-값은
이러저러하다."라고 결론 내린다. 이것은 유의수준이 이러저러하다는 것을 의미
한다.

그 절차는 앞에서 살펴본 농업 분야의 실험과 크게 다르지 않다. 그 실험에 앞
서 우리는 살충 처리에 의한 차이를 큰-차이와 작은-차이로 나누었다. 여기서
큰-차이란, 큰-차이 집단에 속한 수확량 차이를 얻을 확률이 (말하자면) 0.01
이라는 것을 의미했다.

이런 방식과 달리, 우리는 다음과 같이 실험을 진행할 수 있다.

- x라는 수확량의 차이를 관찰한다.
- 귀무가설과 해당 실험의 통계적 모형에 따랐을 때, 적어도 x만큼 차이가 나는 수확량을 얻을 확률을 계산한다.
- 그 확률이 q라는 것을 알아낸다.
- q보다는 조금 큰, 작은 수 하나를 선택한다. 예를 들어 0.1, 0.001, 0.03, 0.006 따위의 수 중 하나를 임의로 선택할 수 있다. 그리고 이 수를 p-값이라고 부른다.
- 실험 결과를 기록하고 "p-값은 0.00006이다"라고 결론 내린다. (여기서 0.00006은 q보다 조금 큰 수라면 무엇이라도 괜찮다.)

지방과 콩

p-값은 여러 실험 결과 사이의 상대적 중요성을 평가하기 위한 간단한 지표로 사용되기도 한다. 그 값은 실험뿐만이 아니라, 예를 들어 연관성을 확인하려는 조사에서도 사용된다. 흡연이 폐암을 일으킨다는 것을 확인하고자, 인간에게 흡연 처리를 하는 실험을 진행할 수는 없다. 이는 매우 비윤리적이다. 그러나 우리는 흡연자와 비흡연자 사이의 폐암 발생 정도를 비교할 수는 있다. 그 차이는 유의하다. 이런 관찰이 바로 니코틴 중독의 위험성과 관련해 현재 우리가 가지고 있는 지식의 출발점이었다. 그 후 흡연과 폐암 사이에 인과 관계가 성립한다는 것을 보이려는 꽤 많은 조사 연구가 실시되었다.

당신은 아마도 남성 흡연자 중 폐암 발생 비율에 관한 연구를 들어본 것이 있을 것이다. 최근에는 그와 전혀 다른 연구도 발표되었다. 가령, 여성 비흡연자 중 폐암 발생 정도에 관한 연구가 있다. 『국립암협회지』에서 발간된 어떤 정교한 통계 논문은 미국 미주리주에 거주하는 비흡연 여성에게 있어 식습관과 폐암이 어떤 관계에 있는지를 다루고 있다. 아래는 이 논문의 일부 내용이다.

폐암에 걸린 미주리주 여성의 집단을 무작위로 뽑힌 미주리주 여성의 집단과 나이, 수입, 인종, 결혼 여부 등에 대해 일치시켰다.[1] 여성 모두에게 (또는 거의 사망에 이른 경우에는 가까운 친척에게) 식습관 관련 다양한 요인에 대해서 질

---

1 [역자 주] 이 맥락에서 '두 집단을 나이에 대해서 일치시켰'는 것은 두 집단의 나이 분포가 같다는 것을 말한다. 그렇다면, 해당 진술은 식습관을 제외하고, 폐암과 관련되어 있다고 추측되는 성질에 대해서는 두 집단 사이에 차이가 없도록 각 집단을 구성했다는 정도의 의미를 가진다.

문하였다. 가령, 질문지에는 완두콩이나 콩을 먹는 횟수와 같은 것이 포함되었다. (식습관 정보가 신뢰할 수 없거나, 다른 건강상의 문제가 있는 경우 등과 같이) 이런저런 이유에서 꽤 많은 여성을 조사 대상에서 제외한 후, 폐암에 걸린 비흡연 여성 429명을 폐암에 걸리지 않은 여성 1,021명으로 이루어진 대조군과 비교하였다. 그 결과, 지방 섭취량이 증가할수록, 폐암에 걸리지 않은 여성 대비 폐암에 걸린 여성의 비율이 증가하였다. 그리고 해당 비율은 완두콩이나 콩의 섭취량이 증가할수록 감소하였다. 이런 조사 결과는 유의한가?

아래 인용문에서 "단일변량"(univariate)이 의미하는 것은 단 하나의 변수(말하자면, 완두콩이나 콩을 먹는 빈도)만이 폐암 발생 정도와 비교되었다는 것이다.

> 다량영양소 중, 일일 총 지방 섭취량($p=0.02$), 일일 포화지방 섭취량($p=0.0004$), 일일 불포화지방산 섭취량($p=0.07$), 지방 대비 칼로리 비율($p=0.02$)이 폐암 위험 증가와 단일변량적으로 연관되었다. 반면, 탄수화물 대비 칼로리 비율($p=0.09$)은 폐암 위험 감소와 연관되었다. 식이 섬유의 역할을 평가한 결과, 완두콩과 콩으로부터 식이 섬유를 섭취하는 것($p=0.002$)은 폐암 위험 감소와 유의하게 연관되었다는 것이 밝혀졌다.

각 요인에 대해서, 귀무가설은 해당 요인, 가령 불포화지방산 섭취량과 같은 요인이 폐암과 아무 연관이 없다는 것이었다. 주어진 음식물에 따른 폐암 증가율 추세(trend)에 기초하여 검정 통계량이 만들어졌다. 표준적 추세 측정법에서, 결과는 두 개의 집단, 즉 큰-추세-집단과 작은-추세-집단으로 미리 나뉘지 않는다. 대신, 관찰된 추세 혹은 그 이상의 일이 발생할 확률의 정도를 가리키기 위해 p-값이 활용된다. (이 값은 표준적인 방식으로 이용된 통계량에 의해 측정된다.)

위에서 인용된 수를 통해, 어떤 추세가 가장 유의한지 한 번에 확인할 수 있다. 사실, 위 논문의 저자들은 인용문 마지막 문장에 "유의하게"라는 표현을 사용하기도 했다.

(반복해서 말하지만!) 마지막 수, 즉 $p=0.002$는 완두콩이나 콩의 섭취가 폐암 발병 위험을 감소시킬 확률이 0.998이라는 것을 의미하지 않는다. 이것이 의미하는 것은 다음과 같다. 완두콩이나 콩의 섭취와 낮은 폐암 발생 정도 사이에 특별한 연관이 없다면 웬만해서는 잘 관찰되지 않는 추세 — 완두콩이나 콩을 섭취하는 사람 중 폐암 발생 비율이 감소하는 추세 — 가 관찰되었다.

원인

완두콩이나 콩의 섭취는 폐암 위험 감소의 원인이지만, 포화지방이 많이 함유된 음식 섭취는 폐암 위험 증가의 원인인가?

이 책은 인과 관계를 다루지 않는다. 이 주제를 위해서는 다른 교과서 한 권이 필요하다. 그러나 주목해야 할 분명한 사실이 있다. 위 연구 결과는 여러 다른 연구, 가령 포화지방은 장수에 나쁘지만, 섬유질은 장수에 좋다는 것과 같은 연구와 잘 맞는다. 그러나 발표된 것에는 잘 알려진 몇몇 사실과 다른 점도 있다.

예를 들어보자. 포화지방이 심장 이상과 관련이 있을지도 모른다는 추측을 생각해보자. 오늘날 널리 알려진 의학 지식에 따르면, 포화지방은 동맥을 막히게 한다. 섬유질이 대장암의 위험을 감소시킬지도 모른다는 추측도 생각해보자. 오늘날 잘 알려진 의학 지식에 따르면, 장운동이 활발할수록 대장암에 걸릴 확률은 감소한다. 하지만, 식이 섬유와 지방은 도대체 어떻게 폐암에 영향을 준단 말인가?

> [저자들이 확인한 관련 문헌 속에서 발견되는] 관찰된 위험의 일관되지 않은 패턴에 비추어 볼 때, 식이 지방과 폐암 간 연관성에 관한 생물학적 메커니즘을 제시하는 일은 현재로서는 그저 단순한 추측에 불과하다.

유의수준은 향후 연구의 토대를 제공한다. 논문은 우리에게 원인을 찾으라고 말한다. 하지만 위 논문은 원인의 존재 여부나 원인이 무엇일 수 있는지를 다루지 않는다. 쥐를 통해 실험한 결과, 우리는 특정 유형 지방 분자가 특정 유형의 암세포를 만들어낸다는 것에 관한 여러 증거를 찾아냈다. 현재까지 우리가 말할 수 있는 것은 이 정도뿐이다.

지방과 폐암 사이의 관계에 관한 본격적인 연구의 출발점으로 삼기엔, 이 연구가 충분치 않을 수 있다. 이와 같은 연구는, 다른 연구와 함께할 때 비로소 연구 동력을 획득한다. 저자들은 다음과 같이 말한다.

> 토론토에서 진행된 대규모의 대조 연구를 통해 남성과 여성 모두에게서, 그리고 흡연자와 비흡연자 모두에게서, 폐암 위험은 총 지방, 포화지방, 콜레스테롤의 섭취와 어떤 관계가 있다는 사실이 발견되었다.

공통 원인

위 결과에도 불구하고, 폐암 발병률 변화의 원인은 식습관이 아닐 수 있다. 예를 들어 생각해보자. 어떤 음식을 통해 지방을 섭취하는가? 우리가 이야기하는 대상은 패스트푸드점에 자주 가는 어린아이가 아니다. 우리는 그보다 나이가 많은 여성에 관해 이야기하고 있다는 것을 기억하라.

이 연구에서 포화지방은 햄버거, 치즈버거, 미트로프를 통해서 섭취되었다.

우리가 살펴보고 있는 사람들은, 모집단에 속한 전체 사람 중 상대적으로 가난할 것이다. (가난한 사람들은 스테이크보다는 미트로프를 주로 먹을 것이다.) 아마도 완두콩이나 콩을 먹는 사람의 활동량은 치즈버거를 먹는 사람보다 많을 것이다. 그리고 그런 활동적인 생활은 폐 건강에 좋은 영향을 미칠 것이다. 치즈버거를 자주 먹는 것과 높은 폐암 발병률의 (가난이나 비활동적인 생활 습관과 같은) 공통 원인이 있으며, 지방과 콩은 폐암에 어떤 인과적 영향도 미치지 않을 수 있다. 낮은 폐암 발병률과 완두콩이나 콩을 섭취하는 것의 (활동적이고 건강에 신경 쓰는 생활 습관과 같은) 공통 원인이 있을 수 있다. 사실, 흡연이 폐암의 원인이라는 주장을 부정하고 싶은 사람들이 사용하는 첫 번째 전략이 바로 이것이다. 어떤 다른 요인, 가령 유전적 요인이나 스트레스와 같은 요인에 의해서 사람들은 니코틴을 좋아하게 되는 것과 동시에 폐암에 걸리게 된다는 것이다.

우리는 "활동적인 생활 습관"과 치즈버거를 먹지 않는 식습관이 건강에 좋다고 추측하곤 한다. 이런 추측은 현재 우리가 가진 통념에 의존한다. 이런 통념을 너무 믿지 말라. 우디 앨런(Woody Allen)의 옛날 영화 『슬리퍼』(Sleeper)에서, 다음 세기 후반에 깨어난 주인공은 모든 사람들이 병원에서 치즈버거와 밀크세이크를 먹고 있는 모습을 보게 된다. 그 사람들은 완두콩과 콩이 건강에 좋고 지방이 건강에 나쁘다는 우리의 통념을 비웃는다.

이것이 바로 유의성 검정, 혹은 그보다 더욱 강력한 통계적 추론이 필요한 이유이다. 이해할 수 없을 때, 통계학이 필요하다. 이것이 바로 농업에서 출발해 발전을 거듭한 기술을 사용해야 하는 이유이다.

의학 논문은 어려워 보이는 용어를 자주 사용한다. 병인학(etiological)이라는 말은 그리스어의 "원인"에 해당하는 단어에서 왔다. 의사들은 "원인"을 가리키기 위해 이 말을 사용한다. 우리가 살펴보았던 논문은 다음과 같은 말로 마무리된다.

요약하자면, 우리 논문은 폐암 위험의 강한 증가 추세가 비흡연 여성의 포화지방 섭취량 증가와 연관되어 있다는 것을 보여준다. … 콩과 완두콩 섭취가 약간의 예방 효과를 가진다는 것도 관찰되었다. 우리 실험 결과는 지방과 불포화지방의 섭취를 줄이라는 공중 보건 권고사항을 뒷받침한다. 하지만 이 연관성의 본성을 완전히 이해하기 위해서는 추가 병인학 연구가 필요하다.

우리는 이 결론을 강조하였다. 아마도 그것은 꽤 절제된 표현일 것이다!

표준

실험과 여러 다른 유형의 연구에서 사용되는 유의성 검정은 훨씬 정교할 것이다. 그러나 그 논리는 상당히 유사하다. 가설이 거짓이거나, 아니면 흔치 않은 일이 일어났다.

그 작은 수, 즉 1% 혹은 p-값의 핵심은 무엇인가?

그것은 실험 혹은 조사 연구를 표준화하는 것이다. 실험과 조사가 표준 실험 설계, 표준 유의성 검정을 이용해 산출된 유의수준을 보고한다면, 우리는 그것과 다른 연구 결과를 비교할 수 있게 된다.

요즘의 일상적인 연구, 특히 사회과학 속 여러 연구는 실험 결과의 유의성을 보고하는 경향을 띠고 있다. 하지만 안타깝게도 그런 보고를 하는 것으로 끝나기도 한다. 하지만 유의성은 그저 시작일 뿐이다.

"유의"(significance)라는 단어 자체를 생각해보라. 어떤 결과가 유의하다는 것은 그것이 어떤 의미를 가지고 있다는 것이다. 하지만, 그 의미는 무엇인가? 유의한 결과는 시작이지 끝이 아니다. 콩이나 완두콩을 먹는 것은 폐암에 걸릴 확률을 "유의하게" 감소시킨다. 그러나 도대체 왜 그런가?

어떤 증거의 유의성을 확인했다는 것은, 관련 연구 혹은 사고를 이제 막 시작했다는 것뿐이다. 우리가 비료, 의약품, 식습관 등에 관해 실제 관심이 있고, 그와 관련된 유의수준에 관한 정보를 들었다고 하자. 그럼, 그 결과를 평가하고 우리가 더 잘 아는 다른 영역과 비교할 수 있는, 상호주관적인 방법을 갖추게 된다. 하지만 유의성 검정을, "귀무가설 H에 대한 검정의 유의수준은 1%였다. 그러므로 H는 거짓이다!"라는 식의 순전히 지적인 관심사로 간주해선 안 된다.

검정에서 중요한 것은, 가령 비료 처리가 효과적인지 여부, 혹은 식습관이 폐암과 연관되어 있는지 여부를 밝혀내는 것이 아니다. 유의한 결과를 얻었다면, 그 비료 처리를 활용하는 것, 혹은 식습관에 관해 추가 조사하는 것에 관심을 가져야 한다. p-값이나 유의수준 검정은 유용한 지식과 기술 개발을 위한 하나의 단계에 불과하다.

경쟁 가설

유의성 검정이 시험하는 것은 귀무가설이다. 농사의 사례로 돌아가 보자. 귀무가설은, 주어진 실험적 처리에는 어떤 실질적 효과도 없다는 것이었다. 당연히, 이에 대한 경쟁 가설(rival hypothesis), 즉 그러한 처리에는 주목할 만한 좋은 효과가 있다는 가설이 있다. 지금까지 우리는 그런 가설이 무엇인지에 관해 별로 신경 쓰지 않았다. 그러나 유의성 검정이 의학과 농업을 넘어 심리학, 사회학, 정치 과학 등으로 확장됨에 따라 대립 가설(alternative hypothesis)을 조금 더 주의해서 서술할 필요가 생겼다. 이런 점은 우리의 두 사례, 즉 죄수의 동전 던지기 사례와 비시오퍼펙트 전구 생산 사례를 통해서도 확인할 수 있다.

죄수는 동전 던지기 결과, 앞면이 나온 수가 너무 많다는 것을 확인했다. 그러나 뒷면이 너무 많이 나왔더라도, 그는 같은 의심, 즉 동전이 한쪽으로 쏠렸다는 의심을 하게 될 것이다. 이는 『소비자평가』의 상황과 다르다. 그 월간지의 편집자는 한 가지 방향으로만 의심할 수 있다. 즉 그는 비시오퍼펙트의 전구의 품질이 충분히 좋은 것은 아니라는 의심만을 품게 된다. 두 사례에서 의심은 다르게 흘러간다.

- 동전. 귀무가설: 공정한 동전.
    - ▶ 실험: 2,400번의 시행.
    - ▶ 유의성 결과: 너무 많은 앞면, 혹은 너무 많은 뒷면.
- 전구. 귀무가설: 96%의 긴-수명 전구들.
    - ▶ 실험: 2,400번의 시행.
    - ▶ 유의성 결과: 너무 많은 짧은-수명 전구.

지금껏 우리는 위 두 귀무가설에 대한 유의성 검정을 완전히 같은 것인 양 설명했다. 하지만 그 둘이 다르다는 것은 분명해 보인다.

동전의 경우 유의성 영역은 "양측"(two-sided)이라 불리는 것이어야 한다. 이

유의성 영역은 귀무가설 아래 앞면이 너무 많이 나온 경우와 뒷면이 너무 많이 나온 경우 모두를 포함해야 한다.

전구의 경우, 유의성 영역은 "단측"(one-sided)이라고 불리는 것이어야 한다. 이 유의성 영역은 귀무가설 아래 짧은-수명 전구가 너무 많이 나온 경우만을 포함해야 한다.

두 경우 모두, 단 1%의 빈도로만 일어나는 일들의 집합에 속한 결과를 얻었을 때 그 실험 결과는 1% 수준에서 유의한 것으로 여겨진다. 하지만 각각의 경우에 대해서 해당 집합은 다르게 선택되어야 한다. 그리고 그 선택은 우리가 관심을 둔 경쟁 가설이 무엇인지에 의존한다.

몇몇 연구자는 주어진 사례에 맞춰 그때그때 다르게 연구를 진행해야 한다고 생각한다. 실제 세계에서 발생하는 상황은 매우 다양하며, 유의성 검증 설계를 위해서는 그런 환경에 관한 정교한 판단이 필요하다. 다른 몇몇 연구자는 예르지 네이먼(Jerzy Neyman)과 E. S. 피어슨(E. S. Pearson)의 연구에서 비롯된 조금 더 체계적인 방식을 선호한다. 유의성이라는 분석틀 대신, 그들은 통계적 가설의 채택(acceptance)과 기각(rejection)이라는 분석틀을 사용한다.

채택과 기각

어떤 연구자가 귀무가설을 검정하여 유의수준 1%의 결과를 얻었다고 해보자. 이 연구자에게, 그 결과는 해당 처리 혹은 개입이 어떤 효과를 가진다는 것처럼 보일 것이다. 그는 귀무가설을 "기각"한다고 말할지도 모른다. 그러나 유의성 검정의 원래 분석틀에서 보자면, 그렇게 말하는 것에는 오해의 여지가 있다. 그런 말은, 해당 연구자가 처음에 귀무가설을 믿었지만 이후 그것을 기각하게 되었다는 것을 암시하는 것처럼 보인다. 하지만, 일은 일반적으로 그 반대 방향으로 진행된다. 연구자는 해당 처리가 효과적이길, 즉 귀무가설이 거짓이길 희망한다. 그리고 유의한 결과는 그 희망을 북돋아준다.

마찬가지로, 검정 결과가 유의하지 않은 경우, 연구자는 귀무가설을 "채택"한다고 말할지도 모른다. 그러나 이 말은 연구자가 귀무가설에 관한 믿음을 채택했다는 것을 의미하지 않는다. 연구자에게 좀 더 일어날 법한 일은, 그저 그 결과를 잊어버리는 것이다!

유의성 분석틀 속에서 말할 수 있는 것은 이것이 전부다. 그러나 이제 새로운 분석틀을 생각해보자. 빈도 독단론자들과 믿음 독단론자들이 있었던 것처럼, 빈도 관점 안에는 유의성 독단론자와 채택 독단론자가 있다. 앞에서와 마찬가지로 우리는 절충적인 입장을 취한다. 두 입장 모두 중요한 쓰임이 있다.

네이먼–피어슨 분석틀

네이먼과 피어슨은 새로운 분석틀을 만들어내었다. 그들이 보기에, 연구자는 실험 결과를 바탕으로 가설들을 분류하는 일을 하는 사람이다. 몇몇 가설은 기각되고 몇몇 가설은 채택된다. 때때로 기각은 문자 그대로의 폐기, 즉 가설이 아니라 말하자면 상품 같은 것의 폐기를 뜻하기도 한다. 따라서 비시오퍼펙트도 주어진 상품 중 96% 이상이 긴 수명을 가지고 있다는 가설을 기각하기 위해 품질 관리를 이용할 수 있다. 이때, 기각이 의미하는 것은, 해당 상품을 비시오퍼펙트라는 유명 브랜드를 붙여 판매하지 않고 폐기해 버린다는 것이다.

네이먼과 피어슨이 고민한 것은 최종적으로 다음 둘 중 하나에 이르게 되는 분석 방법이었다.

◆ 고려 중인 가설을 기각하라.
◆ 그 가설을 채택하라.

그들은 실험 결과를 두 개의 서로 배타적인 영역으로 나누는 검정을 설계하였다.

◆ R: 실험 결과가 영역 R에 있으면 가설 H를 기각하라.
◆ A: 실험 결과가 영역 A에 있으면 가설 H를 채택하라.

일단, 이것은 유의성 검정과 매우 비슷해 보인다. 기각 영역은 우리가 앞서 유의한 결과들의 집합 S라고 불렀던 것일 뿐이다. 그러나 S는 경쟁 가설이 무엇인지 명시적으로 언급하지 않은 상태에서 선택된다. 새로운 분석틀 속 기각 영역과 채택 영역은, 우리가 관심을 둔 가설 모두를 고려하여 선택된다.

오류의 두 유형

네이먼–피어슨 분석틀에서 우리는 오류를 두 가지 다른 유형으로 구분할 수 있다.

◆ 제I종 오류: H가 참일 때 H를 기각하는 것.
◆ 제II종 오류: H가 거짓일 때 H를 채택하는 것.

네이먼과 피어슨은 두 유형의 오류가 최소화되도록 검정을 설계해야 한다고 말한다.

이를 위해서는 균형을 잘 잡아야 한다. 제I종 오류를 줄이는 것은 쉽다. 어떤 일이 있어도 H를 기각하지 않으면 된다. (아니면 H가 기각될 확률을 아주 낮게 만들면 된다.) 제II종 오류를 줄이는 것도 쉽다. 어떤 일이 있어도 H를 채택하지 않으면 된다. (아니면 H가 채택될 확률을 아주 낮게 만들면 된다.)

균형 잡기를 단순하게 생각해보자. 우선 제1종 오류의 확률을 편의에 따라 낮게, 가령 0.01로 설정해보자.

그럼 우리는 다음이 성립하는 검정을 설계할 수 있을 것이다.

$$\Pr(R/H) = 0.01.$$

여기까지는 유의성 검정과 아무런 차이가 없다. (네이먼과 피어스는 유의수준에 다른 이름을 붙였다. 그들은 이것에 검정의 "크기"(size)라는 새로운 이름을 붙였다. 그러나 우리는 앞의 용어를 그대로 사용할 것이다.)

검정력

다음 단계가 중요하다.

제I종 오류의 확률을 낮게 설정하였다면, 이제 제II종 오류의 확률이 최소화되어야 한다. 즉 우리는 다음을 최소화해야 한다.

$$\Pr(A/H는 거짓).$$

다르게 말하자면, 우리는 가설이 거짓일 때 그것이 기각될 확률을 최대화하길 원한다.

Pr(R/H는 거짓).

네이먼과 피어슨은 이를 검정력(power)이라고 불렀다. 그들에 따르면, 우리는 검정력을 최대화하길 원한다.

유의성과 달리, 검정력은 다루기 쉽지 않다. 왜냐하면, H가 통계적 가설이라고 해서, "H가 거짓이다" 역시 곧장 통계적 가설이 되는 것은 아니기 때문이다.

예를 들어보자. 동전을 던지고 있는 제임스는 단순한 통계 가설 H, 즉 "동전은 공정하다"라는 가설을 다루고 있다. 편향성이나 비독립성, 혹은 둘 모두에 대한 다양한 가설들은 그 무엇이든 대립 가설일 수 있다. 동전이 공정하다, Pr(앞면)=0.33와 같이 구체적인 가설로부터는, 어떠한 동전 던지기 결과, 그리고 그 결과들의 어떠한 집합에 대해서도 관련 확률을 계산할 수 있다. 그러나 "그 동전은 공정하지 않다"라는 가정 아래에서는, 어떤 확률도 계산해낼 수 없다.

우리는 검정 대상 가설과 경쟁 관계에 있는 가설들의 집합이 무엇인지 구체적으로 나타내야 한다. 과학 지식의 어떤 단계에서는 위와 같은 경쟁 가설을 제대로 제시하는 것이 불가능할 수 있다.

여기에서 우리는 네이먼과 피어슨이 시험을 어떻게 설계하는지는 다루지 않을 것이다. 일반적으로 적용 가능한 몇 가지 기술이 있기는 하다. 하지만 그런 기술은 경쟁 가설과 관련해 매우 특별한 것을 가정하도록 요구한다. 네이먼-피어슨 가설 검정을 정확하게 설계하는 것은 만만찮은 일이다. 논리적으로 중요한 점은 다음과 같다.

네이먼-피어슨 가설 검정은 거짓인 가설을 기각하는 확률을 최대화하고, 참인 가설을 기각할 확률을 최소화하려 한다.

이를 위한 일반적인 방법은, 유의성 검정과 같이 참인 가설을 기각할 확률을 낮게 설정한 뒤, 거짓인 가설을 기각할 확률, 즉 검정력을 최대화하는 것이다.

효용

모든 검정 설계가 하나로 정해진 유의수준과 검정력을 가지고 작업할 이유는 없다.

사람들은 때때로 검정력에 관심을 가진다. 사람들은 때때로 거짓인 가설은 기각된다는 것을 확실하게 하고자 한다. 예를 들어, H를 특정 조현병 치료제가 다른 장애 치료제에서 발견되는 어떤 유해 부작용도 일으키지 않는다는 가설이라고 생각해보라.

사람들은 때때로 유의수준에 관심을 가진다. 사람들은 때때로 참인 가설은 기각되지 않는다는 것을 확실하게 하고자 한다. 예를 들어, H를 값싸고 맛있는 특정 음식이 면역결핍증에 고통받는 수많은 동아프리카 사람들의 삶의 질을 개선한다는 가설이라 생각해보라.

R. A. 피셔

유의성 검정 분석틀은 영국의 통계학자 R. A. 피셔(R. A. Fisher, 1890~1962)의 작품이다. 그는 무엇보다 응용 통계학의 여러 기본 개념을 확립하는 데 큰 공헌을 하였다. 또한, 그는 통계 유전학, 생물측정학, 멘델, 다윈을 포괄하는 진화생물학의 위대한 종합과 관련해, 동시대 연구자 중 가장 독창적인 공헌을 한 사람이다.

유의성 검정은 그의 작업의 한 가지 작은 부분이었을 뿐이다. 수많은 통계적 검정이 그의 이름을 따서 명명되었다. 유의성, 가능도 비, 최대 가능도와 같은 핵심 개념은 그로부터 비롯되었다. 그는 의학과 생물학 연구 속 표준적 관행으로 자리 잡은 분산 분석을 개발하였다. 일반 실험 설계 이론을 만들었으며, 충분통계량과 같은 통계 정보의 핵심 개념을 발전시켰다. 우리는 이제 특정 처리가 효과적인지를 확인하는 실험이 임의화 절차(randomized procedures)를 사용해야 한다는 것을 당연하게 생각한다. 이것은 피셔가 상당히 고군분투하여 이루어낸 혁신이다.

피셔는 항상 보편적 통계 추론 이론을 강하게 반대했다. 많은 "요리책" 통계 개념이 피셔로부터 나왔음에도 불구하고, 그는 그런 요리책과 오랫동안, 그리고 열심히 싸웠다. 그가 생각하기에, 우리에겐 꽤 많은 귀납 기술이 있으며, 그중 무엇이 적절한가를 확인하기 위해서는 실천적 상황을 주의 깊이 고려해야 한다. 그는 사전 확률에 대한 좋은 과학적 근거가 마련되었을 때, 베이즈주의 추론은 자신의 자리에서 훌륭한 역할을 해낼 것으로 생각했다. 그는 정성적인 분석을 위해서는 네이먼-피어슨의 분석틀이 괜찮지만, 단일하고 중요한 과학적 양에 대한 정량적 분석을 위해서는 그렇지 않다고 생각했다. 무엇보다 그는, 자연에 관한 훌륭한 이론이 아직 마련되지 않은 분야, 그러나 이해해야 할 상당량의 자료가 쌓여 있는 분야에서 연구하는 과학자들에게 있어, 통계학과 빈도-유형 확률은 본질적인 소통 도구라고 생각했다.

연습문제

1 **생일**. 이 장 처음에 등장한 점성술 사례를 생각해보자. 네 명의 학생이 있었다. 그들 중 두 명은 같은 별자리를 가지고 있었다. 이것은 놀라운 일이었는가? 그렇지 않았다. 무작위로 뽑은 네 사람 중 적어도 두 명이 같은 별자리인 경우는 그렇지 않은 경우만큼 자주 일어날 수 있는 것이었다.

점성술 사례는 다음 질문을 통해서도 논의될 수 있다. 두 사람이 같은 별자리를 가질 확률이 약 50:50이기 위해서 필요한 집단의 크기는 얼마나 될까? 답은 4이다. 그래서 네 명의 친구 중 두 명이 같은 별자리인 것은 놀라운 일이 아니다.

여기에 유명한 사례가 있다. 두 사람의 생일이 같을 확률이 50:50이기 위해서 필요한 집단의 크기는 얼마인가? 답을 모른다면, 한번 생각해보라. 가령, 4명으로 이루어진 집단에서 두 명이 같은 생일이라는 것은 놀라운 일인가? 8명으로 이루어진 집단은? 128명으로 이루어진 집단은?

생일 문제에 대해 답하기 위해서 점성술 문제의 풀이를 어떻게 활용해야 하는지 설명하라. 답을 계산할 필요는 없다.

2 **법에서의 통계학**. 다음은 1980년 법정 사건에서 가지고 온 진술이다.

[계수가 0이라는 가설을 검정할 때] 5% 유의수준을 사용한다면, 실제 계수가 정말로 0일 확률은 20분의 1보다 작다.

위 진술은 무엇이 잘못되었는가?

3 **비타민 E와 심부전**. 다음은 1996년 신문에서 가져온 이야기다.

런던의 나이젤 브라운 박사가 이끄는 연구팀의 보고에 따르면, 심장이 약한 사람이 10센트어치 비타민E를 매일 복용한다면 심근경색의 위험이 75%가량 줄어든다. 연구팀은 심각한 심장 질병을 가진 2,002명을 등록한 뒤, 그들을 무작위로 나누었다. 한 그룹에는 매일 플라세보를 먹게 하였으며, 다른 그룹에는 400 또는 800 IU 비타민E가 담긴 약을 매일 먹게 하였다. 17개월이 지난 이후,

50명의 사람이 심장병으로 사망했으며 55명의 사람이 경미한 심근경색을 앓았다. 비타민 그룹에서 경미한 심근경색을 앓은 사람들은 14명이었으며, 위약 그룹에서 경미한 심근경색을 앓은 사람은 41명이었다. 심장병에 의한 사망자의 수는 두 그룹에서 동일했다.

(a) 위 실험은 두 개의 다른 귀무가설을 검정하고 있는 것처럼 보인다. 그 각각은 무엇인가?

(b) 자료는 한 귀무가설에 대해서 유의하였지만 다른 것에 대해서는 그렇지 않다. 왜 그런지 설명하라.

(c) 전체적으로 볼 때, 첫 문장은 오해의 여지가 있어 보인다. 왜 그런가?

4 **비타민**: 두 개의 시험. 위 사례는 유의성 검정을 사용하여 두 개의 귀무가설을 시험했다. 경미한 심근경색을 앓은 사람들의 경우, 한쪽은 14명이고 다른 한쪽은 41명이었다. 이런 차이가 1%의 수준에서 통계적으로 유의하다고 하자. 실제 사망한 사람들이 차이는 1%의 수준에서 통계적으로 유의한 것은 아니라고 하자.

(a) 1% 검정을 한 번 수행했을 때, 귀무가설이 참임에도 불구하고 우연히 유의한 결과를 얻게 될 확률은 무엇인가?

(b) 1% 검정을 두 번 수행했을 때, 두 개의 귀무가설이 모두 참임에도 불구하고 우연히 적어도 한 번의 유의한 결과를 얻게 될 확률은 얼마인가?

5 **지방과 콩**. 359쪽의 사례에서 지방 섭취와 관련된 추세들에 관해 다섯 개의 p-값들이 제시되었다. 완두콩이나 콩을 먹는 것과 관련된 추세에 관한 p-값들이 몇 개 더 제시되었다. 이렇게 많은 요인이 시험되었다면, 연구자에게는 0.05보다 낮은 p-값을 가지고 연관성을 평가해야 할 의무가 있는 것 아닌가?

6 **심리학: 100개의 검정**. 제리는 심리학과 대학원생이다. 그는 200개의 실험을 진행하였다. 각각은 서로 다른 귀무가설을 가지고 있다. 두 가지 경우에서 그는 1% 수준에서 유의한 실험 결과를 발견하였다. 다른 실험 결과들은 5% 수준에서조차 유의하지 않았다. 그는 그 유의한 실험 단 두 개만 출판하였다. **이에 대해 논평하라!**

7 **연구 중인 학과**. 제리는 100명의 대학원생이 있는 규모가 큰 심리학과 대학원생이다. 학생 각각의 실험 결과는 정확하게 제리만큼 성공적이었다. 학생 각각 두 개의 실험만을 출판하였으며, 박사학위를 받았다. 제리의 친구 바비는 "대단한 학과야!"라고

말했다. "학생들이 그렇게 많은 발견을 해내다니 말이야!" 이에 대해서 논평하라.

8 **검정력.** 사실, 실험 심리학자들은 보통 유의성 검정 분석틀을 이용하여 p-값을 발표한다. 그러나 그들이 일반적으로 검정하는 것은 특정 처리가 아무런 효과가 없다는 귀무가설이 아니다. 이런 관행에 대해서 실험 심리학은 네이먼-피어슨 분석틀을 이용해야 한다는 비판이 제기되었다. 특히 심리학 학술지는 저자들에게 p-값뿐만이 아니라 검정력 또한 밝히라고 요구한다. 동의하는가?

9 **다시, 비타민.** 연습문제3을 다시 보자. H_E를 적당히 많은 양의 비타민 E를 섭취하는 것이 경미한 심근경색 위험을 줄인다는 가설이라고 하자. 경쟁가설 K_E는 비타민 E를 섭취하는 것은 경미한 심근경색 위험은 물론 다른 어떤 것에 대해서도 아무런 영향을 미치지 않는다는 가설이라고 하자.

H_A를 심한 흡연자에게 있어, 비타민A를 (베타카로틴의 형태로) 다량 섭취하는 것은 폐암의 위험은 줄이지만 심장병과 관련해 어떤 부작용도 없다는 가설이라고 하자. 경쟁 가설 K_A는 심한 흡연자들에게 있어 비타민 A를 섭취하는 것은 심부전의 발생 위험을 증가시킨다는 가설이라고 하자.

각 경쟁가설 K와 충돌하는 가설 H들에 대해 네이먼-피어슨 검정을 구성한다고 해보자. 당신은 같은 검정력을 사용하게 될까?

10 **법에서의 통계학 한 번 더.** 아래 인용문은 확률과 법학을 다루는 교과서에서 가져온 것이다.

> 큰 표본에서 통계량 t의 값이 약 2라는 것은, 실제 계수가 정말로 0일 확률이 20분의 1보다 작으며, 단지 우연히 그렇게 큰 계수를 관찰하게 되었다는 것을 의미한다. … 약 $2\frac{1}{2}$의 t-통계량은 실제 계수가 0일 확률은 단 100분의 1이라는 것을 의미한다.

위 인용문에서 틀린 것은?

11 **베이즈주의 변호사?** 좋다. 연습문제 2와 10의 저자는 귀납논리를 잘 모르는 것 같다. 그러나 좀 관대해질 수 있지 않을까? 사실, 그들은 베이즈주의적으로 말한 것이 아닐까? 예를 들어 연습문제 10을 다시 보자. 다음은 위 진술을 베이즈주의로 바꾼 것이다. 이 진술에 어떤 문제가 있나?

> 큰 표본에서 통계량 t의 값이 약 2라는 것은, 실제 계수가 정말 0일 개인적 확률

이 20분의 1보다 작다는 것을 의미한다. 약 $2\frac{1}{2}$의 t-통계량은 실제 계수가 0일 개인적 확률이 단 0.01이라는 것을 의미한다.

12 **자신만만 물리학**. 우리가 변호사들을 싫어하는 것은 아니다. 다음 인용문은 최근에 출판된 고급 물리학 교과서 『핵물리학 및 입자물리학 실험 기술 방법론』에서 가져온 것이다. 이 책에는 신뢰구간의 실제 사용법이 설명되어 있다. 그 책은 실험물리학에서 측정 결과는 정확한 하나의 수 x로 나타내어선 안 되며, 표준편차 σ가 가리키는 오차 한계를 이용해 나타내야 한다고 말한다. 저자는 다음과 같이 진술한다.

> x에 σ를 더하고 뺀 것을 결과로 제시한다는 것은 사실상 [측정하고 있는 것의] 실제 값이 $x-\sigma$와 $x+\sigma$ 사이에 있을 확률이 (약) 68%, 혹은 $x-2\sigma$와 $x+2\sigma$ 사이에 있을 확률이 95%라고 말하는 것과 같다.

이 인용문에서 틀린 것은?

복습을 위한 핵심 단어

통계적 가설	채택과 기각
유의수준	제I종 오류와 제II종 오류
유의성 검정	검정력
p-값	

19 신뢰와 귀납적 행동

마지막 귀납논리 사례는 우리가 추론한다는 것을 부정한다. 대신 우리는 귀납적으로 행동한다. 귀납적 행동 속 우리 결정 체계는 전반적으로 좋은 결과를 낳는다. 이것이 바로 신뢰구간 이론이다.

표본과 모집단

2장에는 60개의 오렌지가 담긴 상자 하나, 즉 오렌지들의 모집단이 있었다. 우리는 무작위로 네 개의 오렌지, 즉 오렌지의 표본을 꺼냈다. 2장에서 우리는 다음 두 논증 형식을 구분하였다.

> 모집단에 대한 진술.
> 따라서,
> 표본에 대한 진술.

> 표본에 대한 진술.
> 따라서,
> 모집단에 대한 진술.

항아리로부터의 복원추출이 적용된 베르누이 정리는 항아리라는 모집단과 표본추출 방법에 대한 지식을 바탕으로 표본에 대한 진술을 만들어낸다. 이는 위의 첫 번째 유형의 논증 사례이다.

　이제 우리는 다른 방향의 논증을 다루고자 한다. 우리는 표본을 갖고, 모집단에 대한 결론을 도출하고자 한다. 유의성 검증은 한 가지 추론 유형을 포함하고 있지만 충분하지 않다. 우리는 종종 모집단에 관한 무언가를 추정(estimate)하기 위해 표본을 이용한다. 표본에 기반을 둔 가장 친숙한 추정 유형은 여론조사이다.

여론조사

귀납논리를 다루기 전에, 실제 여론조사 표본 추출 모습에 관해서 잠시 생각해보자. 논쟁적인 여론조사 주제를 생각해보자.

모집단: 대학생으로 이루어진 모집단을 대상으로 이번에 새로이 제안된 낙태법에 대한 의견을 물었다. 학생들은 다음 네 가지 중에 하나를 선택해 답한다.

찬성/반대/찬성이든 반대든 상관없음/잘 모름

표본: 실제 표본은 이 모집단으로부터 비복원추출 방식으로 뽑은 학생 1,000명이다. (비복원추출이기 때문에 두 번 질문을 받는 학생은 있을 수 없다.) 결과로 얻은 것은 응답으로 채워진 꽤 많은 수의 설문지이다. 여론조사 담당자는 질문받은 학생의 소속, 질문 날짜 등을 암호 처리했다.

통계 요약: 해당 질문에 대한 네 가지 답변 각각의 비율.

이론적 확률모형: 각 학생이 표본으로 뽑힐 확률이 모두 같도록 표집했다.

이런 여론조사에 관해, 두 가지 걱정이 있다.

걱정1: 모형

항아리를 이용하더라도 어떤 편향도 없고 독립적인 공정한 구슬 뽑기 장치를 만들기 어렵다. 그러나 실제 세계를 생각해보라!

조사 표본을 위한 이론적 모형이 글자 그대로 옳다고 말할 수는 없다. 상당히 무작위적으로 추출하고자 한다고 해보자. 우리는 모든 순서쌍 {대학, 학생 번호}를 나열한 목록을 만든 뒤, 컴퓨터 무작위 프로그램을 이용해서 그 목록으로부터 표본을 추출할 것이다.

실질적 문제: 누락된 학생이 있었다. 두 개의 대학에 등록한 학생도 있었다. 대학생이 아닌데 대학생인 척하는 학생도 있었다. 사망한 이들은 물론이고 두 마리의 개, 네 마리의 고양이, 한 마리의 말, 한 마리의 잉꼬가 작년에 등록되기

도 했다.

더 심각한 문제: 학생들을 만나기 어렵다. 무작위 표본을 만들기가 어려운 것과 상관없이, 조사 기간 중 입원해 있거나 도시 밖에 있는 학생이 표본에 등장하는 것은 물론, 그보다 많은 학생들이 집에 있거나, 수업에 들어갔거나, 전화로만 응답할 수 있는 상태에 있을 것이다.

사실, 이론적 확률모형은 거짓이다. 그것은 모집단과 표본 추출 방법에 관한 글자 그대로의 참인 묘사라고 할 수 없다.

그렇다고 그 모형이 실제와 아주 많이 동떨어져 있는 것도 아니다. 때문에, 우리는 그 모형을 사용한다. 그것은 **모형**, 그 이상도 그 이하도 아니다.

모형은 정확하지 않다. 하지만 유용하다.

걱정2: 자료

가장 좋아하는 TV 쇼에 대한 조사에서 학생들은 좋아하는 쇼를 솔직하게 말해줄 수도 있고, 혹은 TV를 보지 않는다고 사실 그대로 말해줄 수도 있다. 그러나 어떤 학생은 온종일 TV만 보고 있는 것에 대한 죄책감을 느껴 자신은 전혀 TV를 보지 않는다고 답한다. 포르노그래피만 보는 학생은 자신의 TV 시청 습관을 부정한다. 또 어떤 학생은 오프라 쇼와 같은 대중적인 프로그램을 보는 것이 더 좋아 보여, 사실 오페라만 시청함에도 불구하고 거짓말을 한다. 다른 어떤 학생은 사실 오프라 쇼만 보지만 오페라만 본다고 말한다.

이것만 해도 충분히 걱정스럽다. 하지만 정말 논쟁적인 주제, 가령 낙태와 같은 주제에 관한 여론조사에서는 아마도 많은 학생이 자신의 실제 입장을 숨길 것이다.

귀납논리는 그런 것이 아니다

두 문제, 즉 모형과 자료는 중요하다. 하지만 귀납논리는 연역논리와 마찬가지다. 연역논리는 논증의 타당성에 관심을 가진다. 31-32쪽에서 말했듯이 논리학자는 전제와 결론 사이의 관계를 연구한다. 논리학자로서 그들은, 전제가 참인지에 관해서는 어떤 지적도 하지 않는다. 이런 점은 연역논리와 귀납논리 모두에서 성립한다.

- 귀납논리는 논증에 대한 것이다. 이는 전제들의 참 혹은 거짓에 관한 것이 아니다.
- 귀납논리는 전제들이 결론에 대한 좋은 근거를 제시하는지에 관한 것이다.

빈도-유형 확률을 이용하는 귀납논리는 표본 자료와 이론적 모형이라는 두 전제를 가지고 있다. 그럼 우리는 이 전제들로부터 이끌어낼 수 있는 추론은 무엇인지, 전제들로부터 어떤 결정에 이를 수 있는지 살펴봐야 한다.

　자료 및 모형을 검사하는 방법에 관한 여러 전문적인 아이디어들이 있다. 예를 들어, 이론적 확률모형 그 자체를 통계적 가설로 취급할 수 있다. 우리는 모형을 검사하기 위해서 통계적 방법을 사용할 수 있다. 그러나 이 책에서 우리는 가장 단순한 질문, 즉 이론적 모형과 자료로부터 어떤 결론이 도출될 수 있느냐는 질문만을 다룬다.

추정

가장 익숙한 유형의 추정은 비율을 토대로 한다. 그런 추론은 다음과 같이 진행된다.

> 모집단: 항아리에 있는 공들.
> 표본: 항아리에서 공 60개를 하나씩 뽑아 그것을 녹색이나 붉은색 등 색깔로 분류한 것.
> 통계 요약: 표본 속 녹색 공의 비율이 (말하자면) 18/60, 혹은 3/10이다.
> 이론적 모형: 표본 추출은 복원추출이었으며, 각 공 뽑기는 독립적이다. 그리고 어떤 공이든, 그 공이 뽑힐 확률은 다른 공이 뽑힐 확률과 같다.
> 추론: **따라서**, 모집단 속 녹색 공의 비율은 약 0.3이다.

마지막 결론이 모집단 속 녹색 공의 비율에 대한 추정이다. 그 결론의 신빙성은 얼마나 되나?

신빙성

우리 모두 평균에 근거하여 추정한다. 인간 심리는 정말로 이렇게 추정하는가?

문화에 따라 다른가? 이런 식으로 추정하는 것에 대한 어떤 좋은 이론적 근거가 있는가?

좀 더 실질적인 문제도 있다. 3세기 전 야코프 베르누이는 다음과 비슷한 말을 한 적이 있다. "소작농 모두 이런 추리를 어떻게 해야 하는지 알고 있다." 흥미로운 질문은 그런 추정이 얼마나 신빙성 있는가이다.

아마도 모든 사람은 표본이 커질수록 추정은 더 신빙성 있어진다는 것을 알고 있을 것이다. 그러나 얼마나 더 신빙성이 있는가? 언제 추정은 신빙성이 있게 되는가?

점추정

점추정은 어떤 양이나 모수(parameter, 母數)를 하나의 수로 추정하는 것이다.[1]

목조 창고의 한 부분을 수리하고 있다. 이 일을 끝내기 위해서 얼마나 많은 목재가 필요한가? 내가 보기에 96피트의 목재는 있어야 할 것 같다. 만약 내가 목재소에 가서 "92피트와 98피트 사이에 있는 6인치 소나무"를 원한다고 말한다면, 목재소는 나에게 "그래서, 실제로 원하는 것은 얼마인가요?"라고 물을 것이다.

보통의 경우, 나는 점추정에 따라 일을 해야 한다.

그러나 대개 점추정은 잘 맞지 않는다. 사실, 목공일을 하고 있을 때 나는 오차 한계를 남겨둔다. 나는 몇 피트의 목재를 여분으로 가지고 일을 한다. 만약 목재가 남는다면 그 남은 것을 다음번 작업에 사용하거나 땔감으로 사용한다. 이건 낭비가 아닐까? 반드시 낭비인 것은 아니다. 나중에 부족해져 목재 몇 피트만을 더 사려고 목재소로 또 가는 것이 더 낭비일 테다.

통계학자들은 점추정을 한다. 하지만 그들은 또한 **구간 추정**도 한다.

---

1 [역자 주] 수학에서 'parameter'는 일반적으로 '매개변수'로 번역되곤 한다. 하지만 통계학에서 'parameter'는 조금 더 특별한 의미를 가진다. 이는 표본과 대비하여, 모집단(母集團)의 특정 성질을 나타내는 수를 뜻한다. 통계학에서 'parameter'을 '母數'라고 부르는 것에는 아마 이런 이유가 있을 것이다. 18장에서 언급된 통계량(statistic, 統計量)과 비교하면, 이 parameter의 의미를 조금 더 분명하게 파악할 수 있다. 거칠게 말해, '통계량'은 표본의 통계적 성질을 나타내는 수치를, '모수'는 모집단의 통계적 성질을 나타내는 수치라고 이해될 수 있다.

구간 추정

q를 우리가 관심을 가진 어떤 양이라고 하자. 가령, 그것은 망고나무 한 그루에 달린 나뭇잎 개수일 수도, 상자 안에 있는 싱싱한 오렌지의 비율일 수도 있다. 그렇다면 나는 그 양이 어떤 구간에 있다고 말할 수 있을 것이다.

> 그 나무에 달린 나뭇잎의 개수는 236,000과 237,000 사이에 있다.
> 그 상자 속 싱싱한 오렌지의 비율은 0.90과 0.96 사이에 있다.
> 이 항아리에서 녹색 공이 뽑힐 확률은 0.37과 0.43 사이에 있다.

이런 추정은 얼마나 신빙성이 있는가? 원칙상, 믿음-유형, 혹은 베이즈주의 분석은 이 질문에 곧바로 답할 수 있다. 주어진 표본 자료를 토대로, 양 q의 실제 값이 해당 구간 속에 있을 사후 확률을 찾으면 된다.

　빈도-유형 확률은 그렇게 할 수 없다. q는 해당 구간 속에 있거나 그렇지 않을 뿐이다. 여기엔 어떤 빈도도 없다.

> 그 나무에 달린 나뭇잎의 개수는 236,000과 237,000 사이에 있거나, 그렇지 않다.
> 그러나 이 나무가 그 정도의 나뭇잎을 가질 빈도란 없다.
> 그 상자 속 싱싱한 오렌지의 비율은 0.9와 0.96 사이에 있거나, 그렇지 않다.
> 그러나 그것에 관한 어떤 빈도도 없다.

빈도-유형 확률에게는 구간 추정을 하는 방법과 그 추정이 얼마나 신빙성 있는지를 나타내는 방법이 필요하다. 할 수 있을까? 물론 할 수 있다. 우리는 대중 여론조사에 익숙하다.

흡연

시의회는 식당, 술집, 카페 내 흡연 금지 여부를 두고 논쟁해왔다. 관련된 가능성은 다음과 같다. 전면 금지, 환기 시설을 갖춘 분리된 흡연실에서만 허용, 흡연 구역과 비흡연 구역 분리.

> 지난주 18세 이상 도시 거주자를 대상으로 여론조사를 실시했다. 이 여론

조사에 따르면 응답자 중 78%는 최소한 흡연 구역이 분리되기라도 해야 한다고 생각했으며, 57%는 환기 시설을 갖춘 분리된 흡연실에서만 제한적으로 흡연을 허용하는 것을 선호하였다. 단지 38%만이 전면 금지를 선호하였다. 이 여론조사는 1,026명의 도시 거주자를 대상으로 7월 6일부터 9일 사이에 진행되었다. 20번 중 19번이 3% 안에서 정확하다고 여겨진다.

여론조사 보고서가 말하지 않는 것

20번 중 19번은 95%이다.

57%를 중심으로 한 3%의 오차 한계란, 57±3%을 가리킨다. 비율이 57%를 중심으로 3% 간격 안에 있다는 것은 그 비율이 54%와 60% 사이에 있다는 것이다.

위 두 설명에는 어떤 문제도 없다. 그러나 우리는 아직 마무리하지 못했다. 위 보고서가 말한 것은 다음이 아니다.

> "환기 시설을 갖춘 분리된 흡연실에서만 제한적으로 흡연을 허용하는 것을 선호하는 성인 도시 거주자의 비율이 54%와 60% 사이에 있을 확률은 95%이다."

빈도 관점에서 보면, 위 진술은 무의미하다.

분리된 흡연실을 선호하는 도시 거주자의 비율은 54%와 60% 사이에 있거나, 그렇지 않다. 여기에는 어떤 빈도도 없다.

그럼 위 보고서가 의미하는 것은 무엇인가?

베르누이 시행

여론조사는 항아리를 이용한 베르누이 시행을 모형으로 삼을 수 있다. p를 녹색 공이 뽑힐 확률이라고 하자. 이 확률은 공마다 모두 같으며 표본은 복원추출된다고 하자. 문제의 확률 p는 관련 문항에 "예"라고 답하는 사람이 무작위로 뽑힐 확률이다.

여론조사의 추출은 복원추출이 아니다. 그러나 60개가 들어 있는 한 상자가 아니라, 655,000명의 성인 거주자와 같이 큰 모집단에서는 복원추출과 비복원추출의 확률은 거의 동일하다. 실세계 표본 추출에는 여러 다른 복잡한 요소들이 있다. 하지만 우리는 여기서 기본 아이디어에만 신경 쓸 것이다.

연역

베르누이 정리는 우리에게 많은 것을 알려준다. 두 개의 그룹, G와 G가 아닌 것으로 나뉜 어떤 모집단을 생각해보자. 모집단이 도시의 성인 거주자라면, G는 전면 금지를 선호하는 성인들, G가 아닌 것은 나머지 성인들을 가리킬 수 있다. 모집단이 함께 거주하는 혼인 부부라면, G는 배우자에 충실한 부부를 가리킬 수 있다. 모집단이 항아리에 있는 공이라면, G는 녹색 공을 가리킬 수 있다.

모집단 속 G의 비율을 안다면, 우리는 다음과 같은 것을 연역할 수 있다.

> 임의의 작은 오차 한계에 대해서,
> 모집단으로부터 추출한 크기가 큰 표본 속
> G의 비율이 p와 가까울 확률,
> 즉 정확도 확률은 매우 크다.

17장 정규 사실 III(338쪽)에서 우리는 몇 가지 특별한 경우와 그 경우와 관련된 수식을 제시했다. 그 각각은 정확도 확률이 약 2/3, 0.95, 0.99인 경우였다. 그 수식은 관련 정규 근사의 표준편차 $\sigma = \sqrt{[p(1-p)n]}$에 의존한다. 오차 한계는 이 표준편차에 의해 결정된다.

p를 알게 되면, 우리는 338쪽의 상자를 이용해, 예를 들어 다음과 같은 것을 도출할 수 있다.

> 표본 속 G의 비율이 p를 중심으로 $2\sqrt{[p(1-p)n]}/n$ 간격 안에 있을 (정확도) 확률은 0.95이다.

이는 연역 추론이다. 우리는 귀납 추론으로 위 추론과 반대 방향의 추론을 하고자 한다. 우리는 크기가 n인 표본을 만들었다. 표본 속 G의 비율을 s라고 하자.

s를 알게 되면, 우리는 p에 관한 진술도 하고 싶게 된다. 빈도 관점은 p에 관한 확률 진술을 허용하지 않는다. 그렇다면 p에 관해 어떤 진술을 할 수 있을까? 17장에서 다룬 "최악의 시나리오"라는 것을 이용해보자.

최악의 시나리오

정확도 확률은 p에 의존한다.

그러나 $p=1/2$이라는 것은 최악의 시나리오였다.

그러한 경우 가능한 오차 한계의 최댓값은 $\sqrt{n}/2$이다.

이제 우리는 다음을 안다. 임의의 p의 값에 대해, 표본 속 G의 비율 s가 p를 중심으로, 예를 들어 $2\sigma/n$ 간격 안에 있을 정확도 확률은 95%이다.

그러나 임의의 p의 값에 대해, 가능한 σ의 값 중 가장 큰 값, 즉 최악의 시나리오의 σ의 값은 $\sqrt{n}/2$이다.

그러므로,

임의의 가능한 p의 값에 대해, 표본 속 G의 비율 s가 p를 중심으로 $1/(2\sqrt{n})$ 간격 안에 있을 확률은 **최소한** 2/3이다.

임의의 가능한 p의 값에 대해, 표본 속 G의 비율 s가 p를 중심으로 $1/\sqrt{n}$ 간격 안에 있을 확률은 **최소한** 95%이다.

임의의 가능한 p의 값에 대해, 표본 속 G의 비율 s가 p를 중심으로 $3/(2\sqrt{n})$ 간격 안에 있을 확률은 **최소한** 99%이다.

예를 들어보자. $n=10{,}000$이라고 하자. 그럼, p의 값이 무엇이든 표본 속 G의 비율 s가 p를 중심으로 $1/\sqrt{10{,}000}=1/100=1\%$ 간격 안에 있을 확률은 최소한 95%가 된다.

마찬가지로, p의 값이 무엇이든 표본 속 G의 비율 s가 p를 중심으로 $3/[2\sqrt{10{,}000}]=3/200=1.5\%$ 간격 안에 있을 확률은 최소한 99%가 된다.

신뢰도 개념

이제 모집단으로부터 표본을 추출하였을 때, 그 모집단에 대해서 무엇을 추론할 수 있는지 살펴보자.

s를 크기가 10,000인 표본 속 G의 비율이라고 하자.

그럼, 최소한

95%의 확률로, s가 p를 중심으로 1%의 간격 안에 있는 표본을 얻게 될 것이다.

그러므로 (여기에 논리적 묘수가 숨어 있다) 최소한

> 95%의 확률로, p가 s를 중심으로 1%의 간격 안에 있는 표본을 얻게 될 것이다.

이것이 바로 신뢰구간의 기초이다.

그러나 주의해야 한다! p는 고정된 값이라는 것을, 그리고 표본마다 다른 것은 s라는 것을 기억하라.

10,000개의 개체로 이루어진 표본을 만들었다고 해보자. 그리고 그중 3,000개, 즉 30%가 G라고 하자. 그럼 당신은 위로부터 다음과 같이 결론 내릴지도 모른다.

> "모집단 속 G의 비율이 30%를 중심으로 1% 간격 안에 있을 확률은 0.95이다."
>
> "모집단 속 G의 비율이 0.29와 0.31 사이에 있을 확률은 0.95이다."

빈도 관점에서 보면, 위 진술은 완전히 엉터리다.

모집단 속 G의 비율은 0.29와 0.31 사이에 있거나, 그렇지 않을 뿐이다. 여기에는 어떤 빈도도 없다.

그럼, 우리는 어떻게 말해야 하는가?

신뢰구간

위의, 0.29와 0.31 사이의 구간은 신뢰구간이라고 불린다. 이는 G의 비율에 대한 추정, 즉 구간 추정으로 사용된다.

10,000개의 개체로 이루어진 무작위 표본을 토대로 한, 우리의 추정 방법은 다음과 같다.

◆ 10,000개의 개체를 무작위로 선택한다.
◆ 이 10,000개의 개체 중 G의 비율 s를 결정한다.
◆ 전체 모집단 속 G의 비율이 $(s-0.01)$과 $(s+0.01)$ 사이에 있다는 것을 추정한다.

물론, 표본 속 G의 비율은 표본마다 다를 것이다. 그러나 어떤 시행에서, 알려지지 않은 비율 p가 $(s-0.01)$과 $(s+0.01)$ 사이에 있게 되는 표본의 비율 s를 얻게 될 확률은 95%이다.

특히, 크기가 10,000인 표본에서 $s=0.30$이라면, 우리는 p가 0.29와 0.31 사이에 있을 것으로 추정할 수 있다. 이 구간에 대한 우리의 "신뢰도"(confidence)는 95%가 된다.

이 말은, 최소한 95%의 빈도로 올바르게 추정하는 절차에 의해서 추정되었다는 것을 의미한다.

신뢰도 관련 진술은 다음과 같은 형식을 가진다.
자료를 토대로, 우리는 어떤 알려지지 않은 양이 특정 구간에 있을 것으로 추정한다. 이 추정은 최소한 0.95의 확률로 올바르게 추정하는 방법에 따라 이루어진 것이다.

다음과 같은 방식으로 말하는 것은 완전히 잘못이다.

"어떤 양 q에 대한 95%의 신뢰구간 추정치는 I이다. 따라서 q가 구간 I에 있을 확률은 0.95이다."

정확 구간

우리의 목적은 신뢰구간의 논리를 설명하는 것이다. 그러므로 우리는 다루기 편한 수를 이용한다. 338쪽에 있는 상자는 99%의 신뢰구간을 얻는 방법을 말해준다. G의 비율이 30%인 크기가 10,000인 표본에서 99%의 신뢰구간은 $3/(2\sqrt{n})$ 이하의 오차 한계를 가진다. 그러므로 우리는 p가 0.285와 0.315 사이에 있다고 추정할 수 있다. 우리는 이 구간에 대한 우리의 "신뢰도"가 99%라고 말할 수 있다.

이것은 최소한 99%의 빈도로 올바르게 추정하는 절차에 의해서 추정되었다는 것을 의미한다.

그러나 그 상자는 95%, 99%(또는 2/3)와 다른 신뢰수준을 가진 구간을 어떻게 계산해야 하는지 말해주지 않는다. 더욱이, 우리가 "최악의 시나리오"를 사용한 것은 우리의 구간이 매우 비효율적일 수 있다는 것을 의미한다. 수학자들은 우리 구간에 꽤 불만족스러울 것이다. 통계학자들은 정확 신뢰구간(exact confidence interval)을 좋아한다. 이에 대한 한 가지 부분적 이유는, 그런 신뢰구간이 더 간결하다는 것이며, 또 다른 부분적 이유는 그런 신뢰구간이 보통 더 많은 정보를 가지고 있다는 것이다. 여기에 간단한 설명이 있다.

우리가 (특정 비율이나, 고등학교 농구 선수의 평균 키, 혹은 캔자스주 평균 가계 소득과 같은) 어떤 양 q를 추정하고 있다고 해보자. 우리는 자료를 통해 양 q의 구간을 추정하는 몇 가지 방법을 가지고 있다. 이제 그런 추정 방법이 다음과 같은 훌륭한 특징을 가졌다고 해보자. q의 값이 무엇이든, q가 구간 I에 포함된 자료를 얻게 될 확률이 (95% 이상이 아니라) 정확하게 95%이다. 이 경우, I는 정확 신뢰구간이라 불린다. 우리가 이 책에서 다루고 있는 신뢰구간과 달리, 당신이 실생활에서 접하는 대부분의 신뢰구간은 정확 신뢰구간이다. 아무런 예비지식 없이 정확 신뢰구간 추정량(estimator)을 고안하는 것은 어려운 일이다.[2] 그러나 그 모든 경우에, 신뢰도 관련 진술의 논리는 위 상자에서 설명한 것과 정확하게 같다.

다시, 흡연

공공장소 흡연에 대한 여론조사를 다시 살펴보자.

> 지난주 18세 이상 도시 거주자를 대상으로 한 여론조사에 따르면 응답자 중 78%는 최소한 흡연 구역이 분리되기라도 해야 한다고 생각했으며, … 이 여론조사는 1,026명의 도시 거주자를 대상으로 7월 6일부터 9일 사이에 진행되었다. 20번 중 19번이 3% 안에서 정확하다고 여겨진다.

"20번 중 19번"은 신뢰구간에 대한 표준적 확률 0.95이다.

---

2 [역자 주] 통계학에서 'estimator'는 일반적으로 '추정량(推定量)'으로 번역된다. 얼핏 이런 번역은 오해를 야기하는 듯하다. 왜냐하면, '추정량'은 추정을 통해 얻은 어떤 양(量)을 뜻하는 것처럼 보이기 때문이다. 하지만 정확하게 말하자면, 추정량은 추정을 통해 얻은 양, 즉 추정치가 아니라 그런 추정치를 산출하는 추정 방법, 혹은 추정 규칙을 뜻한다. 하지만 여기서 우리는 통계학의 용어를 그대로 사용하여 번역할 것이다. 독자들은 '추정량'의 이런 뜻에 주의해서 읽을 필요가 있다.

"3% 안에서 정확하다"는 오차 한계에 대한 진술이다.

위 인용문은 다음을 의미한다.

(여론조사 자료를 토대로 할 때) 분리된 흡연 구역을 선호하는 거주자에 대한 95% 신뢰구간은 (0.75, 0.81)이다.

그럼 이것은 다음을 의미한다.

우리 자료를 토대로 할 때, 우리는 분리된 흡연 구역을 선호하는 거주자의 알 려지지 않은 비율이 0.75와 0.81 사이에 있을 것으로 추정한다. 이 추정은 최소한 0.95의 확률로 올바르게 추정하는 방법에 따라 이루어진 것이다.

3퍼센트 계산

위 흡연 조사 보고서 속에 있는 "3%"는 어떻게 계산된 것인가?

방금 설명한 이론에 따르면 95% 신뢰구간은 다음과 같다.

$1/\sqrt{n} = 1/\sqrt{1026} = 0.031 \approx 3\%$.

3%는 바로 이런 식으로 계산된 것이다.

물론 여론조사원이 한 일은 먼저 표본을 만든 뒤 오차 한계를 계산한 것이 아 니다. 그들은 95% 정확도 확률과 3%의 오차 한계를 가진 여론조사를 설계한 것이다.

신뢰도가 커질수록, 오차가 커진다

같은 여론조사를 통해, 99%의 신뢰구간도 도출할 수 있다. 확률이 99%일 때, 오차 한계는 다음 간격 사이에 있다.

$3/(2\sqrt{n}) \approx 0.047 < 0.05$.

그러므로 같은 자료와 같은 논리를 통해 여론조사원은 다음과 같이 말할 수 있다.

1,026명의 거주자를 대상으로 7월 6일부터 9일 사이에 진행된 여론조사를 토대로 할 때, 이 결과는 100번 중 99번이 5% 안에서 정확하다고 여겨진다.

항상 작지만은 않다: 다시, 지방

여론조사의 경우, 79%의 양쪽 3%와 같이 매우 좁은 구간을 얻으려고 노력한다. 그러나 신뢰구간은 아주 광범위한 분야에서 사용된다. 그 구간은 종종 추정의 신빙성을 나타내기 위해서만 사용되기도 한다.

359-360쪽의 지방, 콩, 폐암에 관해『국립암협회지』에서 발표된 논문을 다시 생각해보자. 우리는 포화지방 섭취를 폐암 발생 정도와 비교하는 것과 같은 "단일변량" 관계만을 언급하였다. 연구자들은 또한 포화지방, 그리고 그것과 상관관계에 있는 모든 다른 변수의 효과를 추정하고자 하였다. 이는 어려운 기술이지만, 이를 위한 표준적 방법이 있다. 그 결론은 다음과 같다.

다량의 포화지방을 섭취한 여성의 집단을 매우 소량의 포화지방을 섭취한 미주리주 여성의 집단과 비교한 결과,
한 집단의 폐암 발생 정도는 다른 집단의 폐암 발생 정도의 6.14배였다.

그러나 이는 여러 변수를 결합하여 다양한 통계적 부수효과를 고려하는 방법에 기초한 추정이다. 결과적으로, 연구자들은 이 추정에 대한 신뢰구간이 다음과 같다고 밝혔다. (여기서 CI는 신뢰구간을 가리킨다.)

95% CI＝(2.63,14.40).

이 계산 결과에 어떤 의미가 있는지 생각해보라.
이것을 아래와 같이 읽는 것은 무척 무서운 일이다.

주로 고지방식을 하는 비흡연 여성의 폐암 발생 위험은 주로 저지방식을 하는 비흡연 여성의 폐암 발생 위험의 여섯 배이다.

위 결과를 다음과 같이 읽게 되면, 치즈버거를 사랑하는 낙관적인 비흡연 여성

이 느끼는 무서움은 줄어들 것이다.

　　주로 고지방식을 하는 사람의 폐암 발생 위험은 주로 저지방식을 하는 사람의
폐암 발생 위험의 적게는 2.6배이다. 그리고 높게는 14.4배일 수도 있다.

통계 진술이 의미하는 것

앞의 흡연 연구를 진행한 여론조사 기관은 1,026명의 성인으로 이루어진 표본의
38%가 흡연에 대한 전면 금지를 선호한다는 것을 확인하였다. 이 정보를 토대
로 그들은 다음과 같이 말할 수 있다.

　　우리는 흡연에 대한 전면 금지를 선호하는 시민의 비율이 **구간** 38%±3%에
있다고 추정한다.
　　　우리의 추정은 (이론적 모집단 모형과 표집 방식의 이론적 성질을 가정
했을 때) 구간 추정치를 20번 중 19번 올바르게 내놓는 **방법**에 따라 이루어
진 것이다.

마찬가지로 식습관에 관한 연구자들은 다음과 같이 말할 수 있다.

　　우리는 다량의 고지방식을 먹는 비흡연 여성들의 폐암 위험은 소량의 포화지
방을 먹는 비흡연 여성들의 폐암 위험보다 2.63배에서 14.4배 정도 더 크다
고 추정한다.
　　　우리의 추정은 (이론적 모집단 모형과 표집 방식의 이론적 성질들을 가
정했을 때) 구간 추정치를 20번 중 19번 올바르게 내놓는 **방법**에 따라 이루
어진 것이다.

이상적 그림

위 주장의 둘째 부분은 완전히 이상화된 것이다. 이는 여론조사 사례에서도 마
찬가지다.

　　만약 도시 거주자들을 반복적으로 표집하면, 사람들의 의견은 바뀌기 시작할
것이다. 1,000명의 사람으로부터 10,000번 표집한다면, 많은 사람이 여러 번 표

집될 것이다. 화가 난 그들은 더 이상 답하려 하지 않을 것이다. 대규모의 여론조사가 시행되고 있다는 말이 곧 새어나갈 것이며, 어떤 사람은 그 여론조사를 엉망으로 만들려고 할지도 모른다. (나라면 그렇게 할 것이다.)

어떤 의미에서 보자면, 그 누구도 신뢰구간에 대한 이론적 설명을 글자 그대로 진지하게 생각하지 않는다. 당신은 그 설명을 논증의 기본 구조에 대한 논리적 그림으로 여겨야 한다.

층화 표집

여론조사 기관은 하나의 모집단만을 고려한 단순 무작위 표집보다 훨씬 더 복잡한 방법을 사용해왔다. 여론조사 중 가장 익숙한 것은 정치 여론조사이다. 약 1,000명의 사람에 대한 여론조사를 통해 국가 전체 유권자에 관해 알아낼 만한 것이 있는가?

우리는 대표성을 가지는 표본을 원한다. 그러나 단지 1,000개의 개체를 아무 방법이나 써서 표집한다면, 모집단의 몇몇 주요 부분이 빠지기 쉽다. 우리는 노조 소속 생산직 노동자가 한 명만 표집되는 일을 피하려 할 것이다. 우리는 투표권이 있는 대학생 중 단 한 명만 표집되는 일도 피하려 할 것이다. 부자라고 해서 아무나 표집하지도 않을 것이다. 모든 독실한 신자를 누락시킬 수도 있으며, 모든 진지한 무신론자를 누락시킬 수도 있다. 우리는 모든 이혼한 부부를 놓칠 수도 있으며, 35년 동안 결혼 생활을 유지하고 여전히 관계가 좋은 부부를 놓칠 수도 있다.

그래서 여론조사 기관은 층화 표집(stratified sampling)이라는 방식을 사용한다. 이런 여론조사는 방대한 기존 여론조사 결과를 바탕으로 구성된다. 여론조사 기관의 기존 조사 결과에 따르면, 수많은 부분 모집단(subpopulation)은 여러 이슈에 대해서, 아니면 방향제나 TV 쇼 등에 대한 취향에 있어 상당히 동질적이다. 그런 동질적인 부분 모집단 각각은 모집단 속 여러 계층 중 하나로 취급된다. 층화 표집을 이용한 여론조사는, 우선 계층을 무작위로 선택한다. (이때 각 계층의 크기가 서로 다르다는 점이 고려된다.) 그런 다음, 그렇게 무작위로 뽑힌 계층 각각에서 개체들이 무작위로 선택된다.

이 방식은 제법 복잡해 보인다. 미국 내 많은 상업적 여론조사는 단순히 '베벌리힐스 90210'과 같은 우편번호를 이용하기도 한다. 미국인의 광범위한 다양성에 비해, 각 우편번호에 속한 개인은 수입, 인종, 사고방식, 취향과 관련해 상당히 유사하다. 물론 베벌리힐스 90210에 속한 사람만큼 획일적이지는 않더라도 말이다. 미국에 있는 모든 우편번호 각각에서 두 사람을 무작위로 뽑는다면, 대표성을 갖춘 표본을 확보하는 데 실패했다고 말하기 어려울 것이다. 그러나 당신이 취급하는 것은 최고급 상품이고, 부유한 소비자들이 그 상품을 어떻게 생각하는지 알고 싶다면, 당신은 넉넉한 지역의 우편번호만을 추출해야 한다.

당연하게도 층화 표집과 관련된 수학은 단순 임의 표집보다 훨씬 더 복잡하다. 그러나 그 결과로 얻게 되는 신뢰도 관련 진술의 의미는 언제나 같다.

우리는 어떤 모수가 이러저러한 구간에 있다고 추정한다. 만약 우리의 이론적 모집단 모형이 옳다면, 이 추정 절차가 내놓은 추정은 대부분 옳다.

전문적인 내용

우리가 여기서 관심을 가지는 것은 신뢰구간 추정에 대한 이론적 설명뿐이다. 수학자들이 풀어야 할 많은 전문적인 문제가 있다. 예를 들어, 우리가 서술했던 것처럼 신뢰구간 추정량은 하나가 아니다. 즉 우리는 같은 자료에 대해서 95%의 신뢰구간을 내놓는 여러 절차를 만들어낼 수 있다. 하지만 그렇게 도출된 신뢰구간은 서로 다를 수 있다.

이는 네이먼에게 별문제가 아니다. 만약 몇몇 절차가 몇 가지 다른 95%의 신뢰구간을 내놓는다면 그중 하나를 골라라. 그 신뢰구간 중 어떤 하나가 다른 것보다 더 많은 정보를 담고 있다거나, 아니면 또 다른 이유에서 특정한 신뢰구간을 다른 어떤 것보다 선호할 수 있다. 그러나, 그렇게 해서 당신이 절차 하나를 선택하게 되면 당신은 95%의 빈도로 옳게 될 것이다. (물론 당신이 선택한 이론적 모형이 옳다는 것을 가정해야 한다.) 여러 가능한 신뢰구간 중 가장 좋은 구간을 선택하는 방법에 관련된 여러 중요한 문헌이 있다. 이상적인 것은 가장 좁은 구간을 내놓은 "정확" 추정량이다.

신뢰구간과 네이먼–피어슨 검정

네이먼의 신뢰구간 이론은 네이먼–피어슨 통계적 가설 검정 분석틀과 밀접한 관련이 있다. 처음에 네이먼은 18장의 검정 이론을 피어슨과 함께 개발하였다. 그 후, 네이먼은 자신의 신뢰구간 개념을 발전시켰다. 아래는 이 두 가지가 어떻게 연결되는지 보여준다.

특정 살충제가 토마토 수확량에 어떤 영향도 주지 못한다는 귀무가설을 검정하는 과학자를 생각해보자. 전체 토마토 생산 구역 중 반을 무작위로 선택하여 살충 처리를 한다. 귀무가설은 구역 당 평균 수확량의 차이가 0이라는 것이다. 그러나 그 차이는 양수(처리구에 더 많은 양질의 토마토가 생산되는 경우)일 수도 있고 음수(처리구에 더 적은 양질의 토마토가 생산되는 경우)일 수도 있다.

토마토를 거둬들여 수확량을 평가한다. 과학자들은 통계적 검정 대신, 가령, 95%의 신뢰구간을 이용할 수 있다. 만약 0이 신뢰구간 안에 있다면, 살충제가 효과적이라고 생각할 어떤 이유도 없다고 결론 내릴 수 있다. 그 경우, 우리는 어떤 효과도 없다는 귀무가설을 기각하지 않는다.

실험에 대한 다양한 일반적인 모형 중, 위와 같은 신뢰구간 추리는 네이먼-피어슨 분석틀을 이용한 검정과 같은 결과를 내놓는다. 많은 연구자가 선호하는 것은 신뢰구간 방법이다. 왜냐하면, 그들은 검정력이라는 개념이 혼란을 불러일으킨다고 생각하기 때문이다. 그러나 신뢰구간 추정량은 하나가 아니라는 것을 기억하라. 신뢰구간 추정량을 선택하는 것은 종종 가장 검정력이 뛰어난 검정을 선택하는 것과 같은 결과를 내놓는다.

소아 사망을 둘러싼 전쟁

당신에게 귀납논리는 너무 추상적이고 복잡해 보일 수도 있다! 귀납논리는 중요하다. "전쟁 중인 연구자들"이라는 제목이 달린 신문기사를 인용해보자. 그 기사는 다음과 같이 시작된다.

핵 발전소 주변에 사는 상당히 많은 아이가 백혈병으로 사망하고 있는가?

귀무가설은 다음과 같다. 아이 성장 환경 주변에 핵 발전소가 있다는 것은 아이가 백혈병에 걸릴 확률에 어떤 영향도 주지 않는다.

답은 누가 통계자료를 검토하는지에 달려 있다. 정부위원회와 환경연구단체는 같은 자료를 토대로 서로 상충하는 결과를 발표했다.

연방 핵 감시기구인 원자력관리위원회의 말에 따르면, 발전소 주변 소아 백혈병 사망 발생 정도는 예상보다 크지만, 그것은 우연히 그런 것일 뿐이다.

　환경연구단체인 에너지 탐사는 정부 입장이 터무니없다고 했다.

기사는 이후 많은 분노가 일어났다고 언급하면서 계속된다. 원자력관리위원회 소속 한 인사는 에너지 탐사 소속 어떤 인물에 대해서 "그에겐 버팔로 벽돌이 가득 차 있어요."라고 말했다. 무엇이 문제였나?

　에너지 탐사는 단순 유의성 검정을 사용하여 p-값이 0.0001이라고 발표했다. 이와 대조적으로

　　원자력관리위원회는 피커링 핵 발전소 주변의 백혈병 사망률은 지역 평균 보다 34% 높았으며, 더글라스 포인트 핵 발전소 주변은 173% 높았다고 밝혔다. 그리고 위원회는 이 비율이 해당 질병 발생과 관련해 과학자들이 발견한 자연 변동에서 비롯되었을 것이라고 결론 내렸다.

　　통계학의 언어로 말하자면, 그 결과는 연구자들이 임의의 큰 표본에서 20번 중 19번 일어나리라 기대할 수 있는 정규 범위에 속하며, 따라서 우연히 일어날 법한 일이었다는 것이다.

에너지 탐사는 유의성 검정을 사용했다. "20번 중 19번"은 원자력관리위원회가 신뢰구간을 사용했다는 것을 암시한다. 논증은 앞에서 다룬 것과 같다. 결과적으로 원자력관리위원회가 발견한 것은 "효과 없음"을 나타내는 양이 95% 신뢰구간에 속한다는 것이다. 기사는 원자력관리위원회 통계학자의 다음 말을 인용한다.

　　"신뢰구간은 에너지 탐사의 p-값에는 포함되지 않은 유용한 정보를 제공합니다."

우리는 이 주장을 다르게 표현할 수 있다. 에너지 탐사의 유의성 검정은 검정력을 무시했다고 말이다.

　이런 대립은 이야기의 시작일 뿐이다. 이 책은 그 문제를 어떻게 해결해야 하는지 말해주지 않는다. 두 그룹의 자료 이용 방법을 이해하기 위해서 우리는 꽤 많은 분석을 할 필요가 있다. 그러나 어림짐작해 말하자면, 가장 검정력이 뛰어난 시험, 혹은 신뢰구간을 사용하는 사람이 단순 유의성 검정만을 사용하는 사

람보다 일반적으로 자료와 경쟁 가설에 관한 더 깊은 분석을 내놓는다고 할 수 있다.

소아 백혈병 사망률, 혹은 다른 긴급하고 아마도 끔찍한, 말 그대로 수천 가지의 문제에 관심을 가진 사람이라면 누구나 귀납논리의 개념적 기초를 명확히 해야 한다.

추론에 반대하여

이제 조금 더 추상적인 주제로 넘어가보자.

잘 알게 되었듯이, 신뢰구간 방법은 예르지 네이먼에서 비롯되었다. 그는 빈도 독단론자였다. 그에게 확률은 한 가지 유형, 즉 빈도 유형만 있다.

그는 다음과 같이 말하기도 했다. 귀납 추론 같은 것은 없다. 이 말을 통해 그가 의미한 것은, 어떤 개별 사실이나 미지의 양의 귀납적 확률에 관해서는 아무 말도 할 수 없다는 것이다.

우리가 말할 수 있는 것은 모수를 추정하기 위해서 사용된 방법에 관한 (빈도-유형) 확률 진술뿐이다. (네이먼이 "유의성"을 네이먼-피어슨 분석틀(366쪽)에서 "크기"라는 말로 바꾼 것은 "유의성"이 "추론"을 암시하기 때문이었다!) 그럼, 네이먼은 우리가 어떻게 말하길 원했는가?

귀납적 행동

우리는 다음과 같이 말할 수 있다. 만약 이 절차를 반복적으로 사용한다면 대부분 옳은 결과가 나올 것이다. 그 절차는 신빙성 있는 "검사 특성"(operating characteristics)을 갖추고 있다.[3] 그러나 우리는 그 절차의 개별적 적용에 관한 어떤 확률 진술도 할 수 없다.

네이먼은 신뢰구간 방법을 사용할 때 우리가 하는 것은 귀납 추론이 아니라고

---

3 [역자 주] '검사 특성'이라 번역된 operating characteristics는, 제품의 품질 검사 절차의 신빙성을 평가하는 지표이다. 일반적으로 이는 '불합격이 될 제품을 합격으로 검사할 확률'을 나타낸다. 이는 앞에서 언급한 검정력, 거짓양성 비율과 밀접한 관련이 있다. 검정력은, '기각되어야 할 가설을 기각할 확률', 달리 말하면, '기각되어야 할 가설을 기각하지 않을 확률을 1에서 뺀 값'이다. 따라서 통계적 절차의 검사 특성이 신빙성 있다는 말은 검정력이 높다는 말과 비슷한 의미라고 할 수 있다.

말한다. 우리가 하는 것은, 그보다 귀납적 행동의 실천이다. 만약 95%의 신뢰구간을 사용한다면 우리 행동은 95%의 빈도로 바람직한 결과를 얻을 것이다. 만약 99%의 구간을 사용한다면 우리 행동은 99%의 빈도로 바람직한 결과를 얻을 것이다.

유의성 검정

귀납적 행동이란 생각은 곧바로 통계적 가설 검정에도 적용된다. 보스쿠라는 이름의 통계학자가 있다고 해보자. 그는 18장 마지막에 설명된 네이먼-피어슨 검정 이론을 배웠다. 그는 검정력이 뛰어난 시험을 선택한 뒤, 유의수준이 1%인 실험 자료를 얻게 되면 가설을 기각하고 그렇지 않으면 가설을 기각하지 않을 계획이다.

보스쿠가 참인 가설을 잘못 기각하는 일은 기껏해야 1%의 빈도로 일어날 것이다. 왜냐하면 (만약 그의 이론적 모형이 옳다면) 검정 중인 가설이 참일 때 1%의 수준에서 유의한 실험 결과를 얻을 확률은 단 1%이기 때문이다.

보스쿠는 개별 가설 H에 대해서 다음과 같이 말하는 엉뚱한 실수를 저지르지 않는다.

귀무가설 H가 참일 확률은 단 1%이다.

한편, 유의성 분석틀을 사용하는 사람들은 그저 다음과 같이 말할 것이다.

귀무가설 H가 참이고 그 가설 아래에서는 흔치 않은 일(1%의 확률을 가진 일)이 우연히 **일어났거나, 아니라면** 귀무가설 H는 거짓이다.

하지만 보스쿠는 위 말보다 더 나아간다. 그는 다음과 같이 말한다.

나는 가설 H를 기각한다. 나는 기껏해야 1%의 빈도로 가설을 잘못 기각하는 기각 방법을 사용하고 있다.

네이먼은 이것을 귀납적 행동이라고 부를 것이다.

네이먼의 적

네이먼에 따르면, 우리는 결코 귀납 추론을 할 수 없다. 그가 말하길, 우리는 그저 귀납적 행동만을 할 수 있을 뿐이다.

추론에 관한 네이먼의 입장에 동의할 필요는 없다.

우리는 먼저 그가 왜 귀납 추론이라는 생각을 거부했는지 기억해야 한다. 여기에는 역사적인 면이 있다. 그가 글을 쓰고 있었을 때는 1930년대였다. 그는 추론에 확률을 도입하고자 하는 사람들과 싸우고 있었다. 그에게는 몇 가지 유형의 적이 있었다. 그중 두 유형은 다음과 같다.

(a) 단순히 혼동한 사람들.
(b) 베이즈주의자들. 그들은 혼동하지 않았다. 하지만 빈도 독단론자에게 그들의 철학은 당혹스러운 것이었다. 네이먼이 자신의 철학을 명료하게 다듬고 있었을 1930년대 당시, 베이즈주의 철학에는 별 영향력이 없었다. 그래서 그의 주요 표적은 (a)였다.

   (a) 혼동. 혼동한 사람들이 유의성 검정이나 신뢰구간에 대해서 배웠을 때, 그들은 다음과 같이 말하길 원한다.

"가설 H가 참일 확률은 단 1%이다."
"q가 신뢰구간 I에 포함될 확률은 95%이다."

혼동한 사람들이 가설 H가 참일 확률은 단 1%라고 말하거나, q가 신뢰구간 I에 포함될 확률은 95%라고 말할 때, 그들이 자료로부터 "귀납 추론"을 했다는 것은 의심할 수 없다. 그러나 그 추론은 단순한 혼동일 뿐이다. 네이먼은 우리 모두에게 귀납적 행동에 관해 알려주면 그런 혼동은 줄어들리라 생각했을 것이다.

   (b) 베이즈주의자. 네이먼은 베이즈주의 분석에도 몇 가지 중요한 공헌을 하였다. 그러나 그는 믿음 독단론자, 즉 경험으로부터의 학습에 대한 이론이 귀납 추론의 유일한 참된 이론이라고 믿는 이를 전면적으로 반대했다.

귀납 추론에 찬성하여

이 책에서 우리는 (a)와 (b)에 관한 네이먼의 철학에 동의한다. 하지만 그의 연구 이후 오랜 시간이 흐른 지금, 귀납 추론은 없다는 주장에 동의할 필요는 없다. 우리는 더 유연해질 수 있다. 신뢰구간을 이용하는 사람에 대해서도, 그가 추론한다고 말하는 것이 완벽하게 옳을 수 있다. 추론한다고 말할 수 있는 이유는 추론을 위해 신뢰구간을 이용하는 그의 실천이 (말하자면) 95%의 빈도로 옳기 때문이다.

마찬가지로 보스쿠가 1%의 수준에서 유의한 자료를 토대로 관련 가설을 기각하는 경우에도 우리는 그가 추론한다고 말할 수 있다. 그는 자료로부터 가설이 거짓이라는 것을 추론한 것이다.

일부 귀납 추론 이론은 이런 종류의 통계적 추론을 다루고 있다.

우리는 22장에서 귀납적 행동과 관련된 철학적 견해를 다시 살펴볼 것이다. 그것은 귀납의 문제에 관한 매우 깊은 사유를 시사한다. 하지만, 어린아이의 생명과 죽음과 같은 실질적인 문제를 잊어서는 안 된다.

예르지 네이먼

예르지 네이먼(1894-1981)은 폴란드 수학자였다. 그는 프랜시스 골턴(Francis Galton)과 칼 피어슨(Karl Pearson)이 함께 설립한 학과에서 연구하기 위해, 런던으로 갔다. 골턴과 피어슨은 상관관계, 카이제곱검정, 그리고 그 외 여러 가지를 개발했다. 그곳에서 칼 피어슨의 아들인 E. S. 피어슨과 함께 그는 18장에서 다룬 네이먼-피어슨 통계적 가설 검정 이론을 개발했다. 이론은 그에게서 비롯되었으며, 이외에 많은 근본적인 발견이 그에게서 나왔다. 네이먼은 UC 버클리로 자리를 옮겼다. 그곳에서 그는 수리 통계학의 역사에서 오랫동안 최강의 자리를 차지하고 있었던 학과를 만들어냈다.

UC 버클리의 통계학 교수인 데이비드 프리드먼은 "피셔와 네이먼은 20세기 가장 위대한 통계학자였다."라고 썼다. 그 둘은 서로 뜻이 잘 맞지 않았다. 네이먼이 런던에서 연구를 시작했을 때, 피셔는 세계에서 가장 영향력이 큰 현업 통계학자였다. 둘은 논쟁을 즐겼으며, 서로를 매우 격렬하게 비판했다. 사실, 네이먼이 귀납 추론에 대해서 그토록 적대적이었던 한 가지 이유는, 피셔는 여전히 통계적 가설을 추론하기 위한 또 다른 빈도-기반 개념을 가지고 있었기 때문이었다. (피셔는 그것을 "신뢰 확률"(fiducial probability)이라고 불렀다. 그러나

이 이론이 널리 받아들여진 것은 아니었다.) 네이먼은 신뢰구간 이론만이 유일하게 옳다고 주장했다. 그는 통계적 추론이라는 피셔의 아이디어로부터 자신을 분리하기 위해서 이론을 귀납적 행동이라고 불렀다.

연습문제

1   **미응시**. 무작위로 뽑힌 625명의 대학생으로 이루어진 표본을 이용한 여론조사에 따르면, 병에 걸려 퀴즈나 중간고사에 적어도 한 번 미응시한 경험이 있다고 말한 사람은 125명이었다. (a) 95%의 오차 한계를 구하라. (b) 99%의 오차 한계를 구하라. 각 경우의 신뢰구간은 무엇인가?

2   **더 작은 표본**. 81명의 학생으로 이루어진 표본을 토대로 한 여론조사에 따르면, 병 때문에 시험을 미응시한 경험이 있다고 말한 사람은 16명이었다. 위와 같은 물음에 답하라. 여기서 병 때문에 미응시한 학생들의 비율은 1번 문제와 같다. 즉 약 20%이다. 큰 표본(625)과 작은 표본(81)을 토대로 이루어진 각 추정 중 무엇이 더 정밀한가?

3   **초심리학**. 초심리학이란, 텔레파시와 같이 일반적인 물리학으로는 설명할 수 없는 심적 현상에 관한 연구를 뜻한다.
      텔레파시: 현대 과학 법칙으로는 이해할 수 없는 방식으로 이루어지는, 사람 사이의 생각, 느낌, 상상, 욕망 등의 소통.
      폴터가이스트: 시끄럽고, 접시를 던지고, 보통 귀신 들린 집에 얹혀사는 말썽 많은 영혼.
      영매: 가수면 상태에서 죽은 사람과 산 사람을 연결해주는 사람.
      예지력: 미래를 볼 수 있는 능력.
      초심리학은 위 현상과 더불어 유령, 가족의 죽음 예측, 생각만으로 사물을 옮길 수 있는 염력 등등을 연구한다.
      초심리학적 현상들을 믿는가? 여러 문화에서 많은 사람이 이런 현상을 믿는다. 다음은 관련된 여론조사 결과에 관한 기사이다.

      어제 발표된 여론조사에 따르면, 모든 샌프란시스코 사람 중 63%가 초심리학적 현상을 믿는다.

　　그 여론조사는 샌프란시스코 사람의 58%가 텔레파시를, 31%가 죽은 사람을 만나게 해주는 영매의 능력을, 43%가 유령과 같은 영적인 존재를, 26%가 폴터가이스트를, 그리고 37%가 만지거나 다른 물리적 조작 없이 물건을 움직일 수 있는, 즉 염력을 가진 사람이 있다는 것을 믿는다고 전했다. 전체적으로 볼 때, 63%가 그런 현상 중 적어도 하나를 믿는다.

　　이 결과는 2월 15일과 2월 18일 사이에 이루어진 1,041명에 대한 조사에 토대를 둔 것이다. 이 조사는 20번 중 19번이 3% 안에서 정확하다고 여겨진다.

(a) 위 기사로부터 알 수 있는 모든 신뢰구간을 진술하라. 그리고 그것이 의미하는 바가 무엇인지 말하라.

(b) 당신이 기사를 작성하고 있다면, 편집자는 그 구간의 의미를 어떻게 요약하라고 할까?

복습을 위한 핵심 단어

점추정　　　　　　　　　신뢰구간
구간 추정　　　　　　　　귀납적 행동
오차 한계　　　　　　　　귀납 추론

철학에 적용된 확률

20 귀납의 철학적 문제

철학자들에게 다음은 귀납에 관한 가장 중요한 문제이다. 이것은 귀납논리의 문제가 아니다. 그보다 이 문제는 귀납적 추론의 가능성 바로 그 자체에 의문을 제기한다.

데이비드 흄

1739년 스코틀랜드 철학자 데이비드 흄(David Hume, 1711-1776)은 『인간 본성에 관한 논고』(*A Treatise of Human Nature*)를 출판하였다. 이 책은 서양철학의 가장 영향력이 있는 6권의 책 중 하나로 뽑힌 적이 있다. 흄은 28살에 이 책을 출판했다. 1748년, 그는 『인간 오성에 관한 탐구』(*An Enquiry Concerning Human Understanding*)라는 책을 출판하였다.

이 책들, 특히 두 번째 책에는 귀납의 문제라고 불리게 될 것에 관한 고전적 설명이 들어 있다.

귀납에 관한 흄의 문제는 아주 일반적인 지식 이론의 일부일 뿐이다. 여기서 우리는 흄 철학의 바로 이 측면만을 다룰 것이다.

회의주의

회의주의자란, 일반적으로 다음과 같은 사람을 뜻한다.

◆ 일반적으로 인정된 믿음을 습관적으로 의심하는 사람.
◆ 다른 사람들, 혹은 그들의 생각을 불신하는 사람.
◆ 종교적 믿음과 같이 전통적인 믿음을 거부하는 사람.

철학적 회의주의

철학자들이 말하는 회의주의는 훨씬 더 포괄적이다. 철학적 회의주의자는 다음과 같은 주장을 하는 사람이다.

◆ 그 무엇에 대해서도, 어떠한 진실한 지식이나 건전한 믿음이 가능하다는 것을 의심하라.

의심하는 지식이 무엇인가에 따라 철학적 회의주의는 여러 세부 유형으로 나뉜다. X에 대한 지식 혹은 믿음을 다루는 어떤 분야를 생각해보자. 여기서 X는 종교, 과학, 도덕과 관련된 것일 수 있다. X는 다른 사람이나 우리를 둘러싼 세계의 실재, 혹은 심지어 당신 자신에 대한 지식일 수도 있다.

X에 대한 철학적 회의주의자는 다음과 같은 주장을 하는 사람이다.

◆ X, 혹은 X라는 유형에 대해, 어떠한 참된 지식이나 건전한 믿음이 가능하다는 것을 의심하라.

이 의심은 독특하다. 철학적 회의주의자는, 그 어떤 것도 원칙적으로 이런 의심을 제거할 수 없다고 주장한다.

회의적 의심은 보통의 회의주의가 아니다. 결코, 우리는 공룡 멸종 이유를 알 수 없을 것이라는 의심을 가진 사람이 있을 수 있다. 이런 의심을 하고 있더라도, 그는 새로운 증거, 새로운 이론적 발전이 문제를 해결할 수 있으리라는 것은 인정할 수 있다. 이런 사람은 철학적 회의주의자가 아니다. 철학적 회의주의자는 그 어떤 것도 회의적 의심을 제거할 수 없다고 주장한다.

데이비드 흄은 귀납에 대한 철학적 회의주의자였던 것처럼 보인다.

회의적 문제

흄의 문제는 귀납논리의 몇몇 측면에 국한된 것이 아니다. 흄이 특정한 한 가지 논증에 대해서만 회의적이었던 것은 아니다. 빈도 독단론자는 귀납추리에 관한 베이즈주의식 접근법에 대해 회의적이다. 믿음 독단론자는 귀납추리에 관한 빈도주의식 접근법에 대해서 회의적이다.

흄은 그것이 무엇이든 모든 귀납추리에 대해서 회의적인 것 같다.

그러나 사람들은 귀납적으로 추리하지 않는가?

귀납적으로 추리한다. 하지만, 흄이 말하길, 그것은 단지 습관일 뿐이다.

과거와 미래

귀납추리는 우리를 과거로 이끈다. 왜 공룡이 멸종했는가? 어제 왜 당신은 나에게 말을 걸지 않았는가? 귀납추리는 우리를 현재 어딘가로 이끈다. 그는 지금 누구와 이야기 나누고 있는가? 그러나 귀납적인 사고를 할 때 사람들은 주로 현재 알고 있는 것으로부터 미래에 관한 무언가를 추론한다.

미래가 과거와 비슷하다고 생각하기 때문에 사람들은 종종 현재 알고 있는 것으로부터 미래에 관한 어떤 것을 추론할 수 있다고 주장한다.

그렇다면, 아래 질문은 흄의 문제를 또렷하게 보여준다고 할 수 있다.

당신은 어떻게 미래가 과거와 비슷하다는 것을 아는가?

원인

위 질문에 대한 한 가지 분명한 답변이 있다. 그것은 바로, 우리는 현재 사태가 미래 사건의 원인임을 알고 있다는 것이다.

흄은 이 원인이라는 관념에 대한 철학적 회의주의자다.

흄이 묻기를, 이 관념은 어디에서 왔는가? 흄의 글을 인용해보자. (아래 인용문은 원문의 오래된 표현을 현대식 표현으로 바꿔 놓은 것이다.) 아래 인용문은 흄이 자신의 책을 광고하기 위해 썼던 글에서 가져왔다.

아래에 인용된 모든 것은 흄 자신이 쓴 것이다. 흄은 원인과 결과에 관해 이야기하기 위해 유명한 당구공 사례를 이용한다.

당구대 위에 당구공 하나가 있다. 그리고 다른 공이 그 공을 향해 빠른 속도로 움직인다. 그 둘은 충돌한다. 앞서 멈춰 있던 공은 이제 운동을 얻는다. 이는 우리가 감각이나 사유를 통해 알아낸 그 어떤 것보다 완벽한, 인과 관계의 한 사례이다.

감각이나 사유. 흄의 일반 지식 이론에 따르면, 우리 모든 지식은 감각 작용(감각)이나 추리 작용(사유)에서 비롯된다. 흄은 계속한다.

> 운동이 전달되기 전 두 공이 서로 접촉했다는 것, 그리고 충격과 운동 사이에 어떤 간격도 없었다는 것은 분명하다.

여기서 우리가 발견한 것은 무엇인가? 두 공은 서로 접촉한다. 더욱이,

> 원인에 해당하는 운동은 결과에 해당하는 운동보다 선행한다. 그러므로 시간 선행성은 모든 원인이 갖추어야 할 또 다른 필수적인 요소이다. 하지만 이것이 전부는 아니다. 같은 종류의 공을 비슷한 상황에 놓아보라. 그럼 우리는 한 공으로부터의 충격은 다른 공의 운동을 낳는다는 것을 언제나 확인할 수 있을 것이다.

비슷한 원인은 항상 비슷한 결과를 만들어낸다. 흄은 이것을 항상적 결합(constant conjunction)이라고 부른다. 그러나,

> 나는 이런 원인에 대해서 근접성, 선행성, 항상적 결합이라는 세 요소 이외에 어떤 것도 발견할 수 없다. 첫 번째 공은 운동 중이고, 두 번째 공과 접촉한다. 그럼 즉시 두 번째 공이 움직인다. 그리고 같거나 비슷한 공을 가지고, 같거나 비슷한 환경에서 실험할 때마다, 나는 한 공의 운동과 그 접촉 뒤에는 언제나 다른 공의 운동이 따라온다는 것을 발견한다.

흄이 원인과 결과에 대응하는 것으로 우리 경험에서 발견한 것은 이것이 전부다.

경험

이제 흄은 인과에 관한 우리의 감각이 우리에게 타고난 것인지 의심한다. 그는 "아담과 같이 완전한 사고 능력을 가지고 창조되었지만" 아직 어떤 경험도 하지 않은 존재를 상상해본다. 아담은 어떤 당구공이 다른 공을 때렸을 때 무슨 일이 벌어지는지에 관해서 아무것도 몰랐을 것이다. 그러나 당구공을 만지작거리다

같은 종류의 사례를 충분히 많이 확인하게 되면, 한 공이 다른 공을 향해 움직이는 것을 볼 때마다 아담은 주저 없이 항상 두 번째 공이 운동하게 되리라고 결론 내릴 것이다. 아담의 사고 능력은 그가 보게 될 것을 예견하고 그의 경험에 맞는 결론을 형성하게 될 것이다.

　　그럼 이제, 원인과 결과와 관련된 추리는 모두 경험에 기반을 두고 있으며, 경험으로부터의 추리는 모두 자연은 한결같다는 가정에 기반을 두고 있다는 것이 도출된다. 우리는 비슷한 상황에서, 비슷한 원인은 언제나 비슷한 결론을 낳을 것이라고 결론 내린다.

그렇다면, 원인과 결과는 미래가 과거와 비슷할 것이라는 우리 믿음을 정당화할 수 없다. 왜냐하면, 바로 그 원인과 결과라는 관념은 자연이 한결같다는 가정에 기반을 두고 있기 때문이다. 하지만, 원인과 결과는 이미 미래에 관한 추리의 토대로 활용되었다! 흄을 반복하자면, 원인과 결과와 관련된 추리는 모두 경험에 기반을 두고 있으며, 경험으로부터의 추리는 모두 자연은 한결같다는 가정에 기반을 두고 있다는 것이 도출된다.

　　대략적으로 말해, "자연이 한결같다"라는 것은 미래가 과거와 비슷하다는 것을 의미한다. 미래가 과거와 비슷할 것이라는 생각은 어디에서 왔는가?

　　이제, 무엇이 우리를 [미래가 과거와 비슷할 것이라는] 굉장한 결론에 이르게 했는지 검토해야 한다.

확률은 아니다

흄에 따르면, "자연은 한결같으며, 미래는" 과거와 비슷하다는 것은 결코 연역논리에 의해서 증명될 수 없다. (흄은 "과거와 비슷하다(like the past)"라는 표현보다는 과거에 부합한다(conformable to the past)라는 옛날 표현을 사용한다.)

　　더욱이, 나는 미래가 과거에 부합한다는 것은 그 어떤 개연적(probable, 확률적) 논증을 이용해서도 증명될 수 없다고 주장한다. 모든 개연적 논증은 과거와 미래가 서로 부합한다는 가정 아래 성립한다. …

위 인용문에서 개연적(probable, 확률적)이라는 단어를 강조한 것은 흄 자신이다. 하지만 이 단어에 대한 흄의 의미가 250년이 지난 지금 우리의 의미와 정확히 같다고는 할 수 없다.

유명한 순환

미래가 과거와 비슷할 것이라는 우리 기대는 경험을 통해 정당화될 수 없을까? 그럴 수 없다. 그런 정당화는 순환적이다.

> 과거와 미래 사이의 부합은 사실의 문제이다. 그리고 이것이 증명되어야 한다면 경험으로부터의 증명 이외에 그 어떤 증명도 인정되지 않을 것이다. 그러나 미래와 과거 사이에 어떤 유사성이 있다는 것을 가정하지 않고서는, 과거에 관한 우리의 그 어떤 경험도 미래에 관한 증명일 수 없다. 이것이 아무것도 증명으로 인정될 수 없는 이유이며, 우리가 증명 없이 당연한 것으로 받아들이는 이유이다.

과거에 미래가 과거와 비슷했다는 것을 토대로, (앞으로도) 미래가 과거와 비슷할 것이라고 주장하는 사람의 논증은 순환적이다.

관습

그렇다면 우리는 왜 미래가 과거와 비슷할 것이라 기대하는가? 그 이유는 우리가 그렇게 해왔기 때문이다. 우리에게는 귀납적 습관이 있다. 그러나 우리는 그 습관을 정당화할 수 없다. 이성은 정당화를 제공할 수 없다. 이성 그 자체는 우리의 습관(habit)과 관습(custom)에 기초하고 있다.

> 우리는 오로지 관습에 의해서만 미래가 과거와 부합한다고 가정하고자 결심한다. 내가 다른 공을 향해 움직이고 있는 당구공을 볼 때, 습관에 의해 나의 마음은 즉각적으로 보통의 결과로 움직이며, 나는 두 번째 공의 움직임을 상상하여 앞으로 보게 될 것을 예견한다. (추상적으로 말해) 이런 결론으로 나를 이끄는 어떤 것도 이 두 대상 속에는 없다. 그리고 많이 반복된 이런 종류의 결과에 대한 경험을 한 이후에도, 나로 하여금 결과가 과거 경험과 부합한다고 가정하게 만드는 그 어떤 논증도 없다.

그러므로 우리 삶의 안내자는 이성이 아니다. 그것은 관습이다. 그것만이 지성으로 하여금 그 어떤 경우에도 미래가 과거와 부합한다고 가정하게 만든다. 이 단계가 아무리 쉬워 보여도, 이성은 결코 그런 일을 할 수 없다.

흄은 정말로 철학적 회의주의자였나?

흄은 과거가 미래에 관한 믿음에 어떤 근거나 정당성을 제공하지 못한다고 생각했던 것 같다. 그럼 그는 "무엇이든 괜찮다" 혹은 괜찮은 것은 아무것도 없다고 생각했을까? 미래에 관한 어떤 기대에도 "근거"가 없으므로, 그는 아무 행동도 할 수 없었을까?

꼭 그런 것은 아니다. 흄의 전체적인 결론은 우리가 (아마도 어떤 종류의 심리학적 필연성 혹은 "고정 결합"(hard-wiring)의 문제라고도 할 수 있는) 관습, 혹은 습관에 의해서 귀납을 한다는 것이다. 우리는 과거가 미래와 비슷하리라 기대한다. 그러나 이런 기대에는 어떤 근거도 없다. 그저 우리는 그렇게 할 뿐이다.

확률 회피

흄 자신은 확률이 귀납의 문제에 별 도움이 되지 않으리라 생각했다. 그는 "미래가 과거에 부합한다는 것은 그 어떤 개연적(probable, 확률적) 논증을 이용해서도 증명될 수 없다."라고 썼다.

우리는 흄이 틀렸다고 논증하지는 않을 것이다. 그러나 확률을 이용하면 흄이 생각했던 것보다 더 많은 일을 할 수 있다. 흄은 최신 연구에 매우 민감한 사람이었다. 아마 그는 아브라함 드 무아브르의 책 『우연의 원칙』(*The Doctrine of Chances*)을 읽었을 것이다. (이 책의 초판은 1718년에 나왔다. 341쪽을 보라.) 그러나 확률 이론은 흄이 귀납의 문제를 제기했을 때 이제 막 걸음마를 떼기 시작했을 뿐이었다.

우리는 확률이라는 아이디어가 흄의 문제를 해결한다고 주장하지 않을 것이다. 하지만 어떤 점에서 보자면, 그것은 흄의 문제를 회피(*evade*)할 수 있는 몇 가지 방법을 제시하는 것 같다.

'**회피한다**'는 것은 '처리한다'나 '피한다'를 의미한다. 사람들은 법망을 회피하거나 구속을 회피한다. 우리는 문제 또한 회피한다. 회피하는 사람은 직접적인 답을 제시하지 않는다. 이런 의미에서 우리는 흄의 귀납의 문제를 회피하려고 할 것이다. 우리는 흄에게 직접적인 답을 제시하지 않을 것이다. 하지만 그럴 필요가 없다고는 말할 것이다.

귀납의 문제를 회피하는 것은 다음과 같은 형식을 가지고 있다.

흄, 당신이 옳다!
귀납 추론은 정당화될 수 없다.
그러나 그것은 그리 중요한 문제가 아니다.
우리는 귀납 추론 없이도 잘 지낼 수 있다.

한 가지 "회피"는 믿음-유형 확률과 베이즈주의의 경험으로부터의 학습 이론을 이용한다. 이것은 21장에서 설명된다. 또 다른 회피는 빈도 유형 확률과 네이먼의 귀납적 행동 개념을 이용한다. 이는 22장에서 제시된다. 이 두 가지 확률 회피는 다음과 같다.

베이즈주의 회피:
베이즈 규칙은 합리적인 경험으로부터의 학습 방법을 제시한다.

행동 회피:
개별 **귀납 추론**에 대한 어떤 정당화도 없지만, **귀납적 행동**에 대한 정당화는 있다.

반(反)-귀납 회피

그 전에, 철학자 한 명을 살펴볼 필요가 있다. 이 철학자는 자신이 흄에 동의한다고 말한다. 그러나 그는 흄의 문제를 비확률적인 방식으로 회피한다.

20세기 주요 과학철학자인 칼 포퍼(Karl Popper)의 한 논문은 다음과 같은 말로 시작한다. "나는 내가 중요한 철학적 문제, 즉 귀납의 문제를 풀었다고 생각한다."

포퍼는 흄이 옳다고 말한다. 귀납 추론은 정당화될 수 없다.

그러나 귀납에 관해서는 두 가지 물음이 있다. 하나는 **심리적인** 것이고, 하나는 논리적인 것이다.

심리적인 물음: 인간 심리학의 문제로서, 우리는 왜 귀납 추론을 하는가? 포퍼는 우리가 환경과 자신에게 일어난 일에 반응한다고 말한다. 그러나 흄이 말한 것처럼 그것은 단지 관습이자 습관일 뿐이다. 이런 점에 있어서, 우리는 고양이나 박테리아와 다를 바 없다. 미생물도 이리저리 움직이며, 경험에 반응하고, 환경에 대해서 "배운다"라고 포퍼는 말한다. 우리도 매우 비슷하다. 단지 더 복잡할 뿐이다.

심리학적 물음은 흥미로운 경험적 문제를 제기한다. 그러나 철학자인 포퍼와 흄은 논리적 물음에 관심을 가진다.

논리적 물음: 그러나 우리에게는 우리가 기대하는 것에 대한 근거, 즉 고양이나 박테리아는 가지지 못한 근거가 있지 않은가? 흄은 그렇지 않다고 말한다. 포퍼도 동의한다.

그러나 이것은 별문제가 아니다! 포퍼에 따르면, 귀납추리는 부당하다. 하지만 다행스럽게도 사람들은 귀납추리를 하지 않는다. 아니면, 적어도 귀납추리를 할 필요가 없다.

포퍼의 논제: 연역적으로 타당한 추리만이 유일하게 좋은 추리다. 그리고 세상에서 살아가거나 과학을 하는 데 있어 필요한 것은 연역추리가 전부다.

따라서 포퍼는 귀납의 철학적 (논리적) 문제를 "회피"하고 있다. 왜냐하면, 그는 귀납추리는 부당하지만, 다행스럽게도 사람들은 결코 귀납추리를 하지 않는다(혹은 할 필요가 없다)고 말하기 때문이다. 그럼, 그 대신 우리는 무엇을 하는가? 우리는 짐작하고, 짐작한 것을 시험한다. 과학에서 "짐작"이라는 말은, 아무렇게나 한다는 것처럼 들린다. "짐작"보다 더 그럴듯한 말은 **추측**(conjecture)이다. 포퍼의 책 중에는, 『추측과 논박』(*Conjecture and Refutations*)이라는 제목이 붙은 것이 있다. 이 제목에 있는 두 단어가 바로 포퍼 과학철학의 핵심이다. 과학의 논리에 대한 포퍼의 그림은 다음과 같다.

- 추측 C를 제시하라.
- 다음과 같은 C의 시험 **함축**(test implication)을 연역하라: C가 참인 경우, 시험 T를 하면 실험 결과 R이 성립한다.
- 시험을 진행하라.

- R이 성립하면 C는 용인된다(corroborated). 이 용인은 단지 C가 시험을 통과했다는 의미일 뿐이다. 그것은 "증명된다"(proven)는 물론, "검증된다"(verified)거나 "입증된다"(confirmed)는 것이 아니다. 우리 믿음은 모두 오류 가능하다. 세계에 관한 어떠한 이론이나 믿음도 결코 증명될 수 없다. 우리는 비판적 태도를 유지해야 한다. 우리는 새로운 시험 함축을 계속 연역한 뒤, 우리 믿음을 실험적으로 시험해야 한다.

일상언어에서, 동사 "용인한다"는 새로운 증거를 제시하여 입증한다, 혹은 지지한다와 같은 의미를 가진다. 포퍼는 귀납적 입증이나 지지를 믿지 않는다. 그는 오랜 고민 끝에 "용인한다"라는 단어에 전문적 의미를 붙였다. 그것은 시험을 통과했다는 것과 관련 있다.

- R이 성립하지 않는다면, C는 논박된다. 그런 일이 일어날 때, 우리는 실험과 연역에 의해서 C가 거짓이라는 것을 안다. 우리는 귀납이 아니라, 연역에 의해 무언가를 배우게 된다.
- C가 논박되면, 우리가 지금 알고 있는 것, 특히 시험 T를 실행했을 때 R이 성립하지 않는다는 사실과 잘 맞도록 C를 수정하거나 새로운 추측을 고안한다.

이는 포퍼의 과학 방법론을 매우 단순하게 제시한 것이다. 그는 연역주의자로 불리는 것을 좋아했다. 귀납의 문제를 해결하려는 사람 모두를, 특히 확률이라는 아이디어를 이용해 귀납의 문제를 해결하려는 사람을, 포퍼는 귀납주의자라고 불렀다.

포퍼는 언제나 인간 지식의 오류 가능성을 강조했다. "오류 가능하다"는 것은 "틀릴 수도, 오도될 수도, 실수할 수도 있다"라는 말이다. 그의 교훈 중 하나는 모든 과학은 오류 가능하다는 것이다.

데이비드 흄

많은 사람이 생각하기에, 데이비드 흄(David Hume, 1711-1776)은 가장 중요한 영어권 철학자이다. 그는 생애 대부분을 스코틀랜드 에든버러에서 보냈다. 그가 살았던 아파트를 알려주는 도시 관광 안내 책자에는 "데이비드 흄, 역사가"

라고 적혀 있다. 왜냐하면, 흄은 수년 동안 베스트셀러 자리를 놓치지 않았던 6권짜리 『영국사』(*History of England*)의 저자였기 때문이다. 흄은 세계 최초로 저작권만으로 상당한 수입을 거둔 사람으로 알려져 있다.

흄은 젊은 시절 프랑스에서 지냈다. 그때 썼던 것이 『인간 본성에 관한 논고』(*A Treatise of Human Nature*)라는 대작이었다. 이 책은 처음에 그리 성공적이지 않았다. 그는 이 책이 인쇄부터 "죽은 상태로 태어났다"라고 말한 적이 있다. 아무도 읽지 않았기에, 그의 아이는 산 상태가 아니라 죽은 상태로 태어났다는 것이다. 이런 이유에서 흄은 스스로 자신의 책에 대한 광고문을 작성하기도 했다. 앞에서 인용한 글이 바로 그 광고문이다.

『자연 종교에 관한 대화』(*Dialogues Concerning Natural Religion*)에서 흄은 절대자, 창조자, 혹은 신의 존재를 옹호하는 논증을 선명하고, 강력하고, 회의주의적으로 검토한다. 대화들이 너무 논쟁적이라고 여긴 나머지, 이 책은 그가 죽고 나서야 출판되었다. 실제로, 흄이 암으로 죽어가고 있을 때 그의 집 밖에 모인 군중들은 그 "무신론자"에게 야유하면서 언제 회개할 것인지 물어댔다.

읽히지 않게 되는 것에 대해 철학자 흄이 가졌던 공포는 괜한 것이었다. 흄은 곧 유럽과 식민지 시대 미국의 모든 지성에게 널리 알려졌다. 그의 『논고』는 형이상학, 인식론과 관련된 여러 질문을 다룬 뒤, 마찬가지의 설득력을 갖춘 채 도덕성에 관한 논의로 나간다. 오늘날 영국의 철학 문제 논의 방식은 데이비드 흄에 의해서 확고하게 자리 잡혔다.

귀납에 대한 철학적 문제는 흄의 수많은 공헌 중에 하나에 불과하다. 그런데, 어떤 의미에서 보자면, 그런 귀납에 대한 회의는 흄과 같은 기질의 사람에게는 전형적인 일이라고 할 수 있다. 흄은 언제나 조심스러웠고, 의심하였으며, 의문을 제기하였으며, 회의적이었다. 비록 임마누엘 칸트(Immanuel Kant, 1724-1804)가 18세기 말 철학의 지형을 완전히 바꿔버리긴 했지만, 칸트를 "독단주의의 잠"에서 깨어나게 한 것은 바로 흄이었다. 이 말은 칸트가 한 것이다.

칼 포퍼

1935년 오스트리아의 철학자 칼 포퍼(Karl Popper, 1902-1994)는 『과학적 발견의 논리』(*The Logic of Scientific Discovery*)를 (독일어로) 출판하였다. 이것은 과학철학에 근본적인 공헌을 한 책이다. 크게 확장된 영어판이 1959년에 출판되었다. 나치 시절에 이주한 포퍼는 런던정경대학(the London School of Economics)에 자리 잡았다. 그는 과학철학에 관한 여러 책을 집필했다. 포퍼의 책은, 양자 역학부터 소크라테스 이전 철학에 이르기까지 거의 모든 영역을 포괄한다.

그는 또한 자유주의 정치철학을 신중하게 다룬 영향력 있는 책『역사주의의 빈곤』(*The Poverty of Historicism*)과『열린 사회와 그 적들』(*The Open Society and Its Enemies*)도 집필하였다. 그는 특히 플라톤과 헤겔을 싫어했다. 왜냐하면, 그의 견해에서 보기에 플라톤과 헤겔은 열린 사회, 사상에 대한 비판적 토론, (정치적 믿음을 포함해) 우리 모든 믿음의 오류 가능성을 인정하려 하지 않았기 때문이다. 최근 중국과 이란과 같은 권위주의 체제 국가에서 포퍼는 특별한 영향력을 행사하고 있다. 과학철학자이기 때문에, 그런 권위주의 국가에서도 그의 글이 허용된다. 하지만 포퍼의 자유주의적 관점은 반체제 사상가들이 그를 영웅으로 여기게 만든다.

복습을 위한 핵심 단어

데이비드 흄	순환 논증
회의주의	관습은 삶의 안내자다
철학적 회의주의	귀납의 문제에 대한 회피
미래는 과거와 비슷한가?	칼 포퍼
원인과 결과	포퍼의 회피: 우리는 귀납적으로 추리하지 않는다.
항상적 결합	추측과 논박
확률은 아니다	오류 가능성

21 귀납의 문제 회피하기: 경험으로부터의 학습

베이즈 규칙에 의한 경험으로부터의 학습이란 아이디어를 이용한다면, 믿음-유형 확률은 어떻게 귀납의 문제에 적용될 수 있을까?

아이디어는 13장과 15장에서 이미 제시되었다.

- 우리는 믿음의 정도를 0과 1 사이에 있는 수로 표상할 수 있다.
- 그런 수로 표상된 믿음의 정도는 기본 확률 규칙을 만족해야 한다. 그렇지 않은 믿음의 정도는 "비정합적"인 것이 된다.
- 믿음의 정도가 기본 확률 규칙을 만족한다면 베이즈 규칙이 성립한다.
- 그러므로 우리는 새로운 증거에 의해 이전 믿음의 정도를 정합적이고 "합리적인" 방식으로 갱신할 수 있다.

귀납의 문제에 대한 이런 회피는 베이즈주의라고 불린다.

베이즈주의자는 합리적인 것으로 정당화될 수 있는 믿음의 정도가 유일하다고 주장하지 않는다. 그 대신, 베이즈주의자는 경험에 비추어 믿음을 합리적으로 수정하는 방법을 말해줄 수 있다고 주장한다.

베이즈주의자는 흄에게 다음과 같이 말한다.

흄, 당신이 맞습니다. 전제들의 집합, 즉 결론과 관련된 근거라고 가정된 모든 것의 집합이 주어졌을 때, 원한다면 당신은 어떤 의견도 가질 수 있습니다.

그러나 우리는 당신 주장의 어떤 것도 우려하지 않습니다.

(아기들은 예외로 한다면) 충분히 성장한 모든 순간, 우리는 여러 견해와 그 견해에 대한 다양한 믿음의 정도를 가집니다. 그 견해들이 "합리적"인지는 문제가 아닙니다. 문제는 새로운 경험, 새로운 증거에 비추어 그런 의견을 합리적으로 수정했는지입니다.

비정합성을 피하고자 한다면, 우리는 항상 확률 공리를 만족하는 믿음 구조를 가지고 있어야 합니다. 이것은 경험으로부터의 학습을 위한 유일하게 합리적인 방법이 있다는 것을 의미합니다. 그 방법은 바로 베이즈 규칙입니다.

베이즈주의자는 흄이 옳다고 말하면서, 흄의 문제를 회피한다. 그러나 베이즈주의자는 계속한다. 우리에게 필요한 것은 그저 합리적 믿음 수정 모형뿐이다. 변화하는 세계 속에서 합리적 행위자로 살아가기 위해 필요한 것은 이것이 전부이다.

수렴

여기서 당신은 걱정스러울 것이다.

모든 사람이 제각각의 의견과 선입견을 가지고 출발한다고 해보자. 그리고 그들이 베이즈주의 방식으로 학습한다고 해보자. 그럼, 각자는 내적으로 일관적일 것이다. 하지만 그 각자는 서로 완전히 다른 의견을 영원히 가지게 될 수도 있다.

우리는 결코 합의에 이를 수 없을 것이다. 한편, (우리가 생각하기에) 합의에 도달할 수 없다면 합리적이라고 말할 수 없다.

베이즈주의자에게 위 문제에 답할 수 있는 정리 하나가 있다.

[어떤 정리 하나를 염두에 두고 있는 베이즈주의자가 말한다.] 어떤 두 사람이 서로 다른 믿음의 정도를 가지고 출발한다고 해봅시다. 이때 그 둘은 무엇이 가능한지에 관하여 의견이 일치한다고 가정합시다. 그럼 나는, 사전 확률이 아무리 다르더라도, 증거가 쌓일수록 증거 획득 이후에 가지게 될 그 둘의 "사후" 확률은 하나로 수렴한다는 것을 증명할 수 있습니다.

"무엇이 가능한지에 관하여 의견이 일치한다"는 말로 이 베이즈주의자가 의미하는 것은, 0의 확률을 가지는 가설이 무엇인지에 관하여 두 사람은 같은 의견을 가지고 있다는 것이다. 한 사람은 가설이 양의 확률을 가진다고 생각하지만, 다른 사람은 그 가설이 불가능하다고, 즉 0의 확률을 가진다고 생각해서는 안 된다. 이 가정은 필수적이다. 왜냐하면, "$Pr(A/B)=Pr(A\&B)\div Pr(B)$, 단 $Pr(B)>0$."라는 조건부 확률의 정의 때문이다. 만약 한 사람에게 $Pr(B)=0$이지만 다른 사람에게 $Pr(B)>0$이라면, 새로운 증거는 앞 사람의 믿음의 정도에 베이즈주의 방식으로 영향을 줄 수 없다.

　위 베이즈주의자는 이런 수렴 정리의 한계를 별로 중요하지 않은 것으로 생각한다.

　　리사는 특정 가설이 절대적으로 불가능하다, 즉 0의 확률을 가진다는 생각에서 출발하였지만 일레인은 그 가설이 가능하다고 생각한다고 해봅시다. 일레인이 리사의 입장으로 전향하지 않는 한, 그 둘의 의견은 결코 일치할 수 없습니다. 그러나 이런 전향은 점진적이고 근거를 갖춘 믿음의 변화와는 완전히 다릅니다.

조건부 내기 비율이란 무엇인가?

귀납의 문제에 관한 이런 베이즈주의 회피에 대해, 여러 종류의 비판이 가능하다. 여기에서 우리는 한 가지만 논의한다.

　조건부 확률과 조건부 내기 비율은 무엇을 의미하는가?

　베이즈주의자에 따르면, 그 개념을 알기 위해 굳이 베이즈 규칙을 완전한 형태로 자세히 적어볼 필요는 없다. 우리에게 필요한 것은 단지 사전 확률과 사후 확률, 그리고 가능도 사이에 성립하는 관계를 확인하는 것뿐이다.

　내가 가설 H와 몇 가지 가능한 증거 E에 관심이 있다고 해보자. 나는 H에 대한 사전 개인적 내기 비율을 가지고 있다. 그것은 사전 확률 $Pr(H)$로 나타낼 수 있다.

　나의 개인적 믿음 구조에는, H가 참이라는 조건 아래에서 E가 일어난다는 것에 대한 조건부 내기 비율도 있다. 이 조건부 내기 비율은 H가 참일 때 E가 성립할 확률 $Pr(E/H)$, 혹은 E에 대한 H의 가능도로 나타낼 수 있다.

　그럼, 내가 흥미를 가진 여러 가능한 가설에 대해, 위와 같은 종류의 믿음의 정도를 가지고 있다면, 나는 베이즈 규칙을 통해 다음을 도출해낼 수 있다. E를

배웠을 때 H에 대한 나의 사후 내기 비율, 즉 나의 개인적 사후 확률 Pr(H/E)
는 (비정합성의 위험에 빠지지 않으려면) 나의 사전 확률과 가능도의 곱에 비례
해야 한다. 즉 Pr(H/E)는 Pr(H)×Pr(E/H)에 비례해야 한다.

비판

우리의 반대자를 하이얼리어 흄이라고 하자. 그는 흄의 조카의 손녀의 … 손녀
의 손녀다.

하이얼리어는 다음과 같이 말한다.

> 당신 말은 애매합니다. 즉 한 단어를 두 가지 다른 방식으로 사용하고 있
> 어요.
>> 다시 말하자면, 당신은 "Pr(H/E)"를 두 가지 다른 의미로 사용합니다.
>> (i) E가 참이라는 것을 당신이 알게 되기 **이전**, E라는 조건 아래에서 H
>> 에 대한 당신의 개인적 내기 비율.
>> (ii) E가 참이라는 것을 당신이 알 때, 즉 E가 참이라는 것을 알게 된 **이
>> 후**, H에 대한 당신의 개인적 내기 비율.

이 장 처음에 나열된, 그리고 13-15장에서 제시된 세 가지 아이디어가 보인 것
은, 조건부 내기 비율을 포함해 내기 비율 모두가 같은 시간에 제시된 경우, 그
비율들은 기본 확률 규칙을 만족해야 한다는 것이었다. 그 아이디어가 다루는
것은 정태적(static) 상황이라 할 수 있다.

특정 시간에, 혹은 당신의 믿음이 바뀌지 않는 특정한 시간 간격 사이에, 당신
의 모든 믿음의 집합은 정합적이어야 한다. 일종의 귀납적 일관성이라 할 수 있
는 정합성에 대한 모든 논증은 이 정태적 가정과 관련 있다. 그 논증들은 모두
위 (i)에 대한 것이다. 그것은 당신의 믿음이 어떤 시간 흐름 속에서 변화하는 동
태적 상황을 고려하지 않는다. 그런 상황을 고려하고자 한다면, 위 (ii)에 대한
논증이 필요하다. 하이얼리어는 계속한다.

> 당신의 기호법이 우리를 속이고 있어요!
>> 만약 어떤 시간 흐름 속 경험으로부터의 **동태적** 학습에 관해 이야기할 것
>> 이라면 'H의 확률'의 약어로 "시점이 누락된" 표현 'Pr(H)'를 사용해선 안

됩니다.

어떤 사람이 t 시점에 가지고 있는 주관적 확률을 가리키기 위해서 우리는 아래 첨자 "t"를 사용해야 합니다.

$Pr_t(H)$는 당신의 t 시점 믿음의 정도를 의미합니다.

$Pr_t(H/E)$는 t 시점에 당신이 제시할 조건부 내기 비율을 가리킵니다.

13-15장에서 증명된 것은 단지 임의의 정확한 시점 t에

$Pr_t(H/E)$가 $Pr_t(H) \times Pr_t(E/H)$에 비례한다는 것뿐입니다.

이제 하이얼리어 흄은 단단히 화가 났다.

원한다면 당신은 사전 확률과 사후 확률에 관해 이야기할 수 있습니다. 그러나 당신이 사용하는 "사전"과 "사후"라는 단어가 보통의 시간적 의미를 가진다고는 생각하지 마세요!

시간에 걸친 학습을 위해, 당신 베이즈주의자에게 필요한 것은 다음과 같은 기호법입니다.

정말로 사후인 (이후) 확률, 즉 t 시점보다 이후이며 당신이 증거 E를 알고 있을 때인 t* 시점의 확률을 위해서는 $Pr_{t^*}(H)$라고 써야 합니다.

정말로 사전인 (이전) 확률, 즉 당신이 증거 E를 실제로 모르고 있을 때인 t 시점의 확률을 위해서는 $Pr_t(H/E)$라고 써야 합니다.

당신이 이 점을 분명히 한다면, 당신은 다음을 가정해야 합니다.

$Pr_{t^*}(H) = Pr_t(H/E)$.

그러나 당신은 이 가정에 대해서 어떤 논증도 제시하지 않았습니다.

(하이얼리어가 완전히 옳은 것은 아니다. 이런 비판이 처음으로 제기된 이후 25년 정도 지나는 동안 매우 훌륭한 답변들이 제안되었다. 그러나 내가 보기에 그 어떤 것도 확실한 설득력을 갖춘 것으로 보이지 않는다.)

독단적이지 않은 답변

이 문제는 "베이즈주의자"의 논증이 첫인상만큼 큰 설득력이 있어 보이지 않는다는 것이다. 하지만 베이즈주의자는 13-15장에서 제시된 것과 유사한 논증을 토대로 약간 더 온건한 제안을 내놓을 수도 있다.

◆ 주어진 임의의 시간에, 믿음의 정도가 정합성을 유지할 방법이 있다.

◆ 만약 증거에 비추어 믿음을 수정했을 때, 결과적으로 얻게 된 믿음의 집합 역시 확률 공리를 만족해야 한다.

◆ 아주 간단한 $Pr_{t^*}(H) = Pr_t(H/E)$보다 더 매력적인 일반 규칙을 그 누구도 제시하지 않았다.

우리는 이것에 조건화 규칙(rule of conditionalization)이라는 이름을 붙여, 확률에 관한 베이즈주의 접근법의 추가 특징으로 제안할 수 있다. 베이즈주의 주관적 접근법의 추가 격률 혹은 공리로 조건화 규칙을 도입하는 것에는 어떤 잘못도 없다—이를, 가령 제프리 규칙(303-305쪽)의 경우와 비교해보라. 우리가 조건화 규칙과 경쟁할 만한 더 좋은 규칙을 가지고 있으면 모르겠지만 말이다.

우리는 조건화 규칙을 다음과 같은 도덕 규칙으로도 볼 수도 있다. 우리는 과거의 우리 자아에게 진실해야 한다. (그렇지 않다면 우리 삶과 생각은 급진적인 전향을 겪게 될 것이다.)

당신은 당신이었던 사람에게 실존적으로 개입해야 한다. 당신의 과거 자아에 대해서 진실할 때, 당신은 사실상 베이즈 규칙을 따라 경험으로부터 학습할 수 있을 것이다.

믿음 관점 속에서, 이런 전개는 꽤 놀랍다. 믿음 관점은 우리에게 베이즈주의 사고법에 의해서 경험으로부터 학습하라고 요구한다. 이제 이것은 도덕 명령과 유사한 어떤 것처럼 보인다. 더욱 놀랍게도, 빈도 관점 역시 이와 비슷한 도덕적인 방식으로 전개될 것이다. 논리학 책에서 기대했던 것은 이런 것이 아니다. 아마도 이것이 귀납논리와 연역논리 사이의 마지막 차이일 것이다.

22 귀납의 문제 회피하기: 귀납적 행동

빈도주의자는 귀납 추론은 어떤 근거도 가지고 있지 않다는 것에 동의한다. 그러나 신뢰구간 개념에 근거한 절차를 이용한다면 귀납적 행동에 대해서 근거를 제시할 수 있다고 생각한다.

베이즈주의자는 개별 명제에 개인적 확률 혹은 믿음의 정도를 할당할 수 있다. 강경한 빈도 독단론자는 확률은 일련의 사건들에만 할당될 수 있다고 생각한다.

그런 독단론자에 따르면, 확률은 단지 우연 장치에서 비롯된 사건들의 상대빈도를 뜻할 뿐이다. 혹은, 확률이란 어떤 안정된 상대빈도를 가진 사건들을 발생시키는 우연 장치의 경향을 가리킨다. 또는, 확률은 기저에 놓인 대칭적 성질을 가리킨다.

어쨌든, 우리는 단일 사건의 확률에 관해 말할 수 없다. 왜냐하면, 그런 사건은 일어나거나, 일어나지 않거나 둘 중 하나이기 때문이다. 그런 사건이 가질 수 있는 "확률"은 0이나 1뿐이다.

따라서 빈도 독단론자는 어떤 개별 가설이 참일 빈도-유형 확률에 대해서 어떤 말도 할 수가 없게 된다.

가설은 참이거나 거짓, 둘 중 하나이다. 여기에는 어떤 빈도도 없다. 기껏 우리가 이야기할 수 있는 것은 일군의 가설이 참일 상대빈도뿐이다.

여기까지, 독단적 빈도주의자는 흄에게 기꺼이 동의한다.

귀납적 행동

빈도주의자는 계속한다. 그런데도, 대부분 옳은 결과가 나오도록 추론하거나 결론을 도출하기 위해 우리는 어떤 체계(system)를 자주 이용할 수 있을 것이다.

우리는 특정 방법으로 도출된 추론이 사실상 옳을 상대빈도에 관해 이야기할 수 있다.

우리가 어떤 양을 알고 싶어 한다고 해보자. 우리에게 있는 것은 그 양에 대해서 확정적인 답을 제시해주지는 못하는 자료뿐이다. 그럼 그런 자료를 토대로 해당 양에 대해서 알고 싶어 한다면, 우리는 그 양을 구간 추정하는 방법을 사용하게 될 것이다. 그리고 그 방법을 사용하게 되면, 추정된 구간이 그 알려지지 않은 양의 실제 값을 포함할 빈도 유형 확률을 결정할 수 있을 것이다. 그 구간이 바로 신뢰구간이다.

어떤 (건전한) 귀납 추론도 없다. 하지만, 귀납적 행동은 있다. 이것은 예르지 네이먼과 E. S. 피어슨이 자신들의 통계적 추론 이론을 개발한 이후, 네이먼이 1930년대에 공식화한 말이다. 네이먼은 다음과 같이 말한다.

> 우리가 제멋대로 경험을 일반화할 수 없다는 것은 분명한 사실이다. 그러나 무작위 시행을 도입해 조심스레 설계된 실험을 생각해보자. 그 실험은 대부분 (가령, 95%의 빈도로) 올바르게 결론(예를 들어, 원하는 양이 이러저러한 신뢰구간 속에 있다는 결론)을 도출하는 어떤 체계에서 이루어진다. 그리고 우리는 그런 체계 속에서 확보된 증거를 이용할 수 있다.

이에, 네이먼은 다음과 같은 식으로 흄의 문제를 회피한다.

- 임의화(randomized) 실험 설계를 통해 자연에 적극적으로 개입하라.
- 대부분, 말하자면 95%의 빈도로 올바르게 추론하는 방법을 이용하라.

네이먼에 따르면 흄은 옳다. 나는 어떤 하나의 결론을 믿어야 할 어떤 근거도 가지고 있지 않다. 하지만 나에게는 나의 추론 방법을 이용해야 하는 근거가 있다. 그 근거는, 그 방법에 따르면 대부분 올바르게 추론된다는 것이다.

회피

베이즈주의자는 전제가 귀납적 결론의 건전한 근거를 제공한다고 주장하지 않는다. 하지만 새로운 증거에 비추어 의견을 수정하는 것에 대해서는 건전한 근거가 있다고 주장한다. 더욱이, 서로 다른 의견을 가지고 출발한 사람들이 시간이 흐름에 따라 각자의 의견을 조건화 규칙을 통해 수정한다면, 그들은 합의에 이를 것이다. 이는 귀납의 문제를 해결한 것은 아니다. 그러나 (베이즈주의자들이 생각하기에) 합리적 의견에 대한 우리의 실질적인 희망을 위해서는, 이런 근거로 충분하다.

비슷하게, 네이먼과 같은 빈도주의자는 귀납의 문제를 풀었다고 주장하지 않는다. 그는 일상생활, 그리고 흄이 관습이나 습관의 문제라고 했던 일상적 기대에 곧바로 적용될 수 있는 방법이 있다고 말하지도 않는다.

그러나 우리는 습관의 동물이 아니다. 우리는 대부분 올바르게 추론하는 방법을 사용하여, 탐구를 조직하고 신뢰라는 개념이 적용된 실험을 설계할 수 있다.

바로 이것이 객관적이고 합리적인 과학을 위해 우리에게 필요한 것이다!

합리적 의견에 대한 우리의 실질적인 희망을 위해서는, 이런 근거로 충분하다.

모형 비판

확률과 귀납에 관해서는 늘 그랬듯이, 여기에도 난점이 있다.

한 가지 문제는, 실험에 대해서 말하고 신뢰구간을 도입하는 데 있어 빈도주의자가 너무 성급했다는 것이다. 그의 방법은 실험과 그 작동 방식에 관한 모형에만 적용될 수 있다. 그 모형은 세계의 특징 대부분이 일정하게 유지된다는 것을 암묵적으로 가정한다. 빈도주의자는 미래가 과거와 유사할 것이라고 가정한다. 특히 그는 모형이 적합하기 위해 필요한 모든 측면에서 그럴 것이라고 가정한다. 신뢰 구간에 대한 모든 주장은 미래가 과거와 비슷할 것이라고 여기게끔 만드는 방대한 배경지식에 의존한다. 그렇다면, 빈도주의를 비판하는 사람은, 귀납적 행동이라는 교리는 귀납의 문제를 회피하지 못하며 그저 선결문제의 오류를 범한 것일 뿐이라고 말할 것이다.

답변

흥미롭게도, 빈도주의자의 답변은 믿음의 동태적 변화에 관한 베이즈주의자의 답변과 비슷하다.

흄은 우리에게 귀납 추론을 위한 어떤 근거도, 토대도 없다고 말합니다. 그렇지요? 그는 관습 혹은 습관이 있을 뿐이라고 말했습니다.

글쎄요. 우리 빈도주의자는 지식과 믿음의 토대를 제시하는 것에는 관심조차 없습니다. 그러나 실험 설계를 위해 사용하는 모형 속에서 표상된 어떤 믿음에 대해, 우리는 어떤 관습이나 습관이 다른 관습이나 습관보다 더 낫다는 것을 증명할 수 있습니다.

흄의 "관습", "습관"은 우리에게 항복하라고 말하는 것 같습니다. 우리가 행하는 것은 무엇이든 관습이 될 수 있습니다. 그리고 관습에 관해서는 이 이상 어떤 것도 말할 수 없다고 흄은 말합니다.

(네이먼이 말한 것처럼) 사실은 이와 정반대입니다! 우리는 현명한 습관을 채택할 수 있습니다. 그런 습관은 대부분 옳은 결론으로 우리를 인도합니다.

우리 관습이 이런 성질을 가지고 있다는 것을 확실히 증명할 수는 없습니다. 그러나 세계의 모습에 관한 주어진 몇 가지 믿음을 토대로, 우리는 네이먼이 권하는 습관이 다른 습관보다 더 합리적이라는 것은 증명할 수 있습니다.

그리고 우리가 실질적으로 희망할 수 있는 것은 이것이 전부입니다.

단일-사건 비판

위와는 매우 다른, 약간은 철학적인 난점도 있다. 이것은 우리가 앞에서 다루었던 간단한 문제와 비슷하다. 남태평양의 어떤 섬에 있었던 구식 콜라 자동판매기(247-249쪽)를 기억하는가?

그 자동판매기에서 6센트짜리 콜라 한 병을 얻을 확률은 5/6이었으며, 자동판매기를 이용하기 위해서는 5센트를 내야 했다. 그 섬에 사는 사람에게 이런 자동판매기 작동 방식은 문제 되지 않았다. 하지만 그 섬에 단 하루만 머물게 될, 그리고 단 한 병의 콜라만을 원하는 선원에게도 이는 만족스러운 일일까?

음료수를 먹기 위해 이 자동판매기를 규칙적으로 사용하는 사람은, 그 자동판매기가 훌륭하다고 말할 것이다.

마찬가지로, (여러 번 사용하고자 하는 경우) 신뢰구간의 장기시행 검사 특성(operating characteristics)에 비추어 볼 때, 신뢰구간이 귀납적 행동을 위한 훌륭한 방법이라는 말에는 문제 될 것이 없다.

그러나 만약 내가 매우 긴급한 어떤 것, 즉 삶과 죽음의 문제에 직면했다면 어떻게 될까? 그 방법이 대부분 올바르다는 것 이상의 정당화는 없는가?

가장 단순한 종류의 "귀납적 행동"을 생각해보자. 그것은 도박의 형태로 제시될 수 있다.

표준적인 52장의 카드 한 벌을 두 묶음, 붉은 묶음과 검은 묶음으로 나누자. 붉은 묶음에는 검은 카드가 한 장이 있으며, 나머지는 모두 붉은 카드이다. 검은 묶음에는 나머지 카드가 모두 있으며, 당연히 그 중 붉은색인 카드는 단 한 장이다. 우리는 카드를 잘 섞어 붉은 묶음에서 검은 카드가 뽑힐 확률이 1/26이 되도록 하였다. 이제 상금이 P인 다음 내기를 생각해보자.

(i) 붉은 묶음에서 붉은 카드가 나오면 P를 받는다.
(ii) 검은 묶음에서 붉은 카드가 나오면 P를 받는다.

우리 모두 (i)을 선택할 것이다. 왜 그런가? 네이먼은 이것이 신중한 귀납적 행동이기 때문이라고 말할 것이다. (i)을 선택하면 대부분 경우 상금을 획득하게 되겠지만, (ii)를 선택하면 그렇지 않다.

그럼, 미친 유괴범이 이 내기를 단 한 번만 제안했다고 해보자.

상금 P는 당신이 풀려나는 것이다. 만약 당신이 진다면, 그 유괴범은 아주 끔찍한 방법으로 당신을 살해할 것이다.

우리는 (i)을 선택하고 기도할 것이다. 이것이 이 상황에서 당신이 할 수 있는 유일하게 합리적인 일이다. 그러나 이것이 합리적인 이유는 장기 시행 때문이 아니다. 다음번 시행에서 당신은 죽거나 죽지 않거나 둘 중 하나이다.

이 비판은 찰스 샌더스 퍼스(Charles Sanders Peirce)가 한 세기 전에 제기한 것이다. 퍼스는 우리가 신뢰도라고 부른 개념을 처음으로 명확하게 만든 사람이다. 그는 그 개념을 자신이 만들어낸 논리학의 초석 중 하나로 제시했다. 그러나 그 역시 철학자였다. 그리고 그 단점을 잘 알고 있었다. 이것에 대해서 고민하면서 그는 주목할 만한 결론에 이르렀다. 즉 논리학의 기초는 결국 믿음, 소망, 사랑이라는 것이다. 비록 『신약성서』에서 따온 것이긴 하지만, 그의 이 주장은 종교적인 것이 아니었다. 그 어떤 의미에서도 퍼스는 기성 종교 지지자가 아니었다. 대신 그는 논리학이 인간의 오래된 이상―보통 논리학과 관련이 없는 것으로 여겨졌던―으로 우리를 되돌려 놓으리라 생각했다. 다음은 그가 1878년 『월간 대중과학』(*Popular Science Monthly*)에 기고한 글이다.

세 가지 논리적 정서

그러나 명확하게 해야 할 세 가지 점이 있다. 지금껏 말한 바에 따르면 확률이라는 개념은 본질적으로 무한정 반복되는 추론의 일종이다. 개별 추론은 참이거나 거짓 둘 중 하나다. 그것은 확률과는 어떤 관련도 없다. 따라서 단일 사건 그 자체에 대한 확률은 아무런 의미가 없다. 그러나 어떤 사람이 25장의 붉은 카드와 1장의 검은 카드 중 하나를 뽑는 것과, 25장의 검은 카드와 1장의 붉은 카드 중 하나를 뽑는 것 사이에 하나를 선택해야 하고, 붉은 카드를 뽑으면 영원한 행복을, 검은 카드를 뽑으면 끊임없는 슬픔에 처하게 된다고 해보자. 이 경우, 붉은 카드의 비율이 더 큰 묶음을 선호해야 한다는 것을 부정하는 것은 어리석은 일이다. 비록 닥칠 위험의 본성을 생각해볼 때 그런 일은 반복될 수 없긴 하지만 말이다. 이것과 우리의 우연(chance)이라는 개념을 조화시키는 것은 쉽지 않다. 그러나 그가 붉은 카드 묶음을 선택하였고 잘못된 카드를 뽑았다고 하자. 그럼 그는 어떤 위안을 받을 수 있을까? 그는 아마도 자신의 행동은 이성에 따른 것이었으나 그 결과는 자신의 이성이 절대적으로 쓸모없다는 것을 보여줄 뿐이라고 말할지도 모른다. 그리고 만약 올바른 카드를 선택했다면, 그는 어떻게 그것이 행복한 우연일 뿐이라고 생각하지 않을 수 있겠는가? 그는 다른 묶음에서 뽑았더라면 잘못된 카드를 뽑았을 것이라고 말할 수도 없을 것이다. 왜냐하면 "A라면 B이다"와 같은 가언명제는 단일 사건에 대해서는 어떤 의미도 없기 때문이다.

이후 퍼스는 몇 가지 출구를 고려한다. 만약 그 끔찍한 상황에서의 카드 선택을 여러 번의 선택 중에 하나로 생각한다면 나는 여전히 합리적인 귀납적 행동을 했다고 말할 수 있을 것이다. 그러나 나의 인생 전체가 유한하듯 내가 수행하는 모든 행동의 집합도 유한하다. 이 난점은 반복된다. 나의 인생에서 이루어진 선택 전체의 집합은 카드 묶음에서 이루어지는 단 한 번의 선택과 같다. 그럼 무엇이 그것을 합리적인 귀납적 행동으로 만들어주는가? 퍼스는 놀라운 방식으로 결론을 내린다.

내가 생각하기에 우리는 다음과 같은 결론에 이른다. 논리는 우리 관심을 제한해서는 안 된다고 냉혹하게 요청한다. 우리의 관심은 우리 자신의 운명 안에서 머물러서는 안 된다. 그보다 우리 관심은 공동체 전체를 포용해야 한다. 또다시, 이 공동체로 제한해서도 안 되며, 우리가 직접적으로 혹은 간접적으로 지적인 관계를 맺을 수 있는 모든 인종으로 확장되어야 한다. 불분명하더라도, 그것은 이 지질학적 연대, 그리고 모든 경계를 넘어서야 한다. 내가 보기에, 세계 전체를 구하기 위해서 자신을 희생하려 하지 않는 사람의 모든 추론은, 전체적으로 볼 때 비논리적이다. 논리학은 사회원리의 뿌리이다.

퍼스는 다음과 같이 말하면서 논의를 마무리 짓는다.

내가 세 가지 정서들, 즉 모든 공동체에 대한 관심, 이 관심을 최고로 고양시킬 가능성에 대한 인정, 그리고 논리학에 대한 필수적 요청과 같은 지성적 활동이 영원히 지속되리라는 희망을 제시하는 것은 이상해 보일 수 있다. 그러나 논리학이 의심에서 벗어나려는 단순한 투쟁, 즉 감정에서 출발하여 행동으로 마무리되는 단순한 투쟁에 의존한다는 것을 고려한다면, 더 나아가 우리를 이성에 뿌리내리게 하는 유일한 이유는 다른 의심 방법이 사회적 충동에 의해서 실패하기 때문이라는 점을 고려한다면, 추리에 있어 전제되어야 할 사회적 감정을 찾는 것에 왜 의문을 가져야 하는가? 내가 필수적이라고 말한 두 개의 다른 정서들에 대해 말하자면, 그것들은 위에서 설명한 것을 보조하거나 그것에 부수적인 것에 불과하다. 이 세 가지 정서가 그 유명한 세 가지, 즉 사랑, 믿음, 소망이라는, 성 바울로가 가장 훌륭하고 가장 위대한 성령의 은사(恩賜)라고 했던 것과 매우 비슷해 보인다는 것은 흥미로운 일이다.

찰스 샌더스 퍼스

C. S. 퍼스(C. S. Peirce, 1836-1914)는 프래그머티즘(pragmatism)이라고 불리는 미국 철학을 세운 사람이다. 이것은 윌리엄 제임스(William James, 1842-1910)와 존 듀이(John Dewey, 1859-1952)가 발전시킨 학파로, 최근 크게 부활하고 있다. 그는 이 책에서 다룬 확률과 귀납에 대한 첫 번째 공헌자이다. 지금 바로 48쪽을 보라. 이 책을 끝맺기에 그는 더할 나위 없이 훌륭한 인물이다. (그의 이름의 철자와 발음을 잊었다면 48쪽으로 돌아가 확인해보라.)

퍼스는 확률을 깊이 있고 독창적으로 이해한 철학자였다. 그가 확률에 대한 몇몇 이해를 습득한 데에는 밀접하게 관련된 실제 업무가 도움이 되었다. 그는 오랫동안 미국 연안 및 측지조사국(the United States Coast and Geodetic Survey)에서 일하며 생계를 꾸렸다. 이런 점은 측정에 대한 그의 실제 경험이 무척 풍부했었다는 것을 말해준다. 퍼스는 나중에 정규분포라고 불리게 될 "오차곡선"(curve of errors)에 대해서도 아주 잘 알고 있었다.

퍼스는 이론을 매우 분명하게 설명했다. 그는 우리가 19장에서 했던 것과 정확하게 같은 방식으로, 정규 근사에서부터 설명을 시작했다. 그것은 야코프 베르누이, 라플라스 등의 초기 학자가 오래전에 가지고 있었던 기본 아이디어와 같아 보인다. 전문적인 세부 사항과 관련해, 우리는 예르지 네이먼에게도 빚지고 있다. 하지만 퍼스는 다른 어떤 사람보다 먼저, 그리고 아주 명료한 방식으로 그 철학적 기초를 설명하였다.

그는 연역논리와 귀납논리에 대한 자신의 생각을 다음과 같은 일관된 방식으로 요약했다.

◆ 다음과 같은 경우에, 해당 논증 형식은 연역적으로 타당하다. 전제가 참인 경우, 그 형식을 갖춘 논증의 결론은 언제나 참이다.
◆ 다음과 같은 경우에, 해당 논증 형식은 귀납적으로 훌륭하다. 전제가 참인 경우, 그 형식을 갖춘 논증의 결론은 대부분 참이다.
◆ 다음과 같은 경우에, 해당 논증 형식은 귀납적으로 95% 정도 훌륭하다. 전제가 참인 경우의 95%에서, 그 형식을 갖춘 논증의 결론은 참이다.

이 아이디어는 이 장에서 다루고 있는 귀납의 문제에 대한 "회피"로 직접 이어진다. 퍼스 자신은 단일 사례 반대가 이 회피에 있어 가장 흥미로운 문제라는 것을 알고 있었다.

그는 모든 과학적 추리가 연역 아니면 귀납이라고 생각하지는 않았다. 퍼스가 제시한 과학적 추리의 세 번째 유형은 그가 "가추법"(abduction)이라고 불렀던 것이다. (우리는 이것을 48쪽에서 살펴보았다.) 이 가추법은 어리둥절한 일이나 미심쩍은 일에 관한 최선의 설명을 찾는 것을 말한다.

퍼스는 확률이라는 아이디어를 그의 철학 여러 부분에서 사용했다. 측정과 마찬가지로, 빈도도 베르누이 정리에 따라 안정화되는 경향이 있다는 것에 그는 깊은 인상을 받았다. 퍼스는 이것이 믿음의 형성을 다루는 훌륭한 방법이라고 생각했다. 어떤 실험 속에서 관찰된 상대빈도는, 처음에는 우리를 오도할 수 있다. 하지만 결국 상대빈도는 안정적인 확률로 자리 잡아 간다. 그는 귀납이 이와 비슷하다고 생각했다. 귀납은 자기-교정적이다.

과학 연구자로서 퍼스는 그 누구도 혼자서는 안정화된 측정을 할 수 없다는 것을 알고 있었다. 세계 이곳저곳의 많은 조사관이 함께한다. 마찬가지로 믿음은 집단적 탐구에 의해 점점 안정화된다.

퍼스는 심지어 진리 그 자체는, 탐구 공동체가 도달하도록 "운명" 지어진 믿음과 다를 수 없다고 말한다. (여기서 "운명"이라는 것은 퍼스의 표현이다.) 그러나 진리를 이런 식으로 규정하는 데 있어 당신에게 필요한 것은, 우리 공동체에 대한 진정한 믿음과 우리 공동체가 지속하리라는 희망이다.

찰스 샌더스 퍼스의 철학과 데이비드 흄의 철학 사이에는 근본적인 차이가 있다. 그 차이는 귀납의 문제를 넘어선다. 흄은 매우 개별적인 방식으로 사유했다. 즉 그는 나의 경험으로부터 어떻게 나의 믿음이 형성되는가에 대해서 사유했다. 퍼스는 집단적이고 공동체적인 방식으로 사유했다. 그는 우리 탐구에 기초해 어떻게 우리 믿음이 형성되는가에 대해서 사유했다.

1장. 논리학

1. 명제.
    (a) 예.
    (b) 신문에 대한 완전한 신뢰가 없는 한, 나 자신은 참인지 모른다.
    (c) 예.
    (d) 예.
    (e) 다시 한번, 신문에 대한 완전한 신뢰가 없는 한, 나는 참인지 모른다. 뱀을 연구하는 학자들 사이에서 큰 논쟁이 벌어질지도 모른다. 어떤 이는 몸을 공처럼 동그랗게 말려고 하는 성향 때문에 볼파이톤이라는 이름이 지어진 게 아니라고 주장한다. 유명한 탐험가이자 뱀 전문가인 에밀리 볼(Emily Ball)의 이름을 따왔다는 것이다. 이 같은 논쟁은 결코 끝나지 않을 것 같다. 우리는 왜 이 뱀이 볼파이톤이라고 불리는지에 대해 알 수 없을지도 모른다. 신문의 진위 또한 알 수 없을지도 모른다. 그러나 이 진술이 참-또는-거짓이라는 것은 안다.
    (f) 예.
    (g) 아니오. 조에게는 뱀이 매력적일 수 있지만, 아마도 다른 사람은 뱀이 혐오스럽거나 무섭다고 생각할 것이다. 이 진술은 논리학자들이 명제라고

부르는 것이 아니다. 왜냐하면 사실보다는 어떤 태도를 표현하고 있기 때문이다.

(h) 예. 이것은 조가 느끼거나 생각한 바에 관한 명제이다.

(i) 아니오. 심지어 이 진술은 문장도 아니다. 따라서 명제를 표현하지 않는다.

(j) 아니오. "전혀 짜릿하지 않아요"라는 표현은 사실을 기술하기보다는 태도를 표현하는 쪽에 가깝다. 따라서 우리는 이것을 명제로 간주하지 않을 것이다.

(k) 아니오. 이 진술은 명제가 아니라 어떤 감탄이다.

(l) 아니오. 이 진술은 명제가 아니라 어떤 물음이다.

(m) 이 진술은 까다롭다. 무언가가 참-또는-거짓인지 여부는 늘 명확하지 않다. 조가 한 것은, 어떤 명제에 대한 진술이라기보다는 실수에 대해 배상해야 한다는 FedEx를 향한 요청이다.

(n) 예.

2. 모두 거짓. 터무니없는 논증의 예는 수없이 많다.

(a) 타당한 논증: 말의 머리는 모두 닭의 머리이다. 닭은 모두 물고기이다. 따라서, 말의 머리는 모두 물고기의 머리이다.

(b) 부당한 논증: 말의 머리는 모두 닭의 머리이다. 물고기는 모두 닭이다. 따라서, 말의 머리는 모두 물고기의 머리이다.

  (a)와 같은 논증이 타당하다는 것은 타당성에 대해서는 단순한 삼단논법 이상의 것이 있다는 점을 보여준다. (a)의 타당성은 ~의 머리라는 관계에 의존한다. 동물의 머리에 관한 이 예는 타당성의 이런 특징을 설명하기 위해 아우구스투스 드 모르간(Augustus de Morgan, 1806-1871)이 사용한 것이다. 드 모르간은 영국의 논리학자로, 연역논리와 귀납논리에 여러 기여를 했다.

3. 건전하지 않은 논증. (2a)에 대한 어떤 답도 건전하지 않다. 왜냐하면 논증의 전제가 거짓이기 때문이다. (2b)에 대한 어떤 답도 건전하지 않다. 왜냐하면 논증의 전제가 거짓이고, 그 논증이 부당하기 때문이다.

4. 조합. (b)만 불가능하다. 정의에 의해, 전제 모두 참이고 결론이 거짓인 논증

은 부당하다.

5. 건전성. (a)만 건전하다. 건전한 논증은 타당하고 전제 모두 참인 논증이다.

6. 조건명제. (a)는 타당-또는-부당하다. 이건 논증이다. (b)는 참-또는-거짓
   이다. 이건 "만약 …라면, …이다" 형식의 조건명제이다.

7. 씹는 담배. 네 개의 논증 모두 부당하다.

8. 귀납적 야구. 네 개 모두 논증으로서의 가치가 있다. (7c)는 1988 시즌 담배
   를 씹는 선수와 그렇지 않은 선수의 수가 모두 매우 많고 조사관이 7개의 메
   이저리그 팀을 무작위로 선정했다고 가정했을 때, 가장 강한 논증이다. (7a),
   (7b), (7d) 중 어느 것이 가장 약한 논증인지에 대해서는 의견이 다를 수 있
   다. 이 논증들은 다양한 이유로 비판받을 수 있다. 귀납논리가 다루는 것은
   바로 이런 것이다.

2장. 귀납논리란 무엇인가?

1. 수업료. (a) 모집단으로부터 표본으로의 논증. (b) 표본으로부터 모집단으로
   의 논증. (c) 모집단으로부터 표본으로의 논증. (d) 표본으로부터 표본으로
   의 논증.

2. 수업료, 한 번 더. (a)와 (b)는 그럴듯한 설명에로의 추론이다. (c)는 증언 기
   반 추론이다.

3.1. 남자아이와 여자아이. 이 논증은 전제가 모두 참이더라도 결론은 거짓일 수
    있기 때문에 위험을 안고 있는 논증이다.

3.2. 피아. (b)가 더 위험한 결론이다. (a)는 한 가지 위험만을 안고 있다, 즉 피
    아는 적극적인 페미니스트가 아닐 수 있다. 그러나 (b)는 세 가지 위험을 안
    고 있다, 즉 피아는 은행 직원이 아닐 수 있고, 피아는 적극적인 페미니스트

도 아닐 수 있고, 피아는 요가 수업을 듣지 않을 수도 있다.

3.3. 복권.

(a) 티켓 A가 당첨될 확률과 티켓 B가 당첨될 확률은 정확히 같다. 당첨 숫자를 선택한 사람이 둘이라면 그 둘은 상금을 나눠 가진다. 일반적으로 사람들은 규칙적으로 보이는 숫자 조합을 좋아하지 않는다. 따라서 사람들이 A를 선택할 확률이 B를 선택할 확률보다 낮다. 그렇다면, A를 가지고 당첨되는 경우가 B를 가지고 당첨되는 경우보다 더 큰 상금을 받게 될 것이다. 따라서 나는 A를 선택한다.

(b) 무슨 일이 일어나도 당신은 아무것도 잃지 않기 때문에, 분명히 이것은 위험을 안고 있는 결정은 아니다—복권은 공짜이다. 하지만 당신이 후회할 위험은 있다—당신이 A를 가졌는데 B가 당첨된다면.

3.4. 주사위. 아니오, 이것은 위험을 안고 있는 논증이 아니다. 타당한 논증이다.

3.5. 택시. (a) 예. (b) 당신은 이 논증들을 위험을 안고 있는 결정이라 여길 수도 있다. 왜냐하면 아모스와 다니엘 모두 판사나 동료 배심원에게 무엇을 말할지 결정해야 하기 때문이다.

3.6. 패혈성 인두염. 이 결정이 안고 있는 위험은 환자가 패혈성 인두염에 걸렸고, 치료를 받지 않으면 급격하게 악화될 것이라는 점이다.

4. 루트비히 판 베토벤. (a) 최선의 설명에로의 추론. 얼마나 그럴듯한가? 음악학자들은 이 논증이 그럴듯하다고 생각하지 않는다. (b) 많은 예가 가능하다. 예를 들어, 베토벤이 아편을 먹고 고양된 상태에서 작곡을 했다고 쓰여 있는 베토벤의 편지가 새롭게 발견되었다든지. 다음과 관련된 정보가 추가되면 논증은 더욱 흥미로워질 것이다. 투싼의 한 실험실에서 베토벤의 머리카락 582 가닥을 분석하고 있는데, 그 분석을 통해 베토벤이 섭취한 모든 화학물질을 밝힐 수 있다.

5. 산갈치. (a) "일본 민간전승에 따르면, 보통 수심 200미터 이상 되는 깊이에 서식하는 산갈치가 그물에 잡혀 올라오면 머지않아 강진이 발생한다." 이것

은 일본의 민간전승이라는 증언에 기반한다. (b) 결론: "어쨌든 산갈치가 잡
힐 때에는 항상 지질학적 대변동이 진행 중이거나 곧 발생했다." (c) 표본으
로부터 모집단으로의 논증과 유사하다. 산갈치가 잡힌 것과 지진이 발생했다
는 개별 사례로부터 산갈치와 지진에 대한 일반 진술로의 논증이다. (d) 그
럴듯한 설명 (i): 길게 늘어진 독특한 형태를 가진 산갈치는 충격파로 인해
기절한 뒤 수면에 떠올랐을 수 있다. 그럴듯한 설명 (ii): 유독가스가 지진 활
동 중에 지각으로부터 방출된다. (e) 첫째 문단은 증언 기반 논증이다. 둘째
문단은 표본으로부터 모집단으로의 귀납 논증이다. 셋째 문단은 그럴듯한 설
명을 제시하고 있는데, 둘 중 하나가 사실이면 결론을 예측할 수 있다. 그 결
론은 세 가지 다른 유형의 위험을 안고 있는 논증에 의해 지지된다.

6. **여성 공학자.** (a) "이런 수치는 무척 보잘것없다." (b) 타당한 논증이다. ("무
척 보잘것없다"가 의미하는 바에 따라 타당성 여부가 달라질 여지는 있다.)

7. **성형수술.** 최선의 설명에로의 추론.

8. **매니토바 마리화나.** 이것은 표본으로부터 모집단으로의 논증을 닮았다. 표본
을 이루고 있는 것은 경찰이 수경 마리화나 재배 검사를 한 시골집들이다. 모
집단을 이루고 있는 것은 매니토바 시골집들이다.

3장. 도박사의 오류

1. **룰렛 휠.** (a) 북미 카지노에서 룰렛 휠이 붉은색에 멈출 확률은 18/38이다.
유럽 카지노에서 그 확률은 18/37이다. 따라서, 당신이 그저 붉은색에만 건
다면, 유럽 카지노가 더 낫다. (b) 아니오.

2. **카드 섞기.** (a) 아니다. 상당히 많은 게임을 거치게 되면 각 카드는 다른 카
드와 비슷한 빈도로 받게 된다. (b) 아니다. (c) 아니다. 그러나, 한 번 섞인
카드의 순서를 예측하기는 무척 어렵다. 따라서 섞인 카드에 기억이 남아 있
긴 하지만 그 누구에게도 유리하지 않다. 따라서 참가자의 입장에서 보자면,
게임은 또 다른 의미에서 "공정"하다.

3. 로또. 좋은 선택인 것처럼 보인다. 만약 이 숫자들을 선택하는 사람이 거의 없다면, 그리고 이 숫자가 당첨 숫자가 된다면, 이 번호를 고른 사람은 좀 더 인기 있는 번호를 고른 경우보다 더 적은 사람과 당첨금을 나눠 가지게 된다. 그러나, 이것이 사실일까? 만약 내가 이것을 도박에 관한 유명한 책에서 본 것이라면, 이 책 자체가 사람들의 습관을 바꾸어 놓았을 것이며, 따라서 그 책이 한동안 퍼진 이후인 지금은 그 숫자들이 가장 인기 있는 복권 번호가 되었을 것이다.

4. 숫자.
   (a) 출생 몸무게. 그램 단위로 측정한다면, 마지막 자리 숫자는 편향되지 않고 이전 시행과 독립적일 것이다. 그러나 킬로그램 단위로 측정한다면, 다른 수보다 3이 가장 자주 나올 것이다. 따라서 해당 장치는 편향되었다. 그러나 시행은 여전히 독립적이다. (물론, 쌍둥이, 혹은 더 심하게는 다섯 쌍둥이 같은 경우는 예외로 해야 한다.)
   (b) 전신주. 편향되지 않았고, 독립적이지 않다.
   (c) 책. 1, 3, 5, 7, 9의 반대쪽으로 100% 편향되었다.
   (d) 유람선. 편향되지 않았고, 독립적이다.

5. 어리석은 도박사의 반격.
   (a) 그렇지 않다. 그는 "13개의 검은색"을 "롱런"이라고 적절하게 가정한 뒤, 마르베 박사의 자료에 따르면 12번의 검은색 뒤에 붉은색이 나오는 일이 검은색이 나오는 일보다 더 자주 일어난다고 결론 내렸다. 물론, 우리가 그 자료를 자세히 살펴보면, 마르베가 가리킨 것은 훨씬 긴 롱런이었다는 것을 확인할 수 있을 것이다. 그러나 어쨌든, 어리석은 도박사는 도박사의 오류를 범한 것이 아니다.
   (b) 여기 가능한 설명 한 가지가 있다. 룰렛을 돌리는 딜러는 사람들이 휠이 편향되었다고 상상해 그 도박장이 부정직하다고 여기게 되리라고 생각한다. 따라서 꽤 긴 런 이후, 딜러는 그 롱런을 깨려고 안간힘을 쓴다. 또는 도박장 자체가 의도적으로 휠 아래에 기계적 "교정 장치"를 설치해 두었을 수 있다. 그 장치는 붉은색이 많이 나왔을 때 딜러가 버튼을 누르게 되면 휠을 검은색 쪽으로 쏠리게 만든다. 물론 그 반대도 마찬가지다.

6. 카운팅. 앞 판에서 나온 카드가 무엇이었는지 기억하는 사람이 더 유리하다. 예를 들어, 낮은 숫자 카드는 대부분 나왔다는 것을 알고 있다면, 높은 숫자 카드가 나올 확률은 처음보다 클 것이다. 이런 정보를 이용해 승률을 높일 수 있다. 당신은 꽤 많은 자금이 필요하다. 왜냐하면 당신은 큰 내기들을 해야 하고 때때로 그런 내기에서 지기도 할 것이기 때문이다. 소프(Thorp)라는 이름의 어떤 수학자는 "카운팅"(counting)으로 알려진 도박 시스템을 완성했다. 대부분의 카지노는 이제 규칙을 바꿔, 매 게임에 새로운 카드를 사용한다.

7. 징집.

   (a) 비복원추출

   (b) 사실, 통계학자들이 이 자료를 분석했었다. 그 분석 결과, 일 년 중 앞 달 쪽으로 편향이 있다는 것이 밝혀졌다.

   (c) 그 장치는 공정하지 않다. 만약 당신이 일 년 중 앞 달에 태어났다면, 당신은 그 장치가 "당신에게 공정치 않다"라고 생각할 것이다. 그러나 만약 생일 자체가 무작위로 결정된다고 생각한다면, 당신은 그 시스템은 충분히 공정하다고 여길 것이다. 최소한 부자보다 가난한 사람을 더 많이 뽑는 방식의 편향은 없었다.

   (d) 여기 근본적으로 다른 두 가지 유형의 설명이 있다. 부주의: 공들이 충분히 잘 섞이지 않았다. 공 뽑기 처음에는, 젊은 여성들이 항아리에 손을 넣어 휘저은 뒤 충분히 뒤적거리며 공을 꺼낸다. 따라서 처음 공 뽑기에는 심한 편향이 없다. 하지만 시간이 지나면 공 뽑기는 지루해지고 젊은 여성들은 처음에 닿는 공, 특히 거의 윗부분에 있는 낮은 숫자 공을 그냥 꺼내게 된다. 속임수: 공을 뽑는 여성들에겐 11월이나 12월에 태어난 남자 형제가 있다. 그 여성들은 공에 적힌 수가 한 자리인지, 두 자리인지, 세 자리인지 알아챌 수 있었다. 그들은 할 수 있는 한 되도록 한 자리 혹은 두 자리 공을 뽑으려 하였다. 첫 번째 설명을 선택하는 것이 바람직할 것이다. 왜냐하면 공 뽑기에 의도적인 속임수가 있었다는 어떤 증거도 없기 때문이다.

8. 엑스레이. 예를 들어, 사라는 다음과 같이 주장할 수 있다. "그렇지 않아요. 엑스레이의 영향은 축적됩니다! 엑스레이에 의해서 하나의 세포가 손상되었을 때, 암이 발병할 확률은 낮습니다. 하지만 두 개의 세포가 손상되게 되면,

암이 발병할 확률은 두 배 이상이 됩니다. 이런 식으로 암 발병 확률은 점점 커집니다." 치과의사: "말도 안 됩니다. 엑스레이 검사는 서로 독립적입니다." 사라가 끼어든다. "그렇지 않아요. 제가 말하려는 바가 바로 이것입니다. … 엑스레이 검사는 독립적이지 않아요. 왜냐하면 우리 몸은 '기억'을 가지고 있기 때문입니다. 만약 어떤 세포가 손상을 입은 적이 있다면 두 번째로 손상된 세포의 영향은 더욱 커집니다.…"

9. 건조한 팔월. 이것은 도박사 오류의 사례가 아니다. 왜냐하면 매월 시행(주어진 달 적당량의 비가 오는가, 오지 않는가)이 서로 독립적이라고 가정할 어떤 이유도 없기 때문이다.

그러나 도박사의 오류는 아니지만 이 논증은 여전히 오류를 범하고 있다. 특히 다음과 같은 경우, 이 논증은 오류를 범했다고 할 수 있다. 우리가 아는 바에 따르면, 6개월 동안 비가 오지 않으면 다음 달에도 비가 오지 않는다. 예를 들어, 1부터 7월까지 비가 오지 않았다는 조건 아래에서 8월에 비가 올 조건부 확률은 0일 수 있다. (이 이야기는 마르셀 파뇰(Marcel Pagnol)의 프랑스 소설에서 가져온 것이다. 그 소설은 『마농의 샘』(원제: *Jean de Florette*)이라는 제목의 영화로 제작되었다.)

10. 역-도박사의 오류.

(a) $1/6 \times 1/6 \times 1/6 \times 1/6 = 1/1296$.

(b) 그렇다. 당신이 다음 두 가설을 비교한다고 생각해보라. 첫 번째 가설은 그가 900번 던졌다는 것이고, 두 번째 가설은 그가 단 한 번만 던졌다는 것이다. 900번 던지기에서 적어도 한 번 네 개의 6이 나올 확률은 거의 정확하게 1/2이다. 한 번의 던지기에서 네 개의 6이 나올 확률은 약 1/1300이다. 따라서 넬슨의 말이 옳다. 트래퍼가 굉장히 많이, 말하자면 900번 정도를 던졌을 확률이 단 한 번 던졌을 확률보다 더 크다. (1/2이라는 값은 어떻게 나오는가? 두 번의 던지기에서 네 개의 6이 한 번도 나오지 않을 확률은 $[1295/1296 \times 1295/1296]$이다. 그럼 900번의 던지기에서 한 번도 네 개의 6이 나오지 않을 확률은 $[1295/1296]^{900} \approx 0.499$이다. 따라서 적어도 한 번 네 개의 6이 나올 확률은 약 0.501이다.)

(c) 아니다. 예를 들어, 루시는 알버트가 앞서 899번의 던지기를 했으며, 이번이 900번째일 것이라고 추측했다고 해보자. 899번의 던지기에서 어떤

결과가 나왔든 상관없이, 알버트에게 네 개의 6이 나올 확률은 약 1/1300이다. 이것은 그날 저녁 첫 번째 던지기에서 그런 일이 일어날 확률과 정확하게 같다. 우리는 루시의 실수를 역-도박사의 오류라고 부를 수 있다.

11. 운 좋은 이모. (a) 그렇다. (b) 엄격히 말해, 아니다. 그 이유는 연습문제 10과 같다. 그러나 당신은 인간 심리에 대한 몇 가지 정보를 추가로 이용한다면 그렇게 추론할 수도 있다. 이모는 단순히 "나는 70살이다. 이제 남은 인생을 충분히 즐길 것이다."라고 결심했을 수 있다. 그러나 일반적인 사람들은 그렇게 자주 복권을 사지 않는다. 더불어, 여기엔 "선택 효과"(selection effect)도 있다. 당첨되지 않았을 때, 이모는 전화하지 않았을 것이다. 그러므로, 이모가 그동안 많은 복권을 샀다고 추측하는 것은 합리적일 수 있다. 하지만 이모가 바로 이번에 당첨되었다는 증거에만 의존해서는 그렇게 추측할 수 없다.

12. 설계 논증. 그렇지 않다. 그 반론은 역-도박사의 오류를 범한 것이다. 당신은 이런 이야기가 너무 구식이라고 생각할지도 모른다. 왜냐하면 우리는 이제 빅뱅이 우리 우주의 기원이라고 믿기 때문이다. 그러나 뛰어난 우주론자 존 휠러(John Wheeler)는 우주들의 연쇄가 있었다고 생각해야 한다고 주장했다. 그가 말한 우주들의 연쇄는 창조되고, 죽음을 맞이하고, 그 뒤 새로운 빅뱅이 일어나는 일련의 우주들로 이루어졌다. 그는 현재의 "잘 조율된 우주"를 이해하기 위해서는 "굉장히 많은 우주들이 있었으며, 이에 마침내 우연에 의해서 우리와 같이 잘 조율된 우주가 발생했다"는 가설에 의존해야 한다고 주장했다.

4장. 기초 확률 개념

1. 갈릴레오. 공정한 주사위 세 개를 던져서 나온 눈들의 합이 9가 되는 방법의 수와 10이 되는 방법의 수가 똑같이 여섯 가지이므로, 이 9가 10만큼 개연적이라고 생각할지도 모른다.

   [9]: $\{1,2,6\}$ $\{1,3,5\}$ $\{2,3,4\}$ $\{1,4,4\}$ $\{2,2,5\}$ $\{3,3,3\}$.

[10]: {*1,3,6*} {*1,4,5*} {*2,3,5*} {2,2,6} {2,4,4} {3,3,4}.

실제로, 왼쪽에서 세 번째까지의 이탤릭체로 표기된 결과는, 세 개의 숫자가 모두 다르므로 각 결과의 확률은 같다. 네 번째와 다섯 번째의 결과도, 서로 다른 두 개의 숫자를 가지고 있으므로 각 결과가 나올 확률이 같다. 하지만 {**3,3,3**}이 나올 방법은 한 가지뿐이므로, 그 확률은 1/216이다. {**3,3,4**} = {(3,3,4) 또는 (3,4,3) 또는 (4,3,3)}이므로, 그 확률은 (3/216=1/72)이다. 따라서 10이 9보다 더 개연적이다.

2. 카드 한 장. (a) 4/13. (b) 11/26.

3. 카드 두 장. (a) 1/16. (b) (1/4)×(12/51)=3/51. (c) 9/16. (d) (3/4)× (38/51)=19/34.

4. 양궁. (a) 0.02. (b) 0.04. 첫 번째 화살이 정중앙에 명중하고 두 번째 화살이 (두 번째 원 밖) 세 번째 원에 명중할 확률이 0.02이고, 반대로 선수의 첫 번째 화살이 (두 번째 원 밖) 세 번째 원에 명중하고 두 번째 화살이 정중앙에 명중할 확률이 0.02이므로, 이 둘을 합치면 0.04이다. (c) 0.1.

5. 기저귀로 인한 소아마비. 웨일 박사의 말을 있는 그대로 해석하면, 기저귀로 인해 소아마비에 걸리는 일이 극도로 희귀한 일이라는 것이다. 아마도 웨일 박사의 말은, 지난 300만 번의 백신 접종 사례 중에서 이런 일이 단 한 차례 일어났다는 것을 의미했을 수 있다. 혹은, 그의 말은, 당신이 조카 기저귀 때문에 소아마비에 걸리게 되면 300만 달러를 지급해줄 보험에 가입하는 경우, 보험회사는 당신에게 보험금으로 1달러만 요구한다는 것을 의미했을 수도 있다. 아니면, 그의 말이 의미하는 바는, 기저귀로부터 소아마비에 걸릴 상대빈도는 300만 번의 접종 중에 단 한 번이라는 것일 수도 있다. 그러나 하나의 매우 드문 사례를 바탕으로 한, 이런 매우 낮은 확률은 "매우 드물다"는 것 이외에 거의 어떤 의미도 없다. 이런 말은 수사적일 뿐이지, 과학적이라고 할 수는 없다.

6. 언어. 이 문제는 다소 모호하다. 2번 문제는 "이러저러한 것의 (참일) 확률이 얼마인가?"라고 묻고 있으므로, 명제 언어를 사용했다고 할 수 있다. 3번 문

제는 이러저러(한 것이 발생)할 확률에 관해 묻고 있으므로, 사건 언어를 사용했다고 할 수 있다. 그러나 2와 3은 비슷한 것을 다르게 묻고 있을 뿐이다. 마찬가지로, 4번 문제는 명제 언어를 사용했고, 5번 문제는 사건 언어를 사용했다고 할 수 있다.

5장. 조건부 확률

1. 쓸데없이 정밀한 확률. 그렇게 많은 소수점 자릿수에는 별다른 의미가 없다. 아마도 이반이 의미한 것은 37.5%=3/8 또는 스테판에 대한 5대 3의 배당률일 수 있다. [역자 주: '배당률'(odds)에 대해서는 13장에 있는 역자의 주석 2를 보라.] 교훈: 숫자로 정신없게 만들지 말라. 그런 것들은 멋있게 보일 뿐이다. 이반은 과시적인 사람으로 잘 알려져 있다. 그런데, 이긴 것은 스테판이었다.

2. 가열등. 가열등 하나를 철물점에서 뽑았다고 하자. 그리고 각각을 다음과 같이 나타내자. T=트로피카나에서 생산된 제품이다, F=플로리다에서 생산된 제품이다, B=표준 품질 이하이다.

    $Pr(T)=0.4\ Pr(F)=0.6\ Pr(B/T)=0.03\ Pr(B/F)=0.06$.

   (a) $Pr(T\&B)=0.012$.

   (b) $Pr(B)=Pr[(T\&B)\vee(F\&B)]=Pr(T\&B)+Pr(F\&B)=0.012+0.036=0.048$.

   (c) $Pr(T/B)=1/4$.

3. 삼각공업지구. 관련 명제를 다음과 같이 나타내자. T=뽑힌 도시 아이가 삼각공업지구에 거주한다. ~T=뽑힌 도시 아이가 삼각공업지구에 거주하지 않는다. P=뽑힌 거주 아이에게 양성반응이 나왔다.

    $Pr(T)=0.02\ Pr(P/T)=0.14\ Pr(P/\sim T)=0.01$.

   (a) $Pr(T\&P)=0.0028$.

   (b) $Pr(P)=0.0028+0.0098=0.0126$.

   (c) $Pr(T/P)=2/9(\approx0.22)$. 분수들이 어떻게 약분되는지 확인하라. $28/126=14/63=2/9$. 대부분의 연습문제는 계산기보다 머리로 쉽게 풀 수 있다.

4. 택시.

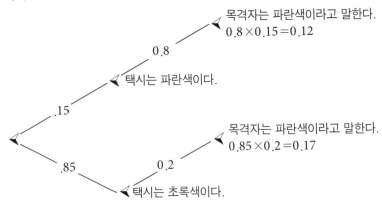

목격자는 파란색이라고 말한다.
$0.8 \times 0.15 = 0.12$

0.8

택시는 파란색이다.

.15

목격자는 파란색이라고 말한다.
$0.85 \times 0.2 = 0.17$

.85   0.2

택시는 초록색이다.

Pr(택시는 파란색이다/목격자가 파란색이라고 말한다)$= 0.12/(0.12+0.29)$
≈ 0.41.

6장에서 0.15를 파란색 택시의 기저율이라고 부를 것이다. 위 수형도는 마을에 100대의 택시, 즉 파란색 택시 15대, 초록색 택시 85대가 있는 경우, "80% 정도로 신빙성이 있는" 목격자는 대체적으로 무작위로 뽑힌 12대의 파란색 택시를 파란색이라고 말할 것이며, 무작위로 뽑힌 29대의 초록색 택시를 파란색이라고 말할 것이라는 점을 보여준다. 기저율은 목격자의 신빙성을 압도한다.

5. 라플라스의 헷갈리는 문제. 92-93쪽에서 우리는 다음을 확인했다.
    Pr(첫 번째 붉은 공)$=1/2$.
    Pr(첫 번째 붉은 공&두 번째 붉은 공)$=5/16$.
그러므로, Pr(두 번째 붉은 공/첫 번째 붉은 공)$=10/16=5/8$.

6. 문제 이해하기. 첫 번째 붉은 공이 나왔다는 조건 아래에서 두 번째 붉은 공이 나올 조건부 확률은 1/2보다 더 크다. 따라서 첫 번째에서 붉은 공이 나올 확률이 1/2이라 하더라도, 붉은 공 두 개를 뽑을 확률은 $1/2 \times 1/2$이 아니다. 사실, 그 확률은 $1/2 \times (5/8)=5/16$이다.

6장. 기본 확률 규칙

1. 벤 다이어그램. (a) Pr(L∨S).

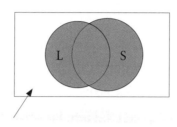

이 사각형의 면적은 1이다. 색칠된 영역이 어떤 한 사람이 담배를 피우거나 폐질환에 걸릴 (또는 둘 다일) 확률을 나타낸다.

(b) Pr(L/S).

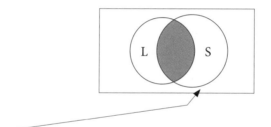

S의 면적 중 색칠된 겹친 부분의 면적의 비율이 해당 조건부 확률을 나타낸다.

(c) Pr(S/L).

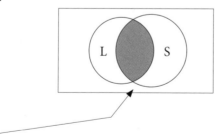

L의 면적 중 색칠된 겹친 부분의 면적의 비율이 해당 조건부 확률을 나타낸다.

2. 전체 확률.

가법성에 의해, Pr(A)+Pr(∼A)=Pr(A∨∼A).

A∨~A는 Ω와 논리적으로 동치이다.

확실성에 의해, Pr(Ω)=1.

그러므로, 논리적 동치에 관한 가정(113쪽)에 의해서, Pr(A)+Pr(~A)=1.

3. 곱셈. 0<Pr(A)이고 0<Pr(B)라고 하자. 그럼,

정의에 의해서, Pr(A/B)=Pr(A&B)/Pr(B).

그럼, Pr(A&B)=Pr(A/B)Pr(B).

A와 B가 통계적으로 독립적이라면, Pr(A/B)=Pr(A).

그러므로, Pr(A&B)=Pr(A)Pr(B).

4. 규약. 몇 가지 다른 규약들이 가능할 것이다. 다음은 그중 두 가지다.

(i) 무한 확률. 확실한 명제 혹은 사건의 확률은 +∞이다. 불가능한 명제 혹은 사건의 확률은 −∞이다.

이 규약이 우리의 규약, 즉 Pr(Ω)=1보다 낫다고 생각할 수 있다. 당신은 실제 세계에 관한 어떤 명제도 정말로 완전하게 확실하지 않다고 말할 수도 있다. 그럼, 현실 세계의 모든 명제의 확률은 당신이 원하는 만큼 유한하게 클 수 있지만, 결코 무한할 수는 없다.

이런 규약에서 임의의 사건 혹은 명제 A에 대해서 다음이 성립한다.

(i) A와 ~A가 동일한 정도로 개연적(probable)이라면 Pr(A)=Pr(~A)=0이다.

(ii) A가 ~A보다 더 개연적이라면, 0≤Pr(A)이다.

(iii) ~A가 A보다 더 개연적이라면, Pr(A)≤0이다.

그러나 이런 생각은 더 확장되기 어렵다. 일반적인 규약의 훌륭한 점은 서로 배타적인 사건 혹은 서로 독립적인 사건 사이의 합이나 곱을 매우 깔끔히 규정할 수 있다는 것이다.

(ii) 상한 확률과 하한 확률. 어떤 사건의 확률은 구간 (p_*, p^*)으로 표상된다. 이런 규약은 믿음-유형 확률에 특히 더 적합한 듯이 보인다. 우리 믿음 대부분은 그리 정확하지 않다. 정말로 확실한 사건은 여전히 $p_*=p^*=1$이라는 확률을 가질 것이며, 다음이 성립할 것이다.

$$0≤p_*≤p^*≤1.$$

이 상한 확률과 하한 확률에 대해서는 납득할 만한 이론이 있다. 하지만 그런

이론은 주류 확률 이론에 대해 승리하지는 못했다.

5. 테러리스트. 진지하게 다루지 않고서는 이 농담을 설명할 수 없다. 이 농담은 조건부 확률과 통계적 독립성과 관련되어 있다.

관찰 1. 테러리스트가 비행기에 폭탄을 설치할 확률은 매우 낮다고 하자. 두 명의 테러리스트가 같은 비행기에 독립적으로 폭탄을 설치한다는 것은 1조분의 1과 같이 무의미할 정도로 낮은 확률을 가진다. 그렇다면, 블랙의 말은 옳다. "학생이 타게 될 비행기에 두 개의 독립적인 폭탄이 설치될 위험은 사실상 0입니다."

관찰 2. 그러나 비행기에 폭탄이 설치되었을까 걱정하여, 그 위험을 사실상 0에 가깝게 줄이고자 하는 학생은, 자신이 비행기에 폭탄을 설치했다는 조건 아래에서 테러리스트가 비행기에 폭탄을 설치할 확률을 알아야 한다. 만약 두 사건이 통계적으로 독립적이라면, 학생의 폭탄 설치라는 조건 아래에서 테러리스트의 폭탄 설치의 조건부 확률은, 테러리스트의 폭탄 설치 확률과 같다. 위험은 바뀌지 않는다.

7장. 베이즈 규칙

1. [2(c)]: 가열등.

$$\Pr(T/B) = \frac{\Pr(T)\Pr(B/T)}{\Pr(T)\Pr(B/T) + \Pr(F)\Pr(B/F)}$$

$$= \frac{0.4 \times 0.03}{(0.4 \times 0.03) + (0.6 \times 0.06)} = 1/4.$$

[3(c)]: 삼각공업지구.

$$\Pr(T/P) = \frac{\Pr(T)\Pr(P/T)}{\Pr(T)\Pr(P/T) + \Pr(\sim T)\Pr(P/\sim T)}$$

$$= \frac{0.02 \times 0.14}{(0.02 \times 0.14) + (0.98 \times 0.01)} = 2/9.$$

2. 두 개의 공.

  (a) 복원추출할 때:

$$Pr(A/RR) = \frac{Pr(A)Pr(RR/A)}{Pr(A)Pr(RR/A) + Pr(B)Pr(RR/B)}$$

$$= \frac{0.5 \times (0.6 \times 0.6)}{0.5 \times (0.6 \times 0.6) + 0.5 \times (0.1 \times 0.1)} = 36/37 \approx 0.973.$$

  (b) 비복원추출할 때:

$$Pr(A/RR) = \frac{0.5 \times (0.6 \times 59/99)}{0.5 \times (0.6 \times 59/99) + 0.5 \times (0.1 \times 9/99)} = 354/363 \approx 0.975.$$

100개의 작은 모집단임에도 불구하고 복원추출과 비복원추출에서의 차이가 거의 없다는 점에 주목하라.

3. 시험. 관련 명제를 다음과 같이 나타내자. S=진지한 태도로 수강하는 학생이다. ~S=진지한 태도로 수강하는 학생이 아니다. C=한 문항의 답이 맞았다. CC=두 문항의 답이 맞았다. 교수는 두 문항을 아무렇게나 선택하였기 때문에, 독립성을 가정할 수 있다.

$$Pr(S) = 3/4. \qquad\qquad Pr(\sim S) = 1/4.$$
$$Pr(C/S) = 3/4. \qquad\qquad Pr(C/\sim S) = 1/2.$$

$$Pr(S/CC) = \frac{Pr(S)Pr(CC/S)}{Pr(S)Pr(CC/S) + Pr(\sim S)Pr(CC/\sim S)}$$

$$= \frac{(3/4) \times (3/4) \times (3/4)}{[3/4 \times 3/4 \times 3/4] + [1/4 \times 1/2 \times 1/2]} = 27/31.$$

4. 역도 선수.

  (a) 감독은 정정당당 팀을 국제대회에 내보내지만, 조직위원회에서 무작위로 선택한 한 명이 복용자로 판명되어 팀 전체의 출전 자격이 박탈되고, 그래서 결국 스테로이드 팀이 국제대회에 출전한다.

  (b) Pr(정정당당 팀/한 선수가 복용자로 판명): $Pr(C/U) = 0.2$.

  (c) 107-108쪽의 결과를 이용하면, $Pr(C/U_1 \& U_2) = 1/29 < 0.04$.

5. 세 개의 가설.

(a) $Pr(F/E) = \dfrac{Pr(F)Pr(E/F)}{Pr(F)Pr(E/F) + Pr(G)Pr(E/G) + Pr(H)Pr(E/H)}$.

(b) 조건부 확률 정의에 의해, $Pr(F/E) = Pr(F\&E)/Pr(E)$.

논리적 동치에 의해, $Pr(F\&E) = Pr(E\&F)$이며, 각각은 $Pr(F)Pr(E/F)$와 같다.

이렇게 분자가 도출된다. 한편, 분모와 관련해 다음이 성립한다.

E는 $(E\&F) \lor (E\&G) \lor (E\&H)$와 논리적 동치이다.

각 선언지가 서로 배타적이므로, 가법성에 의해,

$Pr(E) = Pr(F)Pr(E/F) + Pr(G)Pr(E/G) + Pr(H)Pr(E/H)$.

6. 소프트웨어 충돌. 관련 명제를 다음과 같이 나타내자. C=소피아의 소프트웨어에서 충돌이 발생한다. F=소피아는 포그를 실행한다. G=소피아는 골렘을 실행한다. H=소피아는 핫샷을 실행한다.

$Pr(C/F) = 0.1$.	$Pr(C/G) = 0.2$.	$Pr(C/H) = 0.3$.
$Pr(F) = 0.6$.	$Pr(G) = 0.3$.	$Pr(H) = 0.1$.

$Pr(H/C) = (0.1 \times 0.3) \div [(0.1 \times 0.3) + (0.3 \times 0.2) + (0.6 \times 0.1)] = 1/5 = 0.2$.

7. 강도 예방. A=무작위로 선택된 사람은 알리이다. J=무작위로 선택된 사람은 제니이다. L=무작위로 선택된 사람은 래리이다. B=무작위로 선택된 사람이 작년에 강도를 당했다.

$Pr(B/A) = 0.4$.　$Pr(B/J) = 0.1$.　$Pr(B/L) = 0.6$.　$Pr(A) = Pr(J) = Pr(L) = 1/3$.

따라서, $Pr(A/B) = \dfrac{Pr(A)Pr(B/A)}{Pr(A)Pr(B/A) + Pr(J)Pr(B/J) + Pr(L)Pr(B/L)} = 4/11$.

이 확률은 사회학자가 제공한 놀라운 정보를 토대로 하고 있다. 나는 그 사회학자가 기고한 글을 믿지 못하였기 때문에, 그에게 편지를 보냈고, 그가 더 복잡한 통계를 이용했다는 사실을 알게 되었다. 그렇다면, 이 확률에 대한 논증은 건전하지 않다고 할 수 있다. 왜냐하면, 전제 중 하나, 즉 강도를 당하는 비율이 완전히 거짓이기 때문이다.

8장. 기댓값

1. 겨울 여행. 확률과 효용에 대한 의견 모두 불일치한 것일 수도 있지만, 효용 불일치가 더 중요하다.

확률 불일치: 난 비관론자이다. 극심한 눈보라가 치면 교통 체증이 끔찍할 정도로 심각할 것이라고 생각한다. 올리버는 눈보라가 심할 것 같지도 않고, 내가 걱정하는 만큼 교통 체증이 심각하지도 않을 것이라고 생각한다.

효용 불일치: 나는 쌓인 눈길을 다니는 불편함과 번거로움—음의 효용—이 매우 크다고 생각한다. 올리버는 그런 걸 크게 개의치 않는다. 그는 장시간 지하철 탑승이 가져다주는 음의 효용의 크기가 더 크다고 생각한다. 반면에 나는 운전보다 지하철을 타는 것을 선호한다.

2. 상술. $-20 ¢$. 무료 쿠폰이라고 하더라도 그 쿠폰이 인쇄된 종이만큼의 가치도 없다.

3. 노점상: 집행되지 않은 벌금. $\text{Exp}(W) = \$200 - [(0.4)(0.2)(\$100)] = \$192$.

4. 나쁜 건달과 노점상. $\text{Exp}(W) = \$150 - (0.4)(0.25)(0.2)(\$100) = \$148$.

5. 최선의 상황. 최선의 상황은 (3)이고, 최악의 상황은 (4)이다.

6. 보험.

(a) 차와 시계 둘 다 도난당할 확률: $(1/900)(1/30) = 1/27{,}000$.

시계만 도난당할 확률: $(1/30)(899/900) = 899/27{,}000$.

차만 도난당할 확률: $(1/900)(29/30) = 29/27{,}000$.

아무것도 도난당하지 않을 확률: $(899/900)(29/30) = 26{,}071/27{,}000$.

(b) **D**의 가능한 결과는 네 가지다: 아무것도 도난당하지 않음, 시계만 도난당함, 차만 도난당함, 둘 다 도난당함.

$$\text{Exp}(D) = 0 - \$(1/27000)[(899)(600) + (29)(5400) + 6000]$$
$$= -\$(234)/9 \approx -\$26.00.$$

(c) **I**의 결과들. 어떤 경우에도 윌리엄은 60달러를 내야 한다. 그리고 절도가 일어날 경우 윌리엄이 보게 될 손실은 보험에 가입하지 않았을 때 보게

될 손실의 10%뿐이다. 그럼 다음이 성립한다. Exp(I) = -$60 - $2.60 = -$62.60.

(d) "보험"의 기댓값의 크기는 보험을 들지 않는 것보다 두 배 이상 크다. 즉 "보험"이 훨씬 더 나쁜 행위다. 그런데도, 윌리엄은 보험에 가입할지도 모른다. 그는 위험-회피 성향을 가지고 있을 수 있다. 아니면 그의 소중한 물건을 잃어버리는 것의 효용이 금전적 가치보다 훨씬 더 클 수도 있다. 혹은 그는 $60를 지불할 형편은 되지만, 차를 잃어버린 경우 다른 차를 살 여유는 없을 수도 있다.

(e) 아니오, 정의에 의해, 두 유형의 절도는 통계적으로 독립적이지 않다.

(f) Exp(D)은 훨씬 더 작아진다. 하지만 보험으로 인해 문제의 비독립성이 Exp(I)에 미치는 영향은 더 적을 것이다. Exp(I)도 약간 더 작아진다. 하지만 여전히 Exp(I) < Exp(D)이다.

7. 두 배로 걸기. 이것은 마팅게일을 변형한 것이다. 조만간 떠버리 짐은 자신이 가진 모든 돈을 잃게 될 것이다.

8. 모스크바 게임.

(a) $(1/2)^{40} \approx 9 \times 10^{-13}$, 또는 약 1조분의 1.

(b) 네.

(c) $40.

(d) 당신은 40달러 이상을 얻어야 한다. 만약 첫 번째, 두 번째, 세 번째, 네 번째, 다섯 번째 동전 던지기에서 앞면이 나오면 당신은 돈을 잃게 된다. (만약 여섯 번째에서 뒷면이 나온다면, 당신은 24달러를 벌게 된다.) 동전의 뒷면이 40번 연속으로 나오더라도 당신은 돈을 잃는다. 따라서 모스크바 게임에서 이익을 보고 이길 확률은 다음과 같다.

　　[1-(1, 2, 3, 4, 5, 40번째까지 앞면이 나오지 않을 확률)] = $1/32 - 2^{-40}$.

([역자 주] 위 설명에 맞춰 확률을 계산하자면, 1~5번째에 처음으로 앞면이 나올 확률과 40번째까지 앞면이 나오지 않을 확률의 합을 1에서 빼주어야 한다. 하지만 이 계산 결과는 위 계산 결과와 같다. 왜냐하면, n번째 처음으로 앞면이 나올 확률은 n번째까지 앞면이 나오지 않을 확률과 같기 때문이다.)

(e) 29번 뒷면이 나온 뒤에 앞면이 나오면 러시아 신규 은행은 파산한다. 하

지만 만약 그 은행이 석유 선물 투기를 계속한다면, 동전 뒷면이 연속으로 30번 나오기까지 기다릴 필요가 없을지도 모른다. 그 전에 파산할 것이기 때문이다.

9장. 기댓값 최대화

1. 자물쇠. 행위 **K**: 크립토나이트 자물쇠를 구입한다. 행위 **L**: 값싼 체인형 자물쇠를 구입한다. 결과 S: 자전거를 도난당한다. 결과 N: 자전거를 도난당하지 않는다.

   U(S)=-\$80. 이미 자전거 값은 지불했다. 따라서 자전거를 잃어버리지 않는 것의 추가 효용은 없다. 즉 U(N)=0.

$$\text{Exp}(\mathbf{K}) = [\text{Pr}(S/\mathbf{K})][U(S)-\$20] + [\text{Pr}(N/\mathbf{K})][U(N)-\$20]$$
$$= 0 + (-\$20) = -\$20.$$
$$\text{Exp}(\mathbf{L}) = [\text{Pr}(S/\mathbf{L})][U(S)-\$8] + [\text{Pr}(N/\mathbf{L})][U(N)-\$8]$$
$$= 0.1(-\$88) + 0.9(-\$8) = -\$16.$$

   따라서, 기댓값을 최대화하길 원한다면, 당신은 값싼 자물쇠를 사야 한다.

2. 불편함. \$40보다 큰 가치.

3. 반복 손실. 그렇지 않다. 기댓값은 예전과 전혀 차이가 없다. 크립토나이트 자물쇠를 사는 것은 다음과 같은 경우에만 합리적일 수 있을 것이다.
   • 자전거를 도난당했다는 사실에 의해 당신은 값싼 자물쇠를 달았을 때의 절도 확률이 10%보다 크다는 것을 깨닫게 되었다. (그러나, 흔치 않은 경험을 통해 이런 결론에 이르는 것이 가능한 일일까?) 또는,
   • 집에서부터 4마일이나 떨어진 친구의 집에 방문하려 할 때 자전거를 도난당한 것은 정말 끔찍한 일이라는 것을 깨닫게 되었다. 당신은 그런 일이 두 번 다시 일어나지 않길 바라며, 그 불편함에 -\$40보다 낮은 가치를 매긴다.

4. 사전 계획. 달라지지 않는다. 그러나 계산은 복잡해진다. 값싼 자물쇠를 사는 것의 결과들은 다음과 같다.
   N: 자전거를 도난당하지 않는다.

SN: 자전거를 도난당하고, 새로운 자전거와 값싼 체인형 자물쇠를 $88
　　에 구입한다. 그러나 두 번째 자전거는 도난당하지 않는다.

SS: 자전거를 도난당하고, 새로운 자전거와 값싼 체인형 자물쇠를 $88
　　에 구입한다. 그러나 두 번째 자전거도 도난당한다.

$$\text{Exp}(\mathbf{L}) = -\$8 - (0.1)[\$88 + (0.1)(\$80)] = -\$17.60.$$

따라서 값싼 자물쇠를 사는 것으로 당신은 기댓값을 최대화할 수 있다.

5. 처음부터 현명하게? 기댓값을 최대화하는 것은 여전히 값싼 자물쇠이다.
　 $$\text{Exp}(\mathbf{L}) = -\$8 - (0.1)[\$108] = -\$18.80.$$

6. 무보험 운전. 나에겐 심각한 질병이나 사고에 대비한 건강보험에 가입한 친구가 있다. 심각한 질병에 걸리거나 사고를 당하게 되면 친구는 넉넉한 보험금을 받게 된다. 총각일 때 그 친구가 대비해야 할 위험은 기껏해야 자신의 자산을 잃게 되는 것 정도였으며, 꽤 능력이 있었던 그는 쉽게 다시 시작할 수 있었다. 그러므로 그에게 있어 사고가 가져올 손실은 매우 작았다. 친구는 자신의 선택이 완벽하게 합리적이라고 생각했다. 왜냐하면, 종종 그런 것처럼, 보험을 가입하는 것의 기댓값은 보험에 가입하지 않는 것의 기댓값보다 작았기 때문이다. 결혼한 이후, 그는 가정을 잃을 위험, 가족이 해를 당할 위험에 대비해야 했다. 왜냐하면 이런 일이 일어난 뒤 다시 일어서기 위해서는 어느 정도의 시간이 걸리기 때문이다. 이제, 그의 효용 구조는 바뀐다. 비록 확률에 대한 그의 평가는 달라지지 않지만 말이다.

7. 유티와 듀티. 유티는 나의 친구에 동의할 것이다. 듀티는 그렇지 않을 것이다. 나의 친구는 매우 이기적이다. 왜냐하면, 그는 자신의 운전에 의해서 피해를 보게 될 사람들의 위험을 자신의 자산 이상으로 고려하지 않기 때문이다. 듀티는, 우리에게는 우리의 행위로 인해 피해를 보게 될 사람을 도울 능력을 갖춰야 하는 의무가 있다고 말할 것이다.

8. 원자력과 석탄. 이와 관련된 토론은 우주 탐사선을 둘러싼 논의와 유사하다.

9. 가장 긴 다리. 비판자는 다른 무엇보다 기후나 다리 기둥과 관련해 최악의 재앙이 일어날 가능성을 적절하게 정량화할 수 없다고 주장할 것이다. 자문위

원은 모든 동떨어진 가능성은 작은 확률로 적절하게 정량화되었다고 주장할
것이다.

확률에 관한 이런 의견 불일치는 논쟁에 영향을 줄 것이다. 하지만 우리는
세부 사항을 확인하기 위해서는 훨씬 더 많은 정보가 필요하다. 예를 들어,

섬과 뉴브런즈윅 사이의 가장 좁은 지점에 다리가 건설되었다는 점은 예측을
복잡하게 만든다. 비판가들은 유효 해협 폭은 거의 20%가량 감소할 것이라
고, 그리고 마지막 해빙 날짜는 훨씬 더 늦어질 것이라고 추정한 보고서를 인
용한다.

비판가들의 분노 뒤에는 깊은 슬픔이 있다. 『빨간머리 앤』의 배경이자, 배를
통해서만 갈 수 있는 이 목가적인 섬은 관광 상점, 소규모 골프 코스, 거대
『빨간머리 앤』 테마 파크로 뒤덮일 것이다. 은행에 맡길 돈이 늘어난다는 점
에서, 몇몇 사람에게 이는 양의 효용이다. 하지만 대체할 수 없는 가치가 파
괴된다는 점에서, 다른 몇몇 사람에게 이는 엄청난 음의 효용이다.

그런데, 다리는 현재 사용 중이다. 별 문제는 없다. 아직은.

10. 알레. 그렇지 않다. 역설에서 달러 효용은 250만 달러와 50만 달러였다. 그
러나 사실상 이 역설은 매우 일반적이다. 250만 달러와 50만 달러 대신, 해
당 효용 각각을 x와 y라고 하자. 여기서 이 두 효용의 단위는 유틸이다.

$x > (1+[\Pr(N)/\Pr(H)])y$인 한, B를 A보다 선호하고 F를 G보다 선호하
는 식으로 기댓값을 최대화하는 일관적인 방법이란 존재하지 않는다.
왜? 다음을 보라.

$\mathrm{Exp}(A) = \Pr(L)0 + \Pr(N)y + \Pr(H)y$.

$\mathrm{Exp}(B) = \Pr(L)0 + \Pr(N)0 + \Pr(H)x$.

x는 y보다 $[\Pr(N)/\Pr(H)]y$ 넘게 더 커야 한다. 따라서, 다음이 성립
한다.

$\Pr(N)0 + \Pr(H)x > \Pr(N)y + \Pr(H)y$.

이에, $\mathrm{Exp}(B) > \mathrm{Exp}(A)$이다. 이제 위 부등식 양변에 $\Pr(L)y$를 더하자.
그럼 다음이 성립한다.

$\Pr(L)y + \Pr(N)0 + \Pr(H)x > \Pr(L)y + \Pr(N)y + \Pr(H)y$.

위 부등식의 좌변은 $\mathrm{Exp}(G)$와 같다. 그리고 우변은 $\mathrm{Exp}(F)$와 같다. 따

라서 $Exp(G)>Exp(F)$가 성립한다.

10장. 불확실성 아래 결정

일부 문제에 대해서는 당신 개인의 효용과 확률을 이용해야 한다. 아래 답은 내 개인의 판단이다. 그것은 맞았다거나, 틀렸다거나 할 수 있는 것이 아니다. 당신 개인의 효용과 확률을 이용하면 그 수는 달라지겠지만, 그 논증은 전체적으로 비슷해야 한다.

1. 돈이 중요한 사라. 학위를 받고 5년 후 사라의 연봉 예상 금액이 표와 같다고 가정하자.

	B	G
C	$80K	$120K
P	$8K	$50K

$8,000는 그가 정부보조금으로 받을 금액이다. 행위 C와 행위 P 모두 경제에 어떤 인과적 영향도 미치지 않을 것이므로, 우월 규칙을 적용할 수 있다. 우월 규칙을 적용해, 사라는 컴퓨터 과학 학위를 받고자 결정한다.

2. 꿈꾸는 피오니. 피오니가 고려중인 효용은 두 가지다. 수입과 직업 만족도. 그의 효용은 다음과 같이 제시될 수 있다.

	B	G
C	4	6
P	1	10

여기에 우월한 행위는 없다. 따라서 그에겐 호황과 불황의 확률이 필요하다. 피오니는 낙관주의자다. 그래서 확률이 다음과 같다고 판단한다.

　　$Pr(B)=0.3$. $Pr(G)=0.7$.

　　$Exp(C)=5.4$유틸.

$$\text{Exp}(P) = 0.3(1) + 0.7(10) = 7.3 유틸.$$

기댓값 규칙을 적용하여, 피오니는 철학 학위를 받고자 결정한다.

3. 이상주의자 마리아. 마리아의 효용은 다음과 같이 제시될 수 있다.

	B	G
C	50	50
P	100	1,000

명백하게 **P**가 우월한 행위이다. 어떤 행위도 경제로부터 영향받지 않으므로, 마리아는 우월 법칙을 적용하여, 철학 학위를 받기로 결정한다.

4. 파스칼 비판.
   (a) 분할이 잘못되었다. 적어도 우리에게는, 분명히 더 많은 살아 있는 가능성이 있다. 많은 종교가 있다. 불교에는 파스칼이 말하는 가톨릭적 보상과 같은 것이 없다. 누군가는 다음과 같은 것이 가능하다고 생각할 수도 있다. 신은 사악하여, 실제로 그를 믿는 사람을 벌한다. 또는 신은 결정 이론을 토대로 그를 믿게 된 사람을 벌한다.
   (b) 이 비판은 적절하지 않다. 왜냐하면, 우리는 믿음이라는 우리 개인적 행위가 파스칼의 신이 존재하는지 여부에 영향을 미친다고 생각하지 않기 때문이다.
   (c) 도박사는 믿지-않음의 효용이 0이라는 파스칼의 주장에 이의를 제기하여 기댓값을 고려하라고 요구할 것이다.

5. 공부할까, 말까. 결정이 결과에 영향을 미치기 때문에 이는 좋은 논증이 아니다. 제임스가 다음과 같이 생각한다고 해보자.
   $$\text{Pr}(A/R) = 0.2, \text{Pr}(B/R) = 0.6, \text{Pr}(C/R) = 0.2.$$
   $$\text{Pr}(A/S) = 0.7, \text{Pr}(B/S) = 0.3, \text{Pr}(C/S) = 0.$$
   표의 플러스와 마이너스를 1, 2, 3 등의 수로 바꾸자. 그럼 기댓값은 다음과 같아진다.
   $$\text{Exp}(R) = 0.2(4) + 0.6(2) = 2.0.$$
   $$\text{Exp}(S) = 0.7(3) + 0.3(1) = 2.4.$$

따라서, 제임스는 열심히 공부하는 결정을 내려야 한다.

6. 21세기의 그늘. 다음과 같이 기호를 도입하자.
S = 로봇공학, 유전공학, 나노기술 연구를 중단한다.
C = 그런 연구를 계속한다.
T = 연구로부터 어떤 끔찍한 결과가 발생한다.
~**T** = 연구로부터 어떤 끔찍한 결과도 발생하지 않는다.
우월에 의한 논증을 만들어내는 가능한 효용 할당에는 여럿이 있다. 다음은 그중 하나이다.

	T	~T
C	$-\infty$	0
S	0	0

U(**C**,T)는 $-\infty$가 아니더라도 큰 음의 값이기만 하면 된다. 그리고 U(**C**,~T)는 U(**S**,~T)보다 크지만 않으면 된다.

　가장 분명한 비판은, 어떤 끔찍한 결과도 발생하지 않는다면 연구를 계속하는 것의 효용은 아무것도 하지 않는 것의 효용보다 더 클 것이라는 점이다. U(**C**,~T)는 U(**S**,~T)보다 클 것이며, 따라서 우월에 의한 어떤 논증도 건전하지 않다는 것이다. 물론, 다른 비판도 가능하다. 가령, 다른 대안이 있다는 비판이 있을 수 있다. 이런 비판을 위해서는, 당신이 염두에 둔 대안들에는 무엇이 있는지 모두 나열해야 할 것이다.

11장. 무슨 뜻인가?

1. 다시, 충격 흡수장치.
   (a) 아크메는 훌륭한 복지와 높은 급여를 받는 노조 사업장인 반면 볼트는 특별한 복지 없이 낮은 급여를 받는 비노조 사업장일 수 있다. 아니면 그 반대일 수도 있다. 볼트의 노동자는 어떤 성과 보수도 없는 조합원이지만, 아크메의 노동자는 작은 실수에도 해고되는 비조합원일 수 있다. 아크메는 훨씬 더 신뢰할 수 있는 새로운 (혹은 오래된!) 기계를 가지고 있

을 수 있다. 혹은 아크메에는 뛰어난 품질 관리 기술자가 있을 수도 있다.

(b) 그 원인이 무엇이든, 우리는 신뢰할 만한 충격 흡수장치를 만들어내는 경향은 아크메가 볼트보다 분명히 크다고 생각한다. 우리는 사람들이 무엇을 믿고 있는지에 관심을 가지지 않는다. 그보다 우리는 두 생산업체에 관한 이 세계 속 사실에 관심을 가진다.

2. 독감.

(a) 빈도-유형. 이는 "세계"에 관한, 지금 상태에서 독감의 자연적인 전파 과정에 관한 사실이다.

(b) 여기서 '공산이 크다'라는 말은, 대부분의 젊은 사람에게 있어 그 병은 일주일 내외 동안 진행된다는 것을 의미하는 듯이 보인다. 빈도-유형 확률($>75\%$?)이 함축되는 듯하다.

(c) 빈도-유형

(d) 이 진술은 지금 상태에서 규칙적으로 일어나리라고 기대할 수 있는 것에 관한 주장인 듯이 보인다. 따라서 이는 빈도-유형인 듯하다. 아마도 이 확률은 경향으로 해석될 수 있을 것이다.

(e) 세 진술 모두 단순한 빈도-유형이다.

3. (a) 1996년 1월 3일. 믿음-유형. 진술된 확률은 1996년에 확보된 증거에 상대적이다. 지금 우리는 더 많은 증거를 가지고 있다.

(b) 2006년 2월 1일. 믿음-유형. 이 확률은 2006년에 확보된 증거에 상대적이다.

4. 연방준비이사회.

(a) 분명 단일 사례이다. 믿음-유형. 특정 개인과 상관없는 주장을 의도한 것으로, 아마도 확보된 증거에 상대적인 주장일 것이다.

(b) 믿음-유형.

(c) 여기서 '건다'라는 표현은 순전히 개인적 믿음-유형 확률이라는 것을 시사한다.

5. 복제. 빈도-유형.

12장. 확률에 관한 이론

1. 무차별성. 어떤 "옳은" 답도 없다. 왜냐하면 이것은 마리오의 개인적 확률의 문제이기 때문이다. 만약 그가 터미널 3으로 간다면, 소니아가 이트멉 비행기를 타고 온다는 것에 대한 마리오의 개인적 확률은 알파 항공에 대한 그의 개인적 확률과 베타 항공에 대한 그의 개인적 확률을 더한 값보다 더 크다고 할 수 있다. 그러나 이트멉에 대한 그의 개인적 확률이 그 정도로 크지 않다면 그는 터미널 3이 아니라 터미널 1(또는 2, 이 둘 사이의 결정은 감마와 델타에 관한 그의 믿음에 의존한다)로 가야 한다.

언어적인 다양성을 위해서 연습문제 2~4의 답은 각 이론가의 해석을 약간씩 다르게 표현하였다.

2. 해피 해리.

벤: 그 수험서를 이용한 학생 중 성공한 학생의 상대빈도는 90%이다.

포퍼: 그 수험서를 이용했을 때 성공을 할 90%의 성향, 혹은 경향이 있다.

드 피네티: 해피 해리(혹은 이를 광고한 사람)는 성공에 대한 자신들의 개인적 확률은 0.9이다―즉, 임의로 선택한 수험서 이용자가 성공한다는 것에 대해 9대 1의 내기를 한다―라고 말하고 있다.

케인즈: 어떤 학생이 그 수험서를 이용한다는 증거가 주어졌을 때, 그가 성공할 논리적 확률은 0.9이다.

3. 소식통.

벤: 여기서 당신이 한 말은 결코 확률에 대한 것이 아니다. 그렇다고 주장하려면, 당신은 다음 2년과 유사한 2년-기간 중 중동의 지속적 평화가 발생한 기간의 상대빈도는 매우 낮다고 말해야 한다.

포퍼: 이런 상황에 다음 2년 동안 지속적인 평화가 유지되는 경향이 있다고 할 수 없다.

드 피네티: 다음 2년 동안 지속적인 평화가 유지되는 것에 대한 나의 개인적 확률은 0에 가깝다.

케인즈: 확보된 증거에 비추어볼 때 다음 2년 동안 지속적 평화가 유지된다는 것에 대해 높은 믿음의 정도를 가지는 것은 불합리하다.

4. 조건부 해피 해리.

벤: 성공의 상대빈도가 50%인 준거 집단에 속해 있는 학생 중 이후 수험서를 이용했던 학생들을 추려 새로운 준거 집단을 만들었을 때, 그 집단에서 성공의 상대빈도는 75%이다.

포퍼: 단 50%의 성공의 경향을 가지고 있던 학생이 수험서를 이용하게 되면, 그 경향은 75%로 올라간다.

드 피네티: 광고한 사람은 다음과 같은 것을 말하고 있다. 어떤 학생의 성공에 대한 나의 개인적 내기 비율이 1:1이었던 경우, 그가 수험서를 이용하게 되면 그의 성공에 대한 나의 내기 비율은 3:1로 바뀐다.

케인즈: 어떤 학생이 성공할 논리적 확률을 1/2로 만들어주는 몇 가지 정보에서 시작한다. 그 학생이 수험서를 이용했다는 추가 정보에 상대적으로 그가 성공할 논리적 확률은 3/4이 된다.

위와 비슷한 방식으로 연습문제 5∼8도 해결할 수 있다.

13장. 개인적 확률

1. 핵 발전.
   (a) 아니오. 50년 이상을 기다려야 내기의 결과를 알 수 있다.
   (b) 예, 당신만 괜찮다면 2년 정도는 기다릴 수 있다.

2. 초코홀릭. 아니오, 왜냐하면 앨리스에게 있어 초콜릿 한 상자라는 상금의 가치는 해당 내기의 결과에 영향을 받기 때문이다.

3. 지적 외계인.
   (a) 일 년을 '금방'이라고 생각한다면, 그렇다. 내기 결판 조건이 확실하게 정해져 있으므로, 이 내기는 정확히 일 년 후에 결판이 날 것이다.
   (b) 스컬리에게는 두 가지 선택지가 있다. 먼저 그는 래드브로크스에게 $49를 줄 수 있다. 이를 통해 스컬리는 1년 안에 $1를 받을 것이라고 거의 확신한다. 아니면 그는 1년 만기 예금 계좌에 $49를 예치할 수 있다. 현재 이 계좌의 이자율은 4%이다. 1년 후에 그는 거의 $2의 이자를 받는

다. 그래서 그는 이기는 게 보장된 내기를 하기보다는 차라리 은행에 돈
을 맡길 것이다.

4. 내기. $3. 1/4.

5. 판돈을 올리기. -$25.

6. 공정한 내기. 3/4.

7. 추가 시험. 다시 말하지만, 당신 마음대로 수를 선택할 수 있다. 단, 다음 조
   건은 만족해야 한다.
   $$Pr(B) > Pr(B/M).$$
   가령, 다음이 당신의 개인적 내기 비율일 수 있다.
   $$Pr(B) = 0.5 \text{ 그리고 } Pr(B/M) = 0.3.$$
   이때, 조건부 내기에 대한 보수 행렬은 다음과 같다.

	M이 주어졌을 때, B에 찬성하는 내기의 보수	M이 주어졌을 때, B에 반대하는 내기의 보수
B & M	$7	-$7
(~B) & M	-$3	$3
~M	0	0

8. 정반대는 "아니지만". 당신은, '(2)가 일어나지 않으면 $10를 받는다'는 것을
   선호한다. 이것은 논리 문제와 같다. "(1)이 일어나면 $10를 받는다"를 더 선
   호한다는 것은 "(2)가 일어나지 않으면 $10를 받는다"를 더 선호한다는 것과
   같다.

14장. 정합성

1. 디오게네스. 당신은 B에 반대하여 $1를 건다. 디오게네스는 B에 찬성하여
   $9를 건다. 그리고 당신은 B에 찬성하여 $8를 건다. 디오게네스는 B에 반대

하여 $2를 건다.

리프스 팀이 마지막으로 합류한다면, 디오게네스의 순이익은 $1-$2=-$1.

리프스 팀이 마지막으로 합류하지 않는다면, 디오게네스의 순이익은 $8-$9=-$1.

2. 에피쿠로스. 당신은 T에 찬성하여 $7를 건다. 에피쿠로스는 (그의 첫 번째 내기 비율 0.7에 따라) T에 반대하여 $3를 건다.

당신은 T에 반대하여 $2를 건다. 에피쿠로스는 (그의 두 번째 내기 비율에 따라) T에 찬성하여 $8를 건다.

T가 일어나면, 에피쿠로스의 순이익은 $2-$3=-$1.

T가 일어나지 않는다면, 에피쿠로스의 순이익은 $7-$8=-$1.

3. 낙천적 신데렐라. 정합적이기 위해서는 '조건부 내기 비율'과 'P&S에 찬성하는 내기 비율을 S에 찬성하는 내기 비율로 나눈 값'은 같아야 한다. 조건부 내기 비율은 1/2이다. 하지만 (0.2)/(1/3)의 값은 0.6이다. 따라서 조건부 내기 비율의 값이 너무 작다. (그 비율은 0.5가 아니라 0.6이 되어야 한다.)

여기서 당신은 반대쪽에서 내기에 참여한다. 신데렐라는 다음과 같은 내기를 요청받는다.

P&S에 찬성하여 $2를 걸라. P&S가 참이면 $8를 얻는다.

S에 반대하여 $4를 걸라. S가 거짓이면 $2를 얻는다.

S라는 조건 아래에서 P에 반대하여 $5를 걸라. 그럼 P는 거짓이고 S가 참이면 $5를 얻는다.

P&S가 일어나면, 신데렐라는 첫 번째 내기에서 $8를 얻는다. 하지만 다른 두 내기에서 잃어 $1의 순손실을 본다.

(~P)&S가 일어나면, 신데렐라는 첫 번째 내기에서 $2를, 두 번째 내기에서 $4를 잃는다. 그리고 세 번째 내기에서 $5를 얻는다. 결국, $1의 순손실을 본다.

S가 일어나지 않으면, 신데렐라는 첫 번째 내기에서 $2를 잃고, 두 번째 내기에서 $2를 얻는다. 따라서 0의 순손실을 본다.

위의 수들은 어떻게 나왔는가? 먼저 각 내기 비율을 p, q, r로 나타내자.

$p=1/2$, $q=0.2$, $r=1/3$.

그럼 순손실은 $pr-q=1/6-1/5=-1/30$이 된다.

따라서 $1의 순손실을 얻으려면 30을 곱해줘야 한다.

우리는 P&S에 찬성하여 $qr(\$30)$를, 또는 $(1/5)(1/3)(\$30)=\$2$를 건다.

우리는 S에 반대하여 $(1-r)q(\$30)$를, 또는 $(2/3)(1/5)(\$30)=\$4$를 건다.

우리는 S라는 조건 아래에서 P에 반대하여 $(1-p)r(\$30)$를, 또는 $(1/2)(1/3)$ $(\$30)=\$5$를 건다.

4. 염세적인 신데렐라.

이 문제에선, 조건부 내기 비율이 너무 크다. (0.5가 아니라 0.3이 되어야 한다.) 이때 신데렐라는 조건부 내기 비율이 너무 작을 때와 반대로 내기할 것을 요청받는다. 그렇다면, 신데렐라는 다음 세 개의 내기를 하라고 요청받게 될 것이다.

P&S에 반대하여 $4.50를 걸라. P&S가 거짓이면 $0.50를 얻는다.

S에 찬성하여 $0.50를 걸라. S가 참이면 $1를 얻는다.

S라는 조건 아래에서 P에 찬성하여 $2.50를 걸라. 그럼 P&S가 참이면 $2.50를 얻는다.

P&S가 일어나면, 신데렐라는 첫 번째 내기에서 $4.50의 손실을 보지만, 다른 두 내기에서 이겨 $3.50을 얻는다. 결국, $1의 순손실을 본다.

($\sim$P)&S가 일어나면, 신데렐라는 첫 번째 내기에서 $0.50를, 두 번째 내기에서 $1를 얻는다. 그리고 세 번째 내기에서 $2.50를 잃는다. 결국, $1의 순손실을 본다.

S가 일어나지 않으면, 신데렐라는 첫 번째 내기에서 $0.5를 얻고, 두 번째 내기에서 $0.5를 잃는다. 결국, 0의 순손실을 본다.

5. 비밀스런 선물. 당신이 언제나 $100의 손실을 보는 손실-확정 계약은 다음과 같다.

q=C&H에 찬성하는 내기 비율=0.3.

r=C에 찬성하는 내기 비율=0.8.

p=C라는 조건 아래에서 H에 찬성하는 내기 비율=0.5.

손실은 $(\$x)(q-pr)=(\$x)(0.3-0.4)=-\$100$이어야 하므로, $x=\$1,000$이 된다. 이제 당신은 다음과 같이 내기하라고 요청받는다.

> C&H에 반대하여 $(1-q)r(\$1,000)=\$560$를 걸라. C&H가 거짓이면 $qr(\$1,000)=\$240$를 얻는다.
>
> C에 찬성하여 $(qr)\$1,000=\$240$를 걸라. C가 참이면 $(1-r)q(\$1,000)=\$60$를 얻는다.
>
> C라는 조건 아래에서 H에 찬성하여 $pr(\$1,000)=\$400$를 걸라. C&H 가 참이면 $\$400$를 얻는다.

H&C가 일어나면, $\$560$를 잃고, $\$60$와 $\$400$를 받아, 최종적으로 $\$100$의 손실을 본다.

~H&C가 일어나면, $\$240$와 $\$60$를 받고, $\$400$를 잃어, 최종적으로 $\$100$의 손실을 본다.

C가 일어나지 않으면, $\$240$를 받고, $\$240$를 잃는다.

따라서, C가 일어나면, 당신은 언제나 $\$100$의 손실을 본다.

15장. 경험으로부터의 학습

1. 가능도.

  (a) 사전 확률: $\Pr(G)=0.6$. $\Pr(H)=0.4$. 사후 확률: $\Pr(G/T)=3/4$. $\Pr(H/T)=1/4$.

     가능도: $\Pr(T/G)=0.6$. $\Pr(T/H)=0.3$. 이 문제에서 가능도들의 합은 1이 아니라 0.9이다.

  (b) 사전 확률: $\Pr(G)=0.85$. $\Pr(B)=0.15$. 사후 확률: $\Pr(G/W_b)=0.59$. $\Pr(B/W_b)=0.41$.

     가능도: $\Pr(W_b/G)=0.2$. $\Pr(W_b/B)=0.8$.

     위에서 알 수 있듯이 가능도의 합은 1이다. 하지만 이런 사실은 그다지 놀라운 것이 아니다. 일반적으로 가능도의 합은 1이 되지 않는다.

2. 잃어버린 노트. 여기선 나의 개인적 확률을 할당한 것이다. 당신이 할당한 값은 이와는 다를 수 있다.

   (a) $\Pr(L)=0.2$. $\Pr(C)=0.8$. 나는 도서관에 노트를 두고 온 적이 거의 없지만, 강의실에는 종종 두고 온다. 이 때문에, 이 값을 할당했다.

   (b) L의 가능도$=\Pr(E/L)=0.3$. C의 가능도$=\Pr(E/C)=0.1$. 나는 두 가능도 모두에 낮은 값을 할당했다. 왜냐하면, L이 도서관에서 누군가 두고 간 노트를 발견하는 것을 특별히 더 일어남직하게 만드는 것은 아니기 때문이다. C는 더욱 그렇지 않다. C의 가능도는 그저 도서관에서 누군가 두고 간 노트 하나를 볼 확률과 같다.

   (c) $$\Pr(L/E)=\frac{\Pr(L)\Pr(E/L)}{\Pr(L)\Pr(E/L)+\Pr(C)\Pr(E/C)}=3/7\approx0.43.$$

   따라서, $\Pr(C/E)=4/7\approx0.57$.

   (d) F에 대한 L의 가능도$=\Pr(F/L\&E)=0.5$.
   F에 대한 C의 가능도$=\Pr(F/C\&E)=0.1$.

   이 값들은 모두 개인적 확률이다. 내가 생각했을 때, 첫 번째 가능도의 값은 크지 않고 중간 정도일 것이다. 친구가 도서관에서 누군가 두고 간 노트를 보았고, 내가 도서관에 노트를 두고 왔다고 해보자. 그럼, 그 친구가 내가 두고 온 노트를 본다는 것은 그리 놀라운 일이 아니게 될 것이다. 하지만, 강의실에 노트를 두고 왔다는 것은 F의 확률을 증가시키지 않을 것이다.

   (e) $$\Pr(L/E\&F)=\frac{\Pr(L/E)\Pr(F/L\&E)}{[\Pr(L/E)\Pr(F/L\&E)+\Pr(C/E)\Pr(F/C\&E)]}$$
   $$=15/19\approx0.79.$$

   $\Pr(C/E\&F)=4/19\approx0.21$.

3. 버섯. 잭이 맛있는 시저광대버섯을 먹는 것은 그가 맹장염에 걸렸을 확률에 대한 당신의 평가에 아무런 영향을 미치지 않을 것이다. $\Pr(A/Y)=\Pr(A)$.

   반면, 잭이 **죽음의 모자**를 먹었다면, 그가 맹장염이 아니라 중독되었다는 것은 확실하다. $\Pr(A/\sim Y)=0$.

   $\Pr^*(A)=\Pr(A/\sim Y)\Pr^*(\sim Y)+\Pr(A/Y)\Pr^*(Y)=0.56$.

   끔찍한 결과다! 당신은 도무지 무엇을 해야 할지 모른다.

   경험으로부터의 학습을 보여주는 이 예는 우리를 확실성으로 인도하는 것이 아니라, 절망적인 궁지로 몰아넣는다.

4. 소문에 소문. (a) 제프리 규칙에 의해,

$$Pr^*(G) = Pr(G/I)Pr^*(I) + Pr(G/\sim I)Pr^*(\sim I).$$

$Pr(\sim G/I) = 0.9.$ 따라서, $Pr(G/I) = 0.1.$

$Pr(G/\sim I) = 0.3.$

$Pr^*(I) = 0.8.$ 따라서, $Pr^*(\sim I) = 0.2.$

$Pr^*(G) = (0.1 \times 0.8) + (0.3 \times 0.2) = 0.08 + 0.06 = 0.14.$

(b) 소문을 듣기 전, 기댓값은 다음과 같다. (여기서 $U(\mathbf{S}, G)$와 $U(\mathbf{S}, \sim G)$ 각각은 나온/나오지 않은 주제를 복습하는 것의 효용을 가리킨다.)

$$Pr(G)U(\mathbf{S}, G) + Pr(\sim G)U(\mathbf{S}, \sim G)$$

$$= (0.3 \times 20) + (0.7 \times -5) = 6 - 3.5 = 2.5.$$

$$Pr^*(G)U(\mathbf{S}, G) + Pr^*(\sim G)U(\mathbf{S}, \sim G)$$

$$= (0.14 \times 20) + (0.86 \times -5) = 2.8 - 4.3 = -1.5.$$

따라서, 조이는 도박사의 오류를 복습하지 않는다.

5. 버스.

(a) 모든 사람은 자신의 개인적 확률을 가지고 있다. 다음은 나의 개인적 확률이다.

$Pr([200]) = 0.9. \ Pr([20]) = 0.1.$

(b) $Pr(n) = Pr(n \,\&\, [200]) + Pr(n \,\&\, [20]).$

$1 \leq n \leq 20$일 때, $Pr(n) = 19/2000 = 0.0095.$

$21 \leq n \leq 200$일 때, $Pr(n) = 9/2000 = 0.0045.$

(c) $Pr(1 \leq n \leq 20) = 0.19, \ Pr(21 \leq n \leq 200) = 0.81.$

(d) [200]의 가능도는 $Pr(19/[200]) = 1/200$이다.

[20]의 가능도는 $Pr(19/[20]) = 1/20$이다.

[200]의 가능도 대비 [20]의 가능도의 비율은 10/1이다.

(e) 나의 개인적 확률을 이용해 계산했을 때, $Pr([200]/19) = 9/19$이고, $Pr([20]/19) = 10/19$이다. 따라서 사후 확률은 거의 같다.

(f) 나의 개인적인 판단으로 볼 때, 내가 도시 거의 모든 곳을, 모든 버스 노선이 운행하는 시간에 돌아다녔다는 것이 분명하다면, 사실상 0이다.

(g) 이 문제에는 경험으로부터의 학습이 묘사된 듯하다. 나는 더 큰 도시인

고테르담에 200개의 버스 노선이 있다는 그럴듯한 견해에서 시작했다. 19번 버스를 본 이후, 나는 고테르담에 200대의 버스 노선이 있을 확률은 단지 50대 50이라고 결론을 내린다. 많은 20번 이하의 버스를 보고 그보다 큰 번호의 버스는 보지 못한 이후, 나는 고테르담에는 단 20개의 노선만 있다고 사실상 확신하게 된다.

6. 인류 종말.
   (a) 약 67%.
   (b) 50%보다 크다.
   (c) 다음 비율의 그럴듯한 값이 1/10이라고 가정하자.

   $$\frac{1990년대에\ 살아\ 있는\ 사람}{2150년까지의\ 인류\ 역사\ 속\ 모든\ 사람}.$$

   그럼, 다음 비율의 그럴듯한 값은 1/10보다 커야 한다. (인구가 계속해서 폭발적으로 증가한다면 2150년 이전에 태어난 사람 대부분은 사실 2000년 이후에 태어났을 것이다!)

   $$\frac{1990년대에\ 살아\ 있는\ 사람}{지금까지의\ 인류\ 역사\ 속\ 모든\ 사람}.$$

   레슬리가 이용한 베이즈 규칙에 위와 같은 더 큰 비율을 적용해보라. 그럼 인류가 곧 종말한다는 것은 훨씬 더 큰 확률을 가지게 된다.
   (d) 그렇지 않다. 1장에서 말한 것과 같이, 결론은 참이지만 논증은 부당할 수 있다. 레슬리가 음울한 모습을 들어 2150년 전 인류가 종말하게 될 것이라고 우리를 납득시켰다고 하더라도, 이런 점은 베이즈 정리를 이용한 그의 논증이 건전하다는 것에 대한 어떤 증거도 될 수 없다.
   (e) 사실상 확실하다! 이런 점은 그럴듯한가?

7. 오류. 레슬리의 논증에는 많은 문제점이 있다. 여기서 우리는 그중 한 가지 오류를 자세히 살펴볼 것이다. 우리는 레슬리의 논증에 사용된 가능도가 잘못되었다는 것을 보일 것이다. (아마도 당신은 다른 오류를 찾아낼 수도 있

을 것이다.)

베이즈 규칙에 대한 간결한 요약을 다시 생각해보자.

사후 확률 ∝ 사전 확률 × 가능도

증거 E에 대한 가설 H의 가능도는 Pr(E/H)이다. 개인적 확률 관점에서는 가능도 역시 개인적이다. 우선, 버스 문제에서 가능도가 어떻게 올바르게 사용되었는지 되짚어보자. 다음은 개인적 확률에 대한 합당한 서술이다.

(I) 고테르담에는 20개의 버스 노선이 있다는 가설 아래에서, 내가 처음으로 본 버스가 19번이라는 것에 대한, 나의 개인적 조건부 확률은 1/20이다.

가능도는 Pr(E/H)이기 때문에, 1/20은 '처음으로 본 버스가 19번이라는 증거'에 대한 '고테르담에는 20개의 버스 노선이 있다는 가설'의 그럴듯한 개인적 가능도가 된다.

마찬가지로, 1/200 역시 '처음으로 본 버스가 19번이라는 증거'에 대한 '고테르담에는 200개의 버스 노선이 있다는 가설'의 나의 그럴듯한 가능도가 된다. 이것들은 우리가 버스 문제에 베이즈 정리를 적용하기 위해 사용한 가능도이다.

(I)의 내기 형태. 내기는 인위적이다. 하지만 종종 내기는 우리 생각을 분명히 밝히는 데 도움이 된다.

(I)의 개인적 조건부 확률에 대응하여 우리는 다음과 같이 말할 수 있다.

고테르담에는 20개의 버스 노선이 있다는 조건 아래에서 처음으로 본 버스가 19번이라는 것에 대한 조건부 내기를, 1/20의 내기 비율—즉, \$19를 얻기 위해 \$1를 거는 내기—로 계약하는 것은 공정할 것이다. (만약 고테르담에 200개의 버스 노선이 있다면 내기는 취소된다! 만약 고테르담에 200개의 노선이 있다면 나는 내기를 진행하고 싶지 않다.)

고테르담에는 20개의 버스 노선이 있다는 조건 아래에서 처음으로 본 버스가 19번이 아니라는 것에 대한 조건부 내기를, 19/20의 내기 비율—즉, \$1를 얻기 위해 \$19를 거는 내기—로 계약하는 것은 공정할 것이다. (만약 고테르담에 200개의 버스 노선이 있다면, 불행히도 내기는 취소된다.)

이제 이것을 레슬리의 베이즈 규칙 이용과 비교해보자. (I)과 대응하여 우리는 다음 (II)를 얻는다. 레슬리의 의도대로, (II)를 당신의 개인적 확률에 대한 것으로, 그리고 당신에 대한 것으로, 소리 내어 읽어보라.

> (II) 인류가 2150년 전에 종말한다는 가설 아래에서, 내가 1990년대(의 적어도 일부 기간)에 살아 있다는 것에 대한 나의 개인적 조건부 확률은 1/10이다.

이것은 그럴듯한 개인적 조건부 확률이 아니다. 당신이 1990년대에 살아 있다는 것에 대한 당신의 조건부 확률은 1이다! 그러므로 1/10은 '내가 1990년대(의 적어도 일부 기간)에 살아 있다는 증거'에 대한 '인류가 2150년 전에 종말한다는 가설'의 당신의 개인적 가능도가 아니다.

(II)의 내기 형태. 어떤 학생은 내기를 이용해 (II)의 문제를 더욱 분명하게 파악할 것이다. 우리는 제대로 된 내기를 할 수 없다. 왜냐하면, 내기를 결판내기에 2150년은 너무 멀리 떨어져 있기 때문이다. 하지만 잠시 이 사실은 접어두자. 버스의 경우와 마찬가지로, (II)에 대응해 아래와 같은 계약을 할 수 있을 것이다. 이전과 같이, 우리는 개인적 확률을 다루고 있다. 그리고 아래에서 등장하는 "나"는 바로 당신이다.

> (iii) 인류가 2150년 전에 종말한다는 조건 아래에서 내가 1990년대(의 적어도 일부 기간)에 살아 있다는 것에 대한 조건부 내기를, 1/10의 내기 비율—즉, $9를 얻기 위해 $1를 거는 내기—로 계약하는 것은 공정할 것이다.
>
> (iv) 인류가 2150년 전에 종말한다는 조건 아래에서 내가 1990년대(의 적어도 일부 기간)에 살아 있지 않다는 것에 대한 조건부 내기를, 9/10의 내기 비율—즉, $1를 얻기 위해 $9를 거는 내기—로 계약하는 것은 공정할 것이다.

두 번째 내기 계약은 분명 공정하지 않다! 레슬리 교수에게 내기 계약 (iv), 그리고 이와 더불어 그의 대안 가설, 즉 인류는 2150년 이후에도 오랫동안 생존한다는 가설을 조건으로 한 다음 내기 계약도 맺자고 요청하라.

(v) 인류는 2150년 이후에도 오랫동안 생존한다는 조건 아래에서 내가 1990년대(의 적어도 일부 기간)에 살아 있지 않다는 것에 대한 조건부 내기를, 999/1000의 내기 비율—즉, $1를 얻기 위해 $999를 거는 내기—로 계약하는 것은 공정할 것이다.

당신은 레슬리 교수에게 다음과 같이 말한다: 계약 (v)에서는 $9.99를 걸어 주세요. 그리고 계약 (iv)에서는 $9를 걸어 주시고요.

"저는 1990년대에 살아 있었어요. 그러니, 대안 가설의 진위와 상관없이 나는 두 내기 중 하나에서는 반드시 이길 것입니다. 그러니, 제가 얻게 될 돈 중, 작은 금액, 즉 $9를 지금 주세요."

(II)로 돌아가보자. 우리가 인용한 것과 같이 레슬리는 "우리가 단기-지속 인류인 경우, 어떤 인간이 1990년대에 살아 있을 확률이 1/10이라고 하자."라고 했다.
좋다. 나, 그리고 아마도 당신은 이 말에 찬성할 것이다. 조금 더 정확하게는 다음과 같은 말에 찬성할 것이다.

(III) "인류가 2150년에 종말한다는 가설 아래에서 임의로 선택된 인간, 즉 알려진 바는 아무것도 없는 임의의 인간이 1990년대에 살아 있다는 것에 대한 나의 개인적 조건부 확률은, 1/10이다."

(III)은 나에겐 충분히 좋은 개인적 확률이다. 아마 당신에게도 그럴 것이다. 그러나 레슬리의 논증에서 사용된 증거는 임의로 선택된 인간에 대한 것이 아니다. 그것은 바로 나에 대한 증거이다. 우리는 임의로 선택된 사람보다는 자신에 대해서 훨씬 더 많이 안다. 따라서 나에 대한 나의 개인적 확률은 임의로 선택된 사람에 대한 나의 개인적 확률과 다르다.
우리는 논증을 제시할 때 레슬리가 '애매어의 오류'를 범했다고 말할 수 있다. 그는 다음 둘 사이에서 애매하게 말했다.

합당한 개인적 확률인 (III)과 그렇지 않은 개인적 확률인 (II).

그러므로, 레슬리의 계산에서 사용된 베이즈 정리에 (Ⅱ)를 가능도로 넣은 것이 잘못이다.

8. 전체 증거. 우리는 레슬리의 인류 종말 논증을 개인적 확률의 관점에서 논했다. 당신도 알다시피, 여러 종류의 베이즈주의가 있다. 카르납과 케인즈의 논리적 확률의 관점에서 보면, 문제는 아주 단순해진다. 카르납에 따르면, 전체 증거 요건은 모든 실천적 결정에서 만족되어야 한다. 당신이 사용할 조건부 확률은 언제나 확보된 전체 증거를 조건으로 한 것이어야 한다. 당신이 1990년대의 적어도 일부 기간에 살아 있다는 사실이 당신의 전체 증거의 일부라는 것은 분명하다. 따라서 사용할 만한 모든 조건부 확률은 반드시 1이어야 한다. 즉 다음이 성립해야 한다.

Pr(내가 1990년대의 적어도 일부 기간에 살아 있다/내가 확보한 전체 증거)=1.

16. 안정성

1. 배고픈 클라라. (a) 5 oz. (b) $\sqrt{20/7}$.

2. 아픈 샘. (a) 3 oz. (b) $\sqrt{36/7}$. (c) 이 평균이 더 작다. 왜냐하면, 대체로 샘은 클라라보다 더 적게 먹기 때문이다. 그러나 표준편차는 샘이 더 크다. 왜냐하면, 한 번에 8온스를 먹는 경우로 인해 평균과의 차이의 평균에 있어 샘이 더 크기 때문이다.

3. 중간 소득. (a) $61,000. (b) $56,000.

4. 수입. 모든 나라에서 중간값은 평균보다 낮다. 왜냐하면, 고소득층의 수가 상대적으로 작고, 중간값을 계산할 때 그 수만 계산되기 때문이다. 그럼, 보통 평균과 중간값 사이의 차이가 클수록 중산층과 고소득층 사이의 수입 격차가 커진다. 그러나 사회 시스템이 다르다면 이는 바뀔 수 있다. 만약 전체 가구 중 20%가 $60,000를, 60%가 $50,000를, (말하자면, 노년층에 해당하는) 20%가 $20,000를 고정 수입으로 가지고 있다면, 그 평균 수입은 $46,000,

중간 수입은 $50,000가 될 것이다.

5. 빈곤선. 중간값으로 계산된 캐나다 가족 빈곤선은 약 $25,000이다. 평균으로 계산된 값은 약 $28,600이다. 같은 통계자료를 토대로 했을 때, 두 경우 해당 기간 사용되었던 저소득기준보다 낮다.

6. 신속한 해법. (a) 한 가지 단순한 방법은 빈곤층에서 상위 30%에 속한 사람, 즉 현재 평균 수입의 50%보다 적은 수입을 가진 사람들의 그룹에서 상위에 속한 사람의 수입을 약간 올리는 것이다. 이것은 평균 수입을 크게 높이지 않을 것이다. 그러나 모든 사람의 수입을 더 크게 증가시키지 않고, 가장 가난한 사람들을 지금과 같이 가난한 상태로 남겨둘 것이다. (b) 그렇지 않다. 위 방법은 중간값을 기준으로 측정된 빈곤선에는 적용할 수 없다. 예전과 비슷한 수의 사람이 여전히 빈곤선 아래에 있을 것이다.

7. 가장 확률이 높은 수들.
    (a) 한 번도 녹색 공이 나오지 않는 경우(0개의 녹색 공, 혹은 RRRRR이 나오는 결과)부터 모든 공이 녹색 공인 경우(5개의 녹색 공, 혹은 GGGGG가 나오는 결과)까지 32개의 결과가 가능하다.
    (b) $\Pr(0) = \Pr(5) = 1/32$.
    (c) $\Pr(1) = \Pr(4) = 5/32$.
    (d) $\Pr(2) = \Pr(3) = 10/32$.
    (e) 2와 3.
    (f) $np - (1-p) \leq k_0 \leq np + p$.
       $(5)(1/2) - (1-1/2) \leq k_0 \leq (5)(1/2) + 1/2$.
       $2 \leq k_0 \leq 3$.

8. 가장 확률이 높은 수. k_0는 하나의 정수, 혹은 다음을 만족하는 두 개의 정수이다.
   $np - (1-p) \leq k_0 \leq np + p$.
   $(13)(0.3) - (1-0.3) \leq k_0 \leq (13)(0.3) + 0.3$.
   $3.2 \leq k_0 \leq 4.2$.

따라서 $\Pr(G)=0.3$인 13번의 베르누이 시행에서 가장 확률이 높은 녹색 공의 수는 4이다.

9. 성공.

   (a) $n=11$이고 $p=0.3$일 때, $np-(1-p)=2.6$이고, $np+p=3.6$이다. 따라서 가장 확률이 높은 성공 횟수는 3이다.

   (b) 성공 횟수의 기댓값은 3.3이다.

10. 해안 강우. $n=50$이고 $p=4/17$일 때, $np-(1-p)=11$이고, $np+p=12$이다. 따라서 다음 50년 동안 7월 1일에 비가 오는 횟수 중 가장 확률이 높은 것은 11과 12이다.

11. 입자 가속기. (a) 조건 A에서 $n=60$, $p=0.7$이다. 따라서, $np-(1-p)=41.7$이고 $np+p=42.7$이다. 그러므로 $k_0=42$이다.

   조건 B에서 $n=50$, $p=0.8$이다. 따라서, $np-(1-p)=39.8$이고 $np+p=40.8$이다. 그러므로 $k_0=40$이다.

   (b) 그렇지 않다. 일반적으로 가장 확률이 높은 수와 기댓값은 일반적으로 같지 않다. 그 둘이 같아지는 일은 기댓값이 정수일 때 일어난다.

   (c) 초당 입자의 개수는 조건 A가 더 크지만, 당신은 빠른 입자는 조건 B에서 약간 더 많으리라 기대한다.

17장. 정규 근사

1. 이봉 곡선.

- 우기와 건기 각각이 두 개인 지역에서 월별 강수량의 분포.
- 대학에서 진행되는 대규모 저녁 강의 속 연령대의 분포. 이 강의의 수강생은 다수의 일반 대학생과 평생교육과정에 속한 소수의 나이 많은 학생으로 구성된다.
- 어떤 리그의 특정 시즌에서 승리한 경기 수의 분포. 이 리그에는 몇몇 잘하는 팀과 몇몇 못하는 팀이 있다. (이 분포는 경연, 체스, 브리지 등 여러 형태의 게임에 적용될 수 있다.)

2. 정규곡선. (a) 대략 정규곡선과 비슷하다. (b) 대략 이봉 곡선과 비슷하다. (봉우리 하나는 남성의 것이며, 다른 봉우리는 여성의 것이다.) (c) 토론토를 비롯해 많은 온대 지역에서 이것은 정규곡선도 이봉 곡선도 아니다. 하나의 또렷한 우기를 가지고 있는 지역에서 이것은 종형 곡선과 매우 비슷하다. 그러나 두 개의 우기를 가지고 있는 지역에서 이 분포는 이봉 곡선과 비슷하다. (d) 정규곡선.

3. 하급 생산 설비. (a) 3,600.
   (b) $d = \sqrt{[p(1-p)n]} = \sqrt{3/4 \times 1/4 \times 4800} = 30$. 그러므로 해당 생산품 중 긴-수명 전구의 수가 3,600을 중심으로 60 간격 사이에 있을 확률은 0.95이다.

4. 운동 후 샤워. $d = \sqrt{[p(1-p)n]} = \sqrt{1/2 \times 1/2 \times 3136} = 28$. $3d = 84$.
   그러므로 $x = 84$.
   우리의 표본에서 운동 후 샤워를 하지 않은 남학생의 수가 1,652보다 크거나 1,484보다 작을 확률은 단 1%이다.

5. 다른 지역. (a) 77. (b) 77. (c) 51. (d) 51.

6. 최악의 시나리오. 일반적으로, p가 1/2과 다를 때 $p = 1/2 + z$라고 둔다. 여기서 z는 양수이거나 음수이다.
   $$p(1-p) = (1/2+z)(1/2-z) = 1/4 - z^2.$$
   위 값은 $z = 0$일 때, 최대가 된다. 따라서 d는 $p = 1/2$일 때 최대가 된다.

18장. 유의성과 검정력

1. 생일. 계산 방법은 원칙적으로 별자리 사례와 같다. k명으로 이루어진 집단에서 모든 사람의 생일이 다를 확률은 다음과 같다.
   $$(1-1/365)(1-2/365)\cdots(1-[k-1]/365).$$
   하지만 꼭 이런 식으로 답할 필요는 없다. 대부분의 사람은 23명으로 이루어진 집단에서 어떤 두 사람의 생일이 같은 확률이 50:50보다 크다는 이야기에 놀란다. 이런 생각은 일치에 대한 광범위한 분석으로 일반화될 수 있다.

당신은 언제 외견상 일치에 놀라야 하는가? 우리는 언제 그런 일치를 설명해야 하는가? 글쎄. 그저 우연히 1/2의 빈도로 일어날 수 있는 일은 굳이 설명할 필요가 없다.

2. 법에서의 통계학. 귀무가설은 분명 다음과 같다. 해당 계수는 0이다.
"…일 확률은 20분의 1보다 작다."는 실제 계수가 0일 확률은 5%보다 작다는 것을 의미한다. **이는 잘못이다.** 올바른 진술은 다음과 같다. 실제 계수가 0이라면 확률이 5%보다 작은 사건이 발생한 것이다.

3. 비타민과 심부전.
   (a) 가설1: 위에서 말한 양의 비타민E를 섭취하는 것은 경미한 심근경색 발병에 어떤 영향을 미치지 않는다. 가설2: 위에서 말한 양의 비타민E를 섭취하는 것은 심장병에 의한 사망에 영향을 미치지 않는다.
   (b) 겉으로 보기에, 자료는 가설1에 대해서 유의하다. 그럼, 비타민E를 섭취하는 것은 경미한 심근경색을 줄일 것이다. 그러나 자료는 가설2에 대해서 유의하지 않다.
   (c) 경미한 심근경색만이 영향을 받는 것인지는 분명하지 않다. 심장병을 앓고 있는 사람이 첫 문장만을 읽는다면, "굉장해! 비타민E가 내 생명을 연장시켜준대!"라고 생각할지 모른다. 하지만 그가 배운 것은, 그저 살아 있는 동안에는 삶이 더 좋아진다는 것, 즉 경미한 심근경색이 줄어든다는 것뿐이다. 그러나 기대 수명에는 별 차이가 없(는 것처럼 보인)다.

4. 비타민: 두 개의 실험.
   (a) 1%.
   (b) 두 가설이 서로 어떤 관련도 없다면, 그리고 두 개의 결과가 있다면, 유의수준은 약 2%가 되어야 할 것 같다. 즉 당신은 2%의 빈도로 특이한 결과를 얻을 것이다.
      그러나, 이 사례에서 두 가설 사이의 관계는 더 복잡하다. 같은 결과가 서로 구분되는 두 개의 가설을 지지하는 증거로 취급된다. 그리고 비록 구분되긴 하지만, 두 개의 가설은 서로 연결되어 있다. 우선 그 둘 각각은 경미한 심근경색과 치명적인 심장병을 다루고 있다. 뿐만 아니라, 경미한 심근경색을 겪은 환자는 치명적인 심장병에 취약해질 것이다. (아니면, 그 반대로 경미한 심근경색으로 인해 미래 심장병을 막아낼 새로운 조직이 만들어질 수 있다.)

5. **지방과 콩.** 지방 각각과 관련된 p-값에 있어 중요한 점은, 지방 섭취의 어떤 측면이 폐암과 가장 관련 있는가이다. 중요한 점은 몇몇 유의성이 발견되었다는 것이 아니다. 그보다 이 조사에 따르면 포화지방이 다른 유형의 지방보다 훨씬 더 유의하다는 것이다. 완두콩과 콩과 관련해, 연구원들이 이 채소를 아무렇게나 선택한 것은 아니다. 그들은 이미 콩과(科) 식물이 관련이 있으며 유의한 결과를 도출하리라 추측했다. 위와 달리, 식품과 폐암 사이의 관련성을 파악하려 수십 개 식품을 통계 소프트웨어 패키지를 통해 조사한다면, 얼마 지나지 않아 낮은 p-값을 가진 무언가가 나타나게 마련이다. 이 결과 자체가 보여주는 것은 별로 없다. 하지만 그 조사는 다른 연구, 즉 더 좋은 설계를 바탕으로 개별 식품과 관련된 특정 가설을 검정하기 위한 새로운 연구를 진행할 수 있는 계기를 제공한다.

6. **심리학: 100개의 검정.** 중요한 점은, 제대로 명시된 200개의 가설을 검정하기 위해 200개의 실험을 한 실험가는 100번 중에 단 한 번 일어나는 결과 두 개를 얻으리라 기대할 수 있다는 것이다. 이는 제리의 결과가 쓸모없다는 것을 보여주는가? 만약 그의 동료 대학원생 모두 같은 식으로 연구했다면, 그 학과의 전체 연구는 쓸모없다고 해야 하는가? 이 질문에 대해선, 유의수준 검정의 반복적 사용에 매우 회의적인 몇몇 통계학자와의 심각한 의견 불일치가 있다.

7. **연구 중인 학과.** 사실이 어떻든 그 학과, 그리고 함축적으로는 대다수의 실험 심리학이 외견상 유의한 많은 결과를 얻게 될 것처럼 보이는 것은 확실하다. 이 주제에 대해서는 상당한 의견 불일치가 있다.

8. **검정력.** 이런 점으로 인해 논쟁은 계속된다. 네이먼-피어슨 분석틀이 연습문제 6과 7이 일으킨 문제에 대한 확실한 해결책이라는 것은 분명치 않다. 더 큰 분석틀을 이용하면 경쟁 가설을 더욱 주의해서 다룰 수 있다는 것은 사실이다. 연구자에게 통계적으로 검정력이 강한 검정을 실시하라고 요구한다면 무의미한 p-값을 이용해 논문을 출판하려는 유혹은 줄어들 것이다.

9. 다시, 비타민. 검정력은 어떤 가설이 거짓일 때 그것을 기각할 확률이다. 크기 또는 유의수준은 가설이 참일 때 그것을 기각할 확률을 말한다.

   문제에서 요구하는 것은 가설 H_E, K_E, H_A, K_A를 정밀하게 기술하라는 것이 아니다. 그렇지만 실제 검정에서 우리는 더욱 정밀하게 각 가설을 기술해야 할 것이다. 보통의 경우, 우리는 높은 유의성(낮은 유의수준)과 높은 검정력 모두를 성취할 수 없다.

   (비타민이 효과가 있다는) H_E는 좋은 소식이다. 우리는 참인 H_E가 기각되는 것을 원하지 않는다. 그래서 우리는 그 유의성이 클 때만, 가령 유의수준이 0.01일 때에만, H_E를 기각할 것이다. 경쟁 가설 K_E가 성립하는 한, H_E가 거짓이라는 것은 별문제가 되지 않는다.

   K_A가 성립한다면, H_A가 거짓이라는 것, 즉 비타민이 심각한 부작용을 일으킨다는 것은 나쁜 소식이다. 따라서 우리는 거짓인 H_A는 기각되길 원한다. 이 경우, 우리는 검정력이 높길 원하며, 유의수준에 대해서는 크게 신경 쓰지 않는다.

10. 법에서의 통계학 한 번 더. 요점은 위 연습문제 2와 같다. 이는 일반적인 실수이다. 이런 실수는 초보자는 물론 전문가도 저지를 수 있다. 이 사례에 대한 데이비드 프리드먼(David Freedman, 488쪽에 언급된 참고문헌의 저자)의 논평은 다음과 같다.

   그렇지 않다. 만약 실제 계수가 0이라면, [통계량] $t > 2.5$라는 것의 확률은 단 100분의 1일뿐이다. 이 교재의 저자는 법정에서 자주 증언하는 유명한 계량경제학자이다.

11. 베이즈주의 변호사? (더 읽을거리 488쪽에 언급된) 데이비드 프리드먼의 글을 다시 쓴다면 다음과 같이 해야 한다.

   빈도 관점에서, Pr(계수=0/자료)와 같은 표현은 아무런 의미가 없다. 계수와 같은 모수는 확률 변동을 나타내지 않는다. 믿음 관점에서 Pr(계수=0/자료)라는 표현은 의미를 가진다. 그러나 유의성 검정을 통해 이 값을 계산하는 것은 전반적으로 잘못이다. 왜냐하면 계수가 0이라는 것에 대한 사전 확률이 고려되지 않았기 때문이다. 이런 계산은 기저율 오류의 한 사례일 뿐이다. 검정력 역시 문제가 된다. (기저율의 의미를 위해서는 134–135쪽 택시 문제를 다시 생각해보라.)

12. 자신만만 물리학. 다음과 같은 말은 그저 참이 아니다: 우리가 $x \pm \sigma$와 같은 결과를 제시했을 때, "[측정하고 있는 것의] 실제 값이 $x-\sigma$와 $x+\sigma$ 사이에 있을 확률이 (약) 68%이다." 실제 값은 어떤 분명한 수일 것이다. 그것은 언급된 구간에 있거나 그렇지 않거나 둘 중 하나이다. 여기에는 어떤 빈도–유형 확률도 없다. 올바른 진술은 다음과 같다: 만약 관심을 가진 물리량을 같은 방법으로 반복적으로 측정하여 $\pm\sigma$의 오차 한계를 가진 구간 추정치들을 얻는다면, 그 구간 추정치 중에서 약 68%가 실제, 미지의 값을 포함하게 될 것이다.

19장. 신뢰와 귀납적 행동

1. 미응시. (a) 0.04. (b) 0.06. 병에 걸려 미응시한 경험이 있는 학생의 비율에 대한 95% 추정치는 관찰된 비율 125/625 = 1/5 = 0.20을 중심으로 0.04 간격, 즉 (0.16, 0.24)이다. (b) 99% 추정치는 구간 (0.14, 0.26)이다.

2. 더 작은 표본. (a) 약 0.111. (b) 약 0.167. 관찰된 비율은 거의 0.197이다. 이는 문제1의 0.2와 거의 비슷하다. 그러나 95%의 추정치는 구간 (0.086, 0.308)이다. 다르게 말하자면, 이 구간은 "병에 걸려 미응시한 경험이 있는 학생들의 실제 비율은 10%와 30%에 있다."라고 말하는 것보다 훨씬 덜 "정밀하다."

   99%의 추정치는 극단적으로 "비정밀"하다: (0.03, 0.364). 이는, 해당 실제 비율이 거의 0%에 가까운 값부터 약 35%에 가까운 값까지 그 어디에도 있을 수 있다고 말하는 것밖에 되지 않는다.

3. 초심리학

   샌프란시스코 사람 중 초심리학적 현상을 믿는 사람의 비율에 대한 95% 추정치는 (0.60, 0.66)이다.

   샌프란시스코 사람 중 텔레파시를 믿는 사람의 비율에 대한 95% 추정치는

(0.55, 0.61)이다.

　샌프란시스코 사람 중 영매가 죽은 사람을 만나게 해준다고 믿는 사람의 비율에 대한 95% 추정치는 (0.28, 0.34)이다.

　샌프란시스코 사람 중 유령의 존재를 믿는 사람의 비율에 대한 95% 추정치는 (0.40, 0.46)이다.

　샌프란시스코 사람 중 폴터가이스트를 믿는 사람의 비율에 대한 95% 추정치는 (0.23, 0.29)이다.

　샌프란시스코 사람 중 염력을 가진 사람의 존재를 믿는 사람의 비율에 대한 95% 추정치는 (0.34, 0.40)이다.

　각 경우의 추정은 최소한 0.95의 확률(빈도)로 올바르게 추정하는 방법에 따라 이루어진 것이다.

이 책은 이언 해킹(Ian Hacking)의 *An Introduction to Probability and Inductive Logic*을 완역한 것으로 확률, 합리적 결정, 베이즈주의, 가설 검정법 등을 다루는 본격적인 귀납논리학 교재이다. 전문적인 통계학이나 사회과학 방법론을 다루는 교재를 제외한다면, 그동안 한글로 소개된 귀납논리학 교재는 그리 많지 않았다. 연역논리학과 비판적 사고를 다루는 교재의 수와 다양성과 비교해 볼 때, 귀납논리학 교재의 빈약함은 의아할 정도이다. 브라이언 스킴스(Brian Skyrms)의 *Choice and Chance*가 『귀납논리학: 선택과 승률』이라는 제목으로, 로날드 기어리(Ronald Giere) 등이 쓴 *Understanding Scientific Reasoning*이 『과학적 추론의 이해』라는 제목으로 출판된 것이 눈에 띌 뿐이다. 이런 점에서 새로운 귀납논리학 교재의 출판은 그 자체로 환영할 만한 일이라고 할 수 있다.

물론, 국내 귀납논리학 교재가 부족하다는 것이 이 책을 번역 출판해야 하는 이유의 전부는 아니다. 과학적 맥락에서, 혹은 일상적 맥락에서 우리는 꽤 많은 귀납 추론을 하며 살아간다. 수많은 여론조사와 통계적 추론이 우리 주변에 넘쳐나며, 머신 러닝이나 빅 데이터와 같은 첨단 기술들은 귀납 추론의 기본 아이디어를 바탕으로 설계된다. 하지만, 기존 귀납논리학 교재들이 이런 상황을 폭넓게 다루고 있다고 말하기는 곤란하다. 이런 점에서, 경제학 등에서 응용되는 '결정 이론', 사회과학과 전염병학에서 핵심적 지위를 차지하는 '통계적 추론',

데이터 과학의 개념적 토대의 일부라고 할 수 있는 '베이즈주의' 등을 다룬다는 점은 이 책이 다른 귀납논리학 교재들과 비교되는 놀라운 성취라고 할 수 있다.

그럼에도 불구하고 이 책은 철학책이다. 이것은 해킹이 철학의 한 분야인 논리학을 다루고 있다는 의미가 아니다. 해킹은 도박사의 오류, 알레의 역설, 파스칼의 내기, 종말 논증과 같은 유명한 사고실험을 이용하여 귀납 논증의 주요 개념에 대한 철학적 논쟁을 제기한다. 그리고 과학이나 일상에서 쉽게 찾아볼 수 있는 '확률'이라는 용어의 의미를 철학적으로 분석하기도 한다. 더불어, 해킹은 베이즈주의와 통계적 추론의 주요 개념들을 이용해 철학의 역사에서 가장 중요한 문제 중 하나인 '흄의 문제'에 대한 가능한 답변을 모색한다.

정통 철학책에 익숙한 독자들은, 이 책이 철학책이라는 것을 납득하기 어려울 수도 있다. 그런 생각은 아마도 이 책에 등장하는 꽤 많은 수학적 내용 때문일 것이다. 이 책에는 확률, 기댓값, 베이즈 정리, 이항분포, 신뢰구간 등 고등학교 수학 교과서에서 보았을 법한 개념들과 그것들을 이용한 여러 계산이 등장한다. 그러나 해킹이 강조하듯이, 그런 수학적 내용은 이 책이 전해주는 철학적, 논리학적 통찰을 방해하지 않는다. 수학적 개념에 대한 설명은 명료하며, 그 계산은 단순하다.

공동 번역자인 박일호와 이일권은 전북대학교에서 함께 연구하고 있다. 이 책을 번역하기 전에 우리는 확률과 귀납논리에 대한 여러 연구를 함께 진행해왔다. 이 번역은 우리 공동 연구의 한 가지 결실이라고 할 수 있다. 이일권이 전반부를, 박일호가 후반부를 번역한 뒤, 박일호와 이일권이 번갈아 가며 전체를 다듬는 방식으로 번역을 진행하였다. 각자 주로 담당한 부분은 서로 다르지만, 우리 둘은 번역 전체에 대해 공동의 책임을 지고 있다.

이 책을 번역하게 된 것은 귀납논리 연구자인 우리에게 아주 큰 행운이고 영광이다. 이런 번역 출판을 가능하게 한, 그리고 복잡한 편집 과정에 노고를 아끼지 않은 서광사에게 깊은 감사의 말씀을 드린다.

2022년 11월
박일호·이일권

특별한 주제에 관한 몇몇 교과서와 논문을 제외하고, 여기에 소개된 여러 문헌은 앞으로 수십 년 동안 꾸준히 관련 독서 목록에 포함될 고전이다.

1-2장

연역추리에 관한 훌륭한 교과서는 많이 있으며, 매년 새로운 책이 출판된다. 다음은 귀납을 다루는 유용한 책 중 하나이다.

Robert J. Fogelin and Walter Sinnott-Armstrong. *Understanding Arguments: An Introduction to Informal Reasoning*. Fort Worth: Harcourt Brace, 5th edn., 1997.

귀납논리에 관한 교과서는 그리 많지 않다. 그중 다음이 아주 훌륭하다.

Brian Skyrms, *Choice and Chance: An Introduction to Inductive Logic*. Belmont, Calif.: Dickenson, 2nd edn., 1975. [역자 주: 한글 번역본 서지사항은 다음과 같다. 김선호 역, 『귀납논리학: 선택과 승률』, 서광사, 1990년.]

우리 책과 겹치기도 하지만, 보충 자료로 이용할 만한 교과서는 다음과 같다.

Davis Baird. *Inductive Logic: Probability and Statistics*. Englewood Cliffs, N. J.: Prentice Hall, 1992.

위 책의 저자 Baird는 빈도 접근법을 강조한다. 개인적 확률에 기반을 둔 믿음-유형과 관련된 최고의 교과서는 다음과 같다.

Colin Howson and Peter Urbach. *Scientific Reasoning: The Bayesian Approach*. Chicago: Open Court, 2nd edn., 1993.

3-5장
이 장들을 통해 우리는 확률에 관해 사고하는 방법을 배운다. 확률과 통계학에 대한 기본서는 연역논리에 관한 기본서만큼 많이 있으며, 매년 새로운 책이 출판된다. 오래되었지만 훌륭한 기본서 하나는 다음과 같다.

David Freedman, Robert Pisani, and Roger Purves. *Statistics*. New York: Norton, 1978.

다음은 간단한 직관과 매력적인 사례에서 시작하는, 하지만 확률론의 가장 심오한 결과로 이어지는 진정한 고전이다.

William Feller. *An Introduction to Probability Theory and Its Applications*. New York: Wiley, 1950.

그 풀이를 예상하기 쉽지 않은, 어려운 문제에 관심이 있다면, 다음 책을 한번 시도해보라.

Frederick Mosteller. *Fifty Challenging Problems in Probability*. Reading, Mass.: Addison-Wesley, 1965.

역-도박사의 오류는 3장 연습문제 8-10번에서 소개되었다. 그것에 대한 좀 더 상세한 설명을 위해서는 다음 논문을 보라.

Ian Hacking. The inverse gambler's fallacy: The argument from design. The Anthropic Principle applied to Wheeler universes. *Mind* 97 (1987): 331-340. (관련된 비판을 보기 위해서는 *Mind*의 후속 논문들을 보라.)

6장

특이한 질문 2에 관해서는 많은 논의가 있다. 많은 사람이 "틀린" 답을 한다. 몇몇 학자는 그런 결과가 인간이 본래적으로 확률 추론에 능숙하지 않다는 것을 보여준다고 믿는다. 다른 학자는 질문이 제시되는 방식에 속임수가 있었다고 말한다. 여기에 몇 가지 관련 문헌이 있다. 출발점이 되는 Tversky와 Kahneman의 논문은 다음과 같다.

Daniel Kahneman and Amos Tversky. On the psychology of prediction. *Psychological Review* 80 (1973): 237-251.
Amos Tversky and Daniel Kahneman. Extensional versus intuitive reasoning: The conjunction fallacy in probability judgment. *Psychological Review* 90 (1983): 293-315.

몇몇은 해당 질문에 사용된 언어가 문제라고 말한다.

K. Fiedler. The dependence of the conjunction fallacy on subtle linguistic factors. *Psychological Research* 50 (1988): 123-129.

몇몇은 그 문제가 직업 및 취미의 빈도에 관한 배경지식과 관련 있다고 말한다.

Gerd Gigerenzer. How to make cognitive illusions disappear: Beyond 'Heuristics and Biases.' *European Review of Social Psychology* 2 (1991): 83-115.

트버스키-카너먼 인지 착각과 관련된 더 많은 사례를 보기 위해서는 다음을
보라.

Amos Tversky, Paul Slovic, and Daniel Kahneman, eds. *Judgment under
Uncertainty*. Cambridge: Cambridge University Press, 1982.

7장

"택시 문제"와 기저율 오류 역시 많은 문헌을 만들어냈다. 그 시작은 다음과
같다.

Amos Tversky and Daniel Kahneman. Judgment under uncertainty:
Heuristics and biases. *Science* 185 (1974): 1124-1131.

심리학자들의 주장에 반대하고 상식을 옹호하는 입장을 위해서는 다음 논문과
그 뒤 이어진 이 논문에 대한 여러 학자들의 논평을 보라.

L. J. Cohen. Can human irrationality be experimentally demonstrated?
The Behavioral and Brain Sciences 4 (1981): 317-331.

위 논문은 해당 분야 여러 전문가들 사이의 토론과 비판이 담겨 있다. 또한 위 6
장 참고문헌으로 언급된 Gigerenzer의 논문도 참조하라.
　인지 착각의 모든 종류를 조망하고, 좀 더 포괄적인 참고문헌 목록을 살펴보
기 위해서는 다음을 보라.

Massimo Piattelli-Palmarini. *Inevitable Illusions: How Mistakes of Reason
Rule Our Minds*. New York: Wiley, 1994.
Howard Margolis. *Patterns, Thinking, and Cognition: A Theory of Judg-
ment*. Chicago: University of Chicago Press, 1982.

8장

기댓값에 대한 다양한 연습문제는 여러 기초 교과서에서 찾아볼 수 있다. 8장 마지막에 언급된 문제는 다음 문헌에서 온 것이다.

> Antoine Arnauld and Pierre Nicole. *Logic or the Art of Thinking. Containing, besides Common Rules, Several New Observations Appropriate for Forming Judgment*. Translated and edited by Jill Buroker. Cambridge: Cambridge University Press, 1994, pages 273–274.

9장

이 장 마지막에 다룬 알레 역설에 대한 논평은 다음 책 102–103쪽에서 찾아볼 수 있다.

> L. J. Savage. *The Foundations of Statistics*. New York: Wiley, 1954.

이 책은 확률 이론의 고전 중 하나이다. 여기엔 Savage의 개인적 확률 이론의 전체 내용이 담겨 있다.

10장

Pascal의 『팡세』(*Pensées*)는 많은 편집본과 번역본을 가지고 있다. (이 책 이름은 프랑스어로 '생각'을 뜻한다. 그러나 많은 영문 번역자들은 이 프랑스어 제목을 그대로 사용한다.) 불행하게도, 때때로 각 단편에 붙은 번호가 편집본마다 다르기도 하다. 아래는 널리 받아들여진 번역본 중 하나이다.

> Blaise Pascal. *Pensées*. Translated with an introduction by A. J. Krailsheimer. New York: Penguin, 1966. 이 책이 "파스칼의 내기"에 붙인 번호는 #418이며, 149–153쪽에 있다. [역자 주: 『팡세』의 한글 번역본은 여럿이다. 이 책과 동일하게 편집된 한글 번역본 중 최근에 출판된 것의 서지 사항은 다음과 같다. 최종훈 역, 『팡세』, 두란노서원, 2020년. 한편, 1991년에 Pensées의 새로운 편집본, 이른바 셀리에(Sellier) 판이라

불리는 편집본이 나온 이후, 새로운 번역본이 출판되었다. 이 편집본은 위에서 소개된 책과 다른 구조를 가지고 있다. 특히, "파스칼의 내기"를 다루는 항목에는 #680이라는 번호가 붙었다. 이 셀리에 판의 한글 번역본 서지 사항은 다음과 같다. 김형길 역,『팡세』, 서울대학교출판부, 2015년.]

파스칼의 내기에 대한 여러 철학적, 역사적 논의가 있다. 10장의 논의와 가장 가까운 것은 다음에서 찾아볼 수 있다.

Ian Hacking. *The Emergence of Probability*. Cambridge: Cambridge University Press, 1975, Chapter 9.

11-12장

12장에 언급된 확률에 대한 이론들에 대한 고전적인 철학적 해설은 다음에서 찾아볼 수 있다.

(1) 빈도 이론. 우리는 단 한 권의 고전만을 언급할 것이다.

Richard von Mises. *Probability, Statistics and Truth*. London: Allen and Unwin, 1957.

(2) 경향 이론.

Karl Popper. The Propensity interpretation of probability. *British Journal for the Philosophy of Science* 10 (1959): 25-42.

(3) 개인적 이론. 흔히 일어나는 일처럼, 이 견해에 대한 최초의 설명은 그 후 75년간 생생하게 살아남아 있다.

F. P. Ramsey. Truth and Probability. In *The Foundations of Mathematics and Other Logical Essays*. London: Routledge and Kegan Paul, 1931.

Also in H. E. Kyburg and Howard E. Smokler, eds. *Studies in Subjective Probability*. New York: Wiley, 1964, pages 61-92.

Bruno de Finetti. Foresight: Its logical laws, its subjective sources. In *ibid*. 97-158.

위에서 9장의 참고문헌으로 언급된 L. J. Savage의 책은 개인적 확률 이론의 전체 내용이 담긴 고전이다.

(4) 논리적 이론. Keynes는 여전히 놀라운 저자이다. 이것은 그의 이론뿐만이 아니라 그의 역사적 배경과 철학적 통찰을 위해서도 충분히 읽을 만하다.

John Maynard Keynes. *A Treatise on Probability*. London: Macmillan, 1921.

13-14장
이 두 장 속 개념들은 Ramsey와 de Finetti에서 비롯되었다. 이 둘의 논문은 11-12장 참고문헌으로 언급된 Kyburg와 Smokler의 논문집에 수록되어 있다. Ramsey가 조금 더 읽기 편하며, de Finetti는 더 엄격한 세부 사항을 담고 있다.

15장
베이즈주의 아이디어에 대한 최고의 기본 해설서는 앞서 1-2장 참고문헌으로 언급된 Howson과 Urbach의 책이다. 다음은 또 다른 소개서다. 이 책에는 제프리 규칙이 담겨 있다.

Richard Jeffrey. *The Logic of Decision*. Chicago: University of Chicago Press, 2nd edn., 1983. [역자 주: 한글 번역본 서지 사항은 다음과 같다. 이좌용 역, 『결단의 논리』, 성균관대학교출판부, 1998년.]

베이즈주의 방법을 다루는 보다 전문적인 철학책에는 다음이 있다.

John Earman. *Bayes or Bust: A critical Examination of Bayesian Confir-mation Theory*. Cambridge, Mass.: MIT Press, 1992.

곧 다가올 종말.

연습문제 4-7에서 우리는 존 레슬리(John Leslie)의 역설적 논증을 설명하고, 그 논증의 문제점을 제시했다. 레슬리의 원래 논증을 이해하기 위해서는 그의 논문과 책을 살펴보라.

The doomsday argument. *The Mathematical Intelligencer* 14 (1992): 48-51.

Is the end of the world nigh? *The Philosophical Quarterly* 40 (1996): 65-72.

The End of the World. London: Routledge, 1996.

기적

철학과 베이즈 정리는 또 다른 흥미로운 방식으로 서로 교차한다. David Hume 은 우리에겐 기적을 믿을 만한 어떤 좋은 근거도 없다고 논증했다.

David Hume. *An Enquiry Concerning Human Understanding*. 1748, avail-able in many edition. See section X. [역자 주: 이 책의 한글 번역본은 여럿이다. 그중 가장 최근에 번역된 것의 서지 사항은 다음과 같다. 김혜숙 역, 『인간 이해력에 관한 탐구』, 지만지, 2012년.]

몇몇 철학자는 베이즈주의 추론을 이용해 Hume이 옳았다는 것을 논증한다. 하지만 다른 철학자는 그가 틀렸다는 것을 논증한다. 이 논쟁의 한 형태는 아래 논문들에서 출발한다. 이 논의에 관한 더 많은 참고문헌은 검색 엔진을 통해 쉽게 찾을 수 있다.

J. H. Sobel. On the evidence of testimony for miracles: A Bayesian inter-pretation of David Hume's analysis. *The Philosophical Quarterly* 37 (1987): 166-186.

David Owen. Hume *versus* Price on miracles and prior probabilities: Testimony and the Bayesian calculation. *Ibid.*, 187-202.

16장

이 장에서 소개된 확률과 상대빈도 간 연속적인 연결은 러시아 수학자 P. L. Chebyshev (1821-1894)가 제시한 베르누이 정리에 대한 기본 증명 속 단계들을 따라한 것이다. 이 증명은 확률 이론에 중요 공헌을 한 두 명이 집필한 러시아 교과서에 수록되어 있다. 그 책은 영어로 번역되어 있다. 그 번역서는 여전히 확률에 대한 가장 직접적이고 실용적인 소개서의 지위를 가지고 있다. 여기서 주어진 증명은 어떤 고급 수학도 필요치 않다.

> B. V. Gnedenko and A. Ya. Khinchin. *An Elementary Introduction to the Theory of Probability*. New York: Dover, 1962, pages 38-59.

주로 옛 소련의 공학도를 위한 책이었으며, 엄격하게 빈도 관점을 취하고 있었음에도 불구하고, 위 책 속 해설이 제시하는 확률 개념의 흐름과 그 순서는 우리가 이 책 전반에서 사용한 것과 동일하다. 위 책은 어떤 명시적인 철학적 내용을 담고 있지 않다. 하지만 확률에 대해서는 우리 것보다 더 많은 내용을 다루고 있다. 더욱 훌륭하게도, 이 책은 122쪽밖에 되지 않는다!

큰 수의 법칙에 대한 조금 더 자세한 논의를 위해서는 3-5장의 참고문헌으로 소개된 Feller의 교과서를 보라.

17장

모든 확률과 통계학 교과서가 이 책보다 더 많은 정규분포에 관한 내용을 담고 있다.

18장

유의수준과 네이먼-피어슨 검정은 종종 한데 섞여 설명되곤 한다. 이런 식의 설명을 위해서는 다음을 보라.

Gerd Gigerenzer and David J. Murry. *Cognition as Intuitive Statistics*. Hillsdale, N. J.: Lawrence Erlbaum, 1987.

유의수준의 여러 남용 사례는 어느 정도는 철학자를 위해 집필된 통계학자의 다음 논문에서 가져왔다.

David Freedman. Some issues in the foundations of statistics. *Foundations of Science* 1 (1995): 19-39, with comments by other contributors, 41-67, and a rejoinder by Freedman, 69-83.

추론과 결정에 대한 빈도-유형 접근법을 설명하는 Deborah Mayo의 최근 철학 책은 22장을 위한 참고문헌으로 소개되었다.

연습문제 6과 7은 유의성 검정의 중요한 문제점을 제기한다. 이 문제점은 다음 논문에서 처음으로 제기되었다.

Paul Meehl. Theory testing in psychology and physics: A methodological paradox. *Philosophy of Science* 34 (1967): 103-115.

Meehl은 그의 비판을 수년에 걸쳐 발전시켰다. 그의 최신 논의는 다음에서 찾아 볼 수 있다.

Paul Meehl. Why summaries of research on psychological theories are often uninterpretable. *Psychological Reports* 66 (1990): 195-244.

전통 통계적 방법에 대한 강렬한 철학적 옹호 논증은 다음에서 발견할 수 있다.

J. D. Trout. *Measuring the Intentional World: Realism, Naturalism and Quantitative Methods in the Behavioral Sciences*. New York: Oxford University Press, 1998.

19장

과학적 추론과 관련해, 신뢰구간 이론에 대한 매우 기초적인 소개서로는 다음 책이 있다.

> Ronald Giere. *Understanding Scientific Reasoning*. New York: Holt, Rine- hart and Winston, 1979, Chapters 11 and 12. [역자 주: 이 책의 제5판 이 한글로 번역되었다. 그 서지 사항은 다음과 같다. 조인래, 이영의, 남 현 역, 『과학적 추론의 이해』, 소화, 2008년. 이 도서의 초판의 저자는 Giere 한 명이었다. 하지만 5판에는 두 명의 저자, John Bickle, Robert F. Mauldin이 추가되었다.]

20장

귀납의 문제에 대한 고전적인 설명은 데이비드 흄(David Hume)의 작업에서 찾 아볼 수 있다. 아마도 가장 좋은 소개는 다음에서 발견할 수 있을 것이다.

> David Hume. *An Enquiry Concerning Human Understanding*. 1748, many editions, sections IV, V.

조금 더 복잡한 논증은 다음에 있다.

> David Hume. *A Treatise of Human Nature*. 1739, many editions, Part III. [역자 주: 이 책은 세 권으로 분리되어 한글로 번역 출판되었다. 각 권의 서지 사항은 다음과 같다. 이준호 역, 『오성에 관하여 – 인간본성에 관한 논고1』, 서광사, 1994년; 이준호 역, 『정념에 관하여 – 인간본성에 관한 논고2』, 서광사, 1996년; 『도덕에 관하여 – 인간본성에 관한 논고3』 (수정 판), 서광사, 2008년]

405–409쪽에 있는 인용문은 흄 자신이 익명으로 작성한 *Treatise*에 대한 광고문 에서 가져온 것이다. 그는 그 광고를 "인간 본성에 대한 논고의 초록"(An abstract of *A Treatise of Human Nature*)이라 불렀다. 당신은 이 글을 여러 곳 에서 발견할 수 있다. 가령, Charles W. Hendel의 *Enquiry* 학생본에도 그 광고

가 실려 있다. 그러나 이 학생본에서 제목의 철자가 다음과 같이 현대 용어로 바
뀌었다는 것에 주의하라: *An Inquiry Concerning Human Understanding*, New
York: Liberal Arts Press, 1955.

귀납의 문제에 대한 아주 매력적인 설명은 다음 책의 6장에 있다.

> Bertrand Russell. *The Problems of philosophy*. Many editions since 1912.
> [역자 주: 이 책의 한국어 번역본은 여럿이다. 그중 최근에 번역된 것의
> 서지 사항은 다음과 같다. 황문수 역, 『철학이란 무엇인가-철학의 문제
> 들』, 문예출판사, 2014년.]

다음은 (위 Russell의 글이 포함된) 귀납의 문제에 대한 논문 모음집이다.

> Richard Swinburn. *The Justification of Induction*. Oxford: Oxford Univer-
> sity Press, 1974.

포퍼(Popper)의 회피를 위해선 "물론 내가 틀렸을 수 있지만, 나는 내가 중요한
철학적 문제, 즉 귀납의 문제를 풀었다고 생각한다."라는 말로 시작되는 그의 논
문을 보라.

> Karl Popper. Conjectural knowledge: My solution of the problem of
> induction. *Objective Knowledge: An Evolutionary Approach*. Oxford:
> Clarendon Press, 1972, Chapter 1. [역자 주: 한글 번역본 서지 사항은
> 다음과 같다. 이한구, 정연교, 이창환 역, 『객관적 지식-진화론적 접근』,
> 철학과현실사, 2013년.]

21장

앞에서 1-2장의 참고문헌으로 언급된 Howson과 Urbach의 책은 귀납의 문제를
베이즈주의식으로 접근하는 것에 관한 최고의 기초 논의를 담고 있다.

하이얼리어 훕이 제기한 비판이 처음으로 제시된 논문은 다음과 같다.

Ian Hacking. Slightly more realistic personal probability. *Philosophy of Science* 34 (1967): 311–325.

위 비판을 극복하기 위한 여러 전문적인 시도가 있었다. 그러나 Howson과 Urbach의 책 6장은 그것 중 어떤 것도 성립하지 않는다고 말한다.

22장

찰스 샌더스 퍼스(Charles Sanders Peirce)는 풍부한 결실을 맺을 수 있는 수많은 아이디어를 가지고 있었다. 그러나 그는 그 아이디어를 정리된 상태로 제시하는 데 능숙하지 않았다. 과학철학과 관련된 그의 글을 모은 책은 여러 권이 출판되어 있다. 다음은 다른 것보다 확률에 관한 그의 작업이 포함된 모음집이다.

Justus Buchler. *The Philosophical Writings of Peirce*. New York: Dover, 1955. 특히 11–14쪽을 보라. 이 책 426–427쪽의 인용문은 이 Buchler의 책 160–164쪽에서 가져온 것이다. 또한 다음 문헌도 참조하라. *Writings of Charles S. Peirce*, edited by C. J. W. Kloesel. Bloomington: Indiana University Press, 1982, vol. 3, pages 276–281.

그의 확률 철학이 어떻게 신뢰구간 이론을 예견했는지에 대한 설명을 위해서는 다음을 보라.

Ian Hacking. Neyman, Peirce and Braithwaite. In *Science, Belief and Behavior*, ed. D. H. Mellor. Cambridge: Cambridge University Press, 1980, pages 141–160.

확률과 그의 전반적인 철학과의 관계를 살펴보기 위해서는 다음을 보라.

Ian Hacking. *The Taming of Chance*. Cambridge: Cambridge University Press, 1990, Chapter 17. [역자 주: 한글 번역본 서지 사항은 다음과 같다. 정혜경 역, 『우연을 길들이다』, 바다출판사, 2012년.]

다음 책은 빈도 확률이 어떻게 귀납의 문제에 적용될 수 있는지에 관한 최신 작업이다.

Deborah Mayo. *Error and the Growth of Experimental Knowledge*. Chicago: University of Chicago Press, 1996.

확률의 역사와 관련하여
수학적 관점에서 쓴 최고의 역사서는 다음과 같다.

Stephen M. Stigler. *The History of Statistics: The Measurement of Uncertainty before 1900*. Cambridge. Mass. : Harvard University Press, 1986. [역자 주: 한글 번역본 서지 사항은 다음과 같다. 조재근 역, 『통계학의 역사』, 한길사, 2005년.]

이 책은 수학사임에도 불구하고, 일반 독자도 충분히 잘 읽을 수 있다. 확률에 대해 조금 더 철학적, 혹은 문화적 역사는 수학적이지 않은 주제를 다룬다. 그런 책 중에는 Hacking의 *The Emergence of Probability*와 *The Taming of Chance*가 있다. 이 책 각각은 10장과 22장을 위한 참고문헌으로 언급되었다. 다음은 확률을 둘러싼 17세기 삶과 시대를 다룬 매력적인 책이다.

Lorraine Daston. *Classical Probability in the Enlightenment*. Princeton: Princeton University Press, 1988.

마찬가지로 19세기 역사를 다룬 매력적인 책에는 다음이 있다.

Theodore Porter. *The Rise of Statistical Thinking, 1820-1900*. Princeton: Princeton University Press, 1986.

| 찾아보기 |